國語學叢書 26

구개음화의 통시성과 역동성

김 주 필 저

태학사

머리말

이 책은 필자가 1994년 8월에 서울대학교 대학원에 제출한 박사학위논문 "17·8세기 국어의 구개음화와 관련 현상에 대한 통시론적 연구"를 수정·보완한 것이다. 1994년 여름에 학위논문을 제출하였으니 말 그대로 세월이 흘렀다. 출간을 미루어 온 필자의 나태함과 무능함이 부끄럽고 송구스러울 뿐이다.

학위논문이 「총서」로 선정된 후 곧 책을 간행하려고 하였다. 그런데 출간하려 하니 부족한 점이 한두 가지가 아니었다. 손을 댄 것이 화근이었다. 작업을 시작하면 약속이나 한 듯이 찾아온 더 시급한 일(?)로 작업이 계속 밀렸다. 태생적인 문제는 해결하기 어렵다는 사실을 알고 나니 간행 시점이 훨씬 지난 후였다. 그래도 때늦은 '出刊'이 영원한 '近刊'보다 낫고 최소한의 예의라는 생각이 들었다.

구개음화에 관심을 갖게 된 것은 강신항 선생님의 수업 시간에서였다. 선생님께서는 15세기 'ㅈ'의 표기와 음성에 대해 설명하시면서 'ㅈ'의 음성 실현이 구개음화와 어떤 관계에 있을지 생각해 보라 하셨던 것 같다. 대학원을 옮겨 음운변화를 공부하다가 변이음으로서 구개음과 음소로서의 구개음이 문제되었고, 변화 과정이 체계 내적 요인만으로 설명할 수 있는지 고민하였다. 이러한 생각을 바탕으로 이기문 선생님의 지도를 받아 "구개음화의 통시론적 연구"를 석사논문으로 제출하였다.

박사과정에 진학하여 국어사 문헌의 여러 현상들을 검토하고 음운현상과 음운변화의 관계에 관심을 두고 공부하였다. 그런데 국어사 문헌의 동일한 표기 예들이 시·공간에 따라 달리 해석되어야 한다는 생각이 들었다. 구개음을 축으로 맺어지는 여러 현상들의 관계망이 시·공간에 따라 달라져 동일한 변화형이 그 관계망에서 갖는 의미도 다르게 해석하지 않을 수 없었기 때문이다. 음운변화의 중심에 화자가 위치한다는 이러한 인식을 바탕으로 이병근 선생님의 지도를 받아 1994년 "17·8세기 국어의 구개음화와 관련 음운현상의 통시론적 연구"를 학위논문으로 제출하였다.

학위논문을 쓰면 고민하던 문제들이 모두 해결되리라 기대했었던 것 같다. 그런데 학위논문을 총서로 간행할 시점이 되자 부족한 부분이 현미경에서처럼 확대되어 보였다. 구개음화의 확산 과정을 "다소 확산되었고, 보다 많이 확산되었고, 많이 확산되었고, 상당히 확산되어, 일반화되었다고 할 정도로"라고 설명하는 데에 이르러서는 식은땀이 났다. 결국 음운변화의 과정을 구체화하고 객관화하기 위해 동질 언어 사용 집단을 설정하여 근대국어시기의 많은 문헌에서 관련 예들을 추출하여 계량화하지 않으면 안 된다는 결론에 이르렀다.

그래서 처음으로 돌아가 다시 시작하였다. 근대국어 시기의 문헌을 역학서, 어제서, 자석서, 기타서 등으로 나누고 역학서는 다시 한학서, 왜학서, 몽학서, 청학서 등으로 나누어, 구개음화 관련 예들을 모두 추출하여 계량화하는 데에 10여 년이 걸렸다. 이 작업 결과의 일부를 정리한 것이 "ㄷ구개음화와 원순모음화 현상의 통시적 변화와 특성"이다. 이 논문은 2012년 오사카 대학에서 연구년을 보낼 때 조선어연구회 정례발표회(동경대학)에서 발표한 것으로서, 《진단학보》 115집에 게재한 것이다. 이 논문을 총서에 싣도록 허락해 주신 진단학회에 감사드린다.

필자가 이 책을 출판하기까지 실로 많은 분들의 도움을 받았다. 누구보다 먼저 강신항 선생님께 감사드리고 싶다. 선생님께서는 熱과 誠을 다하여 필자를 학문의 길로 이끌어 주셨다. 석사과정과 박사과정을 지도해 주신 이기문 선생님과 이병근 선생님께 감사의 말씀을 드리지 않을 수 없다. 대학원 시절부터 현재에 이르기까지 학문에 있어서나 생활에 있어서나 언제나 큰 버팀목이 되어 주셨다. 학위논문의 미진한 부분을 지적하여 논문

4

의 수준을 끌어올려 주신 김완진 선생님, 최명옥 선생님, 송기중 선생님께도 깊이 감사드린다.

이 외에도 도움을 주신 분들이 한두 분이 아니시다. 늘 관심을 가지고 격려해 주신 대학원의 여러 선배 선생님들, 조언을 아끼지 않은 후배들, 성균관대 국어국문학과 선생님들과 선후배 신생님들, 영남대학교 국어교육과 선생님들, 국민대학교 국어국문학과 선생님들…… 이 모든 선생님들께 필자가 보답하는 길은 학문의 세계에서 끊임없이 정진하는 일밖에 없지 않나 생각된다.

마지막으로 필자를 낳아 길러주신 부모님께 머리 숙여 감사드린다. 아버지께서는 하늘나라에 계시고 어머니께서도 몸이 불편하시지만, 두 분의 사랑과 헌신은 마음속에 영원히 살아 숨 쉴 것이다. 힘들 때마다 필자를 도와준 형제들도 잊을 수 없다. 필자가 해야 할 궂은일까지 한 마디 불평 없이 대신해 주었다. 필자를 믿고 헌신적으로 도와준 아내에게 무어라고 할 말이 없다. 가정사를 책임지고 연구할 시간을 최대한 배려해 주었다. 우리 집 희망의 마스코트 지우, 밝은 웃음으로 행복을 주더니 이제 어엿한 대학생이 되었으니, 희망찬 미래로 나아가길 바랄 뿐이다.

다시 한 번, 부족한 논문을 총서로 간행하게 해 주신 국어학회의 여러 선생님들께 감사드리며, 오랜 시일이 지났음에도 흔쾌히 출판해 주신 태학사의 지현구 사장님과 편집부 여러 분들께 감사드린다.

2015년 10월 31일
북한산 자락, 연구실에서
김 주 필 씀

차례

1. 서론

1.1 연구의 목적

본 연구는 17 · 8세기 문헌에 나타나는 국어의 구개음화 현상[1]을 통시적인 관점에서 살펴보고, 구개음화 현상과 그 관련 음운 현상 사이에 맺어지는 관련 양상을 검토함으로써 구개음화의 전개 과정에서 드러나는 역동적인 특성을 이해하는 것을 목적으로 한다.

구개음화에 대한 통시적 접근은 구개음화가 국어 음운사에서 차지하는 비중으로 보아 그 자체로서 중요한 의미를 갖는다. 근대국어 시기 문헌에 나타나는 구개음화는 그 종류가 다양할 뿐만 아니라 시기와 지역에 따라 전개 과정에도 차이를 보이며, 그러한 차이가 현대국어의 여러 방언에 상이한 상태로 남아 있어서 흥미 있는 연구 대상이 되어 왔다. 그리하여 현대국어의 여러 방언에 나타나는 구개음화의 공시적인 상태는 근대국어 시기에 전개된 구개음화의 통시적인 과정의 차이에 기인한다는 사실이 밝혀졌다. 그러므로 현대국어의 구개음화 상태를 이해하기 위해서는 구개음화 현상의 통시적인 과정과 특성을 이해할 필요가 있다.

사실 구개음화 현상은 근대적 국어 연구의 초창기부터 연구자들의 관심이 되어 왔다. 그 관심은 주로 근대적 국어 연구가 시작되던 시기에 문헌에 나타나는 표기와 현실 발음의 대응 관계에 대한 관심에서 비롯되었다.

---

1) '구개음화'에 대한 일반적인 논의에 대해서는 Bhat(1975)를, '구개음'의 음성적 특징과 '구개성'에 대해서는 Ladefoged(1975)를 참조. 국어에 있어서 '구개음화'의 정의, 구개음화의 대상과 범위에 대해서는 이기문(1972), 이명규(1974, 1993), 곽충구(1980, 2002), 김주필(1985), 송민(1986) 등을 참조할 것.

그리하여 표기와 말소리의 불일치가 이전 시기에 'ㄷ, ㅌ'이 'ㅣ, ㅑ, ㅕ, ㅛ, ㅠ' 앞에서 'ㅈ, ㅊ'으로 바뀐 결과라는 사실을 파악하여 구개음화의 종류, 특성, 방언차 등으로 점차 그 관심 영역이 넓혀져 왔다. 그러다가 생성음 운론적 연구 방법이 도입된 1970년대 이후에도 구개음화 현상은 기저형 설정, 공시태와 통시태, 방언 분화와 규칙 적용 등과 관련하여 꾸준히 연구 자들의 관심 대상이 되어 왔다.

그 동안에 이루어진 구개음화에 대한 역사적 연구는 주로 구개음화들의 개별 특성을 중심으로 이루어져 왔다. 그리하여 ㄷ구개음화, ㅎ구개음화, ㄱ구개음화, 어두 'ㄴ'의 탈락 현상 등의 발생 시기와 완성 시기, 방언차 등 각 개별 현상들의 역사적 전개에서 드러나는 특성을 밝히려는 연구가 수행되었다. 그 결과 이들 각 현상의 특성에 대해서는 적지 않은 성과가 축적되어 왔으나, 이들 현상을 아우르는 구조적인 특성에 대한 연구는 아 직까지 구체적으로 이루어지지 않은 상태에 있다고 할 수 있다.

그런데 어떤 현상을 제대로 이해한다는 것은 그 현상을 구성하는 각각 의 하위 현상에 대한 개별적인 이해만으로 이루어지기 어렵다. 왜냐하면 어떤 현상에 대한 이해는 그 현상을 구성하는 개별 현상들에 대한 이해뿐 만 아니라 그 하위의 개별 현상들이 보여주는 구조적인 특성들도 같이 이 해할 수 있을 때에야 비로소 가능하기 때문이다(최명옥 1989: 19). 이런 점 에서 구개음화에 대한 이해의 폭을 넓히기 위해서는 지금까지 축적된 개 별 현상에 대한 연구 성과를 바탕으로 여러 구개음화 현상을 아우르는 구 조적인 특성을 밝히는 방향으로 연구할 필요가 있다.

이에 본 연구에서는 구개음화 현상에 대한 이해의 폭을 넓히기 위해 각 구개음화 현상이 보여주는 개별 특성뿐만 아니라 구개음화 현상들 상호 간에 드러나는 구조적인 특성에 관심을 두고 연구를 수행해 보고자 한다. 그리하여 본 연구에서는 17·8세기 문헌에서 나타나는 각 구개음화의 통 시적 과정을 살펴 그 전개 과정에서 드러나는 통시적인 특성을 파악하고, 이를 바탕으로 구개음화와 그 관련 현상들 사이에 나타나는 관련 양상을 검토하여 구개음화의 전개 과정에서 드러나는 역동적인 특성을 논의해 보고자 한다.

1.2 연구사적 배경

구개음화에 대한 구체적인 언급은 김재철(1932)에 처음 나타난다. 김재철(1932)에서는 국어, 중국어, 일본어의 구개음화 예들을 제시하고 그 예들을 통하여 구개음화가 i나 y 앞에서 일어난 보편적인 현상임을 지적하였다. 이숭녕(1935)에서는 y 앞에서 비구개음이 구개음으로 변화한 예들을 통하여 구개음화의 특성을 설명하고 구개음 다음에 오는 y가 탈락된다는 사실을 지적하였다. 小倉進平(1938)에서도 ㄷ구개음화 예들을 문헌에서 찾아 구개음화가 역사적으로 일어난 현상임을 설명하였다. 이와 같이 구개음화에 대한 초기 연구에서는 문헌에서 관련 예들을 찾아 구개음화 현상이 일반적이고 보편적이라는 사실을 제시하고자 하였다.

1950년대에 들어서면 구개음화에 대한 연구는 구개음화의 하위 현상을 유형화하여 보다 구체화되고 세분화되기 시작한다. 이희승(1955)에서는 "자음을 구개음화하는 일(palatalization)"에서 국어의 구개음화를, ㄷ구개음화, ㄴ구개음화, ㄱ구개음화, 'ㅎ'의 'ㅅ'으로의 변화 등 몇몇 유형으로 나누어 각 유형의 특징을 조음 방법과 조음 위치상의 변동 중심으로 설명하였다[2]. 안병희(1957)에서는 문헌을 대상으로 한 역사적 연구에서 해당 문헌

---

2) 이희승(1955)에서는 ㅎ구개음화를 다른 구개음화와 성격이 다른 것으로 간주한 것으로 보인다. ㅎ구개음화는 "자음을 구개음화하는 일"의 항목 다음에 제시한 "후두음을 설단 음화하는 일"이라는 항목에서 따로 설명하고 있기 때문이다. 이렇게 별도의 현상으로 간주하게 된 이유는 현대국어의 표면적 관찰에 기인하는 것으로 간주된다. 'ㅎ'이 i나 y 앞에서 구개음 'ㅅ'으로 바뀐 다음 y가 탈락한 현상을 고려하지 않았기 때문인 것이다. i 앞에서의 현상을 대상으로 했더라면 설단음으로 된다고 할 수는 없었을 것이다. 그리고 설단음으로 되는 현상이라면 이 현상을 구개음화 현상에 포함하는 것도 문제가 된다. 한편 이희승(1955)에서는 'ㄷ, ㅌ'의 구개음화를 설명하는 부분과 대등한 항목 아래에 'ㄴ'의 구개음화와 'ㄹ'의 구개음화도 함께 기술하고 있다. 음성 층위의 현상과 음소 층위의 현상을 구별하지 않았던 것이다.

의 간행 시기와 지역을 고려해야 함을 실증적으로 보여주고자 하였다. 즉 ㄷ구개음화의 예들이 1657년에 경상도에서 간행된 ≪어록해≫에는 보이지 만, 1669년에 중앙에서 간행된 ≪어록해≫에는 보이지 않는다는 사실을 통 하여 국어사 연구에 있어서 문헌에 반영된 언어의 시·공간적 특성을 고 려하여 연구해야 함을 지적하였던 것이다. 문헌을 대상으로 할 수밖에 없 는 국어사 연구에서 문헌에 반영된 언어의 시·공간적 특성을 고려하여 언어의 변화 사실을 밝혀야 한다는 안병희(1957)의 지적은 국어음운사 연 구의 방향을 제시하였다는 점에서 중요한 의미를 갖는다.

1960년대까지 구개음화에 대한 연구는 적지 않은 성과를 거두었으나 음 운변화 현상에 접근하는 시각이 원자론적인 접근 단계를 넘어서지는 못하 였다. 이 시기의 논의들은 구개음화의 일반 특성을 정리하여 제시하거나, 피동화음에 따라 구개음화의 하위 현상을 유형화하여 각 유형의 해당 용 례들을 국어사 문헌에서 확인하는 작업이 대부분이었기 때문이다. 이러한 연구를 통하여 각 구개음화 현상의 특성을 일부 밝히기도 하였으나, 논의 내용이 각 현상의 개별 특성에 대한 기술에 그쳐 원자론적 또는 개체사적 접근 태도에서 벗어나지 못하였던 것이다.

구개음화의 발생과 전개에 대한 구조적인 접근 태도는 1970년대 이후에 와서 나타나기 시작하였다3). 이기문(1972b/1977)에서는 ㄷ구개음화가 일어 나기 위해서는 후기 중세국어 시기에 치조음으로 실현되던 'ㅈ'이 자음체 계 상에서 구개음으로 이동한 이후에야 가능하다고 전제하고, ㄷ구개음화 와 'ㅈ'의 조음 위치 이동에 주목하였다. 이기문(1972b/1977)에서는 특별히 'ts〉ʧ' 변화가 일어나 치조음 'ㅈ'이 자음체계 상에서 구개음으로 이동한 시 기와 과정에 대하여 논의하였다. 이러한 논의를 바탕으로 이명규(1974)에 서는 17·8세기 문헌에서 예들을 추출하여 구개음화의 전개 과정을 보다 포괄적으로 검토하였다.

---

3) 장세경(1961)에서는 구개음화의 발생에 있어서 사회 계층에 바탕을 두고 설명하고자 함
   으로써 사회언어학적인 접근을 시도하기도 하였다.

1980년대 이후에는 이러한 구조적인 관점에서의 구개음화에 대한 논의가 보다 구체화되어 갔다. 곽충구(1980), 김주필(1985), 홍윤표(1985) 등에서는 'ㅈ'의 조음 위치 이동, ㄷ구개음화, ㄱ구개음화, ㅎ구개음화 등의 현상들 사이에 맺어진 규칙의 관련성을 포착해 내고자 하였다. 곽충구(1980)과 홍윤표(1985)에서는 '규칙의 첨가'라는 생성음운론적인 관점에서 구개음화 규칙들의 상대적인 발생 시기를 추정하였다. 김주필(1985)에서는 점진적인 음변화(sound change)[4]의 관점에서 후기 중세국어 'ㅈ'은 i나 y 앞에서는 ʧ, 다른 모음 앞에서는 ʦ로 실현되었을 것으로 추정하고 이러한 추정을 바탕으로 ㄷ구개음화, ㄱ구개음화, ㅎ구개음화의 통시적 전개 과정을 검토하였다. 그리고 송민(1986)에서는 18세기 전기에 간행된 ≪전일도인(全一道人)≫의 일본어 전사 자료를 바탕으로, 김동언(1990)에서는 중앙어가 반영된 17세기 문헌을 대상으로, 최전승(1987)에서는 19세기 전라도 방언이 반영된 방각본 판소리계 소설을 중심으로, 백두현(1990)에서는 경상도 방언이 반영된 문헌을 대상으로 하여 구개음화에 대한 관심 영역과 논의 대상을 꾸준히 넓혀 왔다. 본 연구의 논의를 전개하기 위해 이러한 연구 결과를 간략하게 정리하기로 한다.

구개음화는 남부 방언에서 먼저 일어났다. 1563년에 전라도 송광사에서 간행된[5] ≪부모은중경≫에[6] 구개음화 예가 나타나는 것으로 확인된 것이다. 그 후 ≪몽산화상육도보설≫(1567)[7], ≪계초심학인문≫(1577), ≪몽산

---

4) 흔히 음성적 층위에서 일어나는 변이음 실현 규칙의 변화에 대해서는 음변화(sound change)라 하고, 자질변경 규칙이나 음소교체와 같은 변화에 음운론적 층위에서 일어나는 변화에 대해서는 음운변화(phonological change)로 구분하여 사용한다. 그런데 김주필(1985)은, 자음체계상에서 치조음으로 분류되던 'ㅈ'이 구개변이음을 갖는 쪽으로 변화하는 과정에 대한 논의를 포함하여 음변화라는 용어를 사용하였다. 그러나 본고에서는 대부분 음소 교체, 또는 자질 변동에 대한 논의이기 때문에 특별히 '음변화'라고 해야 할 상황이 아니라면 '음운변화'라는 용어를 일반화하여 사용할 것이다.

5) 안병희(1957) 참조.

6) 이명규(1993) 참조. 그러나 이보다 앞서 1562년에 전라도 순천에서 간행된 무량굴판 ≪월인석보≫ 권21에 구개음화와 과도교정이 나온다. 이에 대해서는 3장을 참조할 것.

7) 백두현(1990)를 참조.

법어언해≫(1577), ≪사법어언해≫(1577)[8] 등 전라도에서 간행된 문헌에 구개음화 예들이 뚜렷한 경향을 보이면서 나타난다. 함경도 간행 문헌에서는 16세기 중기의 ≪촌가구급방≫[9]부터, 경상도에서 간행된 문헌에서는 17세기 초기의 ≪진주하씨 묘 출토 한글자료≫부터 구개음화 예들이 나타나며[10], 중앙에서 간행된 문헌에서는 17세기 후반부터 구개음화 관련 예들이 나타나기 시작한다.

ㄷ구개음화의 발생 시기와 관련하여, 후기 중세국어 시기에 'ㅈ'이 실현된 조음 위치에 대한 논의가 주요 쟁점으로 등장하였다. 후기 중세국어의 'ㅈ'이 치조음이었으리라는 주장이 제기되면서 'ㄷ'이 구개음화되기 위해서는 출력부의 'ㅈ'이 구개음이어야 하므로 'ㅈ'의 음성적 실현과 ㄷ구개음화의 발생 시기에 대한 문제가 논의의 전면으로 부각되었던 것이다. 즉 이기문(1972b/1977)에서, 'ㅈ'이 후기 중세국어 시기에 구개음이었다면 'ㄷ) ㅈ'의 변화는 ㄷ구개음화라 할 수 있지만 'ㅈ'이 치조음이었다면 'ㄷ) ㅈ' 변화는 치조음화라 해야 한다고 주장한 것이다. 이러한 관점에서 볼 때 'ㅈ'이 치조음이었고 'ㄷ) ㅈ' 변화가 구개음화 현상이라고 한다면, 이 현상은 'ㅈ'이 구개음으로 실현되어야 가능한 현상이므로 'ㄷ) ㅈ' 변화는 치조음 'ㅈ'이 구개음으로 이동된 이후에 발생했다는 것이다.

이기문(1972b/1977)의 논의와 달리, 강신항(1983)에서는 15세기에도 i나 y를 선행하는 'ㅈ'과, i나 y 이외의 모음을 선행하는 'ㅈ'이 대립되지 않았던 것[11]으로 추정하고 15세기의 'ㅈ'은 현대국어에서와 조음위치에 있어서 큰

---

8) 안병희(1978)을 참조.
9) 안병희(1972)를 참조.
10) 김주필(1993)을 참조.
11) 강신항(1983)과 김주필(1985), 이명규(1993)의 주장이 유사해 보이지만, 구체적인 논의 내용에는 차이가 있다. 이명규(1993)에서는 이명규(1974)에서의 논의 내용을 바꾸어 김주필(1985)에서와 같이 15세기 국어의 'ㅈ'이 i나 y 앞에서 경구개변이음으로, 다른 모음 앞에서는 치조음으로 실현되었던 것으로 간주하였다. 그러나 강신항(1983)에서는 중세국어의 'ㅈ'이 현대국어에서의 음성적 실현과 다르지 않다고 하여 김주필(1985)와 차이가 있다. 강신항(1983)에서는 15·6세기의 '쟈'와 '쟈'의 혼기가 이미 '쟈'와 '쟈'의 변별적

차이가 없었다고 주장하였다. 한편 김주필(1985)에서는 음변화(sound change)의 관점에서 i나 y 앞에서 'ㅈ'이 구개음으로 실현되고 있었고 그 나머지 환경에서는 치조음으로 실현된 것으로 추정하였다. 그리하여 구개음화의 출력부 구개음 'ㅈ'이 15세기에도 있었기 때문에 ㄷ구개음화가 일어날 수 있는 조건은 15세기 국어에서도 형성되어 있었던 것으로 간주하였다[12].

구개음화를 유발하는 음운론적 환경과 관련하여, 음절 내부에서는 i보다 y 앞에서 먼저 일어났다는 주장이 송민(1986)에서 이루어졌다. 음절 위치와 관련해서는 어두 음절보다 비어두 음절에서 먼저 일어났다는 주장(김주필 1985, 홍윤표 1985)과, 비어두 음절보다 어두 음절에서 먼저 일어났다는 주장(이명규 1993)으로 차이를 보이고 있다[13]. 비어두 음절에서는 형태소 내부에서 먼저 일어났다는 주장(이명규 1974, 김주필 1985)과 형태소 경계에서 먼저 일어났다는 주장(홍윤표 1985)도 대립되어 있다[14]. 한자음

기능이 없었기 때문에 나타난 것으로서 이들 혼기는 조음 위치의 이동과는 무관한 표기상의 오류로 간주하고 있는 것이다. 김주필(1985)에서는 'ㅈ'이나 'ㅅ' 다음에 나타나는 'ㅑ, ㅕ, ㅛ, ㅠ'와 'ㅏ, ㅓ, ㅗ, ㅜ'의 혼기를 전자가 후자로 나타나는 유형과 후자가 전자로 나타나는 유형으로 나누어, 전자가 후자로 나타나는 예들은 [i, y] 앞에서 'ㅈ'이나 'ㅅ'이 경구개변이음으로 실현되었기 때문에 나타난 혼기로, 후자가 전자로 나타나는 예들은 자음체계 상에서 치조음이 구개음으로 조음 위치를 이동하는 과정을 보여주는 혼기로 간주하였다.

12) 이러한 주장은 구개변이음으로 'ㅈ'이 존재하면 'ㄷ'의 구개음화가 일어날 수 있는 것으로 보아, 15세기에 'ㅈ'의 구개변이음이 존재하였으므로 자음체계에서 'ㅈ'이 구개음으로 이동한 시기와 ㄷ구개음화 발생 시기를 상대적인 연대 추정 방법에 의존하는 것은 타당하지 않다는 주장을 제기한 것이다. 이명규(1993)에서도 이기문(1972b/1977)의 태도를 따랐던 이명규(1974)를 수정하여 김주필(1985)의 관점을 수용하였다.

13) 대립되는 듯한 이 두 논의는 그 대상에 차이가 있음이 지적되어야 한다. 김주필(1985)와 홍윤표(1985)에서는 고유어를 대상으로 한 것인데 반해 이명규(1974)와 이명규(1993)에서는 한자어를 포함한 모든 경우를 대상으로 한 것이기 때문이다.

14) 이명규(1974)와 홍윤표(1985)의 논의가 대립되지 않는다고 할 수도 있다. 이명규(1974)에서는 부정 접사 '-디'를 형태소 내부에 있는 것으로 간주하였으나 홍윤표(1985)에서는 형태소 경계로 간주하였기 때문이다. 홍윤표(1985)에서는 '디디, 디나디'가 '디지, 디나지'로 된 것이 형태소 경계에서 일어나는 구개음화 규칙 R1으로 설정하면서, 이 현상을 '같이, 팥이' 등 형태소 경계에서 일어나는 현상과 같은 분포로 간주하여 문제가 있다. 왜냐하면 18세기 초에 비어두 음절의 어휘형태소 내부에서 일어나는 R2와 비어두 음절

과 고유어의 구개음화 발생 선후 문제에 있어서도 한자음에서 먼저 일어났다는 주장(이명규 1993)과 고유어에서 먼저 일어났다는 주장(김동언 1990)으로 나뉘지만 문헌 자료의 한계로 분명한 근거를 찾기 어렵다.

한편 구개음화와 관련되는 현상들에 대한 연구도 지속적으로 진행되어 왔다. 이들 관련 현상들도 연구의 초기에서는 구개음화와 별개의 현상으로 간주되었으나 연구가 진척됨에 따라 점차 구개음화와의 관련성이 포착되기도 하였다. 그 대표적인 예로 음운론적 환경이 같은 움라우트 현상을 들 수 있다. 그럼 여기에서 구개음화와 별개의 현상으로 간주되던 움라우트 현상이 구개음화와 유사한 현상이라는 사실이 포착되는 연구의 과정을 보기로 한다.

움라우트 현상에 대한 역사적 연구는 현대국어 방언에서의 실현 양상을 바탕으로 이루어져 왔다. 움라우트 현상은 후설모음이 비후설모음으로 교체되는 현상으로, 비구개음이 구개음으로 교체되는 구개음화와는 분명히 다른 현상이다. 움라우트 현상은 피동화음이 동화주와 음절을 사이에 두는 원격동화 현상으로서 모음에 의해 모음이 변동되는 간접동화 현상이다. 따라서 초창기의 연구에서 움라우트 현상을, 직접 동화 현상인 구개음화와 관련 없는 현상으로 간주해 온 것은 당연한 결과였다고 할 수 있다.

사실 움라우트 현상이 구개음화 현상과 공통점이 전혀 없는 것도 아니다. 움라우트 현상의 피동화음을 중시하면 두 현상 사이에는 적지 않은 차이가 있지만, 동화주를 중시하면, 두 현상 사이에 상당히 유사한 특성이 있기 때문이다. 이들 두 현상의 동화주는 모두 [i, y]로서, 구개음화가 비구개자음이 [i, y]의 조음 위치에 동화되는 현상이라면 움라우트도 동화주인

의 어휘형태소 내부에서 일어나는 R3는 완성되어, R1과 어두 음절의 형태소 내부에서 일어나는 R4만이 남게 되어, 방언 문헌에만 나타나는 'ㄱ, ㅎ'의 구개음화가 어두 음절에서만 일어난 이유를 설명할 수 있다고 하였다. 그러나 방언 문헌에 'ㄱ, ㅎ'의 구개음화가 18세기 이전에 나타난다는 점에서 'ㄱ, ㅎ'의 구개음화가 1음절에서만 일어난 이유를 이러한 방향에서 설명하는 것도 문제가 있지만, 부정어 앞의 '-디'를 형태소 경계로 처리한 것도 문제가 있지 않나 생각된다. 'ㄱ, ㅎ'의 구개음화가 제1음절에서만 일어난 이유에 대해서는 본고의 3.2절에서 구체적으로 다룰 것이다.

{i, y}에 후설모음이 유사한 모음으로 바뀌는 현상인 것이다. 말하자면 움라우트와 구개음화 현상은 피동화음을 중시하면 별개의 현상인 것처럼 보이지만, 동화주를 중시하면 동화주인 {i, y}의 조음 위치에 피동화음이 같거나 유사한 음으로 바뀐다는 공통 특성을 보인다고 할 수 있다.

그런데 원격동화 현상인 움라우트 현상의 경우, 동화주와 피동화음 사이에 개재하는 자음의 조음적 특성이 제약으로 관여한다는 사실이 밝혀지면서 움라우트 현상이 구개음화 현상과 관련되는 현상이라는 사실이 구체적으로 인지되기 시작하였다. 이병근(1976)에서는 움라우트 현상의 동화주와 피동화음 사이에 개재하는 자음이 구개음이면 움라우트가 일어나지 못한다는 제약을 밝히고, 이러한 제약을 통하여 이 현상이 구개음화 현상과 배타적으로 일어난다는 사실에 주목하여 이들 두 현상의 규칙 적용 순서에 따라 방언 분화가 일어났을 것으로 추정하였다. 이러한 논의를 통하여 움라우트 현상이 역사적으로 구개음화와 밀접한 관련이 있었을 가능성이 인지되었다고 할 수 있다.

움라우트와 구개음화의 이러한 관련성은 최명옥(1989)에 이르러 보다 명료하게 드러난다. 최명옥(1989)에서 움라우트의 연구사적 검토를 통하여 움라우트를 가능하게 하는 개재자음의 조건을 '조음시에 [αhigh][αback] 자질을 가지는 것'이라고 일반화하여 움라우트와 구개음화 현상의 관련성을 명시적으로 보여주었다. 구개음은 [+high][-back]이므로, [αhigh][α back]의 자음이 개재해야 움라우트가 일어날 수 있다는 사실은 개재 자음이 [αhigh][-αback]을 갖거나 [-high][αback]을 갖는다면 움라우트가 일어날 수 없다는 것이다. 그러므로 움라우트가 일어나기 위해서는 개재 자음이 [+high][+back]이거나 [-high][-back]인 자음이어야 한다는 것이다. 그런데 국어에 [-high][+back]의 자음은 없으므로 개재 자음이 [αhigh][-α back]이어야 한다는 제약은 [+high][-back]인 구개 자음이 오지 말아야 한다는 말이 되어, 결국 움라우트 현상이 일어나기 위해서는 개재 자음이 구개음이 아니어야 한다는 조건이 되는 것이다.

한편, 움라우트 현상의 발생에 대한 통시적인 연구를 통해서도 움라우트와 구개음화의 관련성이 포착되어 왔다. {i, y}를 선행하는 음절의 후설모음에 [-back] 자질을 갖도록 하는 움라우트 현상은 역사적으로 i나 y 앞에 있는 음절의 후설모음에 y를 첨가하여 하향이중모음을 형성하는 현상으로 시작되었을 가능성이 크다는 것이다(최전승 1978, 최명옥 1980, 한영균 1980). 이러한 추정은 자질 변동의 관점에서 움라우트가 구개음화와 상당히 유사한 속성을 갖는 현상이라는 점이 드러난다. 왜냐하면 후설모음에 첨가되는 y가 [+high][-back]의 구개성 반모음이라는 점에서[15] 움라우트 현상은 {i, y}를 선행하는 음절의 후설모음에 [+high][-back]의 자질, 즉 구개성 자질을 추가하는 현상이 되기 때문이다[16].

이와 같이 그동안의 구개음화 현상에 대한 연구는 개별 현상의 특성을 이해하는 데에서 시작하여, 점차 그 관련 현상들과의 관련성을 포착하는 방향으로 나아왔다. 이러한 연구사적 흐름은 구개음화 현상에 대한 이해도 개별 현상의 특성에 대한 이해에서 나아가 별개의 현상처럼 보이던 여러 관련 현상들 사이에 맺어지는 관련 양상을 파악할 때 비로소 구개음화 현상을 더 잘 이해할 수 있게 될 수 있음을 알려준다. 이에 본 연구에서는 국어의 구개음화 현상을 보다 충실하게 이해하기 위하여 각 구개음화 현상에 대한 개별적 이해에서 나아가 각 구개음화 현상들 사이에 보이는 관련성, 다시 말해 구개음화와 여러 관련 현상들 사이에 맺어지는 관련 양상

---

15) 움라우트 현상에 대한 연구사는 최명옥(1989), 최전승(1990)을 참조. 그런데 움라우트 현상의 발생이 'y첨가 현상'으로 시작되었다고 할 때 주의해야 할 것은 이 움라우트 현상은 동화 현상이 아니라 구개성 반모음, 즉 y가 첨가 되는 현상이라고 해야 한다는 것이다. 이에 대해서는 본고의 제5장에서 구체적으로 논의할 것이다.

16) 이러한 방향에서 움라우트 현상의 발생 과정에 접근하기 위해서는 몇 가지 작업이 선행되어야 한다. 움라우트 현상이 y첨가 현상이었다면, 이러한 y첨가 현상이 일어나던 시기의 y계 하향이중모음의 음성적 실현과 y계 하향이중모음의 단모음화 시기가 먼저 검토되어야 할 것이다. 그리하여 지금까지 일반화되어 있는 음운현상의 전제, 즉 움라우트가 일어나기 위해서는 이중모음의 단모음화가 선행되어야 한다는 움라우트 실현 조건의 타당성 여부도 검토되어야 할 것이다.

을 파악하여 구개음화 현상의 통시적 전개 과정에서 드러나는 구개음화의 특성에 대하여 논의해 보고자 한다.

1.3 연구 범위와 방법

1.3.1 연구의 범위

구개음화는 i나 y에 의해 비구개 자음이 구개 자음으로 바뀌는 일련의 현상을 말한다. 국어에서 'ㄷ, ㄱ, ㅎ'이 i나 y 앞에서 각각 'ㅈ, ㅊ, ㅅ'으로 바뀌는 현상을 말하는 구개음화의 일반적인 개념은 연구의 대상과 범위에 따라서 달리 사용될 수도 한다. 가령 기저 음소 층위에 있는 비구개 자음 n, r, s 등이 i나 y 앞에서 각각 경구개변이음 [ɲ], [ʎ], [ʃ] 등으로 실현되는 음성 층위의 현상도 구개음화라 칭하기도 하며, 음소 층위에서 이루어지는 교체 현상에 대해서만 '구개음화'라 칭하기도 한다. 이처럼 '구개음화'가 엄격하게 규정되지 못하는 이유는 음운론의 연구 영역, 대상에 대한 접근 방법이나 태도에 기인하는 바가 크다.

i나 y 앞에서 비구개음이 구개음으로 바뀌어 실현되는 일련의 현상을 구개음화라 할 때, 어떤 현상이 구개음화에 포함되느냐는 음소 층위와 음성 층위의 문제에 국한되는 것은 아니다. 예를 들어 국어에서 '갸'의 연쇄에서 두 분절음은 물리적으로 연속적이어서 [k]는 [a]에 근접되어 조음되지만, '기'의 조음에서 [k]는 [i]의 조음을 준비하기 위해 구개 위치에서 조음되는 [i]에 보다 근접되어 조음된다. 일종의 동시 조음이라 할 수 있는 이러한 현상도 필요에 따라서는 구개음화에 포함시킬 수 있을 것이다.

구개성이 부차적으로 조음에 첨가되는 음과 그렇지 않은 음이 대립되는 러시아어[17]나 슬라브 제어에서라면 구개음화는 음소 층위라 하더라도 또

---

17) Ladefoged(1975)에서는 '구개음화'를 "[i]처럼 혀의 위치에 [-back]과 [+high] 자질을 추가하는 것"으로 정의하고, 러시아 어에서 구개성이라고 할 수 있는 [-back]과 [+high] 자질이 부차적인 조음(secondary articulation)으로 첨가된 음과 그렇지 않은 음

다른 개념으로 사용될 수 있다. 러시아어나 슬라브 제어와 같이 구개성을 부차적으로 조음하는 분절음과 그렇지 않은 분절음이 대립되는 언어에서 음절 핵 모음에 부차적으로 구개성이 첨가되어 대립되는 음소로 되는 현상이 있다면, Ladefoged(1975)에서처럼 이러한 분절음의 대립에 관여하는 부차적인 조음현상에 대해서도 구개음화라는 용어를 쓸 수 있을 것이다.

어떤 분절음의 부차적인 조음 특성으로 구개성이 변별적 기능을 하는 러시아 어나 슬라브 제어에서 구개성이 없는 자음에 구개성을 첨가하는 현상을 구개음화 현상에 포함시킬 수 있는 것처럼, 구개성을 가지고 있지 않은 모음에 구개성의 반모음을 첨가하는 현상도 구개음화라 할 수도 있을 것이다. 가령 i나 y에 의해 그 선행 음절의 모음에 반모음 y가 첨가되는 현상이 있다면, 그러한 현상 역시 구개음화의 일종이라 할 수 있을 것이다. 이렇게 보면 구개음화 현상이라고 하여 반드시 자음의 교체에 국한되는 현상이라고 할 수는 없다. 구개성이 없는 모음에 구개성을 추가해 줌으로써 구개성을 갖지 않던 모음이 구개성을 갖게 되는 경우도 있기 때문이다[18]. 이와 같이 비구개음이 i나 y에 의해 구개음으로 바뀌는 자음의 동화 현상이 아니라 할지라도 구개음화의 개념에 포함시킬 수 있듯이 구개음화[19]는 관점에 따라 매우 다양하게 정의될 수 있는 것이다.

이 대립하는 양상을 다음과 같이 제시하고 "구개성의 부차적인 조음을 첨가하여 의미 대립이 일어나는 현상"도 '구개음화'라 하였다.
   brat(brother) : braty(to take), krɔf(roof) : krɔfy(blood),
   stal(he has become) : staly(steel), ʒal(beat) : ʒary(cook)

18) 러시아 어나 슬라브 제어에서 구개성이 부차적으로 조음되는 현상을 구개음화의 범위에 포함시켰던 것처럼, 국어에서도 i나 y라는 동화주를 설정할 수 없는 경우도 구개음화에 포함시킬 수 있다. 가령 중세국어 자음체계에서 치조변이음으로 실현되던 'ㅈ'이 점진적으로 경구개 영역으로 조음 위치가 바뀌었다면, 자음체계 상에서 일어난 비구개음 'ㅈ'의 구개변이음으로 실현되는 변화 역시 구개음화라 할 수 있을 것이다. 비구개음으로 실현되던 'ㅈ'이 구개음으로 바뀌어 실현되는 현상이기 때문이다. 이러한 현상은 치조음 /ㅈ/이 구개변이음으로의 실현이 확산되어 모든 /ㅈ/이 구개 위치에서 조음됨으로써 구개변이음의 확장이 음소의 조음 위치라는 음운론적 결과를 가져 온 것이다.

19) 중앙어의 구개음화에 대한 통시적인 변화와 그 특성을 논의한 김주필(1985)에서는, 구개음화를 "비구개음이 구개음으로 바뀌어 음운론적인 결과를 수반하는 일련의 현상"으

국어에서 구개음화는 i나 y의 환경에서 비구개 자음이 구개 자음으로 바뀌는 일련의 현상을 말한다. 예를 들어 [kat^h- + -i](같-+-이)의 어간말 t^{h}가 i나 y 앞에서 구개음 [c^h]로 되는 형태음소론적 교체 현상을 말한다. 그러나 역사적으로는 이러한 명사와 조사, 또는 어간과 어미가 결합될 때 일어나는 교체현상 외에도 어휘형태소 내부, 문법형태소 내부에서도 구개음화 현상이 일어났다. 이에 본 연구에서는 i나 y 앞에서 비구개음이 구개음으로 교체되는 현상을 구개음화로 간주하고자 한다. 그리하여 i나 y 앞에서 [+high, -back]을 갖지 않은 비구개 자음이 [+high, -back]을 갖는 자음으로 바뀌어 실현되는 일련의 현상을 '구개음화'라 칭하기로 한다.

본 연구에서는 이러한 현상이 아니더라도, 구개음화 현상과 동일한 환경에서 일어나는 현상은 '구개음화 관련 현상'이라 하여 연구 대상에 포함하고자 한다. 구체적으로 말하면 구개음화의 음운론적 환경과 동일한, 즉 i나 y 앞에서 일어나는 구개음 관련 교체 현상, 첨가 현상, 탈락 현상들을 구개음화 관련 현상에 포함하고자 하는 것이다. 이러한 현상에는 'ㄷ, ㄱ, ㅎ'의 구개음화와 동일한 환경에서 일어나는 각 구개음화 현상에 대한 과도교정(hypercorrection), i나 y 앞에서 일어나는 'ㄴ'의 탈락과 첨가 현상, i나 y에 의해 그 선행 음절의 후설모음에 반모음 y가 첨가되는 현상 등 다양한 현상들이 포함될 수 있다.

구개음화의 정의에 따른다고 하더라도 구개음화에 포함할 수 있는 현상의 범위나 대상은 달라질 수 있다. 후기 중세국어 자음체계에서 치조음으로 분류되는 'ㅈ, ㅊ(ㅉ)'의 구개음으로의 조음위치 이동은 국어 음운사에서 많은 논란이 되었던 음변화 현상이다. 그러나 이 현상은 i나 y 앞이라는 환경에 국한되지 않고 일어났을 뿐만 아니라, 김주필(1985)에서 검토한 바 있기 때문에 본 연구 대상에서는 제외하기로 한다.

이 외에도 구개음 뒤에서의 y의 탈락과 첨가 현상, 치찰음 'ㅈ, ㅊ, ㅅ'

로 정의하여, 자음체계 상에서 일어난 'ㅈ'의 변화를, ㄷ구개음화, ㄱ구개음화, ㅎ구개음화 등과 함께 구개음화에 포함시켜 논의의 대상으로 삼고 있다.

다음에 오는 '一[ɨ]'의 '] [i]'로의 변화 현상, 그리고 어간말 폐쇄음의 마찰음화(예: 몯→못) 등도 본 연구의 대상에 포함할 수 있을 것이다. 그러나 구개음 뒤에서 일어나는 반모음 y 탈락은 'ㅈ'의 조음위치 이동과 관련하여 김주필(1985)에서 살펴보았기 때문에, 'ㅈ, ㅊ, ㅅ' 다음의 '一] ' 변화는 주로 19세기 이후에 확산될 뿐 아니라 '스〉시' 변화에서의 'ㅅ'은 구개음이 아니기 때문에[20] 연구 대상에서 제외하기로 한다. 어간말 폐쇄음의 마찰음화도 구개음화와 무관하지 않은 것으로 보이지만 명사와 동사 어간이라는 형태·통사론적 단위를 바탕으로 기저형에 대한 논의로 확장되어야 하기 때문에 본 연구의 대상에서 제외하기로 한다.

1.3.2 연구의 시기와 방법

근대국어를 대표하는 음운변화 현상 중의 하나인 구개음화는 17·8세기에 두드러지게 확산된다. 물론 구개음화의 종류에 따라, 시기와 방언에 따라 구개음화의 확산 과정에는 차이가 있을 것이다. 그렇다고 하더라도 구개음화와 그 관련 현상들이 두드러지게 확산되는 시기는 17세기 후기부터 18세기 후기, 나아가 18·9세기 교체기라고 할 수 있다. 그러므로 구개음화가 확산되는 과정과 특징, 구개음화 현상들 사이에 드러나는 관계, 구개음화와 관련 현상들 사이의 관련 양상과 특성을 이해하기 위해서는 17세기와 18세기의 문헌을 대상으로 하는 것이 타당하다. 따라서 본 연구에서는 17·8세기의 문헌을 대상으로 하되, 필요한 경우 16세기 중·후기나 19세기 전기의 일부 문헌을 포함하기로 한다.

문헌 자료에 의존하게 되는 통시적인 연구에서는 문헌에 반영된 표기의

---

20) 특이하게도 백두현(1990:172)에서는 '스'의 'ㅅ'이 구개성을 갖고 있다고 설명하였다. 즉 "'ㅅ'의 조음 위치를 보다 엄밀하게 살펴보면, 'ㅅ'은 alveolar에서 조음되는 것이 아니라 alveolar에서 약간 후퇴한 위치에서 조음된다."고 하고 나서 "'ㅅ'은 alveolar- palatal sound라고 할 수 있다."고 하여 구개성을 가지고 있다고 한 것이다. '] ' 앞의 'ㅅ'에 대해서는 이 설명이 타당하다고 할 수 있으나 '一' 앞에서는 그렇게 보이지 않는다. '一' 앞에서 'ㅅ'이 구개음으로 실현되는 다른 근거가 필요하지 않나 생각된다.

변화와 함께, 그 표기에 반영된 방언의 특성도 함께 고려해야 할 것이다. 이런 점에서 대부분의 통시적인 연구에서 문헌과 표기의 언어 외적·내적인 상태를 먼저 검토해 왔다. 본 연구에서도 문헌의 언어 외적인 사항에 대해서는 해당 문헌의 간행 시기, 간행자, 간행지, 판본의 특성 등을 살펴 방언의 반영 여부를 결정할 것이다. 문헌에 반영된 방언은 이러한 언어 외적인 특성과 함께 간행 시기, 간행 지역이 다른 문헌들과의 대비를 통하여 파악할 것이다. 그리하여 어떤 문헌의 언어 내적인 특성을 파악하기 위하여, 해당 문헌의 언어 외적 특성을 바탕으로 간행 시기나 지역이 다른 문헌의 언어 내적인 특성과 대비하는 방법을 활용할 것이다. 즉 초간본은 같은 시기의 동일 방언권 문헌과의 공통점을 중시하되 다른 시기, 다른 지역에서 간행된 문헌과의 차이점을 중시하고, 중간본은 이전 간본과의 차이점을 중시하되 동일 방언권 문헌 자료와의 공통점을 중시할 것이다.

언어 내적인 특성을 파악하기 위한 이러한 언어 외적 정보의 이용 방법은 새로운 연구 방법은 아니다. 이전에도 음운변화의 논의에서는 이러한 방법을 활용해 온 방법이다. 이러한 방법의 활용에도 불구하고 구개음화의 발생과 확산 과정에 대한 논의의 내용은 일치하지 않은 경우가 많다. 그 이유는 주로 음운변화에 대한 관점이나 태도의 차이, 또는 특정 문헌에서 추출된 자료에 대한 해석의 차이에 기인한 것으로 보인다. 그 한 예로써 ㄷ구개음화의 발생 시기에 대한 기존의 연구에서 드러난 문제점을 간단히 정리함으로써, 음운변화에 대한 관점이나 특정 문헌의 자료에 대한 태도의 차이로 인해 어떠한 문제점이 드러나는지 살펴보고, 이러한 문제점에 대한 본 연구의 태도를 밝히기로 한다.

중앙어의 ㄷ구개음화의 발생 시기에 대한 추정은 대체로 세 부류로 나뉜다. 첫째 부류는 안병희(1957), 이기문(1972b/1977), 곽충구(1980), 김주필(1985)[21] 등에서처럼 ㄷ구개음화가 17·8세기의 교체기에 일어난 것으로

---

21) 김주필(1985)는 17세기 후기 또는 그 이전이라고 함으로써 두 번째 부류와 세 번째 부류의 중간에 속한다고 할 수 있다. 그런 점에서 김주필(1985)의 구개음화 발생 시기에 대

추정한 부류이고, 둘째 부류는 이명규(1974), 송민(1986), 김동언(1990), 홍윤표(1994) 등과 같이 17세기 전기 또는 16세기 후기에 일어난 것으로 추정한 부류이다. 셋째 부류는 홍윤표(1985), 이명규(1993) 등으로서 15세기에 ㄷ구개음화가 일어난 것으로 추정한 부류이다. 이들 세 부류의 추정은 문헌에 나타나는 ㄷ구개음화 예, ≪언문지≫의 구개음화 관련 기술 내용에 대한 해석, 음운변화 과정에 대한 관점 등에서 시각의 차이가 드러난다.

첫째 부류는 17세기 전기 중앙어가 반영된 문헌에 ㄷ구개음화의 예가 보이지 않는다는 점과 구개음화에 대한 ≪언문지≫의 기술 내용을 관련지어 ㄷ구개음화가 17·8세기 교체기를 전후한 시기에 발생한 것으로 추정하였다. 둘째 부류는 18세기 이전에 보이는 구개음화의 예를 바탕으로 ≪언문지≫의 서술 내용을 나름대로 재해석함으로써 17세기 전기 또는 16세기 후기에 ㄷ구개음화가 일어난 것으로 추정하였다. 셋째 부류는 구개음화와 동일한 환경에서 교체를 보이는 형태가 하나라도 보인다면 구개음화가 일어난 예로 간주하고 ≪언문지≫의 내용은 중시하지 않음으로써 15세기에 이미 ㄷ구개음화가 일어나고 있었던 것으로 추정한 것이다.

이 세 부류의 관점과 설명 내용을 비교해 보면 각 주장의 문제점이 드러난다. 첫째 부류는 한정된 문헌에서 추출한 예들을 ≪언문지≫의 기술 내용에 기계적으로 대응시켰다는 점을 지적할 수 있다. 17·8세기 교체기의 문헌에 구개음화 예가 보인다면 실제 언어에서는 그보다 이른 시기에 변화가 일어났을 가능성이 있음에도 불구하고, 중앙 간행의 문헌에도 17세기 후기에 나타나는 구개음화 예들과 ≪언문지≫의 설명을 기계적으로 대응시킨 것이다. 이러한 태도를 취한다고 하더라도, 중앙어가 반영된 17세기 중기 문헌에도 구개음화나 그 관련 예가 보이므로 이 부류의 구개음화

한 관점도 이 첫 번째 부류나 두 번째 부류와 다르다. 그러므로 다음에 설명하는 첫 번째 부류와 두 번째 부류의 관점과도 차이가 있다. 사실 구개음화의 발생 시기에 대한 본고의 관점은 김주필(1985)과 별로 달라진 점이 없다. 여기에서는 편의상 첫 번째 부류에 넣어 둔다.

발생 시기에 대한 추정은 재고되어야 할 것으로 보인다.

첫째 부류의 문제점을 해결한 듯이 보이는 둘째 부류의 주장에도 문제가 없는 것이 아니다. 이 부류의 문제점은 이명규(1974)와 이명규(1993)에서 추정한 구개음화 발생 시기의 시간적 격차를 통해 저절로 드러난다. 이명규(1974)에서는 16세기 후기 또는 17세기 초기에 중앙어에 구개음화가 일어난 것으로 봄으로써 구개음화의 발생 시기에 대한 첫 번째 부류의 추정과 차이를 보인다. 그런데 이러한 주장이 이명규(1974)에서 구개음화로 간주하지 않았던 예까지 구개음화 예로 간주한 이명규(1993)에는 15세기 문헌에 보이는 '진짓'과 '진딧'의 교체형을 바탕으로 15세기 후기에 이미 구개음화가 일어나고 있었다는 주장으로 바뀐다. 이러한 시각은 홍윤표(1985)에서도 마찬가지이다. 이전의 어떤 논의에서도 '진짓'을 '진딧'의 구개음화된 형태로 간주하지 않았으나 이들 논문에서는 '진짓'이 '진딧'의 구개음화 예로 간주하여 구개음화의 발생 시기를 100년 이상 앞당긴 것이다. 이들 주장은 소수의 문헌에 나타나는 하나의 용례를 바탕으로 내린 추정이기 때문에 구개음화 현상의 성격을 어떻게 규정하는지 분명하지 않은 것이다. 이 부류에서는 '진짓' 외에는 구개음화 예들이 100년 이상 나타나지 않는 이유나 《언문지》에서는 구개음화에 대한 설명이 달리 나타나는 이유 등에 대해서도 설명해야 하는 부담도 안고 있다[22].

이상의 문제점을 통하여 구개음화의 발생 시기 추정에 있어서, 구개음화 예들을 추출할 수 있는 문헌을 선정하는 것도 중요하지만, 구개음화 예를 추출하는 태도와 국어학사적 기술 내용에 대한 해석도 간과할 수 없는 중요한 문제임을 알 수 있다. 그러므로 어떤 음운현상에 해당하는 용례를 추출하는 대상 문헌의 선정, 해당하는 용례의 범위와 수, 추출한 용례의

---

22) 홍윤표(1994)에서는 '진짓'이 중국어 차용어라는 이유를 들어 구개음화 예에서 제외함으로써 홍윤표(1985)의 추정 시기를 수정하여 셋째 부류의 주장으로 바꾸었다. 홍윤표(1985)를 수정한 홍윤표(1994)의 시기 추정은 이명규(1974)를 수정한 이명규(1993)의 시기 추정과 상반되는 태도를 취하며 그 추정 결과도 상반된다.

수와 양, 추출한 용례에 대한 해석 내용을 국어학사적 기록과 결부지어 이해하는 관점이나 태도 등이 구개음화, 나아가 음운변화의 발생 시기와 변화의 과정을 이해하고 해석하는 데에 관여하는 중요한 요인들이다. 이러한 요인들은 궁극적으로 음운변화의 기제와 음운변화의 과정을 어떻게 보느냐 하는 문제로 귀결되기 때문이다.

국어사 문헌의 언어 내적·외적 특징을 분명하게 밝히기는 어렵다. 해당 문헌을 편찬하는 데에 관여한 사람을 알 수 없는 경우도 많다. 어떤 문헌의 간행에 관여한 사람을 밝힌다고 하더라도 그 문헌에 관여한 사람의 출신지나 성장지, 또는 언어 사용 상의 특징을 모두 알아낸다는 것은 거의 불가능하다. 그리하여 문헌 간행에 참여한 사람의 언어 사용상의 특성을 제대로 파악하기 어렵기 때문에 문헌이나 자료를 대하는 태도, 음운변화를 보는 일관된 관점은 보다 중요한 문제로 부각된다.

본 연구에서는 국어사 문헌에 나타나는 예들을 추출하여 해석하는 태도로써 해당 표기 예가 나타나는 경향(tendency)을 중시함으로써 문헌을 대상으로 하는 연구에서 나타날 수밖에 없는 문제점을 보완하고자 한다. 다시 말해서 본 연구에서는 음운변화를 반영하는 예들이 문헌에서 나타나는 경향을 중시하는 관점에서 국어의 음운사적 사실에 접근하고자 한다[23]. 그리하여 구개음화가 반영된 예들이 시간의 흐름에 따라 연속적으로 나타나되, 음운론적 환경이나 해당 음운현상이 반영된 어휘의 수와 양에 있어서 일정한 변화의 경향을 보여줄 때, 어떤 문헌에서 추출된 예가 특정 시

---

23) 언어의 변화 법칙을 자연 현상의 필연법칙과 다른 '가능의 법칙'으로 보고서 언어 변화, 특히 음변화를 하나의 경향으로 파악하려 한 대표적인 논문으로 이숭녕(1935, 1940)을 들 수 있다. 이숭녕(1940)에서는 "…(중략)… 법칙은 훌륭한 법칙이지만 그보다 더 적절한 개념은 음운 경향(tendence phonetique)이라고 하였다. 경향이라고 해 봄이 더 적합하다고 그리고 법칙과 경향의 관계는 이 경향이 음운법칙이라는 개념보다 이론적으로 정확하고 더 실천적으로 중요하다고 하였다. …(중략)…"라고 하여 언어의 변화가 현대 국어 음운론에서 적용하는 공시적인 필연 규칙과 달리 수의적으로 선택되는 가능의 법칙으로 파악하였다. 본 연구에서도 이러한 연구 태도를 따른다. 본고의 연구 태도와 방법은 1.3절에 제시하기로 한다.

기, 특정 방언의 구개음화를 보여주는 것으로 이해하고자 한다. 여기에서 말하는 '일정한 변화 경향'이란 음운론적 환경이나 해당 음운현상이 반영된 어휘의 수와 빈도가 증가하거나 감소하는 추이의 방향성을 말한다.

본 연구에서 '경향'을 중시하는 이유는 문헌 자료를 통하여 음운변화를 고찰할 때 생길 수 있는 문제점을 최소화하기 위해서이다. 다시 말해 국어사 연구에서는 문헌의 자료를 대상으로 하기 때문에 특정 시기, 특정 지역의 화자나 필사자의 언어에서 드러나는 음운변화 예를 추출하고자 하지만 우발적이거나 돌발적인 예들의 출현으로 인하여 논의가 극단적으로 기울어질 가능성도 없지 않은 것이다. 국어사 문헌에 반영된 언어에는 경우에 따라 이질적인 용례가 포함되어 있을 수 있어서 특이한 용례의 출현에는 문헌에 관여한 사람의 개별 방언이 반영되었을 수도 있고 상황에 따라 그 용례가 사용된 특수한 사정이 있었을 수도 있기 때문이다.

이러한 상황에서 문헌에 노정된 한두 예를 가지고 어떤 기준으로 해당 음운변화가 발생한 것인지, 또는 그 반대로 그렇지 않다면 어떠한 기준으로 그렇지 않은지 객관적인 근거를 마련한 것 자체가 쉽지 않다. 그리하여 본고에서는 해당 용례들이 꾸준히 나타나느냐 그렇지 않으냐 라고 하는 경향을 중시하여 이러한 상황에서 생길 수 있는 극단적인 추론이나 추정을 최소화하고 해당 음운변화의 과정을 살펴보고자 한다. 이와 같이 문헌에 나타나는 예들의 경향을 중시하는 태도는 해당 음운변화의 시작과 완성 시기를 찾아내기 어려운 국어사 연구에서 변화의 과정을 중시하고자 하는 본고의 관점24)을 반영한다.

---

24) Rudi Keller(1994)에서 헬무트 뤼트케의 논의를 재인용한 것임. 본고에서 말하는 이러한 경향은 Sapire(1921/1961)의 Chapter7에서 "한 언어나 한 어족에 있는 장기적이고 방향성을 갖는 움직임"을 뜻한 drift('흐름' 또는 '표류')와 유사한 개념의 술어이다. 그러나 Rudi Keller(1994, 162)에서 지적하고 있듯이, Sapire(1921/1961)에서는 "언어의 흐름은 언어 사용자들이 총괄적으로 일정한 한 방향으로 나아가는 신조형을 무의식적으로 선호함으로써 생겨난다"라고 한 것은 상황을 뒤바꿔 말하고 있는 것으로 간주된다. 어떤 '흐름'을 향한 언어 사용자들의 무의식적인 선호가 어디에서 비롯되는지 설득력 있게 설명하는 것은 어렵다. 헬무트 뤼트케는 이에 대해 몇 가지 원칙을 설정하고 나서 이러한

1.4 논의의 구성

본 연구는 모두 7개의 장으로 구성된다. 제1장과 제2장은 본론을 전개하기 위한 토대를 마련하는 장이고, 제7장은 본 연구의 내용을 정리하고 전망을 언급함으로써 전체 글을 마무리 장이 될 것이다. 그러므로 주된 논의가 이루어지는 부분은 제3장에서 제6장까지이다.

제1장에서는 본고의 목적, 연구사적 배경, 논의 대상의 범위와 시기, 논의의 구성 등에 대해 설명한다. 제2장은 본고를 전개하는 데에 필요한 내용을 설명하는 토대의 장이다. 그리하여 제2장에서는 근대국어 문헌의 특성과 비교의 방법, 문헌에서 자료 추출 방법과 해석, 대상 문헌의 특성에 따른 분류 작업 등을 행하게 될 것이다.

제3장부터 제6장까지는 본 연구의 본론으로서 다시 세 부분으로 나뉜다. 제3장은 여러 종류의 구개음화와 그 관련 음운현상의 통시적 전개와 특성에 대하여 살펴볼 것이다. 구체적으로 ㄷ구개음화, ㄱ구개음화, ㅎ구개음화과 이들 구개음화에 대한 과도교정 현상을 검토할 것이다. 제4장과 제5장에서는 i나 y 앞에서 일어나는 ㄴ탈락과 ㄴ첨가 현상, 구개성 반모음 첨가 현상을 검토하고 제6장에서는 구개음화와 관련 음운현상 사이에 드러나는 관련 양상과 특성을 논의할 것이다.

마지막으로 제7장에서는 본 연구에서 논의된 내용을 정리하고, 논의 과정에서 생긴 문제점과 앞으로의 전망을 간단하게 언급하고, 본고를 마무리하고자 한다.

원칙들이 지켜진다고 가정할 경우 주어진 여건 하에서 하나의 '흐름'을 이 원칙들이 만들어 낸다고 하였다. 이러한 과정을 Rudi Keller(1994, 162)에서는 "보이지 않는 손"에 의한 설명의 틀을 그려내고 있다.

2. 대상 문헌의 특성과 이용 방법

2.1 근대국어 문헌의 특성과 비교 방법

근대국어 시기의 문헌은 후기 중세국어 시기와 비교하면 몇 가지 특징
이 드러난다. 문헌의 간행 경위와 관련해서 중간본이 많으며, 문헌의 간행
지와 관련하여 지방판이 많다는 점이다. 그리고 이전 시기에 비해 필사본
이 많다는 것도 이 시기 문헌의 특징 중 하나이다. 이러한 특징에 대하여
간략하게 살펴보기로 한다.

근대국어 시기의 문헌에는 중간본이 많다. 이 시기에는 15・6세기에 간
행된 문헌을 다시 간행하거나 17・8세기의 문헌을 다른 지역에서 간행해
낸 중간본이 많은 것이다. 《천자문》, 《유합》 등의 자석류, 《내훈》, 《이
륜행실도》, 《삼강행실도》, 《경민편언해》, 《정속언해》, 《부모은중
경언해》 등의 풍속교화류, 《법화경언해》, 《지장경언해》, 《법화경언해》
등의 불서류, 《구황촬요》 등의 농서류, 《노걸대언해》, 《박통사언해》
등의 외국어 학습서류 등 15・6세기에 간행된 문헌을 이 시기에 중간된 문
헌들이 적지 않게 나타나는 것이다. 이들 중간본에는 초간본과 달라진 부
분이 있으며 그 달라진 부분에 간행 당시의 언어가 반영되어 음운변화의
연구 자료로 활용할 수 있다.

이 시기에는 또한 지방에서 간행된 문헌이 많다. 대부분의 문헌이 중앙
에서 간행된 15・6세기와 달리 이 시기 문헌은 지방의 사찰이나 감영에서
간행해 낸 경우가 많은 것이다. 앞에서 열거한 17・8세기의 중간본 대부분
이 지방 사찰이나 감영에서 간행된 문헌들이다. 지방에서 간행된 문헌들
은 그 지방의 방언형이 반영된 경우가 적지 않아, 이러한 문헌을 바탕으로

방언의 대체적인 음운변화 과정을 추적할 수 있다.

필사본이 많이 등장한다는 것도 이 시기 문헌의 특징으로 꼽을 만하다. 16세기에도 필사본이 없는 것은 아니지만25), 이 시기에 이르면 필사본이 다양하게 나타나는 것이다. 한글 사용자층의 확대를 의미하는 필사본의 증가는 이 시기에 이르면 뚜렷한 경향을 보인다. 〈병자일기〉, 〈계축일기〉, 〈산성일기〉, 〈인조대왕행장〉, 〈진주하씨 묘 출토 한글 자료〉, 〈규곤시의 방〉, 〈전가팔곡〉 등이 대표적이다. ≪경민편언해≫와 같이 기존 간본의 내용을 붓으로 필사한 자료는 물론, 일기류, 행장류, 편지·치부류 등 일상 생활에 관한 내용을 필사하여 펴낸 자료들이 뚜렷하게 증가한다. 필사본이라 할지라도 그 서지 사항이 분명하게 밝혀진다면 당시의 언어 상태를 밝히는 데에 유용한 자료가 될 수 있다.

이 시기 문헌의 자료의 언어 내적 특징을 15·6세기와 비교하면 언어학의 각 층위에 걸쳐 상대적으로 보다 뚜렷한 변화를 보여준다. 표기와 음운, 형태·통사, 어휘의 변화 등 이 시기에 일어난 국어사의 중요한 변화들을 언어학적 제 층위에서 확인할 수 있다. 이러한 특징을 표기와 음운, 형태·통사, 어휘 등으로 나누어 간략하게 살펴보기로 한다.

이 시기 자료에 보이는 표기와 음운의 특징은 표기와 음성형의 대응 관계가 1: 1이 아닌 경우가 많아 한 어형에 다양한 표기가 혼재한다는 점이다. 그 가운데는 표기 자체의 변화에 기인한 경우도 있지만, 대체로 음성적·음운론적 변화에 따라 표기가 바뀐 경우도 많다. 한 어형에 다양한 표기가 대응하는 경우에는 음운변화 이전의 표기형과 음운변화 이후의 표기형을 대비하면 '표기 : 음성'의 관계가 '1: 多'의 대응을 보이는 경우와 '多:

---

25) 16세기에 해주에서 필사된 〈구황촬요〉와 같은 한글 모사본은 물론 여러 종류의 한글 필사 자료가 있다. 정철의 어머니가 보낸 한글 편지를 비롯하여 한글 편지도 여러 종 보고된 것이 있다(김일근: 1991, 조건상: 1981). 한글 편지 가운데 청주 채무이 부인의 무덤에서 발견된 편지는 양도 많고 내용도 다양하다. 채무이 부인의 무덤에서 발견된 한글 편지에 대해서는 조건상(1981)에서 검토되었다. 이 한글 편지는 해제와 함께 충북대 박물관에서 영인되어 국어사 자료로서 이용되고 있다.

1'의 대응을 보이는 경우로 나뉜다. 이러한 두 가지 상반된 대응 관계는 표기 변화에 기인하는 것도 있지만, 음운변화에 의한 것도 있어서 정밀한 관찰을 필요로 한다. 전자가 격음 표기에서와 같이 한 음성형의 표기가 다양하게 나타나는 경우라면, 후자는 음운변화에 의해 만들어진 신형이 구형과 공존하여 형태가 다양하게 나타나는 경우라 할 수 있다.

이 시기 문헌에 보이는 혼기들은 표기의 전 범위에 걸쳐 나타난다고 해도 과언이 아니다. 엄격하게 구별되던 ㅂ계 병서자와 ㅅ계 병서자가 혼기되고 ㅂ계 병서에도 'ㅂㅣ'이 나타난다. 격음에 대해 'ㅺㅌ, ㅅㅕ, ㅅㆆ' 등의 병서자가 새로 등장하고, 격음이나 경음에 대한 다양한 유형의 표기(알픽, 앏픽, 앏히 등)가 전통적인 표기와 함께 나타난다[26]. 구개음화, 음절말 'ㅅ'의 'ㄷ'으로의 중화, 'ㆍ' 변화, 원순모음화, 치음 'ㅈ, ㅅ' 다음의 y 첨가와 탈락, 자생적인 변화로서의 어두 격음화와 경음화를 반영한 표기 등 이 시기에 일어나는 대부분의 음성적・음운론적 특징들을 드러낸 표기와 전통적인 표기가 공존한다. 'ㅸ'이나 'ㅿ'의 반사형, 중앙어의 모음이나 이중모음에 대응되는 표기 등 방언적 특징을 반영한 표기와 그렇지 않은 표기도 공존한다. 이러한 혼기 가운데에는 표기 자체의 변화도 있지만, 문헌이 간행된 당시 해당 지역의 음성적・음운론적 변화가 반영된 예들도 적지 않다. 그 가운데 표기에 음운변화가 반영된 경우 당시 방언의 음운변화를 연구하는데에 중요한 자료로 삼을 수 있다[27].

형태・통사적 측면에서는 문법 체계의 변화와 방언적 특징을 보이는 어형들이 많이 보인다는 점을 특징으로 들 수 있다. 'ㅸ'과 'ㅿ'의 변화로 겸양

---

26) 표기의 변화로 보이는 예들도 순수하게 표기 자체의 변화로 볼 수 있는지 검토를 요한다. 표기 예 자체만 놓고 볼 때에는 그렇게 보일 수도 있지만 표면상 표기의 변화로 보이는 예들도 음운변화와 직접・간접으로 관련되어 있을 가능성이 있기 때문이다.

27) 근대국어 표기 특징에 대해서는 홍윤표(1985), 이익섭(1993)을 참고할 수 있다. ≪정신문화연구≫ 제16권 제1호(한국정신문화연구원, 1993)에서는 근대국어 시기의 문헌에 나타나는 표기의 양상과 특징을 다양한 각도에서 논의하고 있어 이 시기의 표기 연구에 도움이 된다. 한편 근대국어 시기의 진행 중인 음운변화의 표기와 음성형의 대응 관계에 대해서는 김주필(1998)을 참조할 수 있다.

법 선어말 어미의 형태와 기능이 바뀌는 것처럼 방언적 특징이 아닌 변화도 있지만, '-사이댜' 형의 계승형인 '안줍새, 보웁새' 등이나 ≪보권염불문≫(동화사), '시무시소(40), 슬퍼 마시소(35), 슬퍼 마소(35)' 등의 어말어미는 방언적 특징을 보여주기도 한다. ≪법화경언해≫(송광사)의 '법지션스가 법화경을 샹숑ᄒ더니'(1a) 등과 같이 i나 y로 끝나는 명사가 아닌 환경에서 나타나는 주격조사 '가'도 방언에서 일어난 통사적 변화의 한 예를 보여주는 것으로 간주된다.

이 시기의 문헌에서는 어휘 면에서도 몇 가지 특징을 보여준다. 어휘의 변화를 반영한 예들도 보이며, 의미의 변화를 반영한 예들도 보인다. 특히 많은 문헌이 지방에서 간행된 결과, 방언형을 자주 드러낸다는 점도 특징으로 꼽을 만하다. 함흥에서 간행된 ≪연병지남≫의 '들겨나가(4a), 긔를 흔드겨(29b)', ≪보권염불문≫(동화사)의 '벼슬(13, 18), 거죽걷(거짓, 10, 30)' 등은 방언형이 문헌에 반영되었음을 보여준다.

이러한 언어 내적 특징들은 언어 외적 특징과 밀접하게 관련되어 있다. 중간본이 많으므로 음운변화가 표기에 반영된 경우라든가, 지방에서 간행된 문헌이 많기 때문에 방언형이 문헌에 보인다는 것은 당연하면서도 자연스러운 결과이다. 국어사 자료로 이 예들을 이용할 때에 문헌의 언어 외적 특징과 자료의 언어 내적 특징들을 상호 관련지어 해당 문헌에 반영된 방언형을 결정하고자 한다. 이런 점에 유념하여 본고에서는 언어 외적인 서지 사항을 먼저 검토한 다음 그 문헌에 반영된 언어 내적 특징을 검토함으로써 논의에 필요한 구개음화 예들을 추출하여 이용하고자 한다.

초간본에서는 이전 시기의 다른 문헌과의 비교를 통해 구개음화의 예를 추출하여, 그 예들이 같은 시기의 같은 지역에서 간행된 문헌에 보인다면 그 시기 해당 지역의 구개음화가 반영된 예로 간주할 것이다. 즉 어떤 시기의 문헌에 보이는 유형의 구개음화 예가 그 문헌의 간행 시기 전후에 보인다면 구개음화가 진행 중에 있었던 것으로 간주하고자 하는 것이다. 중간본에서도 이와 유사한 방식으로 예를 추출하여 구개음화의 전개 과정을 논의할 것이다. 중간본은 그 이전에 간행된 초간본이나 다른 중간본과의 비교를 통하여 변개된 어형을 추출하여, 그러한 어형이 해당 중간본과 유사한 시기, 인근 지역의 문헌에서와 같은 유형의 예들이 보이면 구개음화가 진행 중인 것으로 간주할 것이다.

초간본과 중간본에 대한 이러한 비교 방법은 필사본에도 그대로 적용할 것이다. 그러나 많은 필사본의 경우에 필사의 경위나 필사자, 필사 연대 등에 대한 명확한 기록이 없어서 자료로 이용하는 데에 주의를 요한다. 본고에서는 자료의 출처가 분명한 것으로 알려져 있는 〈병자일기〉(1636), 〈진주하씨 묘 출토 한글 자료〉(1602-1648), 〈규곤시의방〉과 〈전가팔곡〉(17세기 후기), 〈경민편언해〉(1806) 등은 본 연구의 대상 자료로 활용하고 출처나 필사 시기가 분명하지 않은 자료는 필요한 경우에 보조적인 자료로 이용하고자 한다.

2.2 대상 문헌의 특성

출처가 분명한 국어사 자료를 확보하기 위한 작업은 문헌에 대한 서지학적인 접근에서 시작된다. 어떤 문헌의 서명, 판식, 간행 시기, 간행자, 간행 경위(간행 횟수 포함), 간행지 등의 서지적인 특성들은 해당 문헌에 어느 시기 어느 지역의 방언형이 반영되었는가를 결정하는 데에 중요한 역할을 한다. 문헌의 언어 외적 특징은 자료의 언어 내적 특징을 밝히는 데에 중요한 역할을 할 수도 있기 때문에 문헌의 서지적 특징을 검토하는 작업이 필요한 것이다.

문헌의 서지 사항을 잘못 추정함으로써 문헌의 자료를 잘못 이용한 사례가 나타나기도 한다. 그 한 예로 무성판 ≪신간구황촬요≫의 간행 시기를 추정한 경우를 보기로 한다. 전라도 무성에서 개간된 ≪신간구황촬요≫의 끝에는 다음과 같은 내용이 적혀 있다.

(1) 崇禎紀元後 丙寅夏 四月 下澣 武城 田以采 朴致維 謹梓

(1)에 명기된 간기 '崇禎紀元後 丙寅年'와 간행지 '武城', 간행자 '田以采, 朴致維'를 문면 그대로 받아들이면 1668년에 전라도 무성에서 전이채(田以采)와 박치유(朴致維)에 의해 간행된 것이라고 할 수 있다[28]. 그동안의 국어사 연구에서도 이러한 기록을 의심 없이 받아 들여 무성판 ≪신간구황촬요≫는 1668년에 전라도 무성에서 간행되었으며, 간행 당시의 무성방언이 일부 반영되었을 것으로 추정해 왔다.

그런데 정신문화연구원(현 한국학중앙연구원)에서 1979년에 낸 책판 목록에는 이 문헌의 간행 연대가 1806년으로 되어 있다. 무성판 ≪신간구황촬요≫의 간행 시기에 대한 국어학계의 추정과 정신문화연구원의 추정이 약 150년의 차이를 보이는 것이다. 그러나 국어학계에서는 이러한 차이가 어디에 기인하는지에 대한 검토를 하지 않은 채, ≪신간구황촬요≫의 기록을 그대로 믿고 이 문헌을 17세기 후기의 전라도 방언 자료로 이용해 왔던 것이다.

이 문헌의 간행 시기를 추정하기 위해서는 전이채와 박치유의 생존 시기가 검토되어야 할 것이다. 이들의 생존 시기를 통하여 '崇禎紀元後'의 '丙寅'이 언제인가를 밝힐 수 있을 것이기 때문이다. 그런데 김윤수(1990)에서는 전이채, 박치유가 18세기 후반에서 19세기 초기에 걸쳐 산 인물임을 실증적으로 밝힘으로써 무성판 ≪신간구황촬요≫가 19세기 초기에 전북 태인에서 간행된 것임을 분명히 하였다. 간행자의 생존 시기를 고려하면, ≪신간구황촬요≫의 '崇禎紀元後 丙寅 四月日 下澣'은 '崇禎紀元後 三丙寅'으로 추정되어야 함에도, 명기하지 않은 '三'을 고려하지 않아 시기 추정에 150년 정도의 차이를 가져오게 된 경우이다[29].

---

28) 유탁일(1981/1990)을 참조할 것.

29) ≪신간구황촬요≫에는 구개음화 예들이 나타나고 있어서 선별적으로 이 문헌의 구개음화 예들을 활용하는 경우에는 이 문헌을 17세기 자료로 활용하든 19세기 자료로 활용하

서지적인 접근을 통하여 해당 문헌의 언어적 특성을 알 수도 있지만 그렇지 않은 경우도 있다. 해당 문헌의 언어 외적인 특징만으로 그 자료에 반영된 언어적 특징을 알 수 없는 경우도 많다. 그럴 경우에 해당 문헌의 언어 외적 특징을 그대로 믿고 그 문헌에 반영된 언어의 내적 상태를 언어 외적 특징이 반영된 것으로 이해하게 되면 오류를 저지를 가능성이 있다. 이런 점에서 서지적 접근을 통하여 알게 된 언어 외적 특징이 언어 내적 특징에 의해 뒷받침되는 경우라면 해당 자료를 보다 안전하게 활용할 수 있을 것이다.

판목이 안성 칠장사에 보관되어 있는 칠장사판 ≪유합≫과 ≪천자문≫을 보기로 하자. 이 ≪유합≫과 ≪천자문≫을 처음으로 소개한 홍윤표(1992)에서는 이 문헌들에 반영된 언어가 어느 방언인지 언급하지 않았으나 이명규(1993)에서는 이 문헌들에 칠장사의 소재지인 경기도 안성 방언이 반영된 것으로 간주하고 있다. 그리하여 이명규(1993)에서는 중앙어의 구개음화 예를 이 문헌에서 추출하여 제시함으로써 이 시기 중앙어에 ㄷ구개음화가 상당히 확산되어 있었을 것으로 추정하였다. 그러나 이 문헌에 나타나는 ㄷ구개음화 예들이 경기도 방언이 반영된 것인지에 대해서는 보다 신중하게 검토되어야 할 것이다[30].

이 문헌에는 같은 시기의 중앙어를 반영한 다른 문헌에 비해 ㄷ구개음화 예들이 많이 나타날 뿐만 아니라, 이 시기의 중앙어를 반영한 문헌에 전혀 보이지 않는 ㄱ구개음화도 나타나 중앙어를 반영한 문헌의 일반적인 경향을 벗어나기 때문이다. 경기도 방언에서는 오늘날에도 ㄱ구개음화를

든 큰 문제가 없다고 할 수도 있다. 그러나 구개음화 용례를 추출하여 빈도를 따질 경우라면 이러한 용례들의 출현 여부가 아니라 빈도가 문제될 수 있으므로 서지 사항은 역시 중요하다. 나아가 ≪신간구황촬요≫의 경우 명확한 기록이 없어서 이본들의 간행 시기 추정이 이 무성판을 기준으로 이루어지고 있다는 점에서 서지적인 관점에서도 역시 사실의 고증은 중요하다.

30) 이 책 끝의 '私板'을 홍윤표(1992)에서는 '松板'으로 판독하였다. '松'字의 '八'에서 오른쪽 획이 없으면 '私板'의 속자임이 한자 속자 사전에서 확인된다.

보이지 않는다는 점에서 칠장사본 ≪유합≫과 ≪천자문≫에 보이는 구개음화 예들을 당시의 안성 방언이 반영된 것으로 간주하는 데에 보다 신중을 기해야 할 것으로 판단된다31). 이와 같이 이들 두 문헌의 언어 상태가 당시의 일반 경향에서 상당히 벗어나기 때문에 이 두 문헌은 연구 대상에서 제외하고자 한다.

개간본이라 하더라도 개간하는 과정에 가해진 언어적 변개의 정도가 문헌마다 다르기 때문에 개간본의 성격을 언어 외적인 서지 사항만 가지고 일률적으로 말할 수는 없다. 예를 들어 ≪부모은중경≫의 경우, 이본이 20종이 넘지만32) 그 이본들 가운데에는 복각본도 있고 변개된 부분이 거의 없는 개간본도 있어서 자료로 이용할 때에는 주의를 요한다. 사실 ≪부모은중경≫의 경우 전라도 남고사판33)과 경기도 수원의 용주사판 등의 몇몇 이본을 제외하면 이본 간에 큰 차이가 발견되지 않는다.

≪보권념불문≫은 이들 문헌과 또 다른 특징을 보여준다. 선운사본 ≪보권념불문≫은 그 이전에 간행된 해인사본과 판식이나 내용에 있어서는 물론, 표기와 음운현상에 있어서도 동일한 모습을 보여준다. 그러므로 선운사본은 전라도에서 간행되었으나, 이 문헌에 보이는 예들이 모두 전라도 방언이라고 단정하기는 어렵다. 그런데 흥률사본은 서명, 판식, 그 내용(목차) 등 언어 외적인 특징은 동화사본과 거의 같지만 이 문헌의 언어 내적 특징은 동화사본과 상당히 다르다. 즉 흥률사본에서 구개음화를 전혀 보

---

31) 이 문헌은 1731년에 송광사에서 간행된 ≪천자문≫이나 ≪유합≫과 유사하다. 물론 칠장사본이 더 이른 시기에 간행된 것이기 때문에 송광사본의 영향을 받았다고 할 수는 없겠지만, 송광사본과 판본이 유사하면서도 간행 시기를 알 수 없는 선운사본도 있어 이들 칠장사본에 17세기 중기의 경기도 안성 방언이 반영되었는지 분명하게 말하기는 어렵다고 판단된다.

32) ≪불설대보 부모은중경≫의 이본과 그 계통에 대해서는 전광현(1988)을 참조.

33) 전라도 전주 남고사본 ≪부모은중경≫의 표기와 음운현상은 다른 이본과 상당히 다르다. 그런데 이 남고사본은 금산사본의 복각본이라고 한다. 이들 이본을 검토해 보면 18세기 전라도 방언을 반영한 문헌인 송광사본 ≪유합≫, ≪천자문≫ 등과 표기와 음운현상이 유사하다. 전라도 금구 금산사본에서 개간될 때 전라도 방언형이 개입된 것으로 추정된다. 이에 대해서는 전광현(1988)을 참조할 것.

이지 않고 중철표기도 보이지 않는34) 특성은 이 문헌에 적어도 경상도 방언이 반영 가능성을 타진하기보다는 간행지인 황해도 방언이 반영되었을 가능성을 가지고 접근해야 할 것으로 생각된다. 왜냐하면 18세기 중·후기에 간행된 문헌 가운데 구개음화를 보이지 않는 문헌은 거의 없으며, 중철 표기를 전혀 보이지 않는 문헌도 거의 없기 때문이다.

이상의 논의를 바탕으로, 본고의 대상 시기에 포함되는 시기에 간행된 문헌 가운데 본고의 논의에 이용하고자 하는 문헌을 선별하여 현대국어의 대방언권에 따라 나누고자 한다. 대상 문헌을 선별하는 데에는 당시의 국어 모습을 거의 보여주지 않는 복각본은 제외한다. 그러므로 ≪목우자수심결언해≫(1600), ≪아미타경언해≫, ≪관음경언해≫, ≪부모은중경≫ 등의 복각본들도 대상 문헌에서 제외한다. 그리고 출처가 불명확하거나 간행 경위가 분명하지 않아 논란의 여지가 있는 문헌도 연구 대상에서 제외하고자 한다. 중앙의 내의원에서 간행되기는 하였으나 다른 지방 방언이 반영된 것으로 지적되기도 하는 ≪언해태산집요≫, ≪언해두창집요≫, ≪동의보감≫(탕액편) 등도 연구 대상에서 제외한다. 이들 문헌은 흔히 중앙어를 반영한 것으로 간주되어 왔으나 홍윤표(1992)에서는 경상도 방언이 반영된 것으로 추정하고 있기 때문이다. 이와 유사한 이유로 ≪동국신속 삼강행실도≫도 본고의 대상 문헌에서 제외한다. 이 문헌의 간행에는 여러 사람이 참가하였을 뿐만 아니라, 여러 지방에서 분담하여 간행했기 때문에 언어적 성격이 아직 분명하게 밝혀지지 않은 상태에 있다. 그리하여 이 문헌에 남부 방언이 반영되었다는 지적이 나오기도 하였으나35) 중앙어를 반영한 것으로 봐야 한다는 주장36)도 있어서 이 문헌도 연구 대상에서 제

---

34) 홍륜사본 ≪보권념불문≫에 중철표기가 보이지 않는다는 사실은 중시될 필요가 있다. 이 문헌에는 구개음화도 보이지 않는데 이러한 특성은 이 시기의 일반 경향을 따른 것이 아니다. 대구의 동화사본을 저본으로 하였음에도 이러한 특징을 보인다는 점은 이 문헌에 황해도 방언이 반영된 것이 아닌가 생각된다.

35) 김영신(1980)에서는 경상도 방언이 반영되었다고 논의하고 있으며, 홍윤표(1993)에서는 경상도 방언을 비롯한 여러 방언이 반영된 것으로 간주되어야 한다고 하였다.

외하기로 한다.

애초의 글이 17·8세기에 작성된 것으로 알려져 있다고 하더라도 후대에 간행되거나 필사된 문헌들도 어형에 변개가 있었을 가능성이 있기 때문에 특별한 경우 외에는 제외한다. 〈선상탄〉(船上歎), 〈누항사〉(陋巷詞), 〈독락당〉(獨樂堂) 등의 노계 작품들, 〈계축일기〉, 〈산성일기〉, 〈퇴계 연보〉(19세기 후기에 필사) 등은 작품이 만들어진 시기보다 훨씬 후대에 간행되거나 필사되어 그 과정에서 변개가 가해졌을 가능성이 있기 때문이다. 그리고 아직까지 문헌의 계통이 정리되지 않아 다루기 어려운 ≪사서언해≫, ≪삼경언해≫ 등도 본고의 대상 자료에서서 제외한다.

이러한 본 연구의 문헌 분류가 기존의 분류 작업과 큰 차이가 있는 것은 아니다. 단지 논란의 여지가 있는 문헌은 제외하여 서지 사항이 분명한 문헌을 이용함으로써 논의에 문제점을 줄이고자 하되 간행지를 중심으로 방언권에 따라 나눈 것이다. 단지 기존의 연구에서 문제될 정도로 서지적 특성이 불명확한 문헌, 서지적인 특징은 알 수 있으나 이전에 간행된 문헌과의 이본 관계를 알 수 없는 문헌 등을 제외하고자 하였을 뿐이다.

그럼 논의의 편의를 위하여 본고의 논의 대상에 포함되는 문헌을 간단히 설명하고자 한다. 선행 연구자들에 의해 소개된 문헌은 가능하면 설명 대상에서 제외한다. 그러므로 본고에서 특별히 서지 사항이나 언어 내적 특징을 제시하지 않는 경우에는 기존의 성과를 토대로 작업을 하게 된다. 기존의 연구와 중복되지 않는 범위 내에서, 학계에 알려져 있지 않아 설명이 필요하거나 본고의 논의에서 주된 자료로 활용한 문헌에 대해서만 간략하게 설명하기로 한다. 이러한 검토 내용을 바탕으로 대상 문헌을 분류한 결과를 2·3절에 제시하고자 한다.

---

36) 이명규(1974, 1993)에서는 이 문헌에 중앙어가 반영된 것으로 간주하였다.

가. 〈진주하씨 묘 출토 한글 자료〉

이 자료는 1989년 4월 경북 달성군 구지면 도동리 석문산성에 소재한 진주하씨의 묘를 이장할 때 출토된 한글로 필사된 편지 149건과 치부 기록 14건 등 총 163건의 자료이다. 묘주인 진주하씨는 1580년(선조 13년)에 태어나 1646년경까지 살았던 인물로 추정되며[37], 남편인 곽주(郭澍)는 망우당 곽재우의 종질로서 1569년에 태어나 1617년까지 살았던 인물이다. 곽주를 비롯한 곽씨 집안의 거주지는 경상북도 달성군 현풍면의 '소래'와 '오야'였던 것으로 추정된다. 163건의 자료 가운데 치부 기록 14건을 제외한 한글 편지의 작성자로는 곽주가 쓴 것이 108건으로 제일 많다. 그 나머지는 곽주의 어머니인 박씨가 쓴 것이 1건, 곽주의 안사돈인 주씨가 쓴 것이 1건, 장남 이창이 쓴 것 1건, 2남 선창이 쓴 것 2건(한문으로 쓴 것 5건이 더 있음), 3남 유창이 쓴 것 1건, 4남 형창이 쓴 것 1건, 그리고 출가한 딸들이 쓴 것 46건 등이다.

이 자료는 국어사 연구 자료로서 활용할 만한 조건을 구비하고 있다. 필사자가 분명하고, 그들의 거주지나 성장지가 분명하며, 대화체에 가까운 편지 형식으로 되어 있어 구어에 가깝다는 장점도 가진다. 대부분의 편지가 글자도 분명하여 판독하기가 그리 어렵지 않다[38]. 총 자료가 163건으로 양도 적지 않고 보존 상태도 대체로 양호하며 필사자와 필사 시기와 분명하여 국어사 자료로서 활용하기에 좋은 조건을 구비하고 있다.

이 자료는 '열흘비로사(98), 브서(〈브서 98)' 등과 같은 'ㅿ〉ㅅ'의 변화나 '고치게(66), 지츰 지츠되(26)' 등과 같이 구개음화의 예도 보여준다. '믿븐

---

37) 이러한 추정은 포산 곽씨의 족보와 이 한글 자료에 보이는 기록을 통하여 이루어진 것이다. 이러한 추정 과정에 대해서는 김일근(1991)을 참조할 것.

38) 물론 좋은 조건만을 구비하고 있는 것은 아니다. 보존 상태가 양호한 편이긴 하지만, 이미 떨어져 나갔거나 훼손된 부분도 없지 않다. 구겨지거나 접혀져서 원 상태의 내용을 알아 볼 수 없는 자료도 30여 건이나 된다. 붓으로 쓴 흘림체의 필사본이어서 원래의 글자 형태를 분명히 말하기 어려운 경우도 적지 않다. 문맥과 여타 자료의 비교를 통하여, 그리고 필사자의 필체를 대조함으로써 어느 정도 원래의 글자를 복원할 수 있기는 하지만 판독이 어려운 경우도 적지 않다.

종을 주어 보내소(11), 쟝모믜 보내소(12)' 등과 같이 상대경어법에서도 경상도 방언의 특징을 보여준다. '오늘로나 닉일로나(18), 모리로 가로쇠(60)' 등과 같이 이동동사 앞에서 시간을 나타내는 말 다음에 '애' 대신에 '로'가 사용된다든가 '혼차셔(56), 나룩뿔(83)' 등과 같은 어휘의 사용도 경상도 방언의 특징을 보여준다. 이 자료는 필사한 시기와 필사한 사람이 분명하여, 17세기 초반의 대구, 달성 방언 자료로 활용하기로 한다39).

나. 《천자문》

한자 초학서로 널리 읽혀져 온 《천자문》은 이본도 많고 종류도 다양하다. 《천자문》의 계통과 여러 이본에 반영된 언어의 특징에 대해서는 이기문(1973, 1981)과 안병희(1974)로 미루고, 17·8세기에 간행된 이본을 중심으로 간략하게 소개하기로 한다.

현재까지 알려진 《천자문》 가운데 가장 이른 시기의 문헌은 광주판 《천자문》(선조8, 1575)이고, 그 다음이 한석봉이 글씨를 쓴 《천자문》(1583년, 선조 16)이다. 17·8세기에 간행된 중간본들 가운데 널리 알려진 것은 신미년(1691)에 중간된 고려대학교 소장본과 갑술년에 중간된 서울대학교 규장각본이다. 이 외에 최세화(1993)에 의해 소개된 일본의 '대마 역사민속자료관에 소장된 《천자문》, 백두현(1990)에서 소개된 남해 영장사본 《천자문》(1700), 안성 칠장사에 판목이 보관되어 있는 칠장사본 《천자문》(1661), 송광사에서 간행된 송광사본 《천자문》(1731), 널리 알려져 있는 《주해천자문》, 그리고 간행 연도가 분명하지 않은 선운사본 《천자문》 등이 있다. 본 연구에서는 앞에서 언급한 대로 칠장사본 《천자문》은 연구 대상에서 제외하고, 송광사본 《천자문》, 남해도판 《천자문》, 《주해천자문》 등을 활용하고자 한다.

---

39) 이 자료에 대한 보다 구체적인 내용은 김주필(1993)을 참조할 것.

다. ≪경민편언해≫

≪경민편언해≫는 사재 김정국이 황해도 감사로 재직할 때 백성을 교화시키려는 목적으로 1519년에 간행한 책으로서, 그 내용은 '인륜지도'와 '풍속'에 관계되는 것이다. 현재 원간본은 전하지 않고 있으나 여러 종의 중간본이 전해지고 있다.

≪경민편언해≫의 이본은 10여 종 알려져 있다. 이들 이본은 원간본 계통과 중간본 계통으로 나뉘는데 단국대에서 영인해 낸 동경교육대학 소장본만 1519년의 원간본 계통이고 그 나머지는 1657년에 이후원이 간행해 낸 개간본 계통이다(안병희 1978). 개간본 계통은 근대국어 시기에 여러 지역에서 간행되어 근대국어의 음운현상을 검토하는 데에 유용하다. 본고에서 활용하고자 하는 이본들을 간략히 소개하기로 한다.

≪경민편언해≫의 이본

이본	연도	간행자 / 간행지	간행횟수	비고
규장각본	1657	이후원	중간	규장각 소장
상문각본	미상	미상	중간	상문각 영인
가람본	1732	신광덕(초계군수)	중간	가람문고
영남대본	1745	김정숙(상주목사)	중간	영남대도서관
조동일본	1806	울진 승부리		필사본

≪경민편언해≫ 이본 중에서는 규장각본이 가장 많이 이용되어 왔다. 상문각본은 간행 연도나 간행지가 없이 상문각에서 영인한 자료이다. 영인을 하면서 저본에 대한 소개를 하지 않아 출처를 알 수 없다. 그러나 내용을 보면, 이전의 이본에는 없던 관서지방의 풍속에 대한 내용이 추가되어 있어 관서지방에서 개간된 이본으로 추정된다.

영남대본은 관서 지방의 풍속에 관한 내용이 그대로 실려 있으며, 그 뒤에 상주 지방 풍속에 관한 내용이 그 뒤에 추가되어 있어 상문각본을 저본으로 하여 개간한 것으로 보인다. 그러므로 상문각본은 이후원의 규장각본이 간행된 1657년과 영남대본이 간행된 1731년 사이에 간행되었으며, 영남대본은 이를 저본으로 하여 간행된 것으로 추정된다. 상문각본이나 영남대본은 각각 추가된 부분을 제외하면 규장각본과 크게 다르지 않지만 표기와 형태에 변개가 가해진 부분이 있다. 그러므로 이들 두 이본은 추가된 부분을 각각 평안도와 경상도 방언이 반영된 자료로 활용할 수 있다.

가람문고본은 초계 군수 신광덕이 편찬 간행해 낸 것이다. 이 문헌은 대체로 규장각본을 따르고 있지만 개간 과정에서 변개된 것으로 추정되는 표기나 음운현상도 나타난다. 규장각본을 따르면서 개간 시에 간행 지역의 방언이 일부 반영된 것으로 추정된다[40].

조동일 교수본은 19세기 초기에 규장각본 계통의 이본을 필사한 것이다. 규장각본과 대비하면 필사하면서 형태나 표기가 달라진 예들이 상당수 나타나며, 어휘의 형태로 보아 경상도 방언으로 간주되는 예들도 적지 않게 나온다. 구개음화는 일반화되어 나타나며 원순모음화 현상도 매우 다양하게 나타난다. 어휘에 있어서도 '에그미 업스면(던령), 풍속을 발귀는(던령), 희만흔 거슬 샹괴흐야(던령), 이고 즌 저 늘그이(훈), 사되임(어와), 그 누라셔(어와), 현흔 일로 쏀을 보소(어와)' 등과 같이 경상도 방언형[41]이 반영된 예들이 자주 노정된다. 19세기 초에 필사된 자료이지만, 본고의 논의에 적극적으로 활용하고자 한다.

라. ≪불설대보 부모은중경언해≫

≪불설대보 부모은중경≫(이하 ≪부모은중경≫)은 석가모니가 그의 제자들에게 어머니의 은혜에 보답해야 한다는 내용의 설법을 석가의 제자인 아난타가 정리한 것이다. 1553년 경기도 장단에 있는 화장사에서 간행된

---

40) 이 문헌에 관여한 이정숙의 정확한 출신지·성장지를 확인하지 못하여 구체적으로 어떤 방언이 반영되었는지를 말하기는 어렵다. 사용된 언어상의 특징으로 보면 남부 방언이라 할 수는 있겠으나 상주 목사로 부임하여 지은 것이므로 편의상 경상도 방언형이 반영된 문헌으로 분류하기로 한다.

41) 당시의 울진 서면 승부리는 현재의 행정 구역으로는 강원도이다. 행정 구역상의 변화가 있었지만 언어에 있어서는 경상도 방언형과 다르지 않다.

이본이 가장 오래된 판본으로 알려져 있으나 그 이본은 전하지 않는다. 현재 17·8세기 이전 판인 송광사본과 희방사본이 비교적 이른 시기의 판본으로 알려져 국어사 자료로 널리 이용되고 있다. 여기에서는 17·8세기에 간행된 이본을 간략하게 소개하면 다음과 같다.

≪불설대보 부모은중경언해≫ 이본

이본	연도	간행지	소장처(영인처)
송광사본	1563	전라도 송광사	일사문고, 고려대 도서관
희방사본	1592	경상도 풍기 소백산	가람문고, 영남대 도서관
운흥사본	1668	울산 원적산 운흥사 소재 (백마산 고방사판)	연세대, 영남대 도서관
남천룡사본	1686	경상도 경주부	영남대 도서관
불암사본	1687	경기도 천보산	홍문각 영인본
원적사본	1688	경상도 울산 (백마산 고방사판)	영남대 도서관
남고사본	?1741	전라도 전주 (전라도 금산사판의 복각)	태학사 영인본
용주사본	1796	경기도 수원 용주사	장서각, 영남대 도서관

송광사본은 화장사본의 복각본으로 알려져 있으나, 화장사본 그대로 복각된 것 같지는 않다. 화장사는 경기도 장단군에 소재한 사찰이어서 그 시기에 장단에서 간행된 문헌에 이러한 구개음화된 어형이 나타날 가능성은 아주 희박하다. 송광사본에는 구개음화된 예들이 나타나기 때문이다. 여러 이본에서 '昏沈'이 '혼팀'으로 나타나지만 송광사본에는 '혼침'으로 나타나는 것이다. 송광사본은 화장사본을 저본으로 하였지만, 복각이나 개간 과정에서 전라도 방언형이 개입된 것이 아닌가 추정된다.

이 송광사본 이후 간행된 이본들은 대부분이 복각본이어서 이들 이본을 대할 때 주의를 요한다. 여러 차례에 걸쳐 간행되었지만, 간행 지역이나 시기에 따른 언어의 변화 모습이 거의 보이지 않는다. 그런데 전주 남고사본은 표기와 어형에 있어서는 바뀐 부분이 적지 않다. '쇠겨(13b), 늡 뵈기

(15b)' 등이나 '먹지(5b), 혼침(7a), 즁ᄒᆞ니(8a), 이 견의(〈이 겨닉, 17b)' 등 음운변화와 관련되는 예들뿐만 아니라, '연지 젹고(2b), 둘채는(7a), 자석 기륵는(9b), 친흔 버즈란(13b), 죄 지슨(23b)' 등의 방언형도 자주 보인다. 1720년에 전주 남고사에서 개간된 것을 금산사에서 개간한 것으로 간주되며, 그 과정에서 전라도 방언이 일부 반영된 것으로 추정된다.

한편 수원 용주사에서 간행된 ≪부모은중경≫은 판식, 표기, 언해 내용 등에 있어서 완전히 새로 간행해 낸 개간본이다. 그래서 이 문헌에는 18세기 후기의 중부 방언이 반영된 것으로 볼 수 있다. 표기나 음운변화와 관련된 예를 비롯하여 이 시기의 중앙어를 반영한 문헌과 차이가 없다.

　마. ≪선가귀감언해≫

≪선가귀감언해≫는 휴정(서산대사)이 한문본 ≪선가귀감≫을 언해한 책이다. 한문본의 서문에는 1564년에 쓴 것으로 되어 있지만 발문에는 1579년(선조 2년)으로 되어 있는 것을 보면 1579년에 간행된 것으로 추정된다. 언해본에는 「降慶 三年 己巳 五月 日 妙香山 開刊」으로 간기와 간행지가 명기되어 있는 것으로 보아 언해본은 1569년에 묘향산에서 처음 간행된 것임을 알 수 있다. 이 초간본은 규장각에 소장되어 있으며 이기문 교수 소장본도 있다.

≪선가귀감언해≫는 1610년에 전라도 송광사에서 다시 간행되었는데 이 중간본의 책판이 송광사에 보관되어 있다. 1610년의 송광사본을 초간본과 비교하면 변화된 어형이나 표기를 통하여 전라도 방언형을 추출할 수 있다. 평안도 방언은 구개음화를 경험하지 않아 구개음화의 예들을 기대할 수 없지만, 송광사판에는 '다 고쳐(15a)'와 같이 구개음화 예들이 나타난다. '몸 ᄇᆞᄉᆞ며(3a), 나사가ᄂᆞ니는(38b), 이베 브스시다(4a), 니선다(21a), 벌게(〈벌레, 60a)' 등과 같이 'ㅿ'이 'ㅅ'으로 나타나기도 하며, 방언으로 추정되는 어휘가 나타나기도 한다. 이러한 특징을 바탕으로 하면 이 문헌에는 17세기 초기의 전라도 방언이 반영된 것으로 추정된다.

바. ≪백련초해≫

≪백련초해≫는 초학자에게 한시를 가르치기 위하여 칠언고시 형식으로 된 구절 100개를 뽑아서 각 한자에 훈과 음을 달고 구절 옆에 한글로 해석을 덧붙인 책이다. 이 책은 김인후(金麟厚)가 편찬하였다고 전해지고 있으나 원간 연대는 명확하지 않다.

≪백련초해≫는 임진왜란 이후에 간행된 중간본이 여러 종 전하는 것으로 알려져 있다. 장성의 화엄서원, 순천의 송광사에는 아직도 책판이 보관되어 있다. 본 연구의 대상 자료는 청구대학(현 영남대학교) 국어국문학회에서 ≪국어국문학 연구자료집≫(제4집)으로 영인한 송광사판 ≪백련초해≫이다. 이 영인본의 권말에는 '己丑季夏日松廣改刊'이란 간기가 명기되어 있다. 여기에서 '己丑'의 연도는 분명하지 않지만 언어 사용 상태로 보아 1635년이 아닌가 여겨진다. 구개음화된 어형이 보일 뿐만 아니라, 'ㅿ'이 'ㅅ'으로 나타나는 예도 보이며 방언적인 특징을 보이는 어형도 노정되는 것이다.

(7) ᄆ슬씰히(19b), 누른 닙 질 시지(저?)래(20a), 묏듕아(山僧, 22a), 졈 텨 시니(打點, 22b), 힌구름 그치넌 고대(20a), 쳐야모로(9a), 구수를 ㅅ품놋 다(8a), 쏨고(8a)

이러한 특징을 보이는 예들은 방언이 반영된 것으로 간주하지 않을 수 없어 이러한 형태들은 간행지의 방언형이 개입된 것으로 보고자 한다. 이런 점에서 ≪백련초해≫는 17세기 초기의 전라도 방언이 반영된 문헌으로 활용할 것이다.

사. ≪이륜행실도≫

≪이륜행실도≫는 경상도 관찰사 김안국(金安國)이 조신(曺伸)에게 편찬하도록 명하여 1518년(중종 13년)에 금산(현재의 김천)에서 간행한 책이

다. 충과 효, 2대 윤리를 널리 가르치기 위해 펴낸 이 책은 백성들의 풍속을 교화시키기 위하여 읽기 쉽게 난상(欄上)에 언해를 해 놓았다.

초간본은 옥산서원과 이대도서관에 소장되어 있는 것으로 알려져 있으며 중간본도 여러 종 전하는 것으로 알려져 있다. 1727년에 평안감영에서, 1730년에 전국의 각 도에서 간행된 사실이 있다고 전한다. 서울대 규장각 소장으로 권말에 "丁未四月日/箕營開刊"(48b)이란 간기가 있는 책이 1727년에 평안감영에서 간행된 중간본으로 알려져 있다. 정미(丁未)라는 간기만으로는 정확한 간행 연대를 알 수 없지만 1730년으로 되어 있는 내사기가 있는 동일 판본의 중간본이 있어 기영 개간의 정미본은 1730년 이전인 1727년에 간행된 것임을 알 수 있다.

아. ≪보권념불문≫42)

≪보권념불문≫의 원명은 ≪大彌陀懺略抄要覽普勸念佛文≫이다. 1704년 예천 용문사판이 초간본으로 알려져 있다. 용문사에서 초간본이 나온43) 이후 18세기에 경상도의 동화사와 해인사, 전라도의 선운사, 황해도의 흥률사 등 여러 사찰에서 중간되었다.

≪보권념불문≫의 주된 내용은 '미타참절요(彌陀懺節要)'이지만, 이 문헌에는 불도를 권하는 다른 내용들도 함께 실려 있어 그 내용의 이본간 상호 관계는 매우 복잡하다. 이들 이본의 관계에 대해서는 김주원(1984)에서 자세히 설명해 놓았으므로 여기에서는 간단한 소개에 그치고자 한다.

---

42) ≪普勸念佛文≫은 흔히 ≪念佛普勸文≫이라 한다. 그러나 이 문헌의 본래 서명이 ≪大彌陀懺略抄要覽普勸念佛文≫이고, 모든 이본의 권두서명이나 판심서명도 ≪普勸念佛文≫으로 되어 있다. 본문에 '念佛普勸文'이라는 말이 나오기는 하지만, 원래 서명에 따라 ≪보권념불문(普勸念佛文)≫으로 하는 것이 타당한 것으로 간주된다.

43) 영남대 도서관 소장의 예천 용문사본은 예천 용문사의 책판에서 60년대에 후쇄한 것으로서 상태가 좋지 않으나 판독은 그리 어렵지 않게 할 수 있다. 용문사에는 지금도 그 책판이 보존되어 있으나 적지 않은 수의 판이 소실되어 일부만 전한다고 한다.

이본	연도	간행지	기타 소장처(영인처)
용문사본	1704	경북 예천 용문사	영남대 도서관, 가람문고
동화사본	1764	대구 동화사	영남대 도남문고
흥률사본	1765	황해도 구월산 흥률사	경북대 대학원(후쇄)
해인사본	1776	합천 해인사	계명대 도서관, 일사문고 국립중앙도서관
선운사본	1787	전라도 무장 선운사	가람문고

예천 용문사본 ≪보권념불문≫은 각각 영본(零本)으로 가람문고와 영남대 도서관에 소장되어 있다. 이 두 문헌은 각각 낙장이 있지만, 두 문헌의 낙장된 부분이 서로 달라 상호 보완적인 상태로 전해지고 있다. 즉 가람문고본에 없는 부분이 영남대본에 있고 영남대본에 없는 부분이 가람문고본에 있는 경우도 있다. 영남대본에는 간기나 간행지가 없으나 가람문고본에는 '康熙 四十三年 甲申月日 呂泉郡 龍門寺 開刊板'라고 되어 있어 이 문헌이 1704년에 예천 용문사에서 간행되었음을 알 수 있다.

그런데 두 책을 비교해 보면 영남대본은 가람문고본과 동일한 판목에서 인출된 것임을 알 수 있다. 판식도 같고 내용도 같다. 표기법도 같으며 글자 모양도 같다. 이러한 사정은 동일 판목에서 인출한 것이 아니면 일어나기 어려운 일이다. 그러므로 강희 43년의 갑신, 즉 1704년에 여천군(오늘날 경북 예천군) 용문사에서 간행된 것으로 보아도 큰 문제가 없을 것이다.

이 용문사본 ≪보권념불문≫에는 경상도 방언의 특징을 보여주는 예들이 상당히 많이 나타난다. 여러 종류의 구개음화 현상이 나타나며 이 시기 경상도, 전라도, 함경도 방언이 반영된 문헌이 아니면 거의 나타나지 않는 ㄱ구개음화, ㅎ구개음화 예들이 다수 나타나며 그 과도교정의 예들도 보인다. 죠흐믄(好, 5), 츙신쇼주(忠臣孝子, 13), 제집(女, 32), 훗낄(後道, 13) 등. 또한 이 문헌에는 '드로시소(14), 시무시소(40), 슬퍼마소(35)' 등과 같이 경상도 방언적 특징을 나타내는 어미들이 보일 뿐 아니라, 새배마동(새벽마다, 3), 거죽걸(거짓, 10), 무에(무엇, 39), 얼매(얼마, 19) 등과 같은 방언형도 보인다. 용문사본을 바탕으로 개간된 동화사본, 해인사본은 용문사본과 동일하지는 않지만 역시 경상도 방언의 특징이 자주 나타난다.

동화사본은 용문사본을 저본으로 하여 개간한 것이다[44]. 해인사본은 사주, 반엽광곽의 크기, 행과 행당 글자 수, 판심이나 표기법 등이 동화사본과 동일하지만, 해인사본이 판각이 더 조잡하고 거칠며 오자가 더러 있다. 이러한 특징은 이 문헌이 해인사본은 동화사본의 복각본임을 말해주는 것으로 보인다. 해인사본의 오각이 동화사본의 오각을 그대로 답습하고 있다는 점에서 해인사본은 동화사본의 복각본임이 분명하다[45]. 이러한 언어 외적 특성은 언어 내적 특징을 통하여 뒷받침된다. 동화사본, 해인사본, 선운사본의 표기나 음변화에 큰 차이가 없다.

乾隆三十年(1765) 三月日 九月山 興律寺 開刊으로 되어 있는 흥률사본은 단편적인 몇 개의 내용을 제외하면 실린 내용이 동화사본과 같다. 그러면서도 구개음화 현상이 반영되어 있지 않는 사실들로 미루어 보건데 이 문헌에는 황해도 방언이 반영되어 있는 것으로 보아야 할 것이다. 평안도 방언과 황해도 방언을 제외한 다른 방언을 반영한 문헌에는 여러 종류의 구개음화가 나타나기 때문이다.

자. ≪지장경언해≫

≪지장경언해≫의 원명은 ≪地藏菩薩本願經諺解≫이다. 이 ≪지장경

---

44) 용문사본에는 '彌陀懺節要 + 淨原大師跋 + (왕낭전이라) + 臨終正念訣 + 父母孝養文'으로 되어 있으며, 동화사본은 '彌陀懺節要 + (왕낭전이라 + 공각견이라 + 승규라 ᄒᆞᄂᆞᆫ 즁이…) + 臨終正念訣 + 父母孝養文 + (회심가고) + 維摩經 + 王郞返魂傳'으로 되어 있다. 이 내용 가운데 동화사본은 '彌陀懺節要'는 용문사본의 번역을 그대로 따르고 있다. '臨終正念訣'과 '父母孝養文'은 두 책에 다 있으나 용문사본의 것은 1741년의 수도사본에 실린 것과 같으며, 동화사본은 이들과 차이가 있다. 김주원(1984)에서는 동화사본의 표기가 더 보수적이어서 동화사본을 더 이른 시기에 간행된 것으로 추정하였다. 이에 대해서는 김주원(1984)를 참조할 것.

45) 이들 책 사이에도 차이가 없는 것도 아니다. 먼저 책의 체재에 있어서 동화사본에 있는 순한글 설화(왕낭전 등)가 없는 대신 '玄氏行跡'과 '玄氏發願文'이 덧붙어 있다. 복각인 경우에 흔히 보이는 표기의 차이도 발견된다.

언해≫는 세조 때 학조(學祖)가 언해한 것이 있다고 하나 전해지지 않는 것으로 알려져 있다. 그러나 ≪지장경언해≫의 내용은 ≪월인천강지곡≫, ≪석보상절≫, ≪월인석보≫ 권21과 동일하다. 세조때 학조가 언해한 ≪지장경언해≫는 ≪월인천강지곡≫과 ≪석보상절≫을 보완하여 편찬한 ≪월인석보≫ 권21을 말하는 것으로 추정된다. 이러한 추정은 1542년에 안동에서 간행된 중간본 ≪월인석보≫ 권21, 1561년에 전라도 순천의 무량굴에서 간행된 무량굴판 ≪월인석보≫ 권21, 그리고 1569년에 충청도 쌍계사에서 중간된 ≪월인석보≫ 권21이 18세기에 간행된 ≪지장경언해≫의 내용과 동일하다는 점에 근거한다. 또한 쌍계사에서 간행된 ≪월인석보≫ 권21의 앞 부분에는 낙장된 부분을[46] 붓으로 보사하였는데, 그 첫 장이 "地藏菩薩本願經 兜利天宮 神通品 第一"로 시작되고 있어서 이 책이 ≪지장경언해≫와 같은 것이라는 추정을 지지해 준다[47].

이러한 사정은 1762년에 간행된 ≪지장경언해≫ 앞부분을 통해서도 드러난다. ≪지장경언해≫에는 권두서명, 판심서명, 권말서명 등 모든 서명이 ≪지장경언해≫로 바뀌어 있으나 본문의 첫 부분에 "지장보살본원경언히 월린천강지곡제이십일, 셕보상 제이십일"로 되어 있어 ≪월인석보≫ 권21과 동일하다. ≪지장경언해≫를 ≪월인석보≫ 권21의 이본으로 간주하면 현전하고 있는 ≪지장경언해≫의 이본은 다음과 같다.

---

46) 영남대 도서관에 있는 이 문헌은 쌍계사본의 후쇄본인데 아마도 판목이 없어 낙장으로 된 듯하다. 그리하여 이 판목이 없는 부분을 붓으로 보사한 것으로 생각된다.

47) ≪월인석보≫ 권21과 ≪지장경언해≫에 차이가 있다면 ≪지장경언해≫에서는 ≪월인석보≫ 권21의 원문을 제시하지 않고 ≪월인석보≫ 권21에 있는 언해 부분에 제시했던 세부 주석을 없앴다는 점, 전체 내용을 ≪지장경≫의 원문 내용에 따라 '신통품데일, 집회품데이' 등으로 나눈 것이다.

서명	연도	간행지	간행횟수	소장처(영인)
월인석보 21	1542	경북 안동 광흥사	중간	홍문각영인본
월인석보 21	1561	전남 순천 무량굴	중간	심재완 소장[48]
월인석보 21	1569	충남 은진 쌍계사	중간	영남대 도서관
지장경언해	1762	함경도 문천 두류산	중간	영남대 도서관
지장경언해	1765	경기도	중간	장서각

대구의 모산학술연구소에서 영인한 무량굴판 ≪월인석보≫ 권21[49], 1762년의 ≪지장경언해≫, 1765년의 ≪지장경언해≫를 비교해 보면 원문인 한문이나 그 언해 내용에 별 차이가 없다. 단지 ≪월인석보≫ 권21에서는 내용을 구분하지 않고 이야기를 연결해 나간 것을 ≪지장경언해≫에서는 상·중·하 3권으로 나누고 그 세부 내용을 몇몇 하위 내용으로 나눈 정도의 차이가 있을 뿐이다.

함경도 문천 두류산에서 간행된 ≪지장경언해≫의 언해 부분에는 함경도 방언이 어느 정도 반영되어 있는 것으로 추정된다. 물론 ≪월인석보≫ 권 21을 저본으로 하여 개간한 것이기 때문에 형태, 통사, 어휘에서 분명한 함경도 방언형이 드러나지 않지만, 구개음화가 상당히 진전되었다거나(예: 지장경(판심 서명), 지장보살(상, 3b), 딥이며(〈지비며, 하, 11b), 철환(상, 21b), 심을(〈히믈, 하, 8b) 등), 'ᄒᆞ오사(하, 9a), 지비(〈慈悲, 하, 9b)' 등과 같이 'ㅿ'에 대응되는 음이나 현대국어의 움라우트에 대응되는 음운변화 등으로 보아 당시의 방언이 반영된 것으로 추정된다. 경기도에서 간행한 ≪지장경언해≫는 함경도에서 간행된 문헌의 복각본에 가까울 정도로 일부 표기 외에는 언어 사용에 차이가 없다.

---

48) 무량굴판 ≪월인석보≫ 권21과 권23은 연세대 도서관에도 소장되어 있다고 한다.

49) 대구의 모산학술연구소에서 간행해 낸 무량굴판 ≪월인석보≫ 권21에 대한 해제에서도 "월인석보 제 21은 초간본이 부전하고 중간본은 3종의 이본이 전래하는데 이들은 초간본이 나온 뒤 백년 전후하여 광흥사판(1542), 무량굴판(1561), 쌍계사판(1569)의 각판으로 간행되었다. …"라는 설명에 그치고 있어서 ≪지장경언해≫와 ≪월인석보≫ 권21의 관련성에 대해서는 언급하지 않았다.

≪지장경언해≫의 이본들 가운데, 18세기에 간행된 ≪지장경언해≫보다 16세기 중기에 간행된 순천 무량굴판 ≪월인석보≫ 권21이 구개음화와 관련하여 우리의 관심을 끄는 문헌이다. 무량굴판 ≪월인석보≫ 권21은 한자음에 ㄷ구개음화와 그에 대한 과도교정 예를 노정하는 것이다. 이들 예는 지금까지 보고된 전라도 방언, 나아가 국어사 문헌 자료에 나타나는 ㄷ구개음화 예 중에서 가장 이른 것으로 보인다.

2.3 대상 문헌의 분류

17・8세기 문헌의 특징이나 다른 연구자들이 행한 해제를 바탕으로 하여, 대상 문헌들을 시기와 장소에 따라 분류 작업을 하고자 한다. 문헌의 특성을 밝히고자 행한 2.1절과 2.2절의 작업은 어떤 문헌인가 어느 시기의 어떤 지역의 방언형을 반영한 자료인가를 알고자 하는 데에 목적이 있었다. 이러한 검토 과정을 통하여 해당 문헌의 시기와 지역을 고려하여 분류하고자 하였으나 국어사 문헌의 특성 상 언어 내적이나 외적인 조건을 모두 제대로 구비한 체계적인 분류라고 하기는 어렵다. 단지 작업이 가능한 범위 내에서 문헌의 내적 특징과 외적 특징을 아울러 고려하여 현대국어의 대방언권에 따라 분류하여 논의에 도움이 되도록 하였다.

본고의 대상 문헌은 중부 방언 문헌, 남부 방언 문헌, 중부 방언 문헌으로 나누고, 중부 방언 문헌은 중앙어를 반영한 자료라 하고, 남부 방언 문헌은 경상도 방언을 반영한 문헌과 전라도 방언을 반영한 문헌, 북부 방언 문헌은 함경도 방언을 반영한 문헌과 평안도 방언을 반영한 문헌으로 나누기로 한다. 표기를 대상으로 할 수밖에 없는 국어사 연구의 한계로 인하여, 문헌 자체의 투명하지도 않은 문헌의 언어 내적, 언어 외적 특징을 바탕으로 한 이러한 분류가 여러 가지 문제가 있겠지만, 가능한 범위 내에서 그러한 문제점을 줄이면서 국어사적 사실에 접근해 보기로 한다.

그런데 이러한 분류 기준에 따르더라도, 각 방언이 반영된 문헌이 골고

루 나타나는 것도 아니다. 함경도, 평안도 등의 방언을 반영한 문헌은 거의 없는 실정이며, 남부 지방의 경우에도 전라도 방언을 반영한 문헌도 경상도 방언을 반영한 문헌에 비해 없는 편이다. 결국 이러한 한계로 인해 본고의 논의는 중앙어, 경상도 방언, 전라도 방언을 중심으로 진행될 수밖에 없고, 다른 방언의 경우에는 자료가 허용되는 범위 내에서 논의를 하거나 예를 제시하는 데에 그치고자 한다.

본고의 대상으로 삼은 17·8세기에 간행된 문헌을 본고의 분류 기준에 따라 나누어 제시하면 다음과 같다.

2.3.1 중앙어

여기에서는 지금까지 살펴본 문헌 가운데 본 연구에서 대상으로 하는 문헌의 목록과 약칭을 제시하기로 한다. 먼저 중앙 방언이 반영된 문헌 목록을 제시하면 다음 표와 같다.

중앙 방언을 반영한 문헌

연도	서명	간행	약칭	특기사항
1601	석봉천자문(石峯千字文)	중간		한석봉
1608	삼강행실도(三綱行實圖)	중간		
1636	병자일기(丙子日記)	필사		
1611	내훈(內訓)	중간	내훈-규	
1613	훈몽자회(訓蒙字會)	중간	훈몽-중	
1613	신찬벽온방(新纂辟瘟方)	초간		
1628	구황촬요(救荒撮要)	중간	구황	
1632	가례언해(家禮諺解)	초간	가례	원주
1636	어제내훈(御製內訓)	중간	내훈-어	
1656	경민편언해(警民編諺解)	중간	경민-이	이후원
1656	내훈(內訓)	중간	내훈	

연도	서명	간행	약칭	특기사항
1660	구황보유방(救荒補遺方)	초간	구황-보	
1669	어록해(語錄解)	중간		
1670	노걸대언해(老乞大諺解)	중간	노걸	
1677	박통사언해(朴通事諺解)	중간	박통	
1690	역어유해(譯語類解)	초간	역어	
1691	석봉천자문(石峯千字文)	중간		
1721	오륜전비언해(五倫全備諺解)	초간	전비	
1736	여사서언해(女四書諺解)	초간	여사	
1745	어제상훈언해(御製常訓諺解)	초간	상훈	
1748	동문유해(同文類解)	초간	동문	
1756	어제훈서언해(御製訓書諺解)	초간	훈서	
1757	어제계주윤음(御製戒酒綸音)	초간	계주	
1765	박통사신석언해(朴通事新釋諺解)	중간	박신	경기도
1765	지장경언해(地藏經諺解)	중간	지장-경	
1775	역어유해보(譯語類解補)	초간	역어-보	
1790	인어대방(隣語大方)	중간	인어-중	
1792	증수무원록언해(增修無寃錄諺解)	초간	무원	
1795	중간노걸대언해(重刊老乞大諺解)	중간	중노	
1795	오륜행실도(五倫行實圖)	초간	오륜	
1796	경신록언석(敬信錄諺釋)	초간	경신	
1796	부모은중경(父母恩重經)	중간	은중-용	용주사본
1804	주해천자문(註解千字文)	중간	천자-주	

2.3.2 경상도 방언

다음은 17·8세기 경상도 방언이 반영된 문헌의 목록과 약칭이다.

경상도 방언이 반영된 문헌

연도	서명	간행	약칭	특기사항
1569	칠대만법(七大萬法)	초간	칠대	
17세기 초기	진주하씨 묘 출토 한글 자료	필사	진주	대구 달성
1606	경서석의(經書釋義)	초간	경석	대구
1632	두시언해(杜詩諺解)	중간	두시-중	대구
1657	어록해(語錄解)	초간	어록-병	병산서원
후기	규곤시의방(閨壺是議方)	필사	규곤	
1668	부모은중경(父母恩重經)	중간	은중-운	울산 운흥사
1686	부모은중경(父母恩重經)	중간	은중-남	경주 남천룡사
1704	보권념불문(普勸念佛文)	초간	보권-용	예천 용문사
1730	이륜행실도(二倫行實圖)	중간	이륜-중	대구
1741	임종정념결(臨終正念訣)	초간	임종-수	대구 수도사
1741	부모효양문(父母孝養文)	초간	부모	
1745	경민편언해(警民編諺解)	중간	경민-상	완영 (상주목사 이정숙)
1753	왕랑반혼전(王郞返魂傳)	중간	왕랑-동	대구 동화사
1764	보권념불문(普勸念佛文)	중간	보권-동	대구 동화사
1776	보권념불문(普勸念佛文)	중간	보권-해	해인사
1776	신편보권문(新編普勸文)	초간	신보	합천해인사
1806	경민편언해(警民編諺解)	필사	경민-울	울진 승부리

2.3.3 전라도 방언

다음 표는 17 · 8세기 전라도 방언이 반영된 문헌의 목록과 약칭이다.

연도	서명	간행	약칭	특기사항
1561	월인석보(月印釋譜) 21	중간	월인-중	무량굴판
1610	선가귀감언해(禪家龜鑑諺解)	중간	선가-송	송광사
1610	계초심학인문(誡初心學人文)	중간	계초-송	송광사
?1635	백련초해(百聯草解)	중간	백련-송	송광사
1637	권념요록(勸念要錄)	초간	권념	화엄사
1720?	부모은중경(父母恩重經)	중간	은중-금	금산사
1731	천자문(千字文)	중간	천자-송	송광사
1731	유합(類合)	중간	유합-송	송광사
1791	팔양경(八陽經)	초간	팔양	송광사
1799	법화경언해(法華經諺解)	중간	법화-송	송광사

2.3.4 기타 지역 방언

다음 표는 본 연구에서 대상으로 하는 17·8세기 평안도나 황해도, 함경
도 등지의 방언이 반영된 문헌의 목록과 약칭이다.

평안도나 황해도 방언이 반영된 문헌

연도	서명	간행	약칭	특기사항
1727	이륜행실도(二倫行實圖)	중간	이륜-평	평안감영
미상	경민편언해(警民編諺解)	중간	경민-평	?평안감영
1745	노걸대언해(老乞大諺解)	중간	노걸-평	평안감영
1765	보권염불문(普勸念佛文)	중간	보권-흥	흥률사판 (황해도)

함경도 방언이 반영된 문헌

연도	서명	간행	약칭	특기사항
1571-1573	촌가구급방(村家救急方)	초간		
1612	용비어천가언해(龍飛御天歌諺解)	초간	용비-함	함흥
1612	연병지남(練兵指南)	초간	연병-함	함흥
1635	화포식언해(火砲式諺解)	초간	화포-함	함흥
1762	지장경언해(地藏經諺解)	중간	지장-문	문천, 두류산

3. 구개음화의 통시적 과정과 특성

3.1 ㄷ구개음화의 전개

3.1.1 ㄷ구개음화의 진행 과정

3.1.1.1 중앙어

ㄷ구개음화는 i나 y 앞에서 비구개음인 'ㄷ, ㅌ, ㄸ'가 i나 y의 구개성, 즉 [+고음성, -후설성]에 동화되어 각각 'ㅈ, ㅊ, ㅉ'로 바뀌는 현상이다. ㄷ구개음화는 국어사 문헌에서 'ㅣ'나 y계 중성 'ㅑ, ㅕ, ㅛ, ㅠ' 앞의 'ㄷ, ㅌ, ㄸ'이 각각 'ㅈ, ㅊ, ㅉ'로 표기된 예들을 통해서 논의되어 왔다[50]. 이전 시기에 '디, 티, 띠' 등이던 형태가 각각 '지, 치, 찌' 등으로 바뀌어 나타나면, ㄷ구개음화가 일어난 것으로 간주해 왔던 것이다.

그런데 국어사 문헌에는 ㄷ구개음화와 동일한 환경, 즉 i나 y 앞에서, 이전 시기에 'ㅈ, ㅊ, ㅉ'였던 표기가 각각 'ㄷ, ㅌ, ㄸ'으로 바뀐 예들이 나타나기도 한다. 이러한 예들은 교체가 일어난 환경은 i나 y로서 ㄷ구개음화와 동일하지만, 교체되는 문자가 구개음화의 출력부에 해당하는 'ㅈ, ㅊ, ㅉ'이고 교체되어 나타나는 문자가 구개음화의 입력부인 'ㄷ, ㅌ, ㄸ'라는 점에서 구개음화와 상반된 변화를 보이는 것이다. 유형적으로 나타나는 이러한 표기는 ㄷ구개음화를 의식한 '역표기' 또는 'ㄷ구개음화에 대한 과

---

50) 'ㄷ, ㅌ'이 각각 'ㅈ, ㅊ'로 바뀐 표기는 있지만 'ㄸ(ㄸ)이 'ㅉ(ㅉ)'으로 바뀐 표기는 나타나지 않는다. 이것은 표기의 관습 때문이다. 음절말 자음이 파열이 되지 않으면, 후행하는 'ㄱ, ㄷ, ㅂ, ㅈ'는 자동적으로 경음화되기 때문에 경음 'ㄸ'의 구개음화 예들은 이러한 특성을 고려하여 찾아야 한다.

도교정의 예들'로 간주해 왔다. 본고에서는 김주필(1985)에 따라 이 유형의 예들을 ㄷ구개음화에 대한 과도교정의 예들로 간주하여 논의를 진행하고 자 한다51).

17세기 중기 이전에는 중앙어가 반영된 문헌에 구개음화나 과도교정 의 예가 거의 확인되지 않는다52). 중앙 간행의 문헌에서는 17세기 중·후기에 이르러서야 ㄷ구개음화와 과도교정의 예가 나타나기 시작한다. ≪경민편언해≫(1656), ≪어록해≫(1669), ≪박통사언해≫(1667), ≪역어유해≫(1690) 등에 다음과 같은 ㄷ구개음화와 과도교정의 예가 보이는 것 이다.

---

51) 이 유형의 예들에 대해서는 부정회귀, 역표기, 과승교정, 과도교정, 과교정 등의 다양한 술어가 사용되어 왔다. 이 술어들은 false regression, hypercorrection, hyper- urbanism, overcorrection, hyper-form, overelegant variant 등의 번역어로서 각 용어가 함축 하고 있는 의미도 각각 차이가 있다. 본고에서는 표기에 한정하여 사용되는 용어가 아 니라 실제 음성 층위에서 과도로 교정되어 일어난 현상을 지칭하는 Labov(1972)의 hypercorrection에 주목하면서, hypercorrection에 대응되는 용어로서 근래 사용되고 있 는 '과도교정'이라는 용어를 사용하기로 한다. 과도교정의 구체적인 특성과 음운론적 의 미에 대해서는 후술되는 '3.1.2 과도교정의 특징과 의미'를 참조할 것.

52) 이명규(1993: 68)에서는 ≪소학언해≫의 '만흔(범례 1b), 튜존(五 105b)' 두 예를 ㄷ구개 음화의 예로 추정하였다. ≪석보상절≫에 '디만흔(六 4a)'이 보이고, 같은 ≪소학언해≫에 '튜존(五 45b)'이 보이기 때문이다. 그러나 김주원(1998)에서는 ≪소학언해≫의 두 예 모두 구개음화의 예로 볼 수 없는 것으로 논의하였다. '튜존ㅎ고'는 '튜존'이 구개음화된 것이 아니라 원래 한자음이 '튜존'인 '推尊'의 표기로, '지만흔'은 원래의 한자음이 '지만' 인 '枝蔓'의 표기로 간주한 것이다. 한편 김주원(1997)에서는 송민(1986)에서 구개음화 의 예로 간주한 ≪소학언해≫(1587)의 다음 예도 구개음화에서 제외하였다.

  (1) 블근 믿이 이셔 여람 미잣거늘(소학언해, 六 22)
  (2) 블근 머지 여름 미잣서를(번소, 九 25), 머지 여렛거늘(三綱, 孝 17)

즉 이 문헌의 표기상의 특징이 분철로 표기하는 것과 종성 'ㅅ'을 'ㄷ'으로 표기하려는 것(이익섭 1992: 223-230)에 관심을 두고, '머지'를 '멋이'로 분철하여 표기하고 그것을 다시 '믿이'로, 받침 'ㅅ'을 'ㄷ'으로 표기한 것으로 추정한 것이다. 이러한 구개음화 예가 17세기 중기까지 거의 보이지 않는다는 점에서 경향을 중시하는 본고에서도 김주원 (1997)의 주장을 따르기로 한다.

(1) 1) 비브롤션졍(경민-이, 13a), 아롱지다(경민-이, 34b), 믠허지고(경민
-이, 49), 골진 칼(凹面刀, 역어, 17a)

2) 뎡당ᄒ다 正當(어록-사 2, 13a), 긋티다(어록-사, 2), 先生이 쏘 디거
다(박통-중, 22a), 디달쓰다(역어 하, 34a), ᄀ 틴 고기(역어 하,
38b), 됴희심(역어 하, 50b), 뉘 이긔며 뉘 디뇨(역어 하, 53a),

(1.1)은 ㄷ구개음화의 예들이고, (1.2)는 과도교정의 예들이다. (1)의 예
들이 거의 전부일 정도로 17세기 중·후기에 나타나는 구개음화와 과도교
정의 예는 그리 많지 않다. 이들 17세기 중·후기에 나타나는 구개음화와
과도교정의 예들은 몇 가지 특징을 보여준다. 구개음화나 과도교정 모두
개음절에서 주로 나타나며, 폐음절인 경우에는 비음으로 끝나는 음절에
나타난다. ㄷ구개음화는 주로 비어두 음절에서 나타나고, 과도교정은 주
로 어두 음절에서 나타난다. ㄷ구개음화는 평음 'ㄷ'이 'ㅈ'으로 변화한 모
습을 보여주지만, 과도교정은 평음만 아니라 격음에서도 나타난다.

이러한 17세기 중·후기의 특징은 대체로 18세기 초기 문헌에도 거의
그대로 나타난다. 다음은 ≪오륜전비언해≫(1721)에 나타나는 구개음화와
과도교정의 예들이다.

(2) 1) 싄허지디 아니ᄒ야(四, 21b), 이즈러지디(四, 18b), 옴기지 못ᄒ다
(三, 27a, 七, 6b), 應擧과쟈(二, 7, 七, 7b), 흔들과쟈 ᄒ시ᄂ니잇고
(八, 13b)

2) 가디면(一, 23a), 伸寃理枉코뎌 ᄒ노니(一, 40), 듕(一, 9b), 듕들의(一,
19b), 딤이(一, 51a), 무함ᄒ야짐을 닙어시니(一, 54b), ᄀ른티니(五,
17b), 肥己코뎌(五, 20b), 되고뎌(五, 24b), 기ᄃ리고뎌(五, 38a), ᄀ
른텨(五, 46b),

(3) 1) 혓긋ᄎ 무듸여(一, 25b)

2) 그티디(八, 23b), 맛티ᄂ(三, 4b), 맛티디(三, 4b, 7b, 8a, 8b), 맛틴

(三, 7b, 47a), 그릇 맛티리는(三, 8b), 맛틸이니이다(六, 24b), 맛틸
이라(六, 25a), 안티라(七, 14b)

(2.1)과 (3.1)은 구개음화 예들이고 (2.2)와 (3.2)는 과도교정 예들이다. 이
문헌에서 구개음화는 비어두 음절에서만 보이지만, 과도교정은 어두 음절
과 비어두 음절에서 모두 나타난다. 구개음화나 과도교정 모두 개음절에
많이 나타나는데 폐음절인 경우에는 비자음으로 끝나는 음절에 보인다.
구개음화와 과도교정은 모두 평음과 격음 즉 'ㄷ, ㅌ'이 각각 'ㅈ'과 'ㅊ'으로
된 예와 원래의 'ㅈ, ㅊ'이 각각 'ㄷ, ㅌ'으로 된 예들도 나타난다.

이 문헌에서는, 17세기 중·후기의 경우와 달리 형태소 경계에서도 구
개음화와 과도교정의 예들이 나타난다. (3.1)의 '헛긋치'는 '헛긑'의 마지막
자음 'ㅌ'이 주격조사 '이'를 만나, 'ㅌ'이 'ㅊ'으로 바뀌어 형태소 경계에서
ㄷ구개음화가 일어난 상태를 보여준다. 그리고 (3.2)의 예들은 원래 i나 y
앞에서 구개음 'ㅌ'로 실현되던 것들이 'ㅊ'으로 교정된 상태를 보여준다.
'그티디, 맛티는, 맛티디, 맛틴, 맛티리는, 맛침이니이다, 맛침이라, 안티라'
등은 '긋다, 맞다, 앉다'의 어간 말음 'ㅈ'이 사동접미사 '-히-'를 만나 [치]
로 실현되어야 함에도 그 '치'가 [티]로 교정되어 나타난 것이다. 과도로
교정된 예들이 '그티-, 밋티-, 안티-' 세 예이지만 '밋티다'가 반복적으로 10
회나 나타났다는 사실이 특이하다.

이러한 상태의 ㄷ구개음화와 과도교정 예들 가운데 구개음화 예들은 시
간의 흐름에 따라 점차 확산된 상태로 나타난다. 그러나 과도교정의 예들
은 구개음화 예들만큼 확산되지 않고 간헐적으로 나타나 정체되거나 오히
려 줄어들었다고 할 정도로 나타나지 않는다. ≪동문유해≫(1745) 상권의
구개음화와 과도교정 예들을 찾아 제시하면 다음과 같다.

(4) 1) 믈 터지다(8a), 미쟝이(13b), 씌쟝이(13b), 고지식(21b), 말 믓지 못
        ᄒ여서(24b), 말 마자지다(24b), 뒤 써지다(26b), 졋바져 눕다(27b),

밀치다(29a), 더지다(29a), 내치다(30a), 어룬인 체ᄒᆞ다(30b), 구러지다(30b), 존졀치 아니타(31b), 화목지 아니타(33a), 눈맛지 아니타(33a), 빗챵 지르다(35a), 밋지 못ᄒᆞ다(47a), 무찔러(47a)

2) 져 편(9b), 지위(13b), 도도리 치다(20b), 지나다(27a), 손 쳐 부르다(27a), 졋바져눕다(27b), 눈 지내다(28a), 졉어 싱각ᄒᆞ다(? 31a), 지새(36a), 수지새(36a), 지새 네다(36a), 지새 것다(36b), 젼갈ᄒᆞ다(42b), 직희오다, 직희다(46b), 진 티다(46b), 쳡셔 올리다(?47b), 쟝막(49b), 쟝막 티다(50a), 죠회ᄒᆞ다(52a), 찐밥(58b), 지진 쩍(59a)

3) 슬 디다(18a), 슬 찌다(18a), 인 티다(39a)

(4.1)과 (4.2)는 각각 비어두 음절과 어두 음절에서 구개음화된 예들이고, (4.3)은 과도교정의 예들이다. 구개음화의 예들은 음운론적 환경에 있어서나 어휘의 수나 빈도에 있어서 상당히 확산된 상태로 나타난다. 특히 어휘 형태소의 어두 음절에서 나타나는 (4.2)의 예들은 이전 시기의 문헌과 대비하면 이 시기에 이르러 구개음화가 상당히 널리 확산되었음을 보여준다.

그런데 이 문헌에서 구개음화 예들과 달리 과도교정의 예는 오히려 줄어든 모습을 보여준다. 과도교정은 어두 음절과 비어두 음절에 모두 나타나지만, 단지 두 개의 어휘에 경음 '찌'와 유기음인 '치'를 각각 '띠'와 '티'로 과도교정한 예를 보여주는 것이다. 그러므로 구개음화는 이전 시기에 비해 상당히 확산되었으나 과도교정은 구개음화처럼 확산되지 않고 정체되어 있거나 오히려 줄어든 상태에 있었던 것으로 나타난다. 구개음화와 과도교정 예가 보여주는 이 문헌의 특성은 이후 문헌에서 뚜렷한 경향을 이루면서 변화의 흐름을 보여준다.

17세기 후반이나 18세기 초기와 달리 이 시기에 와서 과도교정의 예가 줄어드는 것은 구개음화 현상과 과도교정 표기에 대한 기존의 이해가 잘못되었음을 보여준다. 기존의 논의에서는 과도교정 유형의 예들이 구개음화가 널리 확산되어 '디'와 '지'를 구별하지 못하여 표기에 혼란을 일으킨 것이라고 설명해 왔다. 그러나 이러한 기존의 설명이 타당하다면, 다시 말해 과도교정과 같은 예들이 구개음화가 널리 확산되어 표기에 혼란을 일으켜 나타난 예라고 한다면, 구개음화의 발생 초기에는 과도교정 예들이 나타나지 않아야 할 것이고, 나아가 후대로 갈수록 과도교정 예들이 점차 많아져야 할 것이다.

그런데 앞에서 살펴 본 바와 같이 구개음화의 발생 시기에는 구개음화 예들이 과도교정 예와 거의 유사한 정도로 나타나거나 오히려 과도교정의 많이 나타나기도 하는 것이다. 또한 기존의 주장에 따르면 구개음화가 확산되면 될수록 과도교정 예들은 더 많아져야 할 텐데 사실은 그렇지 않다. 구개음화가 점차 확산되어도 과도교정 예들은 확산되지 않은 채 구개음화의 초기 상태와 유사한 상태에서 초기에는 다소 확산되는 경향을 보이다가 구개음화가 널리 확산된 시기가 되더라도 과도교정 예들이 더 확산되기보다 이전과 유사한 상태를 보이거나 오히려 줄어드는 경향을 보이는 것이다.

18세기 후기 또는 18·9세기의 교체기에 간행된 ≪인어대방≫(1790)과 ≪중간노걸대언해≫(1795)에는 ㄷ구개음화 환경에 있는 거의 모든 예들이 구개음화된 상태로 나타난다. 다시 말해, 이 문헌들에서 구개음화 환경에 있는 형태들은 어휘형태소(비어두 음절과 어두 음절), 문법형태소, 형태소 경계에서 거의 모두 구개음화된 상태로 나타난다. 말하자면 이 두 문헌에서는 ㄷ구개음화가 거의 완성된 단계에 이른 모습을 보여주는 것이다. ≪인어대방≫(1790)과 ≪중간노걸대언해≫(1795)에서 ㄷ구개음화가 되지 않은 형태는 다음 예들에 국한되어 나타날 뿐이다.

　(5)　1) ≪인어대방≫(1790): 뎐됴히(五, 16b), 격뎡을(七, 2a), 역뎡내여(十, 11b)

　　　 2) ≪중간노걸대언해≫(1795): 엇디(상, 1a), 뎐쥬인아(상, 56a, 56b), 사발뎝시(상, 62b), 됴쿠즘은(하, 15b), 뎡흔(하, 11b, 12b, 19b), 됴히(하, 22), 한 뎜(하, 27b), 됴흔(하, 36a), 시톄예(하, 45b), 툐환(하, 62b)

(5)의 예들은 모두 구개음화가 되지 않은 예들인데, (5.1)은 ≪인어대방≫, (5.2)는 ≪중간노걸대언해≫의 예들이다. (5)와 같이 18세기의 90년대에 극히 일부의 예를 제외한 대부분의 구개음화 환경에서 ㄷ구개음화가 거의 모두 일어났음을 보여준다. 그러므로 18세기 후기 또는 18세기와 19세기 교체기에는 ㄷ구개음화가 거의 모든 단어에 적용되는 단계로 접어든 것으로 보인다. 그러나 이들 문헌에 과도교정 예들은 거의 나타나지 않는다. 이러한 사실은 과도교정이 기존의 논의에서처럼 구개음화가 일반화되었을 때 나타나는 표기상의 오류가 아니었음을 말해준다.

3.1.1.2 경상도 방언

17세기 이전의 경상도 방언이 반영된 문헌에 ㄷ구개음화는 거의 나타나지 않는다. 그런데 16세기 중기의 ≪칠대만법≫(1569)에 다음과 같이 ㄷ구개음화와 관련된 예가 하나 보인다(김주원 1997).

(6) <u>듀화</u>는 눈이 업거시니 므스글 가지고셔 희를 조차 도라오며(9a)

김주원(1997)에 따르면, (6)의 밑줄 친 '듀화'는 '해바라기'의 한자어인 '규화(葵花)'이다. 이 '규화'가 '듀화'로 바뀌어 나타난 것이라면, '규화'의 'ㄱ'이 '듀화'의 'ㄷ'으로 된 것이므로 음운론적으로 일반화하여 설명하기 어렵다. 그러나 이 변화에 구개음화를 고려하면 'ㄱ'이 'ㄷ'으로 바뀐 것을 음운론적으로 접근해 볼 수 있다. 즉 '규화〉쥬화'의 과정에 ㄱ구개음화와 ㄷ구개음화, 즉 두 유형의 구개음화와 관련지어 '규화〉쥬화〉듀화'의 변화가 일어난 것으로 추정해 볼 수 있는 것이다. '규화〉쥬화〉듀화'의 변화에서 '규화〉쥬화' 변화에는 ㄱ구개음화가, '쥬화〉듀화' 변화는 ㄷ구개음화에 대한 과도교정이 일어난 것으로 추정할 수 있기 때문이다. 이러한 추정이 타당하다면 16세기 중·후기의 경상도 방언이 반영된 문헌이 전하지 않아 구개음화 예를 확인할 수는 없지만, 16세기 경상도 방언에 ㄱ구개음화와 ㄷ구개음화가 모두 일어나고 있었으며, 나아가 ㄷ구개음화에 대한 과도교정도 일어나고 있었던 것으로 추정할 수 있다.

경상도 방언에서 ㄷ구개음화가 17세기 이전에 일어나고 있었음은 17세기 초기의 자료를 통하여 뒷받침된다. 17세기 초기의 ≪진주하씨 묘 출토 한글 자료≫(1602-1646)에서는 ㄷ구개음화와 그에 대한 과도교정의 예를 상당히 많이 보여준다.

(7) 1) 방하에 지허(105), 젹을 칙(108), 붕어찜(141), 짐치 다믄 후에(11), 졍ᄒ여 이시니(13), 졍ᄒ여 가려 ᄒ뇌(20), 지하의(25), 쟝모(55), 면화 아니� 젼에(59 2회), 쟝모ᄭ의(71), 짐치(71), 졍ᄒ여 이시니(74), 쟝모ᄭ의ᄂ(102), 졍ᄒ여(104), 나박짐치(110), 쟝모ᄂ(126), 쟝모(142), 졍ᄒ여(143), 쟝모(166), 형졔도(168)

2) 댱만ᄒ는(83), 뎡냥의(85), 뎡냥의(86), 뎡네(102), 뎡냥이(102), 댱만ᄒ여(104), 뎜뎜(113), 뎡네(139), 뎡녈의(142), 뎡냥의(168), 뎌그나(57), 뎌그나(103), 뎌근(122), 뎌즐 넘고ᄂ가(149)

(7.1)은 어두 음절에서 나타난 구개음화의 예들이고, (7.2)는 어두 음절에서 나타난 과도교정의 예들이다. 어두 음절에서 구개음화된 예들은 한자어가 압도적으로 많고, 과도교정의 예는 한자어나 고유어나 비슷하다. 그러나 구개음화나 과도교정의 예 모두 평음 'ㄷ'과 'ㅈ'에 한정되며, 경음이나 격음에 해당되는 예들은 보이지 않는다. 그리고 구개음화와 과도교정의 예 모두 개음절에 한정되고, 폐음절인 경우에는 음절말 자음이 비자음인 경우에 한정된다.

다음 (8)은 비어두 음절에서 일어난 구개음화와 과도교정 예들이다.

(8) 1) 구시례 바치쟈 ᄒ고(1), 돕지(35), 편치(38 3회, 59), 콩치(59), 뎡치(59), 고지 아니 드르려니와(59), 고치게(66), 고치러(66), 고쳐둔

(66), 구치 몯홀 거시니(67), 바치노라(69), 셩치(70), 녀치 마소(72), 편치(85), 나돈니지(86), 통치(86), 아져게(88), -지 말고(92), 편치(101), 닛치지(101), 자지 마소(101), 아지(102), 편치(103), 블쵸치(104), 쾌치(108), 더져 두면(111), 자지 말고(111), 노치(112, 127), 고칠가(113), 편치(3회, 119, 137), 아져게(123), 쾌치(126), 비골치(127), 누치싱션(141), 아기를 나치(142), 편홀션졍(142), 관겨치(142), 얼운버지(146), 아져게(147), 고치라ᄂᆞ, 고친, 고쳐(2회, 148), 됴치(148), 고쳐(150)

2) 가뎌가라(2), 가뎌다가(2), 제곰 나고뎌 ᄒᆞ니(6), 졍월ᄀᆞ디ᄂᆞᆫ(8), 가디고(9), 가뎌오ᄂᆞᆫ(10), 가뎌오라(18), 봄ᄀᆞ디ᄂᆞᆫ(20), 가뎌오라(27), 가고뎌(31), 가뎌 오소(35), 가뎌다가(55), 짓고뎌(59), 나고뎌(59: 2회), 내고뎌(59), 보고뎌코(72), 보고뎌(72), 가뎌가니(73), 가뎌가ᄂᆞᆫ(86), 가디러(103), 가뎌오게(103), ᄒᆞ여디라(103), 가고뎌(104), 여러가디(104), 가뎌다가(104), 가뎌오라(110), 바디(111), 머거디라(111), 나디라도(111), 몬뎌(113), 가뎌다가(113), 가뎌온(114), 진디도(117), 가디고(117), 나오고뎌(119), 오고뎌(119), 가뎌다가(120), 가뎌나오라(127), 가뎌오라(127), 몬뎌(134), 가고뎌(134), 가뎌가라(134), 가뎌가디(134), 바디ᄂᆞᆫ(137), 오읍고뎌(140), 세 가디(141), 가뎌오라(144), 가뎌왐즉ᄒᆞ거든(145), 가뎌가더니(147), 가뎌가ᄂᆞᆫ(150), 가뎌간(151), 마뎌 보아셔(168)

(8.1)에서 구개음화 예들은 '말다, 않다' 앞에 상당히 일반화되어 나타나는 부정의 문법형태소 '-지' 외에 문법형태소 '편홀션졍', 어휘형태소의 '바<u>치</u>-, 고<u>치</u>-, 돕<u>지</u>, 아<u>져</u>게, 닛<u>치</u>지, 더<u>져</u>, 누<u>치</u>싱션', 그리고 형태소 경계의 '고<u>지</u>, 얼운버<u>지</u>(146)' 등이 나타난다. 형태소의 수가 그리 많지 않아 어휘적으로 구개음화가 일반화되었다고 할 만큼 확산된 상태는 아니었을 것으로 추정된다. (8.2)의 과도교정은 'V고뎌, V어디라, Nᄀᆞ디' 등과 같은 문법

형태소, '가뎌~가다-, 여러가디, 바디, 몬뎌, 진디도 등과 같은 어휘형태소의 비어두 음절, '나디라도, 마텨'와 같은 형태소 경계에서 나타났으나 형태소의 종류도 그리 다양하지 않고 같은 형태소가 반복하여 나타나는 특성을 보여준다. 그러므로 이 자료의 구개음화의 예는 문법형태소에서는 일반화되어 나타났으나 어휘형태소에서는 그렇지 않으며, 과도교정도 몇몇 어휘형태소에 반복적으로 나타나는 정도라고 할 수 있다.

1669년에 병산서원에서 간행된 ≪어록해≫에도 다음과 같이 ㄷ구개음화와 과도교정의 예들이 나타난다.

(9) 1) 刺 지ᄅᆞ다(1b), 作작生 엇지ᄒᆞ고(19a), 密鞭 ᄌᆞ조 채 치다(25b)
    2) 摸索 어ᄅᆞ믄티다(8a), 裁斷 긋티다(8b), 一等人 ᄒᆞᆫ 가디 사ᄅᆞᆷ(18a)

ㄷ구개음화는 이후의 문헌에 계속하여 나타난다. ≪보권념불문≫(1704)에 이르면, ㄷ구개음화의 예들은 어두 음절과 비어두 음절에서 (10)과 같이 일반화되어 나타나며, 과도교정의 예들도 (11)과 같이 나타난다. 이 문헌에 보이는 ㄷ구개음화와 과도교정 예들을 몇 개씩 제시하기로 한다.

(10) 1) ᄀᆞᆺ지 못ᄒᆞ다(2a), 외오지 못ᄒᆞ니(3a), 어진(5a, 30a), 엇졔(5a, 10a), 엇지(7b), 부쳬 도이기(14a), 친ᄒᆞᆫ 버지 다 외셔(19b), 슬픈 지라(29a), 고지 듯디 아니면(30a), 어젹긔 잇싸가(30b), 희지ᄂᆞᆫ 셔역킈(31a)

    2) 즁에(中-, 2a), 죠ᄒᆞᆫ(好, 5a), 즁삼품에(中-, 7a), 죠코(好, 8b, 28a), 지내야(18b), 죠흔들(好, 19b), 져 극낙셰계로(19b), 삼칠일 즁에(3a), 죠하 ᄒᆞ고(30a)

(11) 긋틸 제 업고(5a), 틸보(七寶, 5a), 틸보집을(七寶, 5b), 넌곳티(花, 6b), 긋티거나(7a), 틸보못(7b), 듕을 만나셔(僧, 8a), 듕이나(僧, 19b), 슬디

거든(19b), 굿티고(19b), 텨두려(妻, 28a), 그 톄 닐오딕(妻, 28a), 그 톄 (妻, 28a), 텨주권속이(妻, 30b), 굿티기 쉽거든(31a)

(10.1)과 (10.2)를 보면 비어두 음절뿐 아니라 어두 음절에서도 ㄷ구개음화가 일어나고 있었으며, 평음뿐만이 아니라 경음, 격음도 ㄷ구개음화가 일어나고 있었음을 보여준다. 그러나 이 문헌에는 (11)에서 보듯이 전반적으로 과도교정이 줄어든다. 예들의 특성도 대부분 한자어나 형태소 경계의 'ㅌ'에 집중되는 경향을 보이며, 동일 어휘에 과도교정이 반복적으로 나타나는 특성을 보인다. 이러한 특성은 ≪왕랑반혼전≫(1741), ≪임종정념결≫(1741), ≪부모효양문≫(1741), ≪경민편언해≫(1745), ≪보권념불문≫(동화사본, 해인사본)에도 동일하게 나타난다. 이러한 특성을 바탕으로 하면 18세기 중기 경상도 방언에서는 구개음화가 상당히 확산되어 있었던 것으로 보인다.

그런데 19세기 초기의 필사본인 ≪경민편언해≫(1806)[53]에서는 ㄷ구개음화의 환경에 있는 형태는 구개음화되어 나타난다. 그런데 이 문헌에는 또 다른 상태의 과도교정이 나타난다.

(12) 1) 화목지 못ᄒ게ᄂ(뎐령), 구치 안이ᄒ게ᄂ(뎐령), 훈장을(뎐령), 한늘굿치(1), 능지쳐ᄉᄒ고(1), 어지다(1), 듯지 안이ᄒ몌(1), 이슬지라도(2), 픽치 안이홀인니(2), 제삼(3), 말올지이(3), 맛질어는(4), 더홀지라도(7), 춤지 못ᄒ야(7), 부침ᄒ기을(8), 긔경흘지니(8), 쩍지을(8), 구지 간수ᄒ고(9), 동부치로라(10), 쌔지ᄂ니라(8), 엇지(고령), 썻썻지(고령), 형제(쳔), 허여져 스ᄂ(쳔), 밧치시리라(훈), 곳쳔(훈), 한

53) ≪경민편언해≫에서 추출한 예들의 '( )' 속의 출전은 장차가 아니라 ≪경민편언해≫의 목차에 제시된 항목을 따른 것이다. 예를 들어 (경-이, 1)은 이후원이 간행한 규장각본 ≪경민편언해≫의 '부모제알'에서 추출된 예임을 말하며, (경-울, 훈)은 1806년에 필사된 조동일 교수본 ≪경민편언해≫의 '훈민가' 중에서 추출된 예임을 말한다. 이하 ≪경민편언해≫에서 추출된 예의 출전은 이러한 방법으로 제시한다.

늘갓치(어와)

2) 졔일(뎐령), 즁훈(뎐령), 즁훈니라(1), 치면(2, 7), 졍ᄒ고(2), 즁ᄒ고
(2), 젼지(田地)ᄂᆞᆫ(3), 쟝 일빅도연: 杖一百도년(3), 쟝ᄉ질ᄒᆞᄂᆞᆫ(8), 조
치(9), 졍쇽ᄒᆞ야(12), 지어ᄂᆞᆫ(〈디ᄒᆞ니ᄂᆞᆫ)(13), 쳔윤이니(고령), 쟝유
유셔(훈), 져 늘그이(훈), 지내 심과(어와)

(13) 되 지극히 즁ᄒ니라(1), 슌동ᄒᆞ야(2), 노듀뎨오(奴主第五, 5), 동과(5), 되
잇ᄂᆞ니라(6), 듀려 듁그리(9), 동븟치로라(10), 이뎌부터 (서), 강듀(江
州, 고령), 튜듕홈(고령), 쳔듀권유문(쳔쥬권유문) (쳔),

(12)와 (13)은 각각 ㄷ구개음화와 과도교정의 예들이다. (12)는 i나 y 앞
에서 'ㄷ'이 'ㅈ'으로 바뀐 예들로서 이전의 ㄷ구개음화 현상과 큰 차이가
없다. 그러나 (13)의 일부 예들은 이전의 과도교정과 차이가 있다. 물론 이
문헌에도 이전과 마찬가지로 i나 y 앞에서 'ㅈ'이 'ㄷ'으로 바뀐 일반적인
과도교정도 많이 나타난다. 그렇지만, '죄(罪)〉되, 이제〉이뎌, 주려〉듀려,
죽으리〉듁그리' 등과 같이 반모음 y도 없는 환경의 'ㅈ'을 'ㄷ+ 반모음 y'로
교정한 새로운 유형의 과도교정이 보이는 것이다.

이렇게 ㄷ구개음화의 환경에 있지 않은, 그리하여 ㄷ구개음화와 관계없
는 원래의 'ㅈ'을 'ㄷ+y'로 교정한 이유는 무엇일까? 그것은 당시의 경상도
방언의 화자나 필자들이 'ㅈ'을 'ㄷ+y'로 인식하여 'ㄷ+y=ㅈ'이라는 등식을
그들의 음운 의식 속에 가지고 있었기 때문에 이러한 새 유형의 과도교정
의 출현이 가능했던 것으로 추정된다. 다시 말하면 '죄'의 'ㅈ'을 'ㄷ+y'로 교
정함으로써 '죄'가 '되'로 나타나게 된 것으로서, 'ㄷ+y'가 'ㅈ'으로 구개음화
되는 규칙을 일반화하여, 'ㄷ+y'를 구개음 'ㅈ'과 동일한 것으로 인식하였기
때문인 것으로 해석된다[54]. 'ㄷ+y'가 'ㅈ'으로 인식되고, 역으로 'ㅈ'이 'ㄷ+y'

---

54) 이 시기에 'ㅈ' 다음에 반모음 y가 첨가되거나 탈락되는 현상은 단순한 표기상의 문제로
간주된다. 'ㅈ' 다음에 y가 있건 없건 그 음성적 실현은 마찬가지로 인식되고 있었을 것
으로 추정되기 때문이다.

로 인식되었다는 것은 'ㄷ+y=ㅈ'이란 등식의 성립을 의미한다. 이러한 등식의 성립은 구개음화 환경에 있는 'ㄷ+y'의 연결체를 구개음 'ㅈ'으로 인식하였음을 의미한다. 그러므로 이러한 과도교정은 이 시기 경상도 방언 화자들에게 'ㅏ, ㅓ, ㅗ, ㅜ' 앞에서의 'ㅈ'이 구개음으로 실현되고 있었음을 알려줌은 물론, ㄷ구개음화도 일반화되어 'ㄷ+y'가 구개음 'ㅈ'으로 인식되고 있었음을 보여주는 것을 알려주는 것으로 생각된다.

그러나 이 유형의 과도교정은 음성 층위에서 일어난 과도교정으로 보기 어렵다. 경상도 방언의 화자나 필자가 'ㄷ+y'를 'ㅈ'과 같은 값으로 간주할 때, 그것은 'ㄷ+y'로 된 표기를 음성형 'ㅈ'과 같은 것으로 이해하는 것이다. 그렇다면 음성형 'ㅈ'을 'ㄷ+y'로 표기한 것은 'ㅈ'의 음성형을 표기 층위에서는 'ㅈ'이나 'ㄷ+y'나 동일한 음성형을 나타낸 것으로 간주된다. 그러므로 이 유형의 교정은 구개음 'ㅈ'과 ㄷ구개음화의 출력부의 음가에 대한 화자나 필자의 인식을 보여주는 예로서 이러한 표기는 'ㄷ+[i, y]'는 'ㅈ+[i, y]'가 동일한 음성형을 나타낼 수 있는 상태가 되어야 가능하다. 그렇다면 이 문헌의 시기에 이르면 경상도 방언에서 ㄷ구개음화의 환경에 있는 형태는 특별한 경우가 아니고는 ㄷ구개음화된 형태가 자연스럽게 수용할 수 있는 음성형의 상태였다고 할 수 있다.

3.1.1.3 전라도 방언

전라도 방언에서는 이미 17세기 이전에 ㄷ구개음화가 일어난 것으로 알려져 있다. ㄷ구개음화가 나타나는 가장 이른 시기의 예는 지금까지 1562년 송광사에서 간행된 ≪부모은중경≫으로 알려져 왔다(이명규: 1993). 그러나 그보다 1년 앞서 간행된 무량굴판 ≪월인석보≫ 제21권(1561)에 다음과 같이 ㄷ구개음화와 그 과도교정의 예가 나타난다.

(14) 1) 쟝쟈이 아드리(18a)

    2) ᄒᆞ마 命맹終듕ᄒᆞ거늘(219a)

이 문헌에는 (14.1)와 같이 한자음에 ㄷ구개음화가 일어난 예가 나타난다. (14.1)의 '쟝쟈'는 '長者'로서, 15세기 '長'의 한자음으로 '댱'이었다. 그리하여 이 문헌에서는 '長' 字의 음을 대부분 '댱'으로 표기하였으나 (14.1)에서와 같이 '댱'을 '쟝'으로 표기한 예가 나타나는 것이다55). '命終'이 '명듕'으로 나타난 (14.2)는 y 앞에서 원래의 'ㅈ'이 'ㄷ'으로 바뀐 과도교정의 예이다. '終'의 15세기 음은 '즁'이었으나 그 '즁'이 '듕'으로 나타난 것이다. 이러한 ㄷ구개음화와 과도교정의 예들은 전라도 방언이 반영된 문헌에서 16세기 중·후기에 하나의 뚜렷한 경향을 보여주며 꾸준히 나타난다. 이런 점에서 전라도 방언의 ㄷ 구개음화는 적어도 16세기 중기에 일어나 확산되고 있었던 것으로 추정된다.

16세기 중·후기에 송광사에서 간행된 ≪부모은중경≫(1562), ≪몽산화상육도보설≫(1567), ≪계초심학인문≫(1577), ≪야운자경서≫(1577), ≪몽산법어약록언해≫(1577), ≪사법어≫(1577) 등에는 다음과 같이 ㄷ구개음화와 그 과도교정의 예들이 보인다.

(15) 1) 혼칠흔(昏沈, 은중경, 7a), 제ᄌ(弟子, 육도, 40a), 졔셕(帝釋, 육도, 40a), 의심 발ᄒᆞᆫ지(몽산, 1b)

2) 오딕(육도, 39a, 39b, 계초, 7a, 사, 5b), 뎡짓(〈젼굿, 육도, 34a), 세 가딧物(육도, 39b), ᄀᆞ른텬(야운, 48a), 흔 가디(몽산, 14a)

(15.1)는 구개음화의 예들이고 (15.2)는 과도교정의 예들이다. '혼팀〉혼침, 데ᄌ〉제ᄌ, 뎨셕〉졔셕'은 한자어의 변화이고 '발ᄒᆞᆫ디〉발ᄒᆞᆫ지'는 고유어에서의 변화이다. 그러나 구개음화와 달리, 과도교정은 주로 고유어

<hr>

55) 한자음이 구개음화한 '쟝'과 유사한 예들이 송광사에서 간행된 이후의 문헌, 즉 ≪부모은중경≫(1563), ≪몽산화상육도보설≫(1567), ≪몽산법어언해≫(1577), ≪사법어언해≫(1577), ≪계초심학인문≫(1577) 등에 계속하여 나타나, 구개음화와 과도교정의 예들이 하나의 경향을 보여준다.

에 나타난다. '오직〉오딕, 가지〉가디, ᄀ락친〉ᄀ락틴' 등은 고유어의 예이고, '견곳〉뎐곳(뎡삿)'은 한자어의 예다. 그러므로 이 시기 문헌에는 구개음화와 과도교정이 한자어와 고유어 모두에 나타나지만, 대체로 과도교정은 고유어의 비어두 음절에서 나타난다.

이러한 구개음화 관련 예들은 17세기 문헌에서도 계속 나타난다. ≪선가귀감언해≫(1610), ≪백련초해≫(1635), ≪권념요록≫(1637) 등에 ㄷ구개음화와 과도교정의 예들이 계속 나타나는 것이다. 먼저 ≪선가귀감언해≫(1610), ≪백련초해≫(1635)의 예들을 제시한다.

(16) 1) 다 고쳐(선가-송 15a), 누른 닙 질 시지(저?)래(백련-송 20a)

2) 즁 듕아(山僧, 백련-송 22a), 졈 텨시니(打點, 백련-송 22b)

(16.1)은 '고뎌〉고쳐, (닙) 딜〉질' 등과 같은 ㄷ구개음화 예이고, (16.2)는 '즁〉듕, 쳐시니〉텨시니' 등과 같은 과도교정 예다. ㄷ구개음화와 과도교정의 예들은 모두 고유어의 어두 음절과 비어두 음절에서 나타났다. 이 예들은 16세기 중·후기의 송광사본 문헌의 경향을 잇는 것으로 간주된다.

≪권념요록≫(1637)에는 ㄷ구개음화가 상당히 확산되어 나타나지만 과도교정은 한 예만 나타난다.

(17) 1) 어진(4a), 모진(7a), 고쳐(7a), 부쳐을(7b, 8b), 궁즁애(18a), 기친(7b), 올치 아니호야(19a), 허치 아니호고(19b), 졀호미언졍(21a), 씻쳐(23a), 앏곤치 흔대(24a), 어즈지 아니호미니(33a)

2) 칙령다이(4b), 뎌 부쳐을(7b), 뎐호야(10a), 뎡목경(鄭牧卿, 18b), 흔히 디나거나(34b), 디당이 넙고(24b?)

(18) 텹이 닐오딕(24b)

(17.1)은 비어두 음절, (17.2)는 어두 음절에서 구개음화된 예들이고, (18)

은 과도교정된 예들이다. 이 문헌에서는 어두 음절과 비어두 음절에서 ㄷ구개음화가 모두 나타나며, 구개음화의 환경에서 구개음화되지 않은 예들보다 구개음화된 예들이 더 많이 나타나 당시의 전라도 방언에서 ㄷ구개음화가 상당히 많이 확산되었음을 보여준다. 이 문헌에 구개음화는 널리 확산되어 나타나지만 과도교정은 '첩(妾)〉텹' 한 예만 나타난다. 구개음화가 일반화되면서 과도교정은 오히려 줄어드는 경향을 보여주는 것이다.

《권념요록》 이후에는 전라도에서 간행된 문헌이 없어 전라도 방언에서 전개되는 ㄷ구개음화의 확산 과정을 구체적으로 살펴보기 어렵다. 18세기 들어, 1730년에 송광사에서 간행된 《유합》과 《천자문》, 1741년 (혹은 1801) 남고사에서 간행된 《부모은중경》(1720년 금산사본의 복각본임)에서 계속하여 ㄷ구개음화와 과도교정의 예가 보인다.

(19) 1) 어질 량(良, 천자-송), 모질 악(惡, 천자-송), 진 쟝(長, 천자-송), 구을 젼(轉, 유합-송, 2a), 맏(밭) 젼(田, 유합-송, 4a), 집 젼(展, 유합-송, 11b), 몸 체 體(유합-송, 14a), 솓 졍(鼎, 유합-송, 17a), 츌가ᄒᆞᆫ지(은중-금, 2a), 먹지 말고(은중-금, 5b), 헤치 아녀(은중-금, 6a), 넙지(은중-금, 6b), 혼침ᄒᆞᆫ 듯ᄒᆞ도다(은중-금, 7a), 춤지(은중-금,8a), 벙긔지(은중-금, 8a), 좃지 아니ᄒᆞ놋다(은중-금, 13b), 회동치 아니며(은중-금, 13b), 모진 사름을(은중-금, 13b), 닛지 아니ᄒᆞᄂᆞ니라(은중-금, 14b), 벼개 침(枕, 유합-송, 15b), 죠히 지(紙, 유합-송, 15b), 연지 젹고(은중-금, 2b), 줄ᄒᆞ니(은중-금, 8a), 족쟝 쇠겨(은중-금, 13b)

2) 마츰 둉(終, 천자-송), 갈 디(之, 유합-송, 7a), 발 둑(足, 유합-송, 13b), 딥 실(室, 유합-송, 14a), 딥 막(幕, 유합-송, 14a), 딥 옥(? 옥)(屋, 유합-송, 14a), 딥 틱(宅, 유합-송, 14a), 졍디 듀(廚, 유합-송, 14b), 밥 디슬 췌(쳬, 유합-송, 18a), 슬딜 비(肥, 유합-송, 20a)

이들 문헌은 ≪권념요록≫ 이후에 간행된 것으로서 ≪권념요록≫과 마찬가지로 구개음화가 한자음과 고유어, 고유어의 어두 음절과 비어두 음절 등 대부분의 환경에서 널리 확산되어 나타난다. 이들 문헌에 (19.2)와 같이 과도교정의 예도 나타난다. ≪부모은중경≫과 ≪천자문≫에는 과도교정이 거의 나타나지 않지만 ≪유합≫에는 적지 않게 나타난다. 과도교정이 ≪유합≫에 유독 더 많이 나타나는 이유는 구개음화의 확산이 그리 많지 않아 그렇지 않나 생각되나 이 문헌이 1730년에 간행된 것이라는 점에서 좀 더 구체적인 검토가 이루어져야 할 것이다.

1799년에 송광사에서 간행된 ≪법화경언해≫56)에 이르면 구개음화 환경에 있는 예들은 대부분이 구개음화되어 나타난다.

> (20) 1) 즌졔되니(1a), 씻치고(1a), 고지듯지 아니훌씩(1a), 연화즁(1a), 쌔져
>   (1b), 졀의 이르러(1b), 졔일(1b), 법화경칙쟝을(1b), 일쳬강화(1b),
>   졔슈 즁에(1b), 산즁에(1b), 왕즁에(1b), 팔만대쟝경 즁에(1b)
>   2) 옥디환(1a)

≪법화경언해≫에서는 어두 음절에서나 비어두 음절에서나 ㄷ구개음화의 환경에 있는 대부분의 형태가 구개음화되어 나타났다. 그러나 과도교정은 '옥디환' 한 예에만 나타났다57). 이러한 ㄷ구개음화와 과도교정이 보여주는 특성은 경상도 간행의 문헌에서와 유사하지만, 자료가 충분하지 않아 구개음화의 확산 과정을 구체적으로 확인하기는 어렵다. 현전하는 문헌을 바탕으로 하면 ㄷ구개음화는 전라도 방언이 반영된 문헌에서 가장

---

56) 송광사본 ≪법화경언해≫는 한글로 된 부분이 서문 2면에 불과하고 나머지는 한문으로 된 '법화경'의 각 한자에 한글로 음을 달아 놓은 책이다. 우리말 문장을 한글로 표기한 부분은 ≪법화경언해≫ 본문을 시작하기 전의 서문에 해당하는 2면에 불과하지만 이것만으로도 당시의 언어 사용 양상의 대체적인 윤곽은 알 수 있다.

57) 이 시기에 음절 말음이 무성폐쇄음인 경우에는 평음이 경음으로 실현되는 경음화 현상이 있었던 것으로 보이기 때문에 표기는 'ㄷ'이지만 발음은 [t']로 간주된다.

먼저 나타나며, 17세기 문헌에 보이는 ㄷ구개음화와 과도교정의 예도 같은 시기의 경상도 방언 문헌 못지않게 확산된 상태로 나타난다.

3.1.1.4 기타 지역 방언

16세기 함경도에서 간행된 ≪촌가구급방(村家救急方)≫(1571-1573)에 ㄷ구개음화 예가 보인다는 사실이 안병희(1978)에서 보고된 바 있다.

(21) 1) 升麻 싀쟝가리, 石竹花 셕쵹화
    2) 磁石 指南石 디남셕

(21.1)은 ㄷ구개음화의 예이고, (21.2)는 ㄷ구개음화에 대한 과도교정의 예이다. '싀쟝가리'는 '싀댱가리'가, '셕쵹화(石竹花)'는 '竹'의 음이 '듁'에서 '쵹'으로 구개음화된 것이다. '디남셕(指南石)'은 '指'의 음이 '지'에서 '디'로 과도교정된 것이다. 이러한 예들로 보아 함경도 방언에서도 ㄷ구개음화가 16세기에 이미 일어나고 있었던 것으로 추정할 수 있다.

17세기 함경도 방언을 반영한 것으로 간주되는 ≪연병지남≫(1612)과 ≪화포식언해≫(1635)에도 ㄷ구개음화와 그에 대한 과도교정 예가 보인다.

(22) 1) 느출 지르라(연병-함, 3a), 붑을 치고(연병-함, 15a), 젼윗녕 그치
       (연병-함, 30b), 흔글으치흐라(연병-함, 30b), 자바다가 쳐(화포-
       함, 19a), 습진 터히(화포-함, 10b)
    2) 쳑타롤 그티라(연병-함, 15a), 듕흔(重, 화포-함, 17a)

≪화포식언해≫와 ≪연병지남≫에서도 ㄷ구개음화와 과도교정의 예를 모두 보여준다. ㄷ구개음화와 과도교정 모두 비어두 음절과 어두 음절에서 나타나며, 비어두 음절의 경우에는 형태소 경계에서도 구개음화의 예가 나타난다. '습진'은 비어두 음절에서, '젼윗녕 그치, 흔글으치' 등은 형태

소 경계에서, '지르라, 치고, 쳐' 등은 어두 음절에서 구개음화가 일어난 예들이고, '그틔랴'는 고유어 '긋-'과 사동접미사 '-히-'가 결합된 형태소 경계에서, '듕한'은 한자음 '즁'에서 과도교정이 일어난 예들이다.

이후 17세기 후기에서 18세기 전기까지 함경도에서 간행된 문헌은 거의 없다. 1762년에 문천 두류산에서 간행된 ≪지장경언해≫에 이르면 ㄷ구개음화가 상당히 활발하게 일어나고 있음을 보여주지만, ㄷ구개음화보다 과도교정의 예들이 더 많이 나타나 다른 방언권 문헌과 대비하면 상당히 특이한 양상을 보여준다. 어두 음절과 비어두 음절로 나누어 ㄷ구개음화와 과도교정의 예들을 일부 제시한다.

(23) 1) 눈믈 지시니(상 1b), 지장니(상 2a), 쳘환 숨키고(상 21b), 쩌러져(상 25b), 뻐러져(상 68b), 그즁에(중 3a), 지장보살이(중 3b), 지장보살(중 6b), 쳔만 엇싱즁의(중 7b), 경즁을(중 9b), 즁원(중 13b), 칠분 즁의(중 18a), 얻과쟈(중 27a), 일홈은 경쥬니라(중 27b), 즁죄을(중 28b)

2) 드러티고(상 3a), 힝을 디으며(상 15b), 흉하 딛고(상 7a), 일워디다(일워지다, 상 8a, 상 28a), 디뷔 도라가(상 10a), 공득 디어(상 12a), 이 말 디으샤틔(상 14b), 오딕(상 16b), 가디가디로(상 18b), 가디면(상 19a), 다솜 가딛(상 21a), 여러 가디(상 16a), 여러 가덧(상 22a), 닷디(상 22b), 듕싱(상 24b, 상 25a), 딛거늘(상 24b), 텬만억보살(상 29b), ᄀᄅ틸 업슈이(32a), ᄉᄃᆞᆯ 회게(중 6a), 오딕(중 7b, 중 16a), 디심으로(중 7b), 디뷔 사라(중 13a), 그디 업스매(중 15a, 중 16a), 즁싱의 디은 악업(중 15b), 디으면(중 15b), 뎡근티(중 19a), 뎡근ᄒᆞ야(중 19a), 딜드려(중 21b), 디불 몰라(중 21b)

(23.1)은 구개음화, (23.2)는 과도교정의 예들인데, 이 문헌에는 ㄷ구개음화보다 과도교정의 예들이 훨씬 많이 나타난다. 이 문헌에서 ㄷ구개음화

의 예들은 대체로 y에 선행하는 'ㄷ'이 'ㅈ'으로 구개음화된 예들이 많은 반면, 과도교정의 예들은 대체로 i에 선행하는 'ㅈ'이 'ㄷ'으로 된 경우에 많다. 그리고 구개음화를 보여주는 예들은 한자어가 많으나 과도교정의 예들은 고유어가 많다. 이 문헌이 1762년에 간행된 것이기는 하지만 인근의 평안도 지역에서는 현대국어에서도 구개음화가 일어나지 않았다는 점에서 접촉 방언의 성격이 반영되었을 것으로 추정된다.

평안도 감영에서 간행된 것으로 추정되는 상문각본 《경민편언해》[58], 18세기에 간행된 것으로 보이는 《정속언해》, 황해도 구월산 흥률사에서 1765년에 간행된 《보권념불문》 등에는 ㄷ구개음화와 과도교정의 예가 보이지 않는다. 현대 평안도 방언은 구개음화가 일어나지 않았다는 점을 고려하면, 이들 문헌에는 당시의 평안도 방언이 반영되었기 때문이라고 할 수 있다. 영남 지역에서 간행된 《경민편언해》나 《보권념불문》에는 구개음화된 예들이 널리 확산된 상태로 나타나기 때문이다.

그런데 평안도에서 간행된 이들 문헌과 달리 1745년에 평안 감영에서 간행된 《노걸대언해》에는 ㄷ구개음화의 예가 나타난다. 이 문헌에 구개음화 예들이 나타나는 것은 중앙의 사역원에서 책의 원고를 만들고 그 원고를 가지고 평안감영에서 판을 짜서 찍은 것이기 때문이었을 것으로 추정된다. 이 책의 편찬자 또는 언해자와 관련되는 방언이 혼입된 것이거나 노걸대의 언해류 중의 다른 이본에 영향을 받아 생긴 현상으로 추정된다.

3.1.2 과도교정의 특징과 의미

지금까지 ㄷ구개음화와 그 과도교정의 표기를 대상으로 구개음화의 발생과 확산 과정을 시간의 흐름에 따라 검토하였다. 본 연구의 대상인 ㄷ구

---

58) 이 문헌은 상문각본 《경민편언해》를 말한다. 이 문헌을 관서 지방에서 간행된 것으로 추정한 제2장의 《경민편언해》를 참조할 것. 간행 시기는 1656년에 이후원이 간행한 규장각본과 1731년에 이정숙이 상주에서 간행한 《경민편언해》와 대조하여 가감첨삭한 부분을 바탕으로 하면 이 두 문헌이 간행된 시기의 사이인 것으로 생각된다.

개음화 예들은 현대국어의 여러 방언에서 구개음화된 형태로 실현되므로 구개음화가 일어난 상태가 표기에 반영된 것이라고 할 수 있다. 그러나 과도교정 예들은 현대 방언에서 확인할 수 없기 때문에 이들 표기 예에 대한 당시의 음성형을 검토할 필요가 있다.

첫 번째로 검토할 문제는 본고의 과도교정이 표기 층위에서 일어난 것인가 음성 층위에서 일어난 것인가에 대한 문제이다. 본고에서 말하는 과도교정의 예들은, 그동안의 연구에서는 한동안 ㄷ구개음화가 널리 확산된 이후에 구개음화를 의식하여 'ㅈ'을 'ㄷ'으로 바꾼 표기상의 오류로 간주해 왔다. 그러나 이러한 추정에는 몇 가지 문제가 있다. 먼저 과도교정이 구개음화가 널리 확산된 상태에서 구개음화를 의식하여 'ㅈ'을 'ㄷ'으로 고친 표기상의 오류라면 과도교정의 예들은 구개음화가 널리 확산된 이후에 나타나야 할 텐데 국어사 문헌에서는 ㄷ구개음화의 예들과 거의 같은 시기, 심지어 그보다 이른 시기에 나타나는 것이다. 방언이 반영된 각각의 문헌에서 ㄷ구개음화와 과도교정의 예들이 처음 나타나는 시기를 지역에 따라 나누어 제시하면 다음과 같다.

(24) ㄷ구개음화와 과도교정의 최초 출현 시기

구분	ㄷ구개음화	과도교정
중앙어	1656(≪경민편언해≫)	1669(≪어록해≫)
경상도	1603(≪진주하씨 묘 한글 편지≫)	1568(≪칠대만법≫)
전라도	1562(≪월인석보≫ 21)	1562(≪월인석보≫ 21)
함경도	1571-1573(≪촌가구급방≫)	1571-1573(≪촌가구급방≫)

위 도표에서 보듯이 ㄷ구개음화 예가 나타나는 시기는 지역에 따라 다소간의 차이가 있지만 구개음화와 과도교정 예들이 출현하는 시기 사이에는 큰 차이가 없다. 현전하는 문헌의 특성 때문인지 모르지만 경상도 지역의 경우에는 과도교정 예가 구개음화 예보다 먼저 나타난다. 중앙어에서는 구개음화 예가 1656년의 ≪경민편언해≫에 처음 보이는데, 1699년의

≪역어유해≫에 이르기까지 구개음화 예는 거의 보이지 않고 과도교정 예는 1669년의 ≪어록해≫에서 나타나기 시작하여, ≪박통사언해≫, ≪노걸대언해≫, ≪역어유해≫ 등에 이르기까지 계속하여 나타난다.

경상도 방언 문헌에는 17세기 초기까지 구개음화 예가 보이지 않는다. 그러나 1567년의 ≪칠대만법≫의 '듀화'가 '규화'에서 변화한 형태라는 점에서 '규화〉쥬화〉듀화'의 변화 과정을 상정하면, 16세기 후기의 경상도 방언에도 ㄷ구개음화와 그에 대한 과도교정이 일어난 것으로 추정하지 않을 수 없다. 전라도 방언과 함경도 방언 문헌에서도 각각 16세기 후기의 무량굴판 ≪월인석보≫와 ≪촌가구급방≫에 ㄷ구개음화와 과도교정이 함께 나타났다. 이와 같이 대부분의 지역에서 과도교정의 예들은 ㄷ구개음화가 나타나는 시기와 유사하거나 앞선 시기에 간행된 문헌에 나타난다. 이러한 사실은 과도교정의 예들이 구개음화가 확산된 상태에서 이루어진 표기상의 오류라는 기존의 주장이 타당하지 않음을 말해준다.

둘째, 과도교정의 예들이 ㄷ구개음화가 널리 확산된 시기에 나타나는 표기상의 오류로 이해하는 경우, 과도교정 예들의 출현과 관련하여 또 다른 문제가 제기된다. 구개음화가 널리 확산되면 확산될수록 과도교정의 예도 그만큼 더 많이 나타나야 할 텐데 국어사 문헌에서는 그렇지 않기 때문이다. 오히려 기존의 논의와 반대로 구개음화의 예들이 나타나는 초기의 과도교정 예들은 ㄷ구개음화가 확산되는 정도에 비례하여 많아지는 것이 아니라 오히려 그대로 유지되거나 점차 줄어드는 경향을 보이는 것이다. 그리하여 18세기 후기에 간행된 ≪중간노걸대언해≫나 ≪인어대방≫에는 구개음화의 환경에 있던 형태는 대부분 구개음화된 형태로 나타나지만, 과도교정의 예는 한 예도 나타나지 않는 것이다.

구개음화가 널리 확산된 시기에 과도교정의 예들이 전혀 나타나지 않는 것은 아니다. 가령 1806년에 울진에서 필사된 ≪경민편언해≫에서는 'ㅈ'을 'ㄷ+y'와 등가로 간주하여 '죄'를 '뒤'로 교정한 예들이 나온다. 말하자면 '죄'라고 표기해야 할 것을 '뒤'라고 표기하여 과도교정과 같은 유형의 특성을 보여주는 것이다. '죄'를 '되'로 표기한 예에서는 'ㄷ+y'를 'ㅈ'과 등가로 본 것으로 간주된다. 이 시기에 경상도 방언에서는 이미 구개음화가 일반화되어 i나 y 앞에서 'ㅈ'을 'ㄷ'으로 바꾸는 현상이 거의 나타나지 않는 상태였던 것으로 추정된다. 이러한 상황으로 인하여 '죄'를 '되'로 표기하는 현상이 나타난 것으로 추정된다. 이 시기에 경상도 방언에서는 'ㅈ'이 모든 모음 앞에서 구개음으로 실현되고 있었고 'ㄷ+y'도 구개음화되어 'ㅈ'으로 실현되어 'ㄷ+y'를 'ㅈ'과 같은 것으로 간주하여 나타난 표기로 간주되는 것이다. 즉 'ㄷ+y'를 'ㅈ'과 등가로 간주한 표기는 [t]와 [y]의 연쇄에서 일어나는 구개음화를 바탕으로 하여 'ㄷ+y'를 'ㅈ'으로, 또는 'ㅈ'을 'ㄷ+y'로 재해석한 결과 나타날 수 있는 것으로서, 이 유형의 과도교정은 구개음화가 널리 확산된 상태에서 나타날 수 있는 표기 층위의 과도교정으로 생각된다. 이러한 과도교정은 구개음화가 널리 확산된 시기에 나타난다는 점에서 구개음화 예들이 나타나기 시작하는 시기에 보이다가 구개음화가 확산되는 시기가 되면 사라지는 과도교정과 차이가 있다.

셋째, 구개음화가 확산되는 과정에서 과도교정의 예들은 ㄷ구개음화와 매우 밀접한 관련을 가지면서 변화한다는 것이다. ㄷ구개음화가 나타나기 시작하여 구개음화된 예들의 사용이 확산되는 시기에 과도교정은 ㄷ구개음화만큼 큰 변화를 보이지 않지만 ㄷ구개음화가 확산되어 가는 추이에 반비례하는 특성을 보인다. 즉 구개음화 예들이 나타나기 시작하는 초기 단계에 과도교정 예들도 나타나며 오히려 과도교정의 예가 구개음화 예가 나타나는 시기보다 이른 시기의 문헌에 나타나기도 한다. 또한 이 시기의 문헌에는 과도교정의 예가 구개음화와 유사하거나 다소 많은 상태로 나타난다. 구개음화가 점차 확산되는 단계에서는 과도교정의 예들도 환경에 따라 변화를 보이면서 다소 많아지는 경향을 보인다. 그러나 어휘적으로 크게 확산되는 것은 아니고 동일 어휘가 반복 사용되어 특정 형태소나 어휘의 사용 빈도가 많아지는 경향을 보인다. ㄷ구개음화가 급격하게 확산되어 일반화되는 단계에 접어들면 과도교정은 줄어들거나 거의 나타나지 않는다. 이러한 구개음화의 확산 추이에 따른 과도교정 예들의 출현 양상은 구개음화의 확산 과정에 반비례하는 특성을 보이는 것이다. 즉 구개음화의 초기 단계에 나타나던 과도교정의 예들도 구개음화가 널리 확산되어 일반화되면 사용되던 과도교정형도 사라지고 마는 것이다.

ㄷ구개음화는 대체로 '비어두 음절→형태소 경계→어두 음절'의 환경으로 확산되는 반면, 과도교정은 대체로 그 반대의 과정을 거치는 것으로 보인다. 물론 과도교정의 경우에는 구개음화의 확산 과정과 달리 분명한 단계적 변화를 거친다고 하기도 어렵다. 그러므로 문헌에는 '어두 음절→형태소 경계→비어두 음절'의 순서로 나타나지만 그 예들이 많지 않고 일정한 경향을 보이지도 않기 때문에 이러한 추이가 과도교정의 변화를 말한다고 하기도 어렵다. 말하자면 과도교정의 예가 비어두 음절이나 형태소 경계에 나타난다고 하더라도 그 예들의 출현이 우발적인 성향이 강하고 일정한 방향성을 찾기는 어렵다. 단지 ㄷ구개음화가 발생하여 확산되기 시작하는 단계에서 나타나 구개음화가 일반화되면 사라지는 과도교정은 구개음화 현상을 전제로 하여 화자나 필자들이 구개음화를 인식하는 심리적 상태를 드러내 주는 현상이었던 것으로 생각된다.

과도교정의 이러한 특징은, 과도교정 예들이 구개음화가 생산적으로 일어나는 시기에 나타날 수 있는 표기상의 단순한 오류라는 기존의 논의가 타당하지 않음을 말해준다. 구개음화 예가 나타나기도 전에 과도교정 예가 먼저 보인다는 사실이나, 구개음화 예가 나타나는 시기와 같은 시기에 과도교정 예가 보인다는 사실, 나아가서 구개음화가 널리 확산된 시기에는 과도교정이 거의 나타나지 않는 사실 등의 특징은 구개음화에 대한 화자나 필자들의 인식을 전제로 과도교정이 설명되어야 함을 말해주는 것으로 보인다. 구개음화에 대한 과도교정의 이러한 특징들은 오히려 과도교정이 구개음화 규칙의 발생이나 확산과 밀접하게 관련되어 있을 것으로 추정된다. 즉 구개음화 규칙의 발생과 확산 과정에서 구개음화 규칙을 내재화한 화자나 필자가 구개음화 현상, 또는 구개음화 규칙이 적용된 예들의 사용을 수용하지 않으려 하는 태도가 반영되어 있는 것으로 생각된다.

과도교정이 ㄷ구개음화에 대한 화자의 인식이 반영된 것이라는 점에 대해서는 대부분의 연구자들이 동의하는 듯하다. 이러한 견해는, 구개음화 현상이 남부방언에서 먼저 발생하여 중부 방언으로 확산되었기 때문에 중앙어 화자들이 이를 남부 방언의 표지(marker)로 생각하여 구개음화 어형을 거부하는 의식이 오히려 원래의 'ㅈ'을 'ㄷ'으로 과도교정하게 되었다고 추정해 왔기 때문이다. 이러한 논의는 현대국어 화자들에 있어서 '짐치(짐치)〉 김치, 질들이다〉길들이다, 혁)셕' 등의 예들에 작용한 ㄱ구개음화나 ㅎ구개음화에 대한 화자들의 심리적 판단에 ㄱ구개음화나 ㅎ구개음화를 방언의 표지로 간주하여 과도교정한 것으로 인정하고 있다는 점에서, 기존의 연구에서도 이들 과도교정형들을 진행 중인 음운변화에 대한 화자들의 인식이나 심리적 판단의 결과로 받아들이고 있는 것이다. 이와 같이 ㄱ구개음화나 ㅎ구개음화에 대한 과도교정의 예들을 화자들의 인식을 바탕으로 설명한다면, ㄷ구개음화에 대한 화자나 필자들의 심리적 판단 결과로서 일어난 과도교정도 표기 층위가 아니라 실제 음성 층위에서 일어난 현상으로 설명하는 것이 보다 설득력이 있지 않나 생각된다.

ㄱ구개음화나 ㅎ구개음화를 ㄷ구개음화와 대비해 보면, 이들 현상들은 모두 비구개음이 i나 y 앞에서 구개음으로 된다는 점에서 동질적인 현상이다. 이들 현상이 일어나는 환경도 동일하며, 비구개음이 구개음으로 교체된다는 점에서 이들 현상을 지배하는 규칙의 입력부와 출력부의 특성이 동일하기 때문이다. 이렇게 ㄱ구개음화와 ㅎ구개음화가 ㄷ구개음화와 동질적인 현상이라면 각 현상의 과도교정 현상도 이와 동일한 관점에서 이해되어야 할 것으로 생각된다. 이런 점에서 그 예들을 현대국어에서 확인하기 어려운 ㄷ구개음화에 대한 과도교정은 ㄱ구개음화나 ㅎ구개음화에 대한 과도교정 현상을 통하여 그 특성을 추론할 수 있을 것이다.

ㄱ구개음화와 ㅎ구개음화가 중앙어에서 거의 일어나지 않았지만, 이들 구개음화에 대한 과도교정 예들은 문헌에서 확인된다. 그뿐만 아니라 이

들 구개음화에 대한 과도교정된 형태들은 현대국어에서도 사용되는 경우가 있다는 점에서 주목할 만하다. '딤치〉짐치〉김치, 질삼〉길삼, 질들이다〉길들이다, 졈심〉겸심, 지새〉기와, 혁〉석' 등의 예들이 국어사 문헌에서 확인되는데, i나 y 앞에서 'ㄱ〉ㅈ'의 변화를 보이는 이 예들이 현대국어에서도 사용되고 있는 것이다. 이러한 문헌 자료와 현대국어 예들은 ㄱ구개음화와 ㅎ구개음화의 과도교정은 실제 음성 층위에서 일어난 것임을 말해준다[59]. 이와 같이 ㄱ구개음화와 ㅎ구개음화의 과도교정이 음성의 층위에서 일어났다는 사실을 고려하면 ㄷ구개음화에 대한 과도교정 형태도 실제 음성 층위에서 일어났다고 보는 것이 타당하다고 생각된다.

ㄷ구개음화에 대한 과도교정 형태가 표기의 층위에서 일어난 것이 아니라, 음성의 층위에서 일어난 것이 사실임을 보여주는 예들이 현대 함북의 이른바 육진지역어에 남아 있다[60]. 다음 예들은 원래의 'ㅈ'을 'ㄷ'으로 발음하는 방언형이 있음을 보여주는 예들이다.

(25) 육진지역어의 과도교정

됴심(操心): 경흥, 회령	됴용하다: 회령
더미다: 종성, 회령	덕다(小): 종성, 회령
덩(정말로, 正): 경흥, 종성, 회령	덩월(正月): 회령
듕(僧): 종성, 회령	-텨럼(처럼): 온성, 회령
티부(置簿): 경원, 회령	언텨살다(얹혀살다): 종성
창호디(窓戶紙): 온성, 회령	

---

59) ㄱ구개음화와 ㅎ구개음화의 과도교정과 그 예들에 대해서는 '3.2 ㄱ구개음화와 ㅎ구개음화의 전개' 부분을 참고하기 바람.

60) 이 예들은 ≪함북방언사전≫(김태균 편저, 1986)에 제시된 예들이다. 제보자들의 인적 사항에 대해서는 ≪함북방언사전≫의 서문에 소개되어 있다. 제보자는 모두 29명으로 한 지역에 1명에서 3명까지 선정되어 있다. 1983년의 조사일 현재 제보자 대부분이 서울에 거주하고 있는 60세가 넘은 남성으로 되어 있다.

(25)의 예들은 i나 y 앞에 있던 'ㅈ'이 'ㄷ'으로 바뀐 것들이다. '조심, 종용하다, 져미다, 적다, 정, 정월, 중, 처럼, 치부, 엱혀살다, 창호지'가 원래 형태인데,이 형태들에서 i나 y 앞에 있던 'ㅈ'이 'ㄷ'으로 바뀌어 '됴심, 됴용하다, 뎌미다, 뎍다, 뎡, 뎡월, 듕, 텨럼, 티부, 언텨살다, 창호디' 등으로 실현되고 있는 것이다. 이러한 예들은 ㄷ구개음화의 과도교정과 동질적인 예들로서 17, 8세기 문헌에서 ㄷ구개음화에 대한 과도교정이 실제의 음성형에서 일어났음을 보여주는 예들이라 할 수 있다[61].

(25)의 예들에서 보여주는 과도교정이 언제 어떻게 일어났는지 분명히 알 수 없다. 현대 함경도 북부의 육진 지역어에서 ㄷ구개음화가 일부는 일어나고 일부는 일어나지 않은 것으로 보아[62] ㄷ구개음화와 과도교정이 상호 작용함으로써 의식적으로 교정된 어형이 실제의 음성형으로 실현된 것으로 간주된다. 이러한 과도교정의 형태로 실현되는 육진 방언의 예들은 구개음화 규칙의 입력부와 출력부의 음이 반대되어 구개음화를 전제로 이들 과도교정된 형태를 설명할 수 있다는 점에서 ㄷ구개음화가 일어나던 시기의 과도교정 예들과 다르지 않다고 생각된다. 그러므로 현대 육진 방언에서 과도교정의 변화를 보이는 어형들이 실제의 음성형으로 사용되고 있다는 사실은 ㄷ구개음화가 일어나던 시기에 보이는 과도교정도 음성의 층위에서 일어나 실제 사용한 형태였음을 말해주는 것으로 생각된다[63].

---

61) 곽충구(1994: 328-331)에서도 이러한 과도교정형이 실제 음성 층위에서 실현된 것으로 간주하고 있다. 즉 곽충구(1994)에서는 육진방언과 푸찔로의 ≪로한ᄌᆞ뎐≫에서 과도교정이 t)k, ʧ)k, s)h, ʧ)t로 변화된 과도교정의 예들을 찾아내어 ≪Azbuka dlja korejtsev≫ (한국인을 위한 철자 교과서)에서 원래의 어형과 과도교정형의 두 유형이 모두 실제로 발음되었다는 내용을 끌어와 논의를 전개하고 있다.

62) 곽충구(1994: 323-324)에서는 육진 지역어에 구개음화가 일어나지 않았음을 말하면서 소창진평(1927: 5-7)의 "경흥, 웅기, 청진, 경성 이남의 지역에서는 '댜, 뎌, 됴, 듀' 등은 경성 지방과 동일하게 '쟈, 져, 죠, 쥬'와 같이 발음된다."는 내용을 인용하여 육진 지역어 중 경흥 지역에서는 ㄷ구개음화가 상당히 진전된 것으로 보고하고 있다.

63) 이러한 유형의 과도교정은 중국의 연변 인민출판사에서 펴낸 ≪조선어방언사전≫에도 상당히 많이 나타난다. ≪조선어방언사전≫(리운규 · 심희섭 · 안운 편찬, 연변 인민출판사, 1990년)에서는 함경도, 평안도 등지에서만 아니라 '길림, 심양 등지의 말에도 이러한 예들이 있음을 보여주는 것이다. 이러한 유형의 과도교정 예들이 나타나는 특징을

그러면 구개음화가 남부 방언의 표지로 의식되었다고 할 때 과도교정은 왜 구개음화의 발생이나 확산 과정과 밀접한 관련을 맺는 것일까? ㄷ구개음화에 대한 과도교정된 형태들은 ㄷ구개음화의 진행에 대응되는 변화를 보인다. 중앙어에서 17세기 중·후기에는 어두 음절의 평음에 'ㅈ'에 대한 과도교정이 일어나다가 18세기에 이르러 형태소 경계, 또는 비어두 음절의 경음이나 격음에 대한 과도교정 현상으로 바뀌게 되는 것이다. 이것은 ㄷ구개음화의 과정과 그에 대한 과도교정의 변화는 두 현상이 상호 관계를 맺으면서 진행되었기 때문인 것으로 생각된다.

과도교정의 예들이 구개음화 현상을 의식적으로 거부하여 곧바로 과도교정 현상이 일어난 것으로 추정하기는 어렵다. 그것보다는 구개음화된 형태가 당시에 사회적으로 용인되는 형태가 아니므로 구개음화된 어형을 원래의 어형으로 돌리려는 의식에서 비롯되었을 것으로 추정된다[64]. 다시 말하면 과도교정은 'ㄷ'이 구개음화된 어형을 원래의 어형으로 되돌리려는 의식에서 출발하여, 가능하면 구개음화된 형태를 쓰지 않으려 하고, 나아가 이미 구개음화된 형태들에 대해서는 구개음화되지 않은 구형을 쓰려고 하던 상황에서 ㄷ구개음화 현상이 어느 정도 확산되어 화자나 필자들에게 의식되기에 이르자 ㄷ구개음화된 어형을 원래의 형태로 되돌리려 하는 의식이 과도하게 작용한 결과 원래의 구개음을 비구개음으로 되돌리는 과도교정형이 나타나게 된 것으로 이해되는 것이다. 다시 말해 ㄷ구개음화된 형태가 아닌, 원래의 '지'나 '치'가 ㄷ구개음화된 것으로 판단하여 ㄷ구개음

보면 과도교정이 구개음화를 보이는 방언과 그렇지 않은 방언이 접촉하는 과정에서 일어난 것으로 볼 수 있다. 이러한 상황을 ㄷ구개음화가 일어나던 시기로 환원하여 말하면, ㄷ구개음화가 일어나는 현상과 이를 거부하려는 의식적인 노력 사이에 일어난 것과 동궤의 현상으로서 ㄷ구개음화에 대한 과도교정이 ㄷ구개음화가 일어나던 시기에 ㄷ구개음화를 의식하여 일어난 현상이며, 그러한 과도교정 형태는 실제 음성 층위에서 일어난 것이라는 우리의 주장을 지지해 준다.

[64] 이런 점에서 ㄷ구개음화를 보이지 않는, 이른바 보수적인 표기들이 상당수 이러한 교정 현상에 의한 것으로 생각된다. 구개음화된 'ㄷ'을 'ㅈ'으로 되돌린다면 그 형태에는 구개음화가 반영되지 않게 되기 때문이다.

화가 적용되기 이전의 형태로 바꾸려고 함으로써 원래의 'ㅈ'이나 'ㅊ'을 'ㄷ'이나 'ㅌ'으로 교정하여 과도하게 고친 결과인 것으로 생각된다.

ㄷ구개음화를 바탕으로 과도교정한 화자나 필자는 ㄷ구개음화된 어형을 거부하거나 받아들이지 않으려는 심리적인 태도가 작용하고 있으며, 그러한 작용은 구개음화가 남부 방언에서 먼저 일어났기 때문에 구개음화형을 남부 방언의 표지로 간주하여 유발된 것이라고 할 수 있다. 이러한 맥락에서 과도교정이 구개음화를 전제로 하여 일어나는 현상으로서 구개음화에 지배를 받는 현상임을 알 수 있다. 그리하여 ㄷ구개음화에 대한 과도교정은 ㄷ구개음화 현상을 받아들이지 않으려는 심리적 태도에서 비롯된 것이어서 구개음화가 먼저 일어나고 그 이후에 발생한 현상이라는 사실을 추론할 수 있다. 화자들이 ㄷ구개음화를 남부 방언의 표지(marker)로 간주하여 1) 처음에는 구개음화가 적용된 단어들을 사용하지 않으려고 노력하고, 2) ㄷ구개음화가 이미 적용된 단어들에 대해 중앙어 화자나 필자들이 원래의 구개음화되지 않은 형태를 사용하거나 구개음화된 형태를 원래의 형태로 돌려 사용하고자 하는 단계에서는 아직 과도교정이 나타나지 않았을 것이다. 3) 중앙어 화자나 필자들의 이러한 노력에도 불구하고 구개음화가 확산되자, 원래 'ㅈ'이나 'ㅊ'이었던 것도 'ㄷ'이나 'ㅌ'이 구개음화된 것으로 착각하여 원래 형태인 'ㄷ'이나 'ㅌ'으로 되돌리려고 함으로써 과도로 교정하는 데에 이르게 된 것이라고 할 수 있다.

중앙어에서 보여주는 이러한 구개음화 현상과 과도교정의 상호 관계는 남부 방언의 경우에는 다소 차이가 있었으리라 생각된다. 구개음화가 남부 방언의 표지로 인식되었다면 그것은 언어 사회에 대한 사회적인 태도에 바탕을 둔 것이므로 남부 방언의 어떤 하위 방언에서 일어난 과도교정은 다른 하위 방언에 대한 또 다른 사회적 태도를 보여줄 수 있기 때문이다. 남부 방언에 보이는 과도교정의 경우, 그 하위 방언들 사이에 위계 관계가 설정될 수 있다면 그러한 집단 사이의 상호관계를 평행적으로 적용할 수도 있을 것이다. 그러나 한정된 문헌 자료에서 그러한 집단을 상정하기도 어렵고, 그러한 모든 언어 집단에서 동일한 언어 태도를 보여주었는지를 확인하기도 어렵다.

그런데 남부 방언권 내에서의 하위 단위를 상정하지 않더라도 어떤 표준의 어형을 지향하는 의식이 반영된 과도의 교정으로 이해한다면, 남부 방언에서 보여주는 언어 태도를 바탕으로 과도교정의 발생 과정에 접근할 수도 있을 것으로 생각된다. 이러한 접근은, 중앙어 화자들이 남부 방언에 대해 가졌던 언어 태도와 상반되는 것으로, 남부 방언 화자들이 중앙어를 의식하여 진행 중인 음운변화를 교정하려 했던 것으로 이해하는 것이다. 다시 말하면, 남부 방언 화자들이 자신들의 변화된 어형들을 중앙어와 비교하여, 자신들이 속한 언어 공동체에서 일어나는 음운변화에 대해 부정적인 태도를 가지고 있었기 때문인 것으로 해석하고자 하는 것이다.

이러한 관점에서 ㄷ구개음화 현상에 대한 과도교정이라는 동일한 현상임에도 불구하고, 남부방언과 중앙어의 과도교정은 언어 공동체에 대한 사회적인 태도에 다소 차이가 있었던 것으로 추정된다. 중앙어의 과도교정은, 중앙어 화자들이 구개음화된 형태들을 남부 방언의 표지로 인식하여 구개음화에 대한 부정적인 태도를 가지고 구개음화된 형태를 용인하지 않으려고 한 노력의 결과 나타난 형태로 이해되며, 남부 방언의 과도교정은, 남부 방언 화자들이 자신들의 방언에서 일어나는 변화가 사회에서 널리 용인되지 않는 형태, 즉 부정적인 것으로 인식하여 그 형태를 사회에서 용인하는 형태로 전환하고자 한 노력의 결과로서 나타난 것으로 이해된다. 그러므로 중앙어와 남부 방언의 과도교정은 구개음화라는 변화에 대해 부정적인 인식이나 태도를 보인 것은 동일하지만, 그 변화를 거부하는 사회적 태도의 측면에서 차이가 있었던 것으로 보인다. 중앙어의 과도교정은 어떤 집단의 표지를 수용하지 않으려는 태도에 바탕을 둔 것인 데에 반해 남부 방언의 과도교정은 어떤 집단의 표지를 지향하는 태도에 연유한 것으로 이해되기 때문이다[65].

그런데 중앙어의 과도교정이 다른 방언에 대한 의식적인 거부 반응을 보인 결과이며, 남부방언의 과도교정이 중앙어를 지향하는 의식적인 노력의 산물이라고 할 때, 구개음화 진행 과정에서 과도교정은 ㄷ구개음화의 예들 못지 않게 구개음화가 진행되고 있었음을 말해주는 증거가 된다. 어떤 하위의 언어 집단에서 변화가 일어나 언어의 과거 형태와 현재의 변화형 사이에 심한 음성적인 차이가 있음을 알면서도 현재 진행 중인 변화는 거의 인식하지 못한다(Labov: 1972).

이러한 상태에서 해당 변화가 점차 확산되어 새로이 사용되는 형태가 어느 정도 인식될 시기에 이르면 변화형의 특징은 어떤 언어 집단의 표지(maker)가 된다. 이렇게 변화되는 어형이 어떤 계층이나 방언의 표지로 인식될 정도가 되면, 자신의 언어 집단에서 일어나고 있는 언어 변화에 대한 태도를 통하여 사회적인 인식을 드러내게 된다. 이러한 인식이나 태도는 자신의 언어 집단에서 일어나고 있는 언어의 변화를 감지한 이후에 주로 일어나므로, 구개음화에 대한 거부반응을 일으킬 정도로 구개음화가 진행되었다고 한다면 그것은 의식하지 못하는 사이에 구개음화가 어느 정도 진행되고 있었음을 알려주는 것으로 생각된다. 말하자면 과도교정 예는 의식하지 못하는 상황에서 진행되고 있던 구개음화 현상을 의식하게 되자

---

65) 이러한 의식적인 거부의 노력이 상반될 수 있음은 여러 사회언어학적인 조사·연구에서 보고된 일반 현상이다. 가령 사회계층을 상·중·하층으로 나누고 각 계층을 다시 상·중·하층으로 구분하여 하위에 9개의 계층을 상정할 때, 언어 변화는 주로 상하층과 중상층 사이, 중하층과 하상층 사이에서 많이 일어나는데, 그 이유는 그들 각 층위의 상층과 중층, 중층과 하층 사이에 언어 변이형 사용에 대한 인식의 차이가 크기 때문이다. 이러한 언어 변이형의 사용에 대한 인식의 태도로 언어 변화를 주도한다. 사회적인 인식에 있어서 상대적으로 상위에 있는 계층, 즉 (중상층에 대한) 상하층과 (하상층에 대한) 중하층에서는, 상대적으로 하위에 있는 계층의 언어 변이형의 사용에 대해 거부 의식을 가지고 변화의 반대 방향으로 교정하려는 의식적인 노력을 꾀하는 반면, 상대적으로 하위에 있는 계층, 즉 (상하층에 대한) 중상층과 (하상층에 대한) 중하층에서는 자신들의 변화 방향을 부정적인 것으로 간주하고, 상위 계층의 언어형을 따라가고자 하여 교정하지 말아야 할 것도 교정하게 되는 의식적인 노력을 꾀하는 것으로 나타난다. 이러한 방향에서 과도로 교정하는 현상이 일어나는데, 사회적인 인식의 태도에 따라 어떤 언어 변이형에 대한 의도적인 거부 의식의 결과로 나타나는 과도로 교정된 형태가 과도교정형인 것이다.

구개음화가 일어난 예들이 보여주는 일반성을 포착하여 구개음화 현상의 규칙성을 파악함으로써 이 규칙이 적용된 형태들에 대한 사회적 사용에 대한 가부 판단 상태에 이르게 되었을 것으로 추정된다.

이러한 상황에서 구개음화 규칙이 적용된 이들 예들의 사회적 용인 여부를 타진한 결과, 구개음화된 형태가 사회적으로 용인되지 않는 형태라는 사실을 파악하여 구개음화된 형태에 대해 부정적인 태도를 가짐으로써 구개음화된 형태를 사용하지 않으려는 노력의 일환으로 과도교정을 하게 된 것이라고 할 수 있다. 그러므로 과도교정은 구개음화를 의식적으로 거부하려는 심리적 태도가 언어에 반영된 결과라고 할 수 있다. 이런 점에서 구개음화가 적용된 예들은 사회언어학에서 말하는 '의식 아래에서의 변화(change from under)'에 해당한다면, 과도교정의 예들은 '의식 위에서의 변화(change from above)'로 해석될 수 있다(Labov: 1972).

이러한 관점에서 정동유(鄭東愈)의 고조(高祖)가 살았던 시기에 구개음화가 일어나지 않았다고 한 ≪언문지≫(1824)의 기술 내용을 살펴보기로 한다. ≪언문지≫의 구개음화 관련 내용은 다음 세 가지이다.

(26) ≪언문지≫의 구개음화 관련 기술 내용
1) 東俗에 '댜, 뎌. 탸, 텨'와 '쟈, 져, 챠, 쳐'가 각기 똑같이 발음되고 있다.
2) 관서인은 '天'과 '千', '地'와 '至'를 각기 다르게 발음하고 있다.
3) 정동유(1744~1808)의 고조에 '知和'와 '至和'라는 이름을 가진 형제가 있었는데, 이들의 이름의 발음에서 '디'와 '지'가 혼란스럽게 된 것은 그리 오래되지 않았다.

여기에서는 1) 유희가 살던 19세기 초기에는 구개음화가 일반화되어 있었다는 점, 2) 평안도 방언에는 그 당시에도 구개음화가 일어나지 않았다는 점, 3) 스승인 정동유(1744-1888)의 고조가 살았던 17세기 중·후기에는 중앙어에 구개음화가 일어나지 않았다는 점 등을 말하고 있다. 이 가운데 그동안의 연구에서 관심의 대상이 되었던 것은 3)의 내용이다.

3)의 구체적인 내용에 대해서는 본 연구에서도 논의가 필요하다. 본 연구에서 검토한 17세기 중·후기 문헌에 중앙어에서 ㄷ구개음화를 보여주지만, 여기에서는 정동유의 고조가 살았다고 추정되는 17세기 중·후기에 구개음화가 일어나지 않았다고 하였기 때문이다. 그러므로 3)은 17세기 중·후기의 중앙어를 반영한 본고의 문헌 검토 결과와 일치하지 않는다는 점에서 논의[66]가 필요하다.

그런데 17세기 중앙어 문헌의 구개음화 예와 ≪언문지≫의 설명이 일치하지 않는 문제는 음운변화에 있어서 '의식 위에서의 변화(change from above)'와 '의식의 아래에서의 변화(change from under)'의 관점에서 설명할 수 있을 것으로 보인다. ≪언문지≫의 설명은 의식 위에서 이루어지는 것이지만 언어 변화는 초기에 의식하지 못한 상태에서 일어나기 때문이다. 그러므로 어떤 하위의 언어 집단에서 구개음화가 일어나고 있었다고 하더라도, 처음에는 의식을 하지 못하는 상태, 즉 의식 아래에서 변화가 진행되기 때문에 언어 사용자들은 그 변화를 의식하지 못할 것이다. 그러다가 변화가 점차 확산되면 화자들이 그 변화를 의식하기에 이르고 해당 변화에 대한 수용 여부를 판단하게 될 것이다. 즉 그 사회에서 수용할 만한 변화라고 판단하면 와 '그렇지 않은 소리 또는 수용하지 말아야 할 변화'로 판단하여 자신들이 사용하는 언어 형태에 이러한 자신들의 판단을 반영하게 될 것이다.

이러한 단계에 이르렀다는 증거로 사회언어학에서는 흔히 과도교정(hypercorrection)을 든다. 말하자면 과도교정은 의식하지 못하던 사이에 진행되던 변화를 의식하여 그 변화에 대한 사용 여부를 판단한 결과, 해당

---

66) 기존의 연구 가운데에는 이러한 불일치의 이유를 고유어와 한자어의 차이에서 찾으려는 시도도 있었다. 김동언(1990)에서는 고유어의 경우에는 이미 16세기 후기에 구개음화가 보인다는 점을 근거로 유희의 증언은 한자어에 대한 지적으로 간주하였다. 그러나 앞의 검토에서 드러났듯이 17세기 중·후기에도 한자어 구개음화 예가 나타나기 때문에 ≪언문지≫의 내용을 한자어에 대해서만 언급한 것으로 한정할 수 없다.

변화에 부정적인 가치를 부여하여 원래의 형태를 사용하고자 하지만, 이미 해당 변화는 의식의 아래에서 진행 중이어서 원래의 형태로 사용하고자 하는 의식이 지나쳐 교정하지 않아도 되는 형태를 오히려 과도하게 교정을 함으로써 나타난 것으로 간주되기 때문이다. 의식의 아래에서는 구개음화가 진행되고 있었지만, 의식의 위에서는 구개음화를 거부함으로써 과도교정이 일어나게 된 것으로 이해하고자 하는 것이다.

과도교정이 의식 위에서의 변화로 진행되었다는 것은, 과도교정이 음소의 층위에서 진행되었다는 사실에 의해 뒷받침된다. 과도교정이 구개음화의 입력부와 출력부가 상반되는, 다시 말해 '__[i, y]'의 환경에서 'ㅈ'을 'ㄷ'로, 'ㅊ'을 'ㅌ'로 , 'ㅉ'을 'ㄸ'로 교체했다는 사실은 구개음화의 과도교정에는 조음위치의 대립관계가 중요한 변수로 작용하였다고 할 수 있다[67]. 또한 구개음화는 의식 아래에서의 변화이고, 과도교정은 의식 위에서의 변화라는 관점에서 중앙어의 구개음화는 비어두 음절에서부터 나타나고 과도교정이 어두 음절에서부터 나타난다는 사실도 이해할 수 있게 된다. 의식 아래에서의 변화인 구개음화는 음소들의 대립 관계가 어두 음절만큼 잘 의식되지 않는 비어두 음절에서 시작하여 확산되고, 의식 위에서의 변화인 과도교정은 대립 관계가 비어두 음절보다 잘 의식되는 어두 음절에서부터 나타난 것으로 보이기 때문이다.

일반적으로 음운변화는 의식 아래에서의 변화에서 시작하여 의식 위에서의 변화로 나아간다(Lavob: 1972). 그러므로 국어사 문헌에 과도교정이 구개음화의 예들보다 이르거나 같은 시기에 나타난다고 하더라도 그것은 문헌에서의 사정이라고 할 수 있다. 왜냐하면 의식 위에서 일어나는 과도

---

[67] 과도교정이 음소 층위에서 일어나는 현상이라는 사실은 변이음 층위에서 일어나는 구개음화에 대해서는 과도교정이 일어나지 않는다는 점에서도 알 수 있다. 그리고 과도교정이 음소들의 대립관계 중에서도 조음 위치가 중시되는 점은 ㄱ구개음화나 ㅎ구개음화에서도 마찬가지로 드러난다. 이러한 특징에 대한 구체적인 논의는 ㄱ구개음화, ㅎ구개음화, ㄴ탈락 현상의 과도교정 부분과 제6장 구개음화와 관련 음운현상의 역동적인 특성을 참조할 것.

교정은 의식 아래서 일어나는 구개음화를 의식함으로써 일어난 현상이라 할 수 있으므로 문헌의 표기로 나타나기 이전에, 의식의 아래에서는 구개음화가 진행되고 있었던 것으로 보아야 할 것으로 생각된다. 이러한 관점에서 우리는 ≪언문지≫의 기술 내용과 17세기 중·후반기 자료 사이에 생기는 문제가 가능한 것임을 이해할 수 있게 된다. 즉 17세기 중·후반기에 의식의 아래에서는 구개음화가 일어나고 있었지만, 의식의 위에서는 구개음화가 일어나지 않았거나 미미하게 몇몇 어휘에 한정된 경우에 일어난 상태였기 때문에 구개음화가 일어나지 않았다고 할 수 있다. 다시 말해 17세기 ㄷ구개음화의 상태와 유희의 설명이 합치되지 않은 이유는 ㄷ구개음화가 화자들의 의식 아래에서 진행되고 있었지만 그것이 미미하여 화자들은 자신들의 말에 그러한 변화가 일어나고 있었음을 인식하지 못한 상태에 있었기 때문인 것으로 이해할 수 있다.

이와 같이 화자의 의식과 관련지어 과도교정을 해석하는 관점에서 보면, 과도교정 예들은, 구개음화 예들보다 구개음화가 확산되어 가고 있었음을 보다 적극적으로 보여주는 근거라고 할 수 있다. 왜냐하면 구개음화가 일어난 형태를 수용하지 않고 그것을 거부하는 태도 자체가 구개음화가 진행 중임을 의식할 때 가능하기 때문이다. 그러므로 17세기 중·후기에 보이는 구개음화와 과도교정을 바탕으로 이 시기에 구개음화가 어느 정도 확산되어 화자들이 의식할 정도로 확산된 상태였다고 추정할 수 있다.

3.1.3 ㄷ구개음화의 통시적 특징

17세기 중·후기의 중앙어 문헌에 ㄷ구개음화와 과도교정의 예들이 모두 나타나는 것으로 보아 구개음화가 일어나고 있었다고 할 수 있다. 17세기 중앙어에 나타나는 구개음화의 예들은 비어두 음절에서 나타나며, 과도교정은 어두 음절에서 나타나는 특징을 보인다. ㄷ구개음화의 예는 주로 비어두 음절에서 나타난다. 이러한 사실은 ㄷ구개음화가 비어두 음절에서부터 시작되었음을 말해준다. 이와 달리 과도교정은 주로 어두 음절에서 나타나는데, 이러한 사실은 ㄷ구개음화를 의식하여 원래의 'ㅈ'을 'ㄷ'으로 되돌리려는 노력이 주로 어두 음절에서 일어난 것으로 이해할 수 있다. 이러한 특징은 이 시기에 이미 ㄷ구개음화가 어두 음절로 확산되고 있었기 때문에 어두 음절에서 과도교정이 일어났다고 할 수도 있다. 그러므로 이 시기에 중앙어의 ㄷ구개음화는 비어두 음절에서 일어나 어느 정도 확산되어 있었고, 어두 음절에 확산되기 시작하는 단계가 아니었나 생각된다. 과도교정이 ㄷ구개음화를 의식적으로 거부하는 반작용으로서 나타났다면 이미 의식의 아래에서는 ㄷ구개음화가 어두 음절에서 시작되고 있었음을 말하는 것으로 간주되기 때문이다.

ㄷ구개음화는 화자의 의식 아래에서 확산되는 과정과 화자의 의식 위에서 거부하는 현상이 상호 작용하면서 진행된 것으로 추정된다. 그러므로 과도교정이 나타나는 시기에 화자들은 구개음화 현상을 일반화하여 구개음화 규칙을 가지고 있었다고 할 수 있다. 의식의 아래에서 진행되던 구개음화를 화자가 의식하여 구개음화 환경인 i나 y 앞에서 구개음화 입력부의 분절음과 교체된 출력부의 분절음을 맞바꾼 결과 과도교정이 나타나므로, 구개음화의 규칙을 가지고 있지 않으면 과도교정 현상이 나타날 수가 없기 때문이다. 이와 같이 과도교정은 구개음화를 저지하려는 노력의 일환으로 일어나기 때문에 구개음화와 과도교정은 상호 작용하면서 진행되었다고 할 수 있다. 이 상호 작용의 과정에서 구개음화를 저지하려는 노력이 구개음화의 흐름을 막지 못한다면 구개음화가 확산될 것이고 그 반대이면 구개음화가 더 이상 확산되지 않거나 위축될 것이다.

18세기 이후 문헌에 나타나는 ㄷ구개음화와 과도교정 예들은 17세기 중·후기와는 다른 각각의 변화 특성을 보여준다. ㄷ구개음화는 점차 어두 음절에서도 확산되어 구개음화가 일반화되는 18·9세기 교체기에 이르면 과도교정 예는 거의 나타나지 않는다. 이러한 특성은 구개음화가 나타나기 시작하던 17세기 중·후기와 대조적이다. 17세기 후기에는 ㄷ구개음화 예들은 거의 나타나지 않으면서 과도교정 예들이 나타나며 그 예들도 구개음화 예가 거의 나타나지 않던 어두 음절에서 나타나기 때문이다. 이후 18·9세기의 문헌에서는 문법형태소와 형태소 경계에서는 물론, 어휘형태소의 비어두 음절로 확산되고 나아가 어휘형태소의 어두 음절이나 한자음에서도 일반화되었다고 할 정도로 많이 일어나지만 과도교정의 예들은 거의 사라지고 나타나지 않는다. 이와 같이 중앙어의 ㄷ구개음화는 과도교정과 상호 작용하면서도 구개음화 현상이 점차 확산되어 18세기 후기에 이르면 일반화된다.

이상의 논의를 정리하면 다음과 같다. 중앙어에서의 ㄷ구개음화는 남부 방언의 영향을 받아, 17세기 중기 또는 그 이전에 비어두 음절에서부터 시작되었던 것으로 보인다. 화자들의 "의식의 위"에서는 ㄷ구개음화가 진행되는 것을 알지 못하는 가운데 ㄷ구개음화는 비어두 음절에서부터 확산되기 시작하여 17세기 중·후기 경부터 어두 음절에서도 일어나기 시작한 것으로 생각된다. 그러나 ㄷ구개음화를 남부 방언의 표지(marker)로 간주한 중앙어 화자들은 ㄷ구개음화를 "의식의 위"에서 거부하였음에도 불구하고, "의식의 아래"에서 점차 확산되어 18·9세기 교체기에 이르면 ㄷ구개음화가 일반화되기에 이른 것으로 보인다.

경상도 방언 문헌에서는 17세기 초기에 ㄷ구개음화와 과도교정의 예가 이미 상당히 확산된 상태로 나타난다. 17세기 이전의 경상도 방언 문헌이 별로 전하지 않아 구개음화 예를 찾기가 어렵지만, ≪칠대만법≫(1569)의 '듀화가 '규화〉쥬화〉듀화' 변화를 거친 것으로 추정되어 과도교정이 이미 일어나는 상태였으며, 17세기 초기의 ㄷ구개음화 확산 정도가 전라도 방언과 큰 차이가 없을 정도였다는 점에서 16세기 후기나 17세기 전기에 이미 상당히 확산된 상태에 있었을 것으로 추정된다. 그리하여 경상도 방언의 ㄷ구개음화는 18세기 초기에 이르면 널리 확산되어 18세기 중기에는 일반화된 상태에 이르렀을 것으로 추정된다.

전라도 방언 문헌에서도 ㄷ구개음화와 과도교정의 예는 16세기 중기에 나타난다. 그러므로 현재 문헌상으로 ㄷ구개음화는 전라도 방언이 가장 이른 시기에 나타난다. 현재로서는 1562년에 전라도 순천에서 간행된 무량 굴판 ≪월인석보≫의 '쟝자(18a)'가 ㄷ구개음화의 가장 이른 예이고, 역시 같은 책의 '命명終듕ᄒ거늘(219a)'이 과도교정의 가장 이른 예이다. 전라도 방언 문헌에서는 ㄷ구개음화와 과도교정의 예들을 16세기에 간행된 송광 사판 ≪부모은중경≫, ≪몽산화상육도보설≫, ≪몽산법어언해≫, ≪사법어 언해≫, ≪계초심학인문≫ 등에 계속하여 나타나므로 ㄷ구개음화가 다른 방언 문헌에서보다 먼저 나타나고 보다 확산된 상태를 보여준다. 그러나 17·8세기의 문헌 자료가 많지 않고, 경상도 방언의 경우와 마찬가지로 표 기와 단어 선택에 있어서 계속 중앙어를 의식한 것으로 추정되기 때문에 전반적으로 일반화된 시기를 말하기는 어렵다.

함경도 방언 문헌에서는 구개음화와 그 과도교정 예가 16세기의 ≪촌가 구급방≫에서 처음 나타난다. 그러므로 늦어도 16세기 중·후기에는 ㄷ구 개음화가 진행되고 있었던 것으로 추정된다. 17세기 함경도 방언이 반영 된 문헌에 ㄷ구개음화와 과도교정 예들은 꾸준히 확산되어 나타난다. 문 헌 부족으로 ㄱ구개음화의 진행 과정을 구체적으로 살펴보기는 어렵지만, 17·8세기 문헌의 예들을 바탕으로 하면 함경도 방언의 경우에도 경상도 나 전라도 방언의 경우와 유사한 시기에 시작되어 확산되어 갔을 것으로 생각된다. 그러나 문천 두류산에서 1762년에 간행된 ≪지장경언해≫에는 과도교정 예들이 구개음화 예들보다 훨씬 많이 나타난다는 점에서 평안도 방언의 영향을 받아 일부 지역에서는 구개음화의 과정이 상당히 복잡한 양상을 띠었을 가능성도 배제할 수 없다[68].

ㄷ구개음화는 대체로 평음부터 시작되어 경음이나 격음으로 확산된 것 으로 보인다. 이러한 특징은 구개음화를 보여주는 예를 통하여, 그리고 그 에 대한 과도교정의 예를 통하여 알 수 있다. ㄷ구개음화 현상이 평음에서

---

[68] 함경도 방언의 육진 방언은 구개음화를 겪은 경우와 그렇지 않은 경우가 있다. 이들 방언에서는 오늘날에도 과도교정의 어형이 사용되고 있기도 하다. 이에 대해서는 곽충 구(1994)를 참조.

경음이나 격음으로 확산되는 것은 평음과 경음, 격음이 자음체계에서 보여주는 특성을 바탕으로 할 때 이해할 수 있다. 즉 평음에 비해 경음과 격음은 [+tense] 자질을 가지므로 평음이 무표항인(unmarked) 데에 비해 격음과 경음은 유표항(marked)이므로 ㄷ구개음화가 평음에서 경음이나 격음으로 확산된다는 것은 무표항에서 유표항으로 확산되어 간 것으로 이해할 수 있다.

ㄷ구개음화는 개음절에서 먼저 시작되어 폐음절로 확산된 것으로 보인다. 폐음절인 경우에도 음절 말음이 비음이나 유음인 경우에 먼저 일어나고, 그 이후 점차 말음이 폐쇄자음인 음절로 확산된 듯하다[69]. 물론 이러한 특징은 과도교정에서도 보인다. ㄷ구개음화가 개음절에서 폐음절로, 폐음절에서도 비음이나 유음을 말음으로 갖는 음절에서 장애음을 말음으로 갖는 폐음절로 확산되는 것은 구개음화가 일어나는 환경에 다른 변수가 되도록 적게 관여되는 환경에서 먼저 음운변화가 일어났음을 말해주는 것이 아닌가 생각된다.

ㄷ구개음화는 비어두 음절에서 먼저 일어나 어두로 확산된 것으로 추정된다. 고유어의 비어두 음절에서 ㄷ구개음화 예가 많이 나타난다는 사실을 통하여, 그리고 어두와 비어두 음절에서 나타나는 과도교정된 형태의 상대적인 빈도를 통하여 이러한 특징을 알 수 있다. ㄷ구개음화의 경우 과도교정된 형태가 어두 음절에서 많이 나타나는데, 이러한 사실은 ㄷ구개음화가 '의식의 아래'에서 시작된 현상이기 때문에 변별력이나 대립적 성격이 약한 비어두 음절에서 먼저 일어난다는 것이 자연스럽다고 할 수 있다. 이러한 특징은 중앙어의 과도교정이 어두 음절에서 먼저 일어난 것과는 대조를 보인다. 어두 음절은 대립이나 변별력이 두드러진다는 점에서

---

69) 국어의 음절은 형태소 차원에서는 폐음절이 상당히 많이 있지만, 발화를 중심으로 보면 대체로 개음절로 바뀌는 경우도 있어 발화를 중심으로 하면, 전체 음절 가운데 개음절이 차지하는 비율이 압도적으로 많다. 단순한 계산으로도 4분의 3이 개음절이다. 이런 점에서 본다면 국어의 음절이 개음절이 많기 때문에 구개음화가 개음절에서 많이 나타나는 것은 당연한 결과일 수도 있다.

의식 위에서 일어나는 과도교정이 어두 음절에서 많이 나타난다는 사실도 자연스러운 현상이라고 할 수 있다.

형태소 내부에서 먼저 일어났느냐 형태소 경계에서 먼저 일어났느냐의 문제는 국어의 특성으로 보아 그리 분명하게 드러나지 않아 설명하기 쉽지 않다. 비어두 음절에서 먼저 일어났다고 할 때 형태소 경계와 어휘형태소 내부가 그리 분명하게 구별되지는 않기 때문이다. 그리고 i 앞에서 먼저 일어났느냐 y 앞에서 먼저 일어났느냐의 문제도 분명하게 드러나지 않는다. 국어의 음절 통합에서 i와 y는 언제든지 변동될 수 있어 이 두 분절음이 그리 분명하게 구별되지 않는 것도 아니며, 문헌에서도 두 분절음 가운데 어느 환경에서 먼저 일어났는지 분명하게 드러나지 않는다. 그러나 국어의 분절음 가운데 y가 i보다 경구개음에서 조음되는 자음에 보다 가까운 성격을 갖고 있기 때문에 i보다는 y 앞에서 먼저 일어났을 개연성은 있다. 그러나 국어에서 y가 i와 음운론적으로 배타적인 대립 관계에 있는 것이 아니라 주변에 핵모음이 있느냐 없느냐에 따라 음성적 실현형이 i나 y로 자동적으로 결정된다는 점에서 양자 사이에 큰 차이가 없을 가능성도 배제할 수 없다[70].

y를 선행하는 경우에 일어난 ㄷ구개음화는 y 다음에 오는 핵모음에도 부차적으로 영향을 받았을 것으로 보인다. 모음체계에서 보여주는 핵모음의 음성적 특징이 [−back]과 [+high]에 가까운 음에서부터 구개음화가 일어났으리라고 추정할 수 있기 때문이다. 자료에서 'ㅕ'를 선행하는 'ㄷ'이 'ㅈ'으로 되는 경우가 많은 것으로 나타나는 경향도 간접적으로 이러한 점을 지지해 준다. 이러한 특징이 국어 형태소의 음소 통합이 'ㄷ'이나 'ㅈ'이 'ㅕ'와 통합되는 경우가 많아서 그럴 수도 있지만, 'ㅕ'가 아닌 경우보다 'ㅕ'

---

70) Bhat(1978)에서는 연구개음을 전설화시켜 구개음화하는 데에는 전설모음 i가 보다 강한 환경이 되는 반면, 치조음을 고설화시켜 구개음화하는 데에는 y가 가장 강한 환경이 된다고 설명하고 있다. 그러나 음절의 핵모음과 관련하여 i와 y가 자동적으로 교체되는 국어에서는 이러한 경향이 뚜렷하게 드러나지 않는다.

를 선행하는 경우에 시기적으로 구개음화된 예가 먼저 나타나며, 구개음화된 예가 다른 이중모음 앞에서보다 압도적으로 많이 나타나므로 다른 y계 이중모음보다 'ㅕ' 앞에서 구개음화가 더 일찍 일어났다고 추정할 수 있지 않나 생각된다[71].

3.2 ㄱ구개음화와 ㅎ구개음화의 전개

3.2.1 ㄱ구개음화의 진행 과정

17·8세기 중앙어를 반영한 문헌에는 ㄱ구개음화의 예는 거의 보이지 않고, 그 과도교정의 예만 보인다. 이들 과도교정의 예들은 이후의 문헌에 나타나 현대국어에 그대로 이어져 현대국어에서는 과도교정된 어형이 실제로 사용된다.

> (27) 1) 긔아(瓦, 무원-중 17, 한청 398), 킈(舵, 한청 386), 길드릴 슌(馴, 왜어 하 24a), 범의 깃과(羽, 삼역 九 15), 김칙(노걸-청 67)
>
> 　　 2) 디새>지새, 치(역어 하 21), 질드리다(월천 九 11), 짓 우: 羽(훈몽-중 하 3), 딤치(훈몽-중 중 22)〉짐치(두경 13)

경상도 방언에서 'ㄱ'의 구개음화가 17세기 이전에 발생하였는지 문헌을 통해서는 드러나지 않는다[72]. 그러나 앞에서 ㄷ구개음화를 검토하면서 언급하였듯이, 《칠대만법》에 ㄱ구개음화와 관련된 예가 하나 보인다(김주

---

71) 경상남도의 일부 지역에서 i나 y뿐만 아니라 전설모음 E 앞에서도 'ㅅ'이 구개음으로 실현된다. 그러한 방언에서 'ㅡ' 앞에서는 구개음으로 실현되지는 않기 때문에 [+high]보다 [−back]이 구개음의 실현에 더 중요한 변수로 작용하는 것 같다.

72) 이명규(1974)와 백두현(1991)에서는 16세기 후반 자료 '희방사'와 표기인 '池叱方寺'에 ㄱ구개음화가 반영된 것으로 해석하고 있다. '깃브-'의 '기'가 '지'로 구개음화되고 그 '지'가 '디'로 과도교정된 것이라고 한다면 '규화〉쥬화〉듀화'와 유사한 변화를 보여준다고 할 수 있다.

원 1997: 36).

(28) 듀화는 누니 업거시니 므스글 가지고셔 히롤 조차 도라 오며(9a)

앞에서 ㄷ구개음화를 논의하는 과정에 언급하였듯이, '듀화'는 해바라기를 뜻하는 한자어 '규화(葵花)'가 변해서 된 것으로 보는 것이 타당하다고 생각된다. 그렇다면 '듀화'는 '규화〉쥬화〉규화'의 과정을 거친 것으로 추정된다. 이러한 과정에서 '규화〉쥬화' 변화는 ㄱ구개음화로 설명할 수밖에 없다. 그러므로 이 예를 바탕으로 하면 16세기 후반에 경상도 방언에는 ㄱ구개음화가 일어나고 있었던 것으로 추정할 수 있다.

《칠대만법》 이후 경상도 방언이 반영된 16세기 후기 문헌이 없어 ㄱ구개음화의 구체적인 과정은 알기가 어려우나, 17세기 초기 문헌에서는 ㄱ구개음화의 예들이 확인된다. 17세기 초기의 《진주하씨 묘 출토 한글 자료》[73]와 《중간두시언해》에 ㄱ구개음화의 예가 보인다.

(29) 지츰 지츠되(진주 26), 짐ᄒ고 젼쥬 자반ᄒ고(진주 34), 지츰 지처(진주 115), 봄과 져으레(두시-중 ㅌ 28a), 질엇고(두시-중 二十一 9b)

(29)의 예들에서는 "기츰, 짗-, 김, 겨을, 길엇고" 등은 ㄱ구개음화의 결과 '지츰, 지츠되, 짐ᄒ고, 지처, 져으레, 질엇고' 등으로 나타난 예들이다. 이 예들 모두 ㄱ구개음화의 환경은 음절의 위치와 관련해서는 제1음절에서, 음절의 특성과 관련해서는 대부분이 개음절이고 폐음절이면 비음으로 끝나는 음절에 한정되어 나타난다. 또한 구개음화된 분절음은 모두 평음에 한정되어 나타났다.

---

73) 《진주하씨 묘 출토 한글 자료》에서는 90여 건이 되는 곽주의 편지에는 보이지 않고 그 자식들이 쓴 편지에만 ㄱ구개음화가 보인다.

그런데 ≪진주하씨 묘 출토 한글 자료≫에는 다음과 같이 비어두 음절인 제2음절의 i나 y 앞에 있던 원래의 'ㄷ'이 'ㄱ'으로 바뀐 것처럼 보이는 예가 있어, 이에 대한 검토가 필요하다.

(30) 덕남이롤 맛겨(17), 덕남일 맛겨(18), 괴 맛기어 더 보내뇌(72), 뫼종 일을 맛겨(149)

이 예들은 곽충구(1980), 김동언(1990), 백두현(1990) 등에서 이 예들을 ㄱ구개음화에 대한 과도교정의 예로 간주하였다. 이러한 주장은 이 예들이 나타나는 시기에 '맛디다'와 '맛지다'가 보이기 때문인 것으로 추정된다. 그런데 ≪진주하씨 묘 출토 한글 자료≫를 보면 "둘히 맛다가(104), 네츈이 맛다 출화 와셔(110)" 등의 예들이 나타나 '맛디-'는 '맜-'에 사동접미사 '-이-'가 결합된 것이라 할 수 있다. 그러므로 '맛기-'는 '맛디-〉맛지-〉맛기-' 변화 과정을 거친 형태라고 할 수 있다. '맛기다'를 '맛디다'의 구개음화형인 '맛지다'가 과도교정된 형태로 추정한다는 것은 "맜- + -이-'의 결합형인 '맛디다'의 '디'에서 'ㄷ'이 i라는 구개음화의 환경에 놓이게 되자 '맛지다'로 구개음화되고 그 다음에 '맛지다'에 ㄱ구개음화에 대한 과도교정이 적용되어 '맛기다'가 되었다고 보는 것으로 이해할 수 있다.

그러나 '맛기-'형을 과도교정으로 보는 이러한 해석에는 몇 가지 문제가 제기된다. 무엇보다 먼저 ㄱ구개음화에 대한 과도교정이 제2음절에서 일어날 수 있느냐 하는 것이다. 당시 문헌에 비어두 음절에서 'ㅈ'이 i 앞에서 'ㄱ'으로 과도교정된 예들이 보이지 않는다는 점이다. ≪진주하씨 묘 출토 한글 자료≫에는 ㄱ구개음화의 예가 몇몇 보이기는 하지만, 그 예들은 모두 어두 음절에서만 일어난 예들인 것이다. 또한 이 자료에도 '맛기-' 형태가 나타나기는 하지만, 이 예를 제외하면 ㄱ구개음화의 과도교정 예도 보이지 않는다는 점도 문제이다.

앞에서 논의한 바와 같이 과도교정은 당시의 화자나 필자가 의식의 아래에서 진행되는 변화를 인식하여, 해당 변화를 수용하지 않고 구개음화라는 변화가 일어나기 이전의 어형을 고수하거나 그 이전 상태로 되돌리려는 태도에서 행해지는 의도적인 교정 노력의 결과라고 할 수 있다. 그렇다면 제1음절에서 일어나는 ㄱ구개음화를 의식하여 비어두 음절에서 과도교정이 일어났다고 하는 것은 타당하지 않다. 해당 음운변화에 대한 거부의식이 보다 잘 반영될 수 있는 위치가 제1음절이고, ㄱ구개음화는 어두음절에서만 일어나고 있었으므로 그 구개음화에 대한 교정도 제1음절에서 일어나는 것이 자연스럽다. 다른 말로 어두 음절에서 일어나는 ㄱ구개음화를 거부하여 제2음절에서 이를 교정하였다는 설명, 그것도 과도로 교정하였다는 설명은 자연스럽지 않은 것으로 보인다.

이러한 관점에서 이 '맛지다〉맛기다' 변화는 음운의 층위가 아닌, 다른 층위와 관련될 것으로 추정된다. '맛디다'는 용언 어간 '맛-'에 사동접미사 '-이-'가 결합되어 만들어진 어형이다. 어간 '맛-'은 다른 용언에서는 찾아볼 수 없는 'ㅅ'과 'ㄷ'으로 이루어진 어말 자음군 어간이다[74]. 그런데 'ㅅ'이 'ㄷ'으로 중화가 되면 어간 말음은 'ㄷ'으로 되거나 'ㄷ'의 경음이 된다. 어간 말음이 'ㄷ'이라면, 사동접미사는 '-이-'가 결합되는 것이 아니라 '-히-'나 '-기-'가 결합되는 것이 당시 사동접미사의 이형태 결합 방식이었다. 원래 'ㄷ'으로 끝나는 어간 다음에는 사동접미사 '-히-'가 결합되고, 이전 시기에 'ㅅ'으로 끝나는 어간 다음에는 '-기-'가 결합되는 것이 원칙이었기 때문이다. 이러한 결합 과정에서 'ㅅ'이 'ㄷ'으로 교체되는 중화 현상이 일어나자 어간형태소를 '맛[맏]'으로 분석하여 이 어간 뒤에서도 'ㄷ'으로 끝나는 어간 뒤에 결합되는 사동접미사 '-기-'가 선택된 것으로 간주된다. 즉 사동사 '맛디다〉맛기다'에서 어간을 '맛[맏-]'으로 오분석하여 그 뒤에 결합되는 사동접미사를 '-기-'를 선택하게 되어 '맏기다'로 실현되기에 이른 것으로

---

74) '맛ㄷ-'은 현대국어에서 '맡-'으로 바뀌어, 'ㅅ'이 중화된 경음 'ㄷ'이 격음 'ㅌ'으로 바뀐 형태로 되었음을 보여준다. 그리하여 사동형 '맛디다'는 현대국어에서 '맡기다'로서 '맏끼-'로 실현된다.

추정된다.

이러한 논의를 바탕으로 하면 이 예를 제외하고는 비어두 음절에서 ㄱ구개음화에 대한 과도교정이 일어날 환경이 아니었음에도 불구하고, '맛기다'가 과도교정이 일어난 형태라고 할 만한 '맛지다'로 나타나는 이유를 알 수 있으며, 또한 왜 '맛지-'의 경우 '맛기-'로 나타나며, 왜 하필 특정 시기에 그러한 변화가 일어났는가에 대해서도 설명이 가능하다. 즉 비어두 음절에서 과도교정 현상처럼 보이는 이러한 변화는 음운론의 층위에서 이루어진 현상으로 설명할 것이 아니라 형태·통사론의 층위에서 이루어진 현상으로 설명해야 할 현상으로서, 형태소의 이형태들 사이에서 일종의 유추 현상이 작용한 것으로 추정된다.

경상도 방언이 반영된 자료에는 18세기에도 계속하여 ㄱ구개음화와 과도교정의 예가 모두 제1음절에 한정되어 나타난다. 18세기 문헌인 ≪보권념불문≫(예천 용문사, 1704), ≪임종정념결≫(1741), ≪보권념불문≫(대구 동화사, 1764), ≪보권념불문≫(합천 해인사, 1776) 등에 다음 예가 보인다.

(31) 1) 졔신(보권-용, 4b), 젼쥴 듸(보권-용, 5a), 겨을과(보권-용, 5a), 젼 쥴 듸(보권-용, 5b), 졔시나(보권-용, 16b), 졔지비(보권-용, 16b), 집픈(보권-용, 29a), 졔집ᄃ려(보권-용, 32a), 제 졔집ᄃ려(보권-용, 32a), 지ᄃ리며(임종-수, 2a), 저우리 지우ᄂᆞᆫ지라(보권-동, 4a), 지 우ᄃ가(보권-동, 26b), 노픠 녈 질이나 ᄒ고(보권-동, 25b),

 2) 뎡목졍이(보권-용, 19a), 목졍이(보권-용, 19a), 요진케(要緊-, 보권 -동, 28a), 졀뎡(決定, 보권-동, 45a), 졔유년(癸酉年, 보권-해, 50b)

(32) 1) 훗찌를(〈훗길을, 보권-동, 11b), 저싱 딜혜(〈길혜, 보권-동, 28a), 딜고(長, 십구 一, 75a)

 2) 목뎡(牧卿, 보권-용, 19b),

(33) 견답(田畓, 보권-해, 49b), 긴(秦, 십구 二, 72a, 二, 26b), 길드리기(십 구 一, 26b)

이 문헌들에서도 ㄱ구개음화와 과도교정의 예를 보여주고 있다. 고유어의 경우 ㄱ구개음화나 과도교정의 예 모두 어두 음절에서 나타나며, 한자어의 경우 비어두 음절에서도 나타난다. 그런데 (32)와 (33)에서 보듯이, 이 문헌의 과도교정은 두 유형으로 나타난다. 하나는 (32)와 같이 i나 y 앞에서 원래의 'ㄱ'을 'ㄷ'으로 교정한 유형이고, 다른 하나는 (33)과 같이 원래의 'ㄷ'을 'ㄱ'으로 교정한 유형이다. 이 두 유형은 모두 구개음 'ㅈ'은 보이지 않고 원래의 'ㄱ'이 'ㄷ'으로 교체되었거나 원래의 'ㄷ'이 'ㄱ'으로 교체되어 표면적으로는 'ㄱ'의 구개음화와 관계 없는 것처럼 보인다. 그런데 (32)의 예들을 고려하면 적어도 (32)의 예들에는 ㄱ구개음화가 중간에 매개 역할을 하여 'ㄱ'이 구개음화되어 'ㅈ'으로 바뀐 다음, 그 'ㅈ'이 'ㄷ'으로 과도교정된 것으로 보는 것이 자연스럽다. ㄱ구개음화가 일어나고 있었으므로 (33)의 예들도 'ㄷ'이 구개음화되어 'ㅈ'으로 바뀐 다음, 그 'ㅈ'이 ㄱ구개음화에 대한 과도교정으로 'ㄱ'으로 바뀐 것으로 보는 것이 자연스럽기 때문이다. 그러므로 이 예들에서 ㄱ구개음화나 그에 대한 과도교정이 표면적으로는 나타나지 않지만 (32)에서는 ㄷ구개음화가 일어난 사실에 대해 ㄱ구개음화에 대하여 과도교정하는 방식으로, (33)에서는 ㄱ구개음화가 일어난 사실에 대하여 ㄷ구개음화에 대하여 과도교정하는 방식으로 교체가 일어난 것이다. 이러한 두 유형의 과도교정은 당시에 진행 중이던 ㄷ구개음화와 ㄱ구개음화 현상이 직접·간접으로 모두 관여되어 있다는 점이 특징이다.

그런데 (32)의 예들은 'ㄱ'이 'ㅈ'으로 구개음화되고 그 'ㅈ'을 ㄷ구개음화에 대한 과도교정의 방향인 'ㄷ'으로 교정한 유형의 예들이다. 이 예들은 이미 ≪칠대만법≫의 '(규화))쥬화)듀화'에서도 나타났던 유형이다. 이 유형의 예들은 'ㄱ'의 구개음화를 의식하여 행한 교정이 ㄷ구개음화에 대한 과도교정의 방향으로 이루어졌다는 점에서 (32)의 예들은 ㄱ구개음화와 ㄷ구개음화가 모두 관련되어 나타난 결과라고 할 수 있다. (33)도 ㄷ구개음화와 ㄱ구개음화 두 종류가 모두 관련되어 있다는 점에서 (32)와 유사하다. 그러나 (33)은 ㄷ구개음화가 일어나 결과된 'ㅈ'을 다시 ㄱ구개음화에 대한 과도교정을 적용시킨 것이라는 점에서 (32)와 차이가 있다. (33)은 ㄷ구개음화가 생산적으로 일어나게 된 이후, ㄷ구개음화된 것이든 ㄱ구개음화된 것이든 ㄱ구개음화에 대한 과도교정을 했다는 점에서 ㄱ구개음화를 의식한 과도교정인 것이다.

(34) 1) (28)의 예들 : ㄷ ← (ㅈ) ← ㄱ
　　　2) (29)의 예들 : ㄷ → (ㅈ) → ㄱ

이렇게 (32)와 (33)의 예들은 과도교정이라는 점에서 동일하며 또한 과도교정의 방향이 해당 구개음화가 일어난 어형에 대해 다른 구개음화의 과도교정을 이용하고 있다는 점에서 동일하다. 그러나 이들 각각은 당시의 구개음화의 진행 과정과 관련하여 각기 다른 의미를 시사하는 것으로 생각된다. 즉 (32)는 ㄱ구개음화를 거친 것으로서 ㄱ구개음화가 일어났다는 사실은 말해주지만 그 과도교정은 ㄷ구개음화의 과도교정과 같이 일어남으로써 ㄱ구개음화를 분명히 의식하고 있었다는 근거를 보여주지는 못한다. 단지 ㄱ구개음화가 일어난 어형이라고 하더라도 'ㄱ'이 구개음화된 'ㅈ'에 대해서는 ㄷ구개음화에 적용되던 과도교정이 적용됨으로써 그 당시에 일반화되어 있던 ㄷ구개음화의 과도교정을 보여주는 것이다. 이와 달리 (33)은 ㄷ구개음화가 일어난 결과에 ㄱ구개음화의 과도교정 방향을 택함으로써 ㄱ구개음화의 결과로 나타난 어형을 받아들이지 않는다는 점에서 'ㄱ'의 구개음화에 대한 교정 의식을 분명하게 보여준다. 말하자면 (33)의 유형은 ㄱ구개음화에 대한 과도교정을 분명히 인식한 형태라는 점에서 진행 중인 ㄱ구개음화에 대한 화자나 필자의 인식을 드러낸 과도교정이라고 할 수 있다.

이 두 유형의 과도교정들 가운데 전자가 후자보다 문헌에 나타나는 시기가 빠르다. 16세기의 《칠대만법》에 '규화〉(쥬화〉〉듀화'의 예가 보인다는 사실도 그렇거니와, 위에 제시된 예들이 나타나는 문헌의 간행 시기에 있어서도 그러하다. 이 두 유형의 과도교정이 나타나는 시기 차이는 ㄱ구개음화를 의식한 시기와 ㄷ구개음화를 의식한 시기의 차이를 반영한 것으로 추정할 수 있지 않나 생각된다. 말하자면 경상도 방언 문헌에 보이는 과도교정의 예들을 바탕으로 하면 ㄷ구개음화가 ㄱ구개음화보다 이른 시기에 시작되어 확산되었을 가능성이 크다는 것이다. 이러한 추정은 구개음화를 보여주는 실제 예들에 의해서도 뒷받침된다. ㄱ구개음화가 일어나는 어형에 대해서도 ㄷ구개음화를 거친 어형들에 적용되던 인식을 그대로 적용하는 것으로 보아, 진행 중인 ㄷ구개음화가 의식되던 시기에는 ㄱ구개음화의 결과인 'ㅈ'에 대해서도 ㄷ구개음화에 대하여 인식하던 것과 동일하게 대응하고 있는 것으로 보이기 때문이다.

　이러한 두 종류의 구개음화에 대한 의식의 차이를 두 현상의 구개음화가 발생하여 확산되는 과정과 관련하여 생각한다면 (32)와 (33)의 과도교정에서 보여주는 시기의 차이는 ㄷ구개음화가 ㄱ구개음화보다 일찍 일어나 더 이른 시기에 널리 확산되었음을 말해주는 것으로 해석해도 좋을 듯하다. ㄷ구개음화와 ㄱ구개음화가 거의 유사한 시기에 일어났다면 각 현상의 과도교정이 독자적으로 일어났을 것으로 추정되는데, 이들 실제 자료에서는 그렇지 않기 때문이다. 즉 ㄷ구개음화에 대한 과도교정이 먼저 그리고 널리 적용될 뿐만 아니라 ㄱ구개음화가 일어나고 있었음에도 그에 대한 과도교정은 ㄷ구개음화의 과도교정을 따르다가 후대에 ㄱ구개음화에 대한 과도교정이 나타나고 있는 것이다. 이와 같이 화자나 필자들이 ㄱ구개음화를 ㄷ구개음화보다 늦은 시기에 인식하게 된 것은 ㄷ구개음화가 ㄱ구개음화보다 먼저 발생되고 더 이른 시기에 널리 확산되어 갔음을 의미하는 것으로 해석된다.

　ㄱ구개음화는 거의 모두가 'ㅣ'나 'ㅕ'를 선행하는 'ㄱ'이 'ㅈ'으로 바뀐 경우이다. 이러한 특성은 제1음절에서 'ㄱ'이 'ㅣ'나 'ㅕ'를 선행하는 경우가 대부분이기 때문이라고 할 수도 있다. 그러나 한자어의 경우 'ㅛ'나 'ㅠ'를

선행하는 경우도 있는데, 이 문헌에서는 'ㅣ'나 'ㅕ' 앞에서 ㄱ구개음화를 보여주므로 이러한 경향을 이 시기 ㄱ구개음화의 특징을 보여주는 것으로 간주할 수 있다. 동화주의 이러한 특징과 마찬가지로 ㄱ구개음화는 개음절이나 그 음절말 자음이 비음이나 유음에 한정되어 나타난다. 그러나 피동화음은 대체로 평음 'ㄱ'이 'ㅈ'으로 동화되지만, 한자어의 경우 비어두 음절의 'ㄱ'은 그 선행 음절 말음의 특징에 따라 경음인 경우도 있다. 이러한 특징은 과도교정의 경우에도 마찬가지로 나타난다.

ㄱ구개음화나 그 과도교정의 예들은 울진 서면 승부리에서 필사된 ≪경민편언해≫(1806)에도 보인다.

(35) 졔모는(1), 집흔(5), 지으면(8), 젓틔(13), 집흔 몰의(13),
　　　 졔실 졔(서), 집픈(서)

(36) 경셩을(5), 겨근둧(11), 형벌 깃기도(서), 경의 흐워ᄒᆞ게(서)

(35)는 ㄱ구개음화의 예이고 (36)은 과도교정의 예들이다. 구개음화를 보이는 예들은 18세기 초기와 크게 다르지 않으나, 과도교정은 'ㅈ'을 'ㄱ'으로 과도교정한 예들만 보인다. 그런데 이 과도교정의 예들 가운데 특이한 것은 y를 가지고 있지 않은 '졍'이 '경'으로 과도교정되기도 했다는 사실이다. 이 특징은 ㄷ구개음화의 과도교정형인 '되, 듀려, 듁그리' 등에서 보이던 과도교정과 같은 유형으로서 'ㄱ'이나 'ㄷ'이 구개음화된 'ㅈ'이나 원래의 'ㅈ'이나 모두 경구개음으로 실현되고 있었음을 보여주는 예들로 간주된다. 이 예들은 어두 음절에서 "ㅈ+y=ㄱ"이란 등식이 성립하는 예들로서 'ㅈ'이 이미 구개음으로 실현됨을 보여주는 과도교정의 예들인 것이다. 그러므로 구개음 'ㅈ'이 제1음절에서 ㄱ구개음화에 대한 과도교정을 일으킨 위의 예들은 'ㄱ'이 "ㅈ+y"로 인식됨을 보여주는 예들이라 할 수 있다. "ㅈ+y=ㄱ"은 'ㄱ'이 어두 음절의 y 앞에서 'ㅈ'과 등가로 간주하고 있었음을 보여주는 것으로서 이미 이 시기에 ㄱ구개음화가 일반화 단계에 있었음을

보여준다.

이 문헌에서도 ㄱ구개음화와 과도교정의 예 모두 어두 음절에서만 나타
난다. 동화주 역시 'ㅣ'나 'ㅕ'를 선행하는 환경에 한정되며, 피동화음은 평
음에 한정되고, 주로 개음절에서 일어나는 특징을 보여준다.

17 · 8세기의 전라도 방언을 반영한 문헌은 그리 많지 않을 뿐 아니라
그 문헌에서도 ㄱ의 구개음화나 과도교정의 예가 별로 나타나지 않는다.
17세기 전라도 방언 자료에는 보이지 않지만, 18세기 자료에 다음과 같이
ㄱ구개음화와 그에 대한 과도교정의 예가 보인다.

(37) 1) 진 쟝(長, 천자―송), 졔ᄌ 계(芥, 유합―송, 7a), 지집 녀(女, 유합―송,
11a), 엿지 쥬(유합―송, 16a), 뉵졔텬녀(六癸天女, 팔양, 29a), 져드
랑에(법화―송, 1a), 코짐으로 넘겨(법화―송, 1b)

2) 디쟝 셰(유합―송, 7a), 디동 쥬(柱, 유합―송, 14b), 디늠 유(油, 유합―
송, 16b)

3) 이 견의(〈젼, 前, 은중―금, 17b), 깃시 도다(羽, 법화―송, 1a)

(37.1)은 구개음화, (37.2)와 (37.3)은 과도교정의 예이다. 구개음화는 역
시 제1음절의 개음절이나 비음으로 끝나는 음절에 적용되어 나타나며, 모
두 ㅣ나 ㅕ를 선행하는 평음 ㄱ에 적용되어 나타난다. (37.1)의 '코짐(코김)'
은 제2음절이지만 '김'이 제1음절에서 ㄱ구개음화된 상태에서 복합어를 형
성할 때 두 번째 요소인 '김'을 구개음화된 어형으로 결합시킴으로써 '코짐'
이 만들어진 것으로 이해할 수 있다.

전라도 방언이 반영된 자료에 있어서도 과도교정은 두 유형으로 나뉜
다. (37.2)처럼 'ㄱ'이 구개음화된 'ㅈ'을 'ㄷ'으로 과도교정한 유형과, (37.3)
과 같이 'ㄷ'이 구개음화된 'ㅈ'을 'ㄱ'으로 과도교정한 유형이다. 이 두 유형
의 과도교정은 경상도 방언의 경우와 같지만, (37.3)은 경상도 방언과 다소
차이가 있다. 경상도 방언의 경우 'ㄷ'이 구개음화된 'ㅈ'을 'ㄱ'으로 과도교

정한 예들만 나타났는데, 여기에서는 ㄷ구개음화와 관련 없는 원래의 'ㅈ'을 'ㄱ'으로 과도교정한, 그야말로 ㄱ구개음화에 대한 과도교정 예가 보인다는 점이다. 'ㄷ'이 구개음화된 상태에 대해 과도교정한 것이라고 볼 수도 있지만 이 시기에는 ㄱ구개음화도 일어나고 있었기 때문에 ㄱ구개음화에 대한 거부 의식으로 일어난 결과라고 하는 것이 타당한 것으로 보인다. 그러므로 이 현상은 ㄷ구개음화된 'ㅈ'이 'ㄱ'으로 과도교정되는 단계에서 나아가 원래의 'ㅈ'을 'ㄱ'으로 과도교정한 현상으로서 이 현상은 'ㄷ'의 구개음화 현상은 일반화 단계로 접어든 이후, ㄱ구개음화를 의식하여 'ㅈ'을 'ㄱ'으로 교정하는 현상이 일어난 것이라고 이해할 수 있다.

이상에서 살펴본 과도교정 현상은 조음 위치상의 대립관계를 바탕으로 하고 있다는 특징이 드러난다. 구개음화 현상이 조음 위치상의 변화를 보여주는 현상이므로 이러한 조음 위치를 바탕으로 과도교정이 일어나는 것은 자연스러운 결과라 할 수 있을 것이다. 그러나 이러한 조음 위치상의 대립 관계를 바탕으로 형태의 변화, 즉 음소 교체(또는 자질 변경)가 일어난다는 점에서 과도교정이 음소 층위에서 일어나고 있었다고 추정할 수 있다. 이렇게 과도교정 현상이 음소 층위에서 일어난다는 사실은 구개음화 현상이 일어난 분절음의 교정 작업에 화자들의 음소들에 대한 대립 의식의 상태를 보여주는 것으로 생각된다.

이러한 관점에서 과도교정의 변화는 진행 중인 구개음화 현상에 대한 의식의 변화를 말해준다고 할 수 있다. 16세기 후반의 경상도 방언 문헌 ≪칠대만법≫의 "규화〉쥬화〉듀화"에서 보듯이, ㄷ구개음화의 확산 과정에서 표면에는 드러나지 않지만, 16세기 후기 경상도 방언에 ㄱ구개음화가 일어나고 있었다고 할 수 있다. 그리고 ㄱ구개음화가 일어난 'ㅈ'을 'ㄷ'으로 바꾸는 과도교정을 그 어휘에 다시 적용하였다는 사실은 ㄱ구개음화가 당시에 이미 진행되고 있었으나 화자는 그것을 'ㄷ'으로 돌렸다는 점에서 ㄷ구개음화가 ㄱ구개음화보다 당시에 일반적으로 일어나는 현상이었을 것으로 추정된다. 이러한 추정은 16·7세기 교체기의 경상도 방언 자료에

ㄱ구개음화의 예들이 나타난다는 사실에 의해서 뒷받침되었다. 그러므로 이 시기의 경상도 방언에 ㄱ구개음화가 일어나고 있었으나 그것이 미미하여 문헌에는 나타나지 않았다고 할 수 있다.

ㄱ구개음화의 확산 과정은 ㄱ구개음화와 그 과도교정의 예들을 통하여 볼 때 대체로 개음절이거나 비음으로 끝나는 음절에 한정되어 나타난다. 그리고 이 예들에서도 어두의 평음 'ㄱ'이 'ㅈ'으로 된 예만 보일 뿐이지 격음 'ㅋ'이나 경음 'ㄲ'이 각각 'ㅊ'이나 'ㅉ'으로 바뀐 예는 보이지 않고 있다. 또한 ㄱ구개음화나 그에 대한 과도교정은 동화주의 경우 거의 대부분 'ㅣ'나 'ㅕ'인 환경에 한정되어 나타난다. 이런 점에서 ㄱ구개음화도 다른 구개음화의 경우처럼 i나 y앞에서 먼저 일어나되, y의 경우에는 뒤에 오는 핵모음이 'ㅓ'인 'ㅕ' 앞에서 먼저 확산되어 간 것으로 추정된다. 피동화음의 경우에는 평음이 구개적 환경에 민감하다. 음절을 중심으로 살펴보면 제1음절에 한하여 일어나며, 1음절 중에서도 대체로 개음절이거나 비음이나 유음으로 끝나는 음절에서 일어난다.

3.2.2 ㅎ구개음화의 진행 과정

국어사 문헌에서 ㅎ구개음화 현상과 그 관련 현상도 다른 구개음화의 경우처럼 i나 y를 선행하는 'ㅎ'을 'ㅅ'으로 표기한 예들과, 동일한 환경에서 원래의 'ㅅ'을 'ㅎ'으로 표기한 예들이 나타난다. 이 경우에도 다른 구개음화에서처럼 전자는 ㅎ구개음화를 반영한 표기 예로, 후자는 'ㅎ'의 구개음화에 대한 과도교정의 예로 간주하여 논의를 진행하기로 한다.

ㅎ구개음화나 그 과도교정의 예는, 17·8세기 중부 방언을 반영한 문헌에 많이 나타나지는 않지만, 다음과 같은 몇몇 예가 보인다.

(38) 1) 슈지(인조, 5), 실훔(역어 상, 65), 심 쓰고(윤음, 2a), 쇠심: 牛筋(몽유하, 32a)

2) 혓가래: 椽子(박통-신 하, 46), 혀: 椽(박통-신 하, 11, 역어 상, 17),

혁: 革(노걸-중 하, 27, 역어 하, 20, 동문 하, 20)

(38.1)은 ㅎ구개음화, (38.2)는 그 과도교정의 예이다. (38.1)의 예들은 각각 '휴지, 힐홈, 힘쓰고, 쇠힘, 힘힘히'가 구개음화된 것이고 (38.2)의 예들은 '섯가래, 셔, 셕'이 과도교정된 것이다. 이 ㅎ구개음화나 과도교정의 예들은 모두 ㄱ구개음화처럼 어두 음절의 i나 y 앞에서 나타나는 것이 특징이다. 예가 많지는 않지만, 나타나는 예들은 개음절이나 비음으로 끝나는 음절에서 나타나고, 과도교정은 개음절뿐만 아니라 폐쇄음으로 끝나는 음절에서도 보인다.

17세기 초기의 ≪진주하씨 묘 출토 한글 자료≫에 다음과 같이 ㅎ구개음화가 보인다.

(39) 셰고 이시니(81)

1704년에 예천 용문사에서 간행된 ≪보권념불문≫을 비롯하여 몇몇 문헌에도 ㅎ구개음화와 그 과도교정의 예가 적지 않게 보인다.

(40) 1) 불 셔고(〈혀고, 9a), 코와 셔와(〈혀와, 39a), 코과 셔과 귀과(〈혀와, 39b), 목 버히며 셔 쎄며(〈혀, 42b), 줌줌코 셰여 보소(〈혜여, 42b), ᄌ셰히 셰여 보소(〈혜여, 42b), 셰을(〈혀를, 경민-울, 7)

2) 부모쇼양ᄒ거나(〈효양, 7a), 츙신쇼지 아니라(〈효지, 13a), 쇼양과(〈효양과, 29b), 쇼지(〈효지, 임종-수, 1a), 샹음쥬(〈향음쥬, 경민-울, 훈)

(41) 현 왕지(善往齊)(보권-용, 30b), 니 인간 혜계이라(〈셰계, 보권-해, 40b), 형(姓)은(〈셩, 보권-해, 49a), 현왕지쵸지오지나(〈션왕지쵸지오, 보권-해, 30b), 향육쟝긔(〈샹뉵쟝긔, 경민-울, 훈)

(40.1)은 고유어의 ㅎ구개음화 예이고 (40.2)는 한자어의 ㅎ구개음화 예이다. (41)은 과도교정의 예인데 과도교정은 한자음에서만 보인다. ㅎ구개음화나 과도교정의 예 모두 어두 음절에서만 나타난다. 그리고 특징적인 것은 다른 구개음화의 경우에는 i나 y가 비슷한 빈도로 나타나지만, ㅎ구개음화나 그 과도교정은 대부분 y를 선행하는 환경에서 나타난다. 그렇지만 여기에서도 다른 문헌과 마찬가지로 ㅎ구개음화 예나 그 과도교정 예 대부분은 개음절이거나 비음으로 끝나는 폐음절에서 나타난다. ㅎ구개음화와 과도교정 모두 어두 음절에 한정되어 나타난다고 할 수 있는데, 한자음에서는 표면적으로 비어두 음절에서도 나타나지만 그것은 실질적인 의미를 갖는 한자의 특성에 기인한다.

전라도 방언을 반영한 자료에도 ㅎ구개음화와 관련되는 예들은 그리 많이 나타나지 않는다. 17세기 자료에는 다음의 구개음화 예가 보인다.

(42) 일후믈 셰시니라(〈혜-, 선가-송 상, 3b), 술 심미 젹도다(酒力微, 백련 -송, 6b)

《권념요록》에는 ㅎ구개음화 예가 보이지 않는다. 그러나 18세기에 나온 《유합》과 《천자문》, 《팔양경언해》, 《법화경언해》 등에 다음과 같이 ㅎ구개음화와 그 과도교정 예가 보인다.

(43) 1) 가슴 슘(胸, 유합-송, 13b), 심 녁(力, 유합-송, 13b), 셰이닐 료(料, 유합-송, 16b), 심슬 근(筋, 유합-송, 27a), 셜 인(引, 유합-송, 28a),

　　 2) 슝홀 슝(凶, 兇, 유합-송, 31a), 슝(凶, 팔양, 3b), 슝(兇, 팔양, 16a)
(44) 현관구혈(縣官口舌, 팔양, 31a)

(43.1)은 고유어의 ㅎ구개음화, (43.2)는 한자어의 ㅎ구개음화 예이다.

(44)는 ㅎ구개음화에 대한 과도교정의 예로서 한자어에 나타난다. ㅎ구개음화가 i나 y앞에서 'ㅎ'이 구개음 'ㅅ'으로 되었기 때문에 과도교정도 구개음 'ㅅ'을 'ㅎ'으로 교체하여 조음위치상의 대립관계를 이용하였다. ㅎ구개음화나 과도교정의 예들은 개음절이거나 비음 또는 유음으로 끝나는 음절의 제1음절에서 i나 y를 선행하는 환경에서 나타난다.

ㅎ구개음화가 진정한 의미에서 구개음화 현상인가 하는 문제가 제기되기도 하였다. '효자'가 현대국어에서는 '소자'로 되어 'ㅎ'이 바뀐 'ㅅ'은 구개음 [ʃ]가 아니라 치조음 [s]이기 때문이다. 그러나 'ㅎ'이 치조음 [s]로 실현되는 것은 '효자'의 'ㅎ'이 i나 y 앞에서 구개음화가 일어나 '쇼자'로 된 다음 그 '쇼자[ʃyoʤ]'의 [ʃyo]에서 y가 탈락하여 '소자'로 실현된 것으로 보아야 할 것이다. 왜냐하면 국어사 문헌에 '효자'가 '쇼자'로 바뀐 다음 그 '쇼자'가 '소자'로 바뀌어 나타나기 때문이다. 그러므로 '효자〉쇼자〉소자'의 변화에서 첫 번째 변화가 ㅎ구개음화에 해당하며, 현대국어의 '소자'는 ㅎ구개음화의 흔적을 가지고 있을 뿐인 것이다.

구개음화된 'ㅅ' 다음에서 'y'가 탈락되는 이유는 구개음의 연쇄를 피하기 위한 것으로 보인다. 구개음으로 실현되는 'ㅈ[ʧ], ㅊ[ʧʰ], ㄴ[ɲ], ㄹ[ʎ]' 다음에 y가 오면 y가 탈락되는 현상과 동궤의 현상이라 할 수 있다. 그러나 구개음 'ㅈ, ㅊ, ㄴ' 다음에 오는 y가 탈락되더라도 이들 자음은 구개음 그대로 실현되는 데에 반해서, 구개음 'ㅅ[ʃ]' 다음에 오는 y가 탈락되고 나서 'ㅅ'이 구개음 [ʃ]로 실현되는 것이 아니라 치조음 [s]로 실현된다는 점이 특이하다. 'ㅈ, ㅊ, ㄴ' 등 일반적인 경우와 다른 이 'ㅅ'의 특이성은 근대국어 시기에 이루어지는 음소 'ㅅ'의 음변화 과정과 관련이 있을 것으로 추정된다.

근대국어 시기에 점진적으로 진행되던 치조음 'ㅅ'이 구개 위치에서 실현되는 음으로 실현되어 자음체계상에서 'ㅅ'의 위치가 이동되는 초기 현상을 보이지만, 음소의 층위에서 'ㅅ'은 결국 구개음이 아닌 치조음으로 남아 있게 된다. 이 과정에서 y 앞에서 'ㅅ'은 구개변이음으로 실현되는데, 이러한 'ㅅ' 다음에 오는 y가 탈락되면 구개음[75]으로 실현되지 않고 치조음으로 환원된 것으로 간주된다. 다시 말해 치조에서 조음되던 'ㅈ'의 변이음들이 조음 위치가 구개 위치로 이동된 이후, 'ㅈ, ㅅ' 다음에 y가 탈락될 때, 파찰음 'ㅈ'과 마찰음 'ㅅ'이 최대의 거리를 유지하려는 노력의 일환으로 'ㅅ'은 'ㅈ'과 달리 치조음으로 환원된 것으로 추정된다[76].

ㅎ구개음화는 ㄱ구개음화보다 동화주에 따른 적용 범위가 넓다. 모음 i 앞에서 일어나는 것은 같지만, y를 선행하는 경우에는 y 뒤의 핵모음이 ㄱ구개음화는 'ㅓ'에 한정된 데에 반해 ㅎ구개음화는 'ㅓ'에 한정되지 않고 'ㅏ, ㅓ, ㅗ, ㅜ' 앞에서도 자유롭게 일어났다. 그러나 모음 i보다 y 앞이 ㅎ구개음화에 민감함을 보여준다. 피동화주는 'ㅎ'이든 'ㄱ'이든 구개음화가 일어난 모습을 보여준다.

음절 위치와 관련하여 ㅎ구개음화도 ㄱ구개음화와 같이 어두 음절에서만 일어났다. 음절의 특성과 관련해서도 ㄱ구개음화와 유사하다. 주로 개음절에서 일어났지만, 음절의 말음이 비음이나 유음인 폐음절에서도 일어난 것이다. 시기적으로는 ㅎ구개음화의 예가 ㄱ구개음화보다 이른 시기에 보인다. 그러나 어두 음절에서만 적용되다가 더 이상 비어두 음절로 확산되지 않은 점도 ㄱ구개음화와 같다[77].

3.3 ㄱ구개음화와 ㅎ구개음화의 통시적 특징

ㄱ구개음화나 ㅎ구개음화는 모두 어두 음절에서 일어났다. 물론 이들

---

75) 김주필(1985)에서는 이러한 현상에 대해 역구개음화라 하였으나 본 연구에서의 구개음화는 음소의 층위에서 일어나는 변화에 국한하는 것으로 정의하였으므로 음변화에 대해서는 구개음화라는 용어를 사용하지 않는다. 김주필(1985)에서 말한 역구개음화 현상은 표기가 아니라 실제 발음에서 일어난 일종의 음변화 현상에 대한 술어이다. 이에 대한 보다 구체적인 논의는 김주필(1985)을 참조할 것.

76) 치음의 제1단계 변화와 치음의 제2단계 변화에 대해서는 김주필(1985)를 참조할 것.

77) 현대 중앙어에는 이 ㅎ구개음화의 결과가 다음과 같은 어휘에 남아 있다. 씨름, 입씨름, 입심, 뱃심 등.

구개음화가 제1음절에서 일어났다고 하여 그것이 제1음절의 모든 'ㄱ'이나 'ㅎ'이 구개음화되었다는 것은 아니다. 말하자면 ㄱ구개음화나 ㅎ구개음화가 일어난 예들이 발견된다면 그것은 제1음절에서 일어났음을 말하는 것이지 i나 y를 선행하는 제1음절의 모든 'ㄱ'이나 'ㅎ'이 구개음화되었음을 의미하는 것은 아니다.

그런데 ㄱ구개음화와 ㅎ구개음화가 일어난 어두 음절에 대해서 주의가 요구된다. ㄱ구개음화나 그 과도교정, 또는 ㅎ구개음화나 그 과도교정이 어두 음절에서 일어났다고 하지만, 표면적으로는 어두 음절이 아닌 경우에도 일어난 예들이 보이기 때문이다. 가령 한자음이나 복합어, 파생어의 경우, 두 번째 음절 이하에서 일어난 예들이 있음에도 우리는 어두 음절에서 일어난 것으로 간주하고 있는 것이다. 이런 점에서 어두 음절이라는 환경을 그대로 고수하려는 한 어두 음절의 조건을 분명히 할 필요가 있다. 말하자면 어두 음절 또는 제1음절이라는 말이 지시하는 범위나 대상을 구체화할 필요가 있는 것이다.

이런 점에서 ㄱ구개음화가 어두 음절에 일어난다는 것은 실질형태소의 제1음절이라는 조건을 부여할 수 있다. 실질 형태소의 제1음절에서 ㄱ구개음화가 일어나고 나면 그 구개음화된 어휘가 위치에 변화가 오더라도 구개음화된 어형을 가지고 단어형성법에 참가하는 것으로 간주할 수 있기 때문이다. 그리하여 복합어의 경우에도 이러한 기준에 맞추어 비어두 음절에 오더라도 어두 음절이라 할 수 있을 뿐 아니라, 한자음의 경우에도 한자의 한 자 한 자가 실질적인 의미를 가지므로 어떤 음운현상이 일어나는 환경이 비어두 음절이라 하더라도 그것은 어두 음절의 범위에 포함하는 것이 타당하다.

그런데 ㄱ구개음화나 ㅎ구개음화는 실질형태소의 제1음절에서 일어나며, 그 구개음화 현상이 일어난 어휘가 단어형성에 참가하는 경우에 한해서 제2음절 이하에서 구개음화가 일어난다고 하는 사실은 우리에게 중요한 사실을 시사해 준다. 이것은 실질형태소의 단독형에 구개음화가 일어나서 그 구개음화된 어휘가 다른 형태소에 결합된 것으로 간주해야 한다는 말이 되기 때문이다. 만일 구개음화가 일어나지 않은 어형이 결합되는 순간에 구개음화가 일어난다고 한다면, 그것은 왜 다른 어휘가 아니고 제1음절에서 구개음화된 어형일 경우에만 그러한 현상이 일어나는가를 설명해야 할 것이다. 제1음절에서 구개음화가 일어난 형태가 존재하면 그 형태가 포함되어 이미 형성된 단어에서나 이미 사용되던 한자어의 비어두 음절에서 구개음화가 일어난다는 사실은 새로 생성되는 단어뿐만 아니라 이미 사용되고 있는 단어의 구성 요소에도 구개음화가 일어남을 보여주는 것이다. 특히 한자어의 경우 비어두 음절에서 한자음이 구개음화되어 나타난다는 것은 이러한 특성을 잘 보여주지 않나 생각된다. 이러한 특성은 구개음화 규칙이 화자들에게 내재화되면 화자들은 이미 구개음화 규칙이 적용된 단어를 점진적으로 사용하거나 기존의 형태에 구개음화 규칙을 점진적으로 적용시킴으로써 구개음화가 확산되어 가는 것으로 보인다.

이러한 관점에서 ㄷ구개음화의 경우에도 어떤 형태에 ㄷ구개음화가 일어난 예가 나타난다고 하여 동일한 환경의 모든 어휘에 ㄷ구개음화가 일어났다고 할 수는 없다. 예를 들어 '아니-' 등의 부정사 앞에 나타나는 문법형태소 '-디'가 '-지'로 구개음화된 예가 나타난다고 하여 모든 화자들이 언제나 '-지'로 말한다는 것은 아니라는 것이다. 동일한 관점에서 어휘형태소의 비어두 음절이나 어두 음절에 ㄷ구개음화가 몇 예 나타났다고 하여 그것이 구개음화 환경에 있는 모든 음이 구개음화된 것으로 간주할 수는 없다. 또한 ㄷ구개음화가 문법형태소에서 어휘형태소로 점차 확산되고, 어휘형태소에서도 비어두 음절에서 어두 음절로 확산된다고 할 때, 어휘형태소의 비어두 음절에 구개음화된 예가 몇몇 나타난다고 하여 문법형태소에서 구개음화가 모두 일어났다고 할 수 없으며, 어휘형태소의 어두 음절에 구개음화된 예가 몇 예 나타난다고 하여 문법형태소와 어휘형태소 비어두 음절에서 모두 구개음화가 일어났다고 할 수 없을 것이다.

이러한 특성은 ㄱ구개음화나 ㅎ구개음화에서도 동일했던 것으로 이해된다. 즉 ㄱ구개음화나 ㅎ구개음화가 어두 음절에서만 일어났다고 할 때에도 이들 구개음화의 환경에 있던 모든 음이 구개음화된 것이라고 할 수 없을 것이다. 현대국어에서 ㄱ구개음화나 ㅎ구개음화가 일어난 방언에서도 어두 음절에서 이들 구개음화가 모든 음에 적용되어 나타나는 것이 아니라는 사실도 이러한 변화의 특성을 뒷받침해 준다. 이러한 관점에서 우리는 어떤 음운변화 규칙이 적용된 예가 문헌에 나타나 해당 현상을 지배하는 규칙이 화자에게 내재되었음을 확인할 수 있다고 하더라도 그것만으로 해당 현상이 전반적으로 일어났다고 간주하는 태도는 지나치게 단순한 추정이라고 할 수 있다. 구개음화와 같은 현상이 점진적으로 확산된다는 관점에서는 어떤 현상을 지배하는 규칙이 화자에게 내재화되어 있다고 하더라도 그 규칙은 해당 환경의 형태에 점진적으로 적용되는 것으로 이해되기 때문에 규칙이 있다고 하여 해당 환경에 있는 모든 형태에 규칙이 적용되었다고 할 수는 없을 것이기 때문이다. 규칙이 있다는 사실은 그 규칙이 해당 환경의 형태에 적용될 수 있는 가능성을 가지고 있을 뿐인 것이다.

ㄱ구개음화와 ㅎ구개음화는 경상도 방언이나 전라도 방언에서 모두 어두 음절에서만 일어났다. 이러한 제약이 ㄷ구개음화의 내면적 과정과 관련된 것으로 추정한 홍윤표(1985)의 논의는 매우 흥미롭지만 문헌 자료에 나타나는 음운변화의 상태를 지나치게 단순화한 것이 아닌가 하는 측면에서는 논의가 필요하지 않나 생각된다. 홍윤표(1985)에서는 ㄷ구개음화의 내면적 과정을 4단계로 나누어, 첫째, 형태소 경계(R1), 둘째, 비어두 음절의 어휘형태소 구조 내부(R2), 셋째, 비어두 음절의 문법형태소 구조 내부(R3), 넷째, 어두 음절의 어휘형태소 구조 내부(R4)로 나누어 ㄷ구개음화의 내면적 과정은 R1, R2, R3, R4의 순서를 거쳤으리라 추정하였다. 이러한 과정에서 18세기 초경에는 구개음화 규칙이 R1과 R4만 남게 되어 ㄱ구개음화와 ㅎ구개음화가 어두 음절에서만 일어나는 제약을 설명할 수 있다는 것이다.

그러나 이 추정에서는 몇 가지 문제점을 가지고 있다. 먼저 형태소 경계에서 일어난 규칙, 즉 R1이 현대국어에 있다는 설명은 '끝이, 닫히다' 등에서 일어나는 구개음화 현상을 말하는 것으로 보인다. 그러나 형태소 경계의 예로 제시된 자료는 '디디, 가지디'와 같은 부정어 '아니-, 말-' 앞에 오는 '-디'를 형태소 경계에 있는 것으로 간주하고 있어서 형태소 경계에 대한 개념에 문제가 있다. 둘째, 방언에서 ㄱ구개음화와 ㅎ구개음화가 18세기 초기에 보이기 시작한다고 하였으나 문헌에 그렇게 나타나지 않는다는 사실이다. 앞에서 검토한 바와 같이, 경상도 방언에서 ㄱ구개음화와 ㅎ구개음화 관련 예가 17세기 문헌에 이미 나타난다. ㄱ구개음화가 일어나고 있었음을 간접적으로 보여주는 '규화()쥬화))듀화'와 같은 변화의 예도 이미 16세기 중·후기에 나타나는 것이다. 셋째, 18세기 초 해당 방언에 ㄷ구개음화의 규칙 R1과 R4만 남게 되었기 때문에 ㄱ구개음화나 ㅎ구개음화가 18세기 초기에 보이기 시작한다고 하였으나, 문헌에 이미 16세기 중후기에 이 현상이 나타나므로 당시 방언에 R2, R3가 존재하지 않았다고 간주하기 어렵다. 구개음화의 환경에 있는 많은 예들이 구개음화된 형태로 나타나는 것은 사실이지만, 구개음화되지 않은 형태로 나타나는 것도 적지 않다. 구개음화된 형태들이 많은 것은 해당 방언에 구개음화가 일반화되었음은 보여주지만 18세기 초에 R1과 R4가 적용되는 환경 외에는 ㄷ구개음화가 완성되었다고는 할 수 없을 것으로 보이기 때문이다.

음운변화가 규칙의 적용 순서에 따라 전개된다고 보는 시각은 음운변화가 어떤 환경에 일어나면 그 변화를 지배하는 규칙이 해당 환경을 갖춘 단어에 예외 없이 적용되는 전통적인 음운변화의 관점에 서 있다. 그러나 적어도 문헌에 나타나는 자료 상태는 그렇지 않다. 앞에서 검토한 바와 같이 구개음화의 예들은 16·7세기 경에 나타나기 시작하여 점진적으로 확산되는 하나의 경향을 보여줄 뿐이지 어느 한 시기에 구개음화의 환경에 있는 단어에 구개음화 규칙이 모두 적용되어 나타나는 것은 아니기 때문이다. 예를 들어 18세기 초기에 R1과 R4의 환경이 아닌, R2와 R3의 환경을 갖는 모든 단어가 구개음화가 적용되어 나타나는 것은 아니다. R2와 R3의 환경에 있는 단어들의 경우에도 18세기 초기 문헌에는 ㄷ구개음화가 적용되지 않은 예들이 나타나기 때문이다.

ㄱ구개음화와 ㅎ구개음화가 2음절 이하로 확산되지 못한 이유는 움라우트 현상(이하 본고에서는 '구개성 반모음 첨가 현상'이라 하기로 함.)과 관련하여 생각해 볼 수 있다. 어두 음절에서 일어나던 이들 구개음화 현상이 2음절 이하로 확산되기 위해서는 구개성 반모음 첨가 현상과 음운론적 환경이 같은 i나 y를 요구하게 된다. 그러나 i나 y의 음운론적 환경을 갖추게 되면 그것은 구개성 반모음 첨가 현상의 음운론적 환경이 된다. 이러한 상황에서 ㄱ구개음화, ㅎ구개음화와 구개성 반모음 첨가 현상 중에서 이미 그 환경에서 규칙이 생성되어 확산 과정에 있던 구개성 반모음 첨가 현상이 적용되는 것으로 이해된다.

ㄱ구개음화, ㅎ구개음화가 적용될 수도 있는 환경이지만, 구개성 반모음 첨가 현상이 그 환경에서 적용되는 이유는 이들 구개음화 현상이 2음절 이하로 확산되고자 하는 시점에 구개성 반모음 첨가 현상은 이 환경에서 규칙이 생성되어 일부 형태소나 단어에 적용되는 과정에 있었기 때문으로 해석된다. 구개성 반모음 첨가 현상이 적용되는 환경에서 ㄱ구개음화나 ㅎ구개음화가 제2음절 이하로 확산되면 구개성 반모음 첨가 현상이 적용될 수 없는 환경을 만들기 때문에 이미 화자들의 의식에 규칙으로 자리잡고 있던 구개성 반모음 첨가 현상으로 인해 ㄱ구개음화와 ㅎ구개음화는 더 이상 2음절 이하로 확산되지 못한 것으로 보이는 것이다.

이러한 접근은 구개음화를 구개성 반모음 첨가 현상(기존의 움라우트 현상)과 관련하여 설명하는 것이 가능하다. 이들 구개음화가 제1음절에서 일어나 제2음절로 확산되기 이전에 구개성 반모음 첨가 현상이 일어나 이들 구개음화의 확산이 저지된 것으로 이해할 수 있기 때문이다[78]. 이들이 제2음절 이하로 확산되면 생산적으로 일어나던 구개성 반모음 첨가 현상

---

78) 이에 대한 보다 자세한 논의는 본고의 제6장을 참조.

이 적용될 수 없게 되기 때문이다. 말하자면 ㄱ구개음화, ㅎ구개음화 현상과 구개성 반모음 첨가 현상은 서로 충돌될 수밖에 없는, 구개성과 관련되는 동일한 성격의 현상으로서 제2음절에서 동일한 환경에 놓이게 되어 ㄱ구개음화나 ㅎ구개음화와 구개성 반모음 첨가 현상 중에 어느 현상이라도 일어날 수 있는 환경을 형성하게 되지만 그 현상들 중에 당시에 하나의 경향을 띠면서 확산되어 가던 구개성 반모음 첨가 현상이 우선적으로 적용되어 ㄱ구개음화나 ㅎ구개음화는 더 이상 확산되지 못한 것이 아닌가 추정된다.

4. ㄴ탈락과 ㄴ첨가 현상의 통시적 과정과 특성

4.1 ㄴ탈락과 ㄴ첨가 현상의 통시적 전개

4.1.1 중앙어

어두(word initial)의 'ㄴ'이 i나 y 앞에서 탈락되는 현상은 'ㄴ'이 구개변이음으로 실현되는 현상과 관련지어 왔다. 'ㄴ'이 i나 y 앞에서 구개변이음으로 실현되어 구개음 [ɲ]과 i나 y라는 구개음 연결체에 어두 음절과 관련된 일종의 제약이 가해져 어두 음절의 구개음 [ɲ]이 탈락된다고 설명해 온 것이다. 'ㄴ'이 이 환경에서 구개변이음으로 실현되지 않는 평안도 방언에서는 이러한 현상이 일어나지 않는다는 사실을 보면 어두 'ㄴ'의 탈락 현상에 대한 이러한 설명이 타당한 것으로 보인다. 어두 음절의 i나 y를 선행하는 위치에서도 'ㄴ'이 치조음으로 실현되는 평안도 방언에서는 'ㄴ'이 탈락되지 않고 같은 위치에서 어두의 'ㄴ'이 구개음으로 실현되지 않는 현대 중앙어의 '늴니리, 녕큼' 등에서도 'ㄴ'이 탈락되지 않기 때문이다.

본 연구에서도 i나 y 앞에서 어두 음절의 'ㄴ'이 탈락되는 현상은 ㄴ가 구개음변이음으로 되는 현상에 다른 현상이 적용되어 일어난 복합적인 현상으로 간주한다. 그리하여 이 현상에 'ㄴ'이 구개음으로 실현되느냐 그렇지 않으냐의 문제가 개입하기 때문에 이 현상을 넓은 의미의 구개음화 현상 또는 구개음화 관련 음운 현상으로 간주하기로 하고 논의를 전개해 왔다[79]. 'ㄴ'이 구개변이음으로 실현되는 음성적 현상을 바탕으로 ㄴ탈락 현

---

79) 기존의 연구에서도 어두 음절의 'ㄴ' 탈락 현상은 'ㄴ'의 구개변이음으로 실현되는 과정과 관련하여 논의해 왔다. 이기문(1972b/1977), 이명규(1974, 1993), 곽충구(1980), 홍윤표(1985, 1994), 백두현(1990) 등에서도 'ㄴ'이 구개변이음으로 실현된 이후에 탈락된 것

상이 일어나므로 엄밀하게 이 현상은 음운론적인 층위에서 일어나는 구개음화에 포함할 수 없는 현상이다. 그러나 i나 y 앞에서 'ㄴ'이 구개변이음으로 실현되어 형성하게 된 구개음 연결체에 어두 음절과 관련되는 제약이 가해짐으로써 'ㄴ'이 탈락되어 음운론적인 결과를 동반하기 때문에 이 현상을 본고의 대상에 포함하고자 한 것이다. 다시 말하면 'ㄴ'의 탈락 현상은 'ㄴ'은 i나 y 앞에서 구개변이음으로 실현되는 음성 현상에 어두 자음의 제약 현상이 관여함으로써 일어난다는 점에서 이 현상을 구개음화의 관련 현상으로 간주하여 검토해 보기로 한다[80].

중앙어에서 어두 음절의 'ㄴ'이 [i, y] 앞에서 탈락된 예는 비교적 이른 시기에 나타난다. 16세기 초기 문헌으로 알려져 있는 ≪번역노걸대≫와 ≪번역박통사≫에 어두 음절의 'ㄴ'이 탈락된 예가 보인다. 그러나 중앙어가 반영된 문헌에서 어두의 ㄴ탈락이 하나의 경향으로 뚜렷하게 확산되는 것은 18세기에 들어와서의 일이다.

(1) 인군(君, 조, 39, 45), 입에(전비 一, 51), 이르기를(謂, 전비 一, 51), 일홈
일옴을(稱, 전비 二, 29), 두에 이르고(至, 전비 三, 22), 익켜(翼, 여사 三, 10), 엿다(淺, 동문 상, 18b), 엿다(몽유, 7a), 여치 세워(삼역, 6a), 지손 흥기를 입어(被, 윤음, 1b), 여느 겨를이(윤음, 3a), 일오딕(謂, 첩몽, 3a), 여름(夏, 오륜 四, 23b, 5a), 일고 즈매(起, 은중~용, 20b), 공슌흔 즈식이라 이를 거시오(謂, 은중~용, 40b)

(1)은 어두 음절에서 'ㄴ'이 탈락된 예들이다. 모두 i나 y를 선행하는 'ㄴ'

으로 보고, ㄴ탈락 현상을 통하여 ㄴ의 구개변이음화에 대하여 논의를 전개하였다.
80) 이기문(1972b/1977), 이명규(1974/1993), 곽충구(1980), 홍윤표(1985), 백두현(1990) 등 구개음화를 통시적으로 다룬 대부분의 논의에서 ㄴ탈락 현상을 보인 예들을 통하여 ㄴ의 구개음화를 논의하고 있다. 기존의 연구에서 ㄴ탈락의 예를 통하여 ㄴ구개음화 현상을 검토해 왔던 것은, 이미 ㄴ구개음화 자체가 아니라 ㄴ구개음화의 관련 현상으로서 ㄴ탈락 현상을 검토해 온 것이라는 점에서 본고의 접근 방식이 기존의 방법과 다른 것은 아니다.

이 어두 위치에서 탈락된 것이다. 대부분 'ㅣ'나 'ㅕ[yə]'를 선행하는 환경
이며, 음절말 자음이 없는 개음절에서 일어났다.

중앙어를 반영한 국어사 문헌에는 'ㄴ'의 탈락 현상만 나타나는 것은 아
니다. 문헌에는 'ㄴ'이 첨가된 예들도 나타나는 것이다. 즉 (1)이 나타나는
문헌보다 다소 늦은 시기의 문헌에서이긴 하지만 18세기 후기 문헌에 동
일한 환경에서 'ㄴ'이 첨가된 예들도 나타난다.

(2) 니웃 린(隣, 오륜 一, 16, 三, 15), 닐크러(稱, 경신, 21), 닐허(失, 경신,
    21a), 니다(淘, 몽보, 21b), 머리예 물동희롤 니고(戴, 은중-용, 43b)

(2)는 i나 y로 시작되는 어두 음절에 'ㄴ'이 첨가되어 나타난 예들이다.
'니웃, 닐크러, 닐허, 니다, 니고' 등의 15세기 형태는 각각 '이웃, 일크러,
일허, 이다, 이고'인데, (2)와 같이 18세기 후기 문헌에 i나 y로 시작하는 어
두 음절에 'ㄴ'이 첨가되어 나타나는 것이다. 18세기까지는 나타나지 않던
이러한 예들은 18세기 초·중기 문헌에 간헐적으로 나타나다가 18세기 후
기부터 다소 많아지는 경향을 보인다. 'ㄴ'이 첨가되는 음운론적 환경이
'ㄴ'이 탈락되는 환경과 같다는 점에서 'ㄴ'이 첨가된 예들도 구개음화에 대
한 과도교정과 마찬가지 특징을 보여준다. 이런 점에서 'ㄴ'이 첨가된 (2)의
예들도 구개음화 현상들의 과도교정과 같이 'ㄴ'이 탈락되는 현상을 수용
하지 않으려는 의식에서 이루어진 현상으로 간주하고 논의를 진행해 나가
기로 한다.

4.1.2 경상도 방언

경상도 방언을 반영한 17·8세기의 문헌에도 'ㄴ'이 탈락되거나 첨가된
예가 보인다. 17세기 초기의 ≪진주하씨 묘 출토 한글 자료≫에 다음 예가
보인다.

(3) 숨 이을만 잇스와(164), 양식이 모즈라니(9), 양식 너되(14), 머글 양식 (64), 양식은 예 와 되니(69)

(3)의 예들은 중앙어에서 보여준 ㄴ탈락의 예들과 차이가 없다. i나 y를 선행하는 어두 음절에서 'ㄴ'이 탈락된 예들인 것이다. 그러나 17세기 경상도 간행의 문헌에는 보이지 않고, 18세기에 들어서야 나타난다. 1704년에 예천 용문사에서 간행된 ≪보권념불문≫(1704)에는 어두 음절에서 'ㄴ'이 탈락된 예들이 상당히 많이 보인다. 이 문헌에는 동일한 환경에서 'ㄴ'이 첨가된 예들도 함께 보인다.

(4) 1) 여름진느(事農, 13a), 예저긔(古, 14b), 일오딕(19b), 예기지 마로쇼셔(29a), 이흐고 利(10b), 이티 못흐며 利(10a), 양반 兩班(19a),

   2) 닛트리나(3b), 니시딕(4b), 모화 니시며(5a), 니 사름(5a), 니 괴로온 셰계을(5b), 닛짜가(6b), 젼셰 후셰 닐과(7b), 니을(일을, 8b), 모든 셰계을(9b), 니시면(10a), 신심이 닛는 사름으게(10a), 닛짜가(12b), 니신이(16a), 니 인간(40b), 내 닙으로(42a), 니 칙을(43b), 냑간(若干, 5b, 7a, 29b)

(4.1)은 어두 위치에서 'ㄴ'이 탈락된 예이며, (4.2)는 어두 위치에서 'ㄴ'이 첨가된 예들이다. 이 예들을 통하여 알 수 있는 바와 같이, 'ㄴ'이 탈락되거나 첨가된 예는 한자어와 고유어 모두에 보인다.

그런데 이 문헌에는 한자어에서 다음과 같이 어중의 i나 y 앞에서도 ㄴ탈락과 ㄴ첨가 예들이 나타난다.

(5) 1) 션역키(西域, 4b), 풍유흐고(風流, 5a), 풍유와(風流, 5a), 할임베슬(翰林--, 18b)

   2) 불법녀니(佛法緣-, 해인사본 불법연이 8b, 10a), 인년업느(因緣,

30a), 인년 엄는(30a), 인년션종부모(41b), 참고: 인연션종(41a)

(5.1)은 어중에서 'ㄴ'이 탈락된 예들이고 (5.2)는 'ㄴ'이 첨가된 예들이다. 이 가운데 (5.1)의 예들에서 'ㄴ'이 실제 발음에서도 탈락되었다고 보기는 어렵다. 해인사본 ≪보권념불문≫에는 '풍뉴'로 나타나 'ㄴ'이 실현되고 있었던 것으로 나타나고 그러한 발음은 오늘날의 경상도 방언에서 'ㄴ'이 발음되고 있기 때문이다. 한자어의 두 번째 음절 초의 i나 y 앞에 있는 'ㄴ'이 선행 음절의 비자음이나 유음 다음에 'ㄴ'이 탈락된 상태로 나타난 한자어의 '풍유'와 같은 예들은 동일한 환경에서 [n]이 첨가되는 한자어의 규칙을 바탕으로 하여 표기된 것으로 생각된다. 이 예들의 특징과 [n]의 첨가 현상에 대해서는 다음 절에서 논의하기로 한다.

이 문헌에는 고유어에서 i나 y를 선행하는 비어두 음절의 'ㄴ'이 탈락된 예들뿐 아니라, 동일한 환경에서 'ㄴ'이 첨가된 예들도 나타난다.

(6) 1) 부톄의 뎨주 아일고(13a), 탐심흐의(39),
   2) 잠간 스니예(7a), 만만흐냐도(9a), 되닌다(12b, 31b),

(6.1)은 비어두 음절에서 'ㄴ'이 탈락된 예들이고, (6.2)는 비어두 음절에서 'ㄴ'이 첨가된 예들이다. 이 예들도 모두 i나 y를 선행하는 환경이라는 점에서 어두 음절에서와 차이가 없다. 그러나 비어두 음절에서 'ㄴ'이 탈락된 경우 그 선행 환경이 휴지가 아니라 모음이라는 점에서 어두 음절의 경우와 다르다. 말하자면 비어두 음절에서 'ㄴ'이 탈락되거나 첨가되는 현상은 모음과 {i, y} 사이에서 일어나는 것이다.

'ㄴ'이 첨가되는 예들과 관련하여 다음 예들도 주목된다.

(7) 1) ㄱ. 이신니(6a), 흐는니(12b), 흐건니와(13a), 닐러신니(13a), 아미타 불리신니(17a), 탐심만흐는니(30b)

ㄴ. 신통지간<u>니</u>(6b), 쳔년만년<u>니나</u>(30b),

2) 쥰<u>나</u>(7a), 동싱일문둥<u>니</u>(28b), <u>쥰니</u> 와셔(32a),

3) 방재라 ᄒᆞ는 사롬<u>니</u>(30a),

(7.1)은 'ㄴ' 다음, (7.2)는 비음 'ㅇ' 다음, (7.3)은 'ㅁ' 다음에 'ㄴ'이 첨가된 예들이다. 말하자면 모두 선행하는 음절말 비음 뒤에서 i를 선행하는 음절 초에서 'ㄴ'이 첨가된 것이다. (7.1)의 ㄱ)은 어미 '-니'의 두음이 선행 음절의 종성 위치에도 어미의 'ㄴ'이 두 번 표기되었다는 점에서 일반적인 중철표기와 차이가 있다[81]. (7.1)의 ㄴ)은 체언에 주격조사나 지정사가 통합된 예들로서 어간 말 자음인 'ㄴ'이 두 번 표기되었으므로 중철표기라고 할 만한 것이지만, (7.1)의 ㄱ)과 같이 나타난다는 점에서 일반적인 중철 표기와 차이가 있다. 다시 말해 어간말의 비음 'ㅇ'이나 'ㅁ' 다음에 주격조사나 지정사가 올 때 'ㄴ'이 첨가된 (7.2)나 (7.3)도 중철표기로 볼 수 있는 예들이지만, (7.1)과 같이 나타나므로 일반적인 중철표기와 차이가 있는 것이다. 일반적인 중철표기는 선행하는 어간의 마지막 자음이 모음으로 시작되는 어미와 결합할 때에 다시 한 번 표기되어 하나의 음이 이중으로 표기된 것이지만, (7)의 예들은 모두 비음, 'ㄴ, ㅇ, ㅁ' 다음에 i로 시작되는 주격조사나 지정사가 오는 환경에서만 나타난다는 점에서 일반적인 중철표기와 차이가 있다.

'ㄴ'이 어두 음절이나 비어두 음절에서 탈락되거나 첨가되는 예들은 경상도에서 간행된 ≪임종정념결≫(1741), ≪부모효양문≫(1741), ≪신편보권

---

81) 일반 중철표기는 체언이나 용언 어간의 말음이 모음으로 시작되는 조사나 어미가 통합되면 체언이나 용언의 어간 말음이 한 번 더 다음 음절에 표기되는 현상이다. 이러한 중철표기는 16세기 초기의 ≪여씨향약언해≫(1518), ≪정속언해≫(1518), ≪이륜행실도≫(1518)에서 나타나기 시작하여 18세기에 접어들면 거의 나타나지 않는다. 이와 달리 (6)의 예들은 18세기 문헌, 그것도 경상도 방언을 반영한 문헌에 집중적으로 보이기 때문에 경상도 방언의 음변화 현상과 관련될 가능성이 크다. 이에 대해서는 6.3, 6.4절에서 논의하기로 한다. 일반적인 중철표기에 대해서는 이익섭(1990)을 참조.

문≫(1776), ≪경민편언해≫(1806) 등에 계속하여 나타난다.

(8) 1) 이로딕(임종-수, 1a), ᄀ르침을 입쏴(임종-수, 1a), 릴흘가 염녀ᄒ
옵ᄂ니(임종-수, 1a), 오슬 이부미(임종-수, 2a), 이로딕(임종-수,
2a), 이르지 말며(임종-수, 2a), 이르지 말라(임종-수, 2a), 이로딕
(임종-수, 2b), 슌슌더려 이르ᄂ니(부모, 2b), 여롬진ᄂ 사롬이나(신
보, 12a), 일위예야(경민-울, 2), 일위는이라(경민-울, 2), 이른면(경
민-울, 2), 일르려(경민-울, 4), 임금(경민-울, 5), 이러면(경민-울,
5), 두 이로쎠(경민-울, 7), 일로면(경민-울, 7), 봄과 여롬(경민-울,
8), 여름지이(경민-울, 8), 여람진는(경민-울, 9), 봄과 열렴의(경민
-울, 9), 열름지이(경민-울, 9), 여름지이도(경민-울, 9), 거즌일을
(경민-울, 9), 입을지라도(경민-울, 12), 입는이(경민-울, 12), 길 에
리(경민-울, 고), 일음이어늘(경민-울, 서), 이어(경민-울, 서), 이로
되(경민-울, 서), 일음이어늘(경민-울,서), 일으혀미(경민-울, 서),
염려치(경민-울, 서), 임군(경민-울, 훈), 이겨(니겨 경민-울, 훈)

2) 님종졍염결(임종-수, 1a), 여럿 닐과(임종-수, 2a), 집안 니를(임종-
수, 2a), 니리ᄒ면(임종-수, 2b), 마즌니리니(임종-수, 2a), 사롬 니
쓸지라도(임종-수, 3a), 니이를랑(임종-수, 3a), 므슴 니익 이시리요
(임종-수, 3a), 큰 니리이(임종-수, 3b), 슬픈 닐 싱각ᄒ며(임종-수,
3b), 니십편는(부모, 1b), 므슴 니익 이시리요(부모, 1b), 아져긔 닛
싸가(신보, 11b), 손과 닙과(신보, 12b), 냑간(신보, 13a), 년화곳지
니시니(신보, 14b), 人間白髮 압피 이 니서(신보, 18b), 그 닐을(경민
-울, 8), 니 몬져(경민-울, 쳔), 니 몸이(경민-울, 쳔), 소혼이 니시
나(경민-울, 쳔)

(8.1)은 어두 음절의 i나 y를 선행하는 환경에서 'ㄴ'이 탈락된 예들이고,
(8.2)는 같은 환경에서 'ㄴ'이 첨가된 예들이다. 이 예들과 함께 18세기의

경상도에서 간행된 문헌에는 어중에서 'ㄴ'이 탈락되거나 첨가된 예들도 다음 (9.1)과 (9.2) 와 같이 나타난다. 이 예들은 앞에서 보았던 (6.1)과 (6.2) 의 예들과 그 성격이 같다.

(9) 1) 쩌러질 거시<u>이</u>(임종-수, 1a), 흔틱 오느<u>이</u>ᄂ(임종-수, 2a), 의심업스 미<u>이</u>라(임종-수, 2b), 권흐야ᄂ<u>이</u>라(부모, 2a), 효ᄌ슌손 아<u>이</u>니ᄂ (부모, 2b), 될 거시<u>이</u>(경민-울, 뎐), 졀무<u>이</u>로(경민-울, 뎐), 니스<u>이</u> (경민-울, 뎐), 댱 일빅도<u>연</u>(경민-울, 2), 나시<u>이</u>(경민-울, 3), 원티 말올지<u>이</u>(경민-울, 3), 친자<u>연</u>와(경민-울, 4), 어리<u>이</u>롤(경민-울, 4), 아지버<u>이</u>롤(경민-울, 4), 흔 가지<u>이</u>라(경민-울, 11), 되<u>이</u>ᄂ(경 민-울, 고), 반만 셔<u>이</u>(세니, 경민-울, 고), 이슬 거시<u>이</u>(경민-울, 서), 힘쓸거시<u>이</u>(경민-울, 천), 아바<u>일</u>은(경민-울, 훈), 어마<u>일</u>(경민 -울, 훈), 늘그<u>이</u>(경민-울, 훈), 흐<u>이</u>ᄂ(경민-울, 13)

2) 즐거운 나라<u>니</u> 될리라(경민-울, 천),

한편 'ㄴ'이 첨가된 예들도 (10)과 같이 꾸준히 나타난다.

(10) 1) ▼고유어: 렴블 <u>안니</u>ᄒ던(임종-수, 2a), 슬퍼지 <u>안니</u>ᄒ고(임종-수, 3a), <u>안니</u>ᄒ야(경민-울, 9), 염여치 안니ᄒ고(경민-울, 서), 셰샹 사 름을 본<u>니</u>(임종-수, 3a), 권흐야신<u>니</u>(부모, 1b), 왕싱ᄒ<u>ᄂ니</u>라(신보, 1b), 갓탄<u>니</u>(경민-울, 10), 강간흔<u>니</u>(경민-울, 11), <u>안니</u>ᄒ야(경민- 울, 9), 되<u>ᄂ니</u>(경민-울, 서), 더ᄒ런<u>니</u>와(경민-울, 서), ▼한자어: 쇽<u>인니</u>나(임종-수, 3a), 승<u>인니</u>나(임종-수, 3a), 각별흔 인연<u>니</u> 이 셔(신보, 1b), 흉년<u>니</u>(경민-울, 8), 쳔윤<u>니</u>니(경민-울, 서), 골육<u>인</u> <u>니</u>(경민-울, 천)

2) 평싱 효양<u>니</u>(부모, 2b),젼윤왕<u>니</u>요(신보, 1b), <u>쥼니</u> 되야(신보, 1b), 듕<u>니</u>(경민-울, 2), 듕흔 병<u>니</u> 도면(경민-울, 3), 그 나문 권당<u>니</u>(경

민-울, 4), 사름의 스싱니(경민-울, 7), 수녕니(경민-울, 8), 조상니
(경민-울, 서), 맛당니(경민-울, 천)

3) 릴렴니 즈최면(임종-수, 3b),일홈니(신보,1b), 셩불ᄒ야지 열겁니신
리라(신보, 1b), 사람니(경민-울, 8), 사람니(경민-울, 8)

물론 이들 문헌에서는 표기상으로 'ㄴ'이 탈락하였지만 실제 음성형에서
는 'ㄴ'이 탈락하지 않았을 것으로 보이는 한자어 예들도 꾸준히 나타난다.
한자어에 한정되어 나타나는 이러한 예들은 앞에서 살펴본 (5)와 같은 성
격의 예들이다.

(11) 나의 졍염을(正念, 임종-수, 1b), 침윤디고을(임종-수, 1b), 샹예(임종-
수, 3a), 남여을(경민-울, 뎐), 닌니 데육(隣里 第六, 경민-울, 6), 셩영
ᄒ며(경민-울, 8), 쳔윤니니(경민-울, 서), 염여치(念慮-, 경민-울, 서),
망영도이(경민-울, 서), 왕이(往來, 경민-울, 천),

이 예들의 출현 이유와 그 음성적 실현에 대해서는 4.2절과 4.3절에서
구체적으로 논의하기로 한다.

4.1.3 전라도 방언

17 · 8세기 전라도 방언을 반영한 문헌에도 'ㄴ'이 탈락된 예들이 보인다.
송광사에서 간행된 ≪백련초해≫(1635), ≪유합≫(1730), ≪법화경언해≫
(1799) 등과 금산사에서 간행된 ≪부모은중경언해≫(1741/1801?)에 'ㄴ'이
탈락되거나 첨가된 예들이 꾸준히 나타난다.

(12) 1) 여트미(백련-송, 2a), 제 역 권당으란(은중-금, 16b), 여틀 쳔(淺,
유합-송, 29b), 일러도(법화-송, 1a), 읽돈(법화-송, 1a), 일싱 머
글 요를 쥬고(법화-송, 1a), 읽고(법화-송, 1a, 1b), 녀인의 이르샤

되(법화―송, 1a), 남녀육십(법화―송, 1a), 여인 드리고(법화―송, 1b), 읽더니(법화―송, 1b), 못틔 이르러(법화―송, 1b), 이르샤되(법화―송, 1b), 여인 드리고(법화―송, 1b),

2) 녑 익 腋(유합―송, 13b), 닐 딕 戴(유합―송, 28a), 옥디환이 니스니(법화―송, 1a), 니 경을 듯고(법화―송, 1a), 젼싱닐을(법화―송, 1a), 법화경을 니고(법화―송, 1b), 니 법화경보시는 이는(법화―송, 1b)

이 예들에서 알 수 있듯이 전라도에서 간행된 문헌에는 'ㄴ'의 탈락과 첨가 현상이 어두 위치에서만 보인다. 1799년 송광사에서 간행된 ≪법화경언해≫에서는 어두 'ㄴ'의 탈락과 첨가 현상이 상당히 확산되었음을 보여준다. 전라도 방언이 반영된 문헌에서도 ㄴ탈락과 첨가 현상은 i나 y를 선행하는 어두 음절에 국한되어 나타난다. 이와 같이 전라도에서 간행된 문헌의 'ㄴ'의 첨가와 탈락 현상은 어중에서 나타나지 않는다는 점에서 경상도 방언 문헌과 차이가 있다.

4.1.4 기타 지역 방언

함경도 방언 문헌인 ≪연병지남≫(1612)에 'ㄴ'이 탈락된 예가 보인다. 함경도 방언 문헌에서도 중앙어와 전라도의 경우에서처럼 어두 음절에 국한되어 ㄴ탈락 예가 보인다.

(13) 가영머리예 이르거든(14a), 도즈기 션 거름안히 이르러(24a), 날의 이르며(34b)

황해도 방언을 반영한 것으로 보이는 흥률사본 ≪보권념불문≫(1765)에는 'ㄴ'의 탈락과 첨가 예가 보이지 않는다. 이 흥률사본 ≪보권념불문≫이 해인사본을 저본으로 하였음에도 불구하고 ㄴ탈락과 첨가의 예가 보이지 않는다. 이러한 사실은 평안도 방언에서처럼 i나 y 앞에서도 'ㄴ'이 구개변이음으로 실현되지 않았기 때문에 구개음 'ㄴ'과 i나 y의 구개음 연결체에 적용되는 어두 음절에서의 제약이 적용되지 않음으로써 'ㄴ'이 탈락되지 않았을 것으로 추정된다. 홍률사본 ≪보권념불문≫에는 'ㄴ'의 첨가 현상 도 보이지 않는다. 이 문헌에 'ㄴ' 첨가 현상이 나타나지 않는 이유는 'ㄴ'의 탈락 현상이 보이지 않기 때문인 것으로 추정된다. 'ㄴ' 첨가 현상은 'ㄴ'이 탈락되는 현상을 의식하여 일어나는 일종의 과도교정 현상이었을 것으로 간주되기 때문이다. ≪보권념불문≫에 'ㄴ'의 탈락과 첨가 예가 모두 보이 지 않는 것은 'ㄴ'의 탈락 현상이 'ㄴ'의 구개변이음 실현과 밀접하게 관련 되어 있으며, 'ㄴ'의 첨가 현상은 'ㄴ'의 탈락 현상을 전제로 하여 일어난다 는 본고의 관점에서 보면 자연스럽게 설명할 수 있는 상태이다.

4.2 어두 ㄴ탈락과 ㄴ첨가 현상의 음성 실현

어두 음절에서 i나 y 앞에서 'ㄴ'이 탈락된 표기는 실제 발음을 반영한 표기로 간주되어 오고 있다. 국어사 문헌에서 'ㄴ'이 탈락된 상태로 나타나 는 예들이 현대국어에 계승되어 그대로 실현되고 있기 때문이다. 그러나 어두 음절에서 'ㄴ'이 첨가된 예들에 대해서는 실제의 음성 층위에서 'ㄴ'이 첨가된 것인지, 아니면 표기에만 'ㄴ'이 첨가된 것인지 검토가 필요하다. 현대국어에서 평안도 방언을 제외하면 'ㄴ'이 i나 y 앞의 어두 'ㄴ'이 실현되 는 '님, 냠냠' 등 몇몇 특수한 용례를 제외하면 없기 때문이다.

어두 'ㄴ'의 첨가 현상은 어두에서 'ㄴ'이 탈락되는 현상과 밀접하게 관 련되는 것으로 보인다. 이러한 주장은 어두 'ㄴ'이 첨가되는 음운론적 환경 이 'ㄴ'이 탈락되는 환경과 같다는 점에서 뒷받침된다. 두 현상의 예들은 모두 어두 위치에서 i나 y를 선행하는 환경에서 나타났기 때문이다. 시기 적으로는 어두 'ㄴ'의 탈락 현상이 18세기 초기부터 나타났지만, 어두 'ㄴ' 의 첨가 현상은 18세기 후기에 나타났다는 점에서 어두 'ㄴ'의 첨가 현상이 어두 ㄴ탈락의 예보다 다소 늦은 시기에 나타났다고 간주할 수 있다. 어두

'ㄴ'의 첨가 현상이 나타나는 18세기 후기 문헌에도 어두 'ㄴ'의 탈락 현상이 나타나며, 어두 'ㄴ'의 첨가 현상이 나타나지 않는 문헌에서는 'ㄴ' 탈락 예들도 나타나지 않는다. 이러한 특성으로 미루어 어두 'ㄴ'의 첨가 현상은 어두 'ㄴ'의 탈락 현상을 전제로 일어난 현상으로 추정된다.

어두 'ㄴ'의 첨가 현상이 'ㄴ'의 탈락 현상을 전제로 하여 일어난 현상이었다면, 어두 'ㄴ'의 첨가 현상은 'ㄴ'의 탈락 현상을 의식한 결과로 일어난 현상이라 할 수 있다. i나 y를 선행하는 어두 'ㄴ'의 탈락 현상이 일어나자 'ㄴ'을 원래 상태로 실현되도록 하고자 하는 의식적인 노력의 결과, 'ㄴ'이 탈락된 위치에 'ㄴ'을 첨가한 것으로 보이기 때문이다. 좀 더 구체적으로 설명하면 'ㄴ'의 탈락 현상을 의식하여, 처음에는 'ㄴ'이 탈락된 것을 원래의 모습으로 되돌리고자 하던 노력이 원래 i나 y 앞에 'ㄴ'이 없던 환경에 'ㄴ'을 첨가함으로써 과도로 교정하는 현상이 생기게 된 것으로 간주된다. 그러므로 ㄴ탈락 현상을 의식하여 원래의 어형으로 되돌리고자 한 결과, 'ㄴ'이 탈락된 것이 아닌 위치에 'ㄴ'을 첨가하게 된 것으로 추정되는 것이다. 이러한 추정이 타당하다면 'ㄴ' 첨가 현상 역시 일종의 과도교정 현상이라 할 수 있다.

이러한 관점에서 'ㄴ'의 첨가 현상은 실제 발화에서 일어난 변화가 표기에 반영된 것으로 간주된다. 먼저 어두 위치의 i나 y를 선행하는 환경에서 'ㄴ'이 첨가되는 현상을 일종의 과도교정 현상이라 한다면 다른 구개음화 현상의 과도교정이 실제 발화에서 일어난 것처럼 'ㄴ' 첨가 현상이라는 과도교정도 실제의 음성 층위에서 일어났다고 할 수 있다. 특히 현대국어의 중앙어에 남아 있는 ㄱ구개음화에 대한 과도교정 형태를 고려하면 'ㄴ'의 탈락 현상에 대한 과도교정으로 일어난 'ㄴ'의 첨가 현상도 실제의 음성 층위에서 일어난 현상으로 이해하는 것이 타당한 것으로 간주된다.

(14) 기와(〈지와), 겸심(졈심〈뎜심), 길들이다(〈질들이다), 깃(羽, 〈짓)

'ㄴ'의 첨가 현상이 실제 음성형에서 일어난 현상이라는 본고의 주장은 다음과 같이 고유어의 복합어나 파생어에 나타난 ㄴ첨가 현상의 예들이 현대국어에 그대로 나타난다는 점에서도 뒷받침된다.

(15) 여럿닐과(임종, 2a), 날년쟝의(경민-울, 7)

(15)는 현대국어의 복합어나 파생어를 형성할 때에 두 번째 실질형태소가 i나 y로 시작될 때 실제로 두 번째 실질형태소가 시작하는 환경에 'ㄴ'이 첨가되었음을 보여주는 예들이다. '여럿닐'의 두 번째 형태소인 '닐'은 원래 '일'이지만, 이 시기의 문헌의 복합어에서 '닐'로 나타나기도 하던 형태이다. '여럿닐'에서의 '닐'은 어두 음절에 보이는 ㄴ첨가형이 복합어 형성에 참가한 것이다. '여럿닐'은 현대 경상도 방언에서도 '여런닐'로 발음되므로 이 시기의 실제 음성형을 표기한 것이라고 할 수 있다. '날년쟝'도 원래의 어형은 접두사 '날'과 도구를 의미하는 '연장'의 통합형이지만, 파생어 '날년쟝'을 형성하면서 'ㄴ'이 첨가되어 나타난다. 이러한 파생어의 경우에도 두 번째 요소가 실질형태소인 경우에 그 첫 음으로 'ㄴ'이 첨가되어 나타나기 때문에 현대국어에서 '날련쟝'으로 실현되는 어형이다. 그러므로 이 시기 문헌에 나타나는 'ㄴ'이 첨가된 예들의 'ㄴ'은 실제 음성 층위에서 첨가된 말소리가 표기에 반영된 것이라 할 수 있다.

다음 예들도 어두 'ㄴ'의 탈락과 첨가 현상이 음성의 층위에서 일어난 것으로 보아야 설명이 가능하다.

(16) 맛질어는(경민-울, 7), 벗임(경민-울, 어와)

'질녀(姪女)'와 '님'의 첫 음이 탈락된 (16)의 '맛질어'와 '벗임'의 실제 발음이 [맏찌러], [버딤(또는 버심)]으로 실현되었을 것으로 추정되지는 않는다. 이들 예가 현대 경상도 방언에서 '[맏찔려](또는 [맏찔러~맏찔녀])'

와 '[번님]'로 실현된다는 사실을 고려하면 (16)의 '맛질어'와 '벗임'은 표기로는 'ㄴ'이 나타나지 않지만, 실제 음성에서는 'ㄴ'이 실현되었을 것으로 추정된다. 그렇다면 당시에 실제 발음으로는 'ㄴ'이 실현되고 있었음에도 'ㄴ'이 탈락된 상태로 나타난다고 해야 하는데, 그것은 이와 같은 음운론적 환경에서 'ㄴ'이 실제 발음에 첨가되는 현상이 있었기 때문에 가능한 것으로 이해된다. 이러한 ㄴ첨가 현상의 환경이 한자어, 또는 고유어의 복합어나 파생어의 두 번째 요소로서 참가하는 실질형태소의 첫 음이라는 점에서 어두 위치와 다르지 않다. 앞에서 논의한 바와 같이, 복합어에서 실질적인 의미를 갖는 두 번째 형태소의 첫 소리는 어두와 같은 음운 행위를 보여주기 때문이다.

비어두 음절이기는 하지만, 한자어에 보이는 다음과 같은 현상도 어두에서 'ㄴ'이 첨가되는 현상이 실제의 음성 층위에서 일어났다고 보는 본고의 추정을 뒷받침해 준다.

(17) 1) 풍유ᄒ고(5a), 풍유와(해인사본 풍뉴와 5a), 할임벼슬(18b), 인연션
          종(41a), 인년션종부모(41b)

       2) 불법년니(해인사본 불법연이 8b, 10a), 인년 업는(30a), 인년 엄는
          (30a)

(17.1)은 'ㄴ'이 어중에서 탈락된 예들이고 (17.2)는 'ㄴ'이 첨가된 예들이다. 이들은 어중의 예이긴 하지만, 한자음이라는 특성을 고려하면 제1음절로 간주할 수도 있다. 한자어 '風流'에 대한 표기인 '풍유'는 해인사본 ≪보권념불문≫에서는 '풍뉴'로 표기되어 나타난다. '因緣'이 한 문헌에서 '인연'과 '인년'으로 표기되어 나타난다. '풍유'와 '인연'의 제2음절의 'ㅇ'은 모두 'ㄴ'으로도 나타나지만 원래 한자음에 모두 'ㄴ'이 있는 것은 아니다. '풍유'의 '유'는 '류'인 반면 '인연'의 '연'은 원래의 음이 '연'인 것이다. 여기에서 '풍류'는 한자음의 'ㄹ'이 장애음 다음 위치에서 'ㄴ'으로 되는 현상이 일어

나 [풍뉴]로 되었고, 이 [풍뉴]의 'ㄴ'이 'ㅇ'으로 표기된 것이다. 그러나 '인연'이 '인년'으로 나타나는 것은 원래 형태에는 없던 'ㄴ'이 첨가되어 나타난 것이다. 말하자면 '풍뉴'에서 '풍유'가 나온 것은 ㄴ탈락 현상이 표기에 반영된 것이고, '인연'에서 '인년'이 나온 것은 'ㄴ'이 첨가되는 현상이 표기에 반영된 것이다.

그런데 이들 상반되는 현상, 즉 'ㄴ'이 탈락된 (17.1)과, 'ㄴ'이 첨가된 (17.2)는 현대 경상도 방언에서 '풍뉴'와 '인년'으로 실현되고 있다. 이런 점에서 '풍유'와 '인년'은 각각 '풍뉴'와 '인년'으로 발음되었다고 추정하는 것이 자연스러운 해석이다. 전자는 표기상 'ㄴ'이 탈락되었지만 그 발음은 'ㄴ'이 실현된 것으로 츄정되고, 후자는 표기상 'ㄴ'이 첨가된 것이 실제 음성형을 표기한 것으로 추정되는 것이다. '풍뉴'로 발음되는데도 'ㄴ'을 탈락시킨 것은 이 시기에 실제 발음에 있어 'ㄴ'이 특정 환경에서 첨가되는 현상이 있었음을 말해주는 것으로 보이며, 그러한 현상이 반영된 표기가 '인년'으로 간주되는 것이다. 이러한 추정이 타당하면, 이 시기에 어중에서 i나 y로 시작하는 한자어 음절 초 위치에서, 선행어가 자음으로 끝나는 경우 'ㄴ'이 첨가되는 현상이 있었으며, 그러한 현상이 직접 표기에 반영된 것이 'ㄴ' 첨가의 예들이었다고 할 수 있다.

'할임벼슬'에서도 제2음절의 'ㅇ'은 자음 'ㄴ'이나 'ㄹ'이 실현된 것으로 볼 때 이러한 표기의 등장을 같은 방식으로 설명할 수 있다. '할임'은 한자어 '翰林'의 표기이다. 이 예는 한자음의 'ㄴ-ㄹ' 연결체에서 유음화가 일어나 'ㄹ-ㄹ'로서 후행 'ㄹ'이 i를 선행하는 환경이므로 구개변이음 'ㄹ[ʎ]'로 실현되었으나 'ㄹ[l]' 뒤의 구개변이음 'ㄹ[ʎ]'을 'ㅇ'으로 표기한 것으로 추정된다. '한림'의 'ㄴ-ㄹ' 연결체에서 유음화가 일어나 도출되는 음성형 '[lʎ]' 연결체에서 뒤에 오는 구개변이음 [ʎ]를 'ㄹ'이나 'ㄴ'으로 표기하지 않고 'ㅇ'으로 표기한 것으로 추정되는 것이다. 오늘날의 경상도 방언의 '일요일'과 같이 한자음의 연결에서 'ㄹ-ㄹ' 연결체가 표기한 [ilʎ(y)oil]의 [lʎ]가 'ㄹ-ㄹ'이나 'ㄹ-ㄴ'으로 표기되지 않고 'ㄹ-ㅇ'으로 표기된 것과 같은 대응 관계를 보이는 것이다. 이와 같이 '할암'이 [할림]의 음성형을 표기한 것이라는 주장을 받아들인다면 실제 음성형인 'ㄴ'을 'ㅇ'으로 쓴 예를 통하여 우리는 이 시기 경상도 방언에서 i나 y로 시작하는 어중 한자음의 음절 초 위치에서 선행어가 자음으로 끝나는 경우 'ㄴ'이 첨가되는 현상이 있었다는 것도 추론할 수 있게 된다.

이상에서 논의한 예들은 모두 한자어의 비어두 음절의 예들이었다. 한자어의 비어두 음절은 어두에도 올 수 있으므로 어두와 같은 것으로 간주할 수 있다. 그것은 ㄱ구개음화가 어두 음절에서 일어났지만, 한자어의 경우 제2음절 이하에서 일어난 것과 궤를 같이 한다. 이러한 논의를 바탕으로 하면, 이 시기에 어두 음절의 i나 y를 선행하는 환경에서 'ㄴ'이 탈락되는 현상이 일어나고 있었으며, 그에 대한 과도교정 현상으로 'ㄴ'이 첨가되는 현상이 있었다고 할 수 있다.

그런데 다음의 예들과 같이 어두 'ㄴ'이 'ㄹ'로 바뀌어 나타나는 예들도 어두 'ㄴ'의 탈락 현상과 관련되는 예들로 보인다. 그러나 이 예들에서 'ㄴ'이 바뀐 'ㄹ'은 (12)의 예들처럼 음성의 층위에서 일어난 것으로 보이지는 않는다.

(18) 1) ▼한자어: 렴블ㅎ며(임정-수, 2b), 렴블안니ㅎ던(임정-수, 3a), 렴블ㅎㄴ니(임정-수, 3a), 렴블ㅎ문(부모, 2a), ▼고유어: 릴너시니(부모, 1b)

2) 릴흘가(임정-수, 1a), 릴심으로(임정-수, 2a), 졍념을 릴케 말고(임정-수, 2b), 릴시예(임정-수, 2b), 릴넘니 즈최면(임정-수, 2b), 릴빅스무편을(부모, 1b), 릴싱쑨이(부모, 1b), 릴심으로(부모, 2a), 릴케 말나(부모, 2b)

(18.1)의 예들은 한자어와 고유어에서 어두에 있던 'ㄴ'을 'ㄹ'로 교정한 예들이다. (18.2)는 자음이 없던 어두 위치에서 i나 y를 선행하는 환경에

'ㄹ'을 첨가한 것이다. 'ㄴ'이 'ㄹ'로 교정된 (18)의 예들은 어두라는 위치나, i나 y를 선행하는 환경이라는 점에서 역시 'ㄴ'의 탈락 현상이나 첨가 현상과 동일하다. 그러나 원래의 'ㄴ'이 'ㄹ'로 바뀌었다는 점에서 (18.1)의 예들은 ㄴ첨가 현상보다 ㄴ탈락 현상과 밀접한 관련이 있는 것으로 간주된다.

(18)의 예들에서 'ㄴ'이 'ㄹ'로 바뀌어 나타나기는 하지만, 'ㄹ'이 실제로 발음되었다고 보기 어렵다. 국어의 어두 위치에서 'ㄹ'은 이미 15세기부터 'ㄴ'으로 나타나기도 하여 'ㄹ'이 어두 위치에서 실현되었을 가능성은 거의 없는 것으로 추정되기 때문이다. 'ㄴ'을 'ㄹ'로 표기하더라도 그 'ㄹ'은 어두 위치에서의 유음이 갖는 제약 현상으로 인하여 'ㄴ'으로 발음하는 규칙이 있었을 것으로 추정되므로 (18.1)과 같이 원래의 'ㄴ'을 'ㄹ'로 표기하더라도 그것은 'ㄴ'으로 실현되었을 것으로 추정된다. 그러므로 (18)의 예들처럼 'ㄴ'이 바뀐 어두 'ㄹ'은 'ㄴ'으로 실현되었을 것으로 간주된다.

그런데 (18)과 같은 표기 현상이 나타나게 된 이유는 'ㄴ'이 'ㄹ'로 표기된 환경과 이 예들이 나타나는 시기를 고려할 때, 'ㄴ' 탈락 현상 때문인 것으로 생각된다. 'ㄴ'이 'ㄹ'로 표기된 예들은 'ㄴ'이 탈락된 예들과 같이 어두 음절에서 i나 y를 선행하는 환경으로서 동일할 뿐만 아니라, 이 예들이 나타나는 시기도 'ㄴ'이 첨가된 현상을 보인 문헌에 한정되어 나타나기 때문이다. 그렇다면 어두의 'ㄴ'이 탈락되는 현상을 의식한 결과 나타나는 화자나 필자의 의도적인 노력이 (17)과 (18)의 두 방향으로 나타난 것이라고 생각된다[82]. 즉 어두 음절에서 i나 y를 선행하는 환경에서 'ㄴ'이 탈락되는 현상을 의식하여 그것을 원래 형태로 유지하려는 노력이 한편으로는 (13)과

---

82) ㄴ탈락의 과도교정과 같은 특징을 보이는 예들이 평안도 방언에도 보인다. 그러나 ≪平北方言辭典≫(金履浹: 1981)에 등재되어 있는 '니다 戴, 짐 니다(물건을 머리 위에 얹다), 닙숟가락(입숟가락)' 등의 평안도 방언 예들이 과도교정된 것이라고 할 수 있을지 논의가 필요하다. 왜냐하면 평안도 방언에서는 'ㄴ'의 구개음화가 일어나지 않아 'ㄴ'이 어두에서 탈락하지 않기 때문이다. 구개음화가 일어나지 않았더라도 다른 방언과의 접촉에 의해서도 과도교정이 일어날 수 있는지, 또는 과도교정과 다른 어떤 기제에 의해 일어난 현상의 결과인지 현재로서는 단정할 수 없다.

같이 'ㄴ'을 원래의 상태로 유지하기 위한 방향으로 나타났으며, 다른 한편으로는 i나 y를 선행하는 환경에 있는 'ㄴ'을 'ㄹ'로 표기함으로써 어두 'ㄹ'이 'ㄴ'으로 되는 유음의 제약 현상을 활용하여 'ㄴ'을 실현하고자 하는 방향으로 나타난 것으로 생각된다..

4.3 어중 'ㄴ'의 탈락과 비모음화 현상

17 · 8세기 경상도에서 간행된 문헌에는 어두에서뿐만 아니라 어중에서도 'ㄴ'이 탈락된 예들이 있음을 4.1.2에서 검토하였다. 경상도에서 간행된 문헌에는 어중에서 'ㄴ'이 탈락하는 예들뿐만 아니라, 'ㄴ'이 첨가된 예들도 함께 나타났다. 어중에서 ㄴ가 탈락되거나 첨가된 예들도 음성 층위에서 일어난 변화가 반영된 것인지 단순한 표기상의 오류인지 검토가 필요하다. 그럼 어두 'ㄴ'의 탈락과 첨가 현상과 같이 i나 y 앞에서 일어나는 어중 'ㄴ'의 탈락과 첨가 현상이 어두에서의 현상과 어떠한 차이를 보이는지 그 차이점을 검토해 보기로 한다.

어두 'ㄴ'의 탈락과 첨가 현상은 단어의 첫 음절 첫 소리에서 일어나는 현상인데 반해 어중 'ㄴ'의 탈락과 첨가 현상은 단어 내부에서 일어난다. 그러므로 후행하는 환경이 i나 y 앞이라는 후행 환경이 같은 이들 두 현상은 선행하는 환경에서 차이를 보이게 된다. 즉 어두 'ㄴ'의 탈락과 첨가 현상이 일어나는 선행 환경은 휴지가 되므로 이 현상은 휴지와 {i, y} 사이, 즉 "#__ {i, y}"라는 환경에서 일어나는 현상이 된다. 이에 반해 어중 'ㄴ'의 탈락과 첨가 현상이 일어나는 선행 환경은 선행 음절의 말음으로서 선행 음절 말음과 i나 y 사이에서 일어나는 현상이 된다. 그런데 (4)~(12)까지의 예들을 보면 알 수 있듯이 어중 'ㄴ'의 탈락과 첨가 현상이 일어나는 선행하는 환경은 선행 음절이 모음 또는 반모음 y로 끝나거나 비자음, 'ㄴ, ㅇ, ㅁ'으로 끝나는 경우로 한정된다. 다시 말하면 경상도 방언이 반영된 문헌에 나타나는 어중 'ㄴ'의 탈락과 첨가 현상은 "{모음, y, 비자음}__{i, y}"의 환경에서 일어나는 현상이라고 할 수 있다. 다음 (19)의 예들을 보기로 하자.

(19) 1) 부톄의 데ᄌ 아일고(13a), 탐심ᄒ의(39)

2) 잠간 ᄉ니예(7a), 만만ᄒ냐도(9a), 되닌다(12b, 31b)

(19.1)은 어중에서 'ㄴ'이 탈락된 예들이다. 'ㄴ'이 탈락되는 후행 환경은 모두 i이고 선행 환경은 모음이다. 'ㄴ'이 탈락된 예들은 어간의 마지막 자음 'ㄴ'이 후행하는 i나 y를 만나 탈락되는 것이 아니라 설명형어미나 부정형용사 '아니-'의 '니'에서 'ㄴ'이 탈락되는 것이 일반적이다. 이와 같이 'ㄴ'이 탈락된 모습을 보이는 예들은 현대 경상도 방언에서 'ㄴ'이 탈락된 다음 비모음화 현상이 일어난다.

(19.2)는 어중에서 'ㄴ'이 첨가된 예들이다. 선행 환경은 모음이나 y이고, 후행 환경은 i나 y으로서[83] 'ㄴ' 탈락 현상의 환경과 같다. 그러므로 이 환경에서 첨가된 'ㄴ'도 'ㄴ'의 탈락 현상과 관련되는 것으로 간주된다. 그러나 이 예들에서 첨가된 'ㄴ'이 실제 음성형에서 첨가된 것인지 단순히 표기상으로 첨가된 것인지 분명하지 않다. 'ㄴ'이 첨가되는 환경으로 보아 비모음화와의 관련성을 포착하기도 쉽지 않고 'ㄴ' 탈락의 예들과 비교하면 형태소의 성격에 있어서도 차이가 있는 것으로 보아 발음에서 'ㄴ'이 첨가된 것인지 분명하지 않은 것이다.

다음 (20)은 'ㄴ'이 첨가된 또 다른 유형의 예들이다.

(20) 1) 이신니(6a), ᄒ는니(12b), ᄒ건니와(13a), 닐러신니(13a), 아미타 불리신니(17a), 탐심만 ᄒ노니(30b),

---

83) 이 예들 가운데 '되닌다'의 'ㅚ'가 어떻게 실현되었는가 하는 문제가 제기된다. 그런데 이 시기에 'ㅚ'가 단모음으로 실현된 것 같지 않다. 현대 경상도 방언에서도 단모음으로 실현되지 않는다. 이중모음으로 실현되었다고 하더라도 하향이중모음으로 실현된 것 같지는 않다. 현대 방언 상태로 추정컨대 아마도 [we]정도로 실현된 것이 아니었나 생각된다. 이에 대해서는 뒤의 6장에서 구체적으로 논의하고자 한다.

2) 천년만년니나(30b),

(21) 줍니나(7a), 동싱일문등니(28b), 줍니 와셔(32a),

(22) 방재라 ᄒᄂᆞ 사름니(30a),

(20.1)은 어미 '-니'의 'ㄴ'이 선행 음절의 종성 위치에 한 번 더 표기된 예들이고, (20.2)는 어간의 마지막 'ㄴ'이 후행 음절의 초성 위치에 한 번 더 표기된 예이다. (20.1)은 일반적인 중철표기 예들과 같지만, (21)과 (22)는 그렇지 않다. (21)과 (22)는 예들은 (20.2)와 함께 선행하는 체언의 마지막 자음이 비음으로 끝나는 경우에 공통적으로 나타난다는 점에서 일반적인 중철표기와 다르다. 이 예들은 선행어의 말음이 비자음이 주격조사 '이' 또는 체언과 지정사 '이-'의 결합할 때 이들 i 앞에서 'ㄴ'이 첨가된 것이다.

　(20.1)은 'ㄴ'이 첨가된 환경이 (20.1)의 예들과 같다. 'ㄴ'이 탈락되거나 첨가된 환경이 동일하며 심지어 그 형태소가 '-니'의 경우나 '아니-'의 예들에 한정된다는 점도 동일하다. 그러므로 이 두 유형의 표기는 동일한 현상의 다른 표기로 받아들이는 것이 타당하다.

　그렇다면 이 두 유형의 표기에 반영된 현상은 무엇인가? 앞에서도 언급하였듯이, (19.1)의 예들은 현대 경상도 방언에서도 'ㄴ'이 탈락되고 비모음화 현상으로 이어지고 있다. 'ㄴ'이 비음이라는 점에서 'ㄴ'이 탈락되면서 'ㄴ'이 갖고 있던 비음성이 인접한 모음에 영향을 주었다면 (19.1)의 예들도 동일한 선상에서 이해할 수 있다. 이러한 맥락에서 (19.1)과 (20.1)의 예들은 'ㄴ'의 탈락으로 인하여 일어나는 비모음화 현상을 다양하게 표기한 것으로 추정된다. i나 y 앞에서 'ㄴ'이 그대로 표기되는 유형, 'ㄴ'이 하나 더 표기되는 유형, 'ㄴ'이 탈락된 표기 등을 통하여 'ㄴ'의 탈락 현상과 그 결과 일어나던 비모음화 현상을 다양하게 표기에 반영하고자 한 노력의 일환으로 간주되는 것이다.

　(20.2)와 (21), (22)의 예들은 또 다른 유형의 ㄴ첨가 현상으로 추정된다. 이 예들을 'ㄴ' 탈락에 대한 과도교정에 의한 것이라 설명하기도 어렵다.

일반적으로 이와 동일한 환경에서 'ㄴ'이 탈락된 예들이 보이지 않기 때문이다. 그렇다고 하여 특정 환경에서 제한적으로 'ㄴ'이 첨가되어 나타나기 때문에 이 예들을 단순한 표기상의 오류라 하기도 어렵다[84]. 현대 경상도 방언을 참고하면 'ㄴ'이나 'ㅇ'으로 끝나는 체언에 주격조사 '이'나 지정사 '이-'가 통합될 때에 일어나는 비모음화 현상과 관련될 가능성이 크다. 현대 경상도 방언의 비자음이 탈락하면서 일어나는 비모음화가 일어나는 상황과 같기 때문이다. 이 예들도 비자음 'ㄴ'이나 'ㅇ'으로 끝나는 체언에 주격조사나 지정사가 통합될 때 한하여 일어난다는 점에서 현대 경상도 방언의 비모음화 현상과 그 환경이나 성격이 흡사한 것으로 보인는 것이다. 이러한 유사성을 중시하여 본 연구에서는 이 표기 예들은 비모음화 현상이 일어나는 과정이나 결과를 반영한 것으로 이해하고자 한다.

그런데 여기에서 생기는 문제는 'ㅁ'으로 끝나는 체언에 조사 '이'나 지정사 '이-'가 통합될 때에도 'ㄴ'이 첨가된다는 사실이다. 이 표기들이 비모음화를 반영한 것이라면 현대 경상도 방언에서 'ㅁ'으로 끝나는 체언 다음에 조사 '이'나 지정사 '이-'가 통합될 때에도 비모음화가 일어나야 우리의 해석이 타당성을 가질 것이기 때문이다. 그렇다고 하여 이러한 특성을 바탕으로 'ㅁ' 다음에 'ㄴ'이 첨가된 (22)의 예들을 단순한 표기상의 오류로 돌린다고 하여 문제가 해결되지는 않는다. 그럴 경우에는 'ㄴ, ㅇ'으로 끝나는 체언 다음에 조사 '이'나 지정사 '이-'가 통합되는 경우에 보이는 (20.2)와 같은 예들도 표기상의 오류로 보아야 할 텐데, 그렇게 되면 비모음화와 관련되는 것으로 간주한 예들도 모두 표기상의 오류로 보아야 한다는 일

---

84) 백두현(1990)에서는 이러한 현상을 'ㄴ'의 탈락 현상에 대한 과도교정형으로 간주하고, 이러한 과도교정은 표기상의 문제로 돌리고 있다. 이 예들은 본문에 언급한 바와 같이, 이러한 환경에서 'ㄴ'이 탈락된 예가 없기 때문에 ㄴ탈락 현상의 과도교정으로 다룰 수 없다. 또한 이들 표기를 단순히 표기상의 문제로 돌린다고 할 때에도 해결해야 할 과제가 많다. 이러한 표기가 왜 경상도 방언을 반영한 문헌에만 보이는지, 그리고 왜 비음으로 끝나는 체언에 조사 '이'나 지정사 '이-'가 통합되는 경우에 한정되어 나타나는지 설명해야 할 것이다.

반화의 문제가 생기기 때문이다. 그리고 왜 이러한 표기상의 오류가 경상도 방언이 반영된 문헌에만 보이며, 'ㄴ'이 첨가된 예들이 왜 비음으로 끝나는 경우에 국한하여 나타나는가 하는 것도 설명해야 할 부담을 안게 될 것이다.

본 연구에서는 이러한 표기가 경상도 방언을 반영한 문헌에 꾸준히 보인다는 점에서, 그리고 ㄴ탈락 현상을 보이지 않는 황해도에서 간행된 흥률사본 《보권념불문》에는 이러한 표기가 보이지 않는다는 점에서 이 예들이 경상도 방언의 음운변화 현상과 관련이 있을 것으로 추정하고자 한다. 그리하여 이 예들을 비모음화 현상과 결부지은 백두현(1991)의 주장에 따라 비음성을 표기에 반영한 것으로 이해하고자 한다. 이러한 주장은 'ㄴ, ㅇ'으로 끝나는 체언 다음에 'ㄴ'이 첨가된 예들에 대한 설명은 무리가 없지만, 'ㅁ'으로 끝나는 체언의 경우에는, 현대 경상도 방언에 'ㅁ' 다음에는 비모음화 현상이 일어나지 않기 때문에 다소 번거로운 설명을 하지 않을 수 없게 된다. 그러나 'ㅁ'도 'ㄴ, ㅇ'과 마찬가지로 비음이기 때문에 'ㅁ'에는 비음성이 포착되지 않는다고 할 이유는 없을 것이다. 오히려 모음 사이에 개재하는 'ㄴ, ㅇ'이 탈락되면서 비모음화 현상이 일어난다면 비음성을 가진 'ㅁ'도 초기에는 동일한 현상을 보였을 가능성을 배제할 수 없다는 점에서 이 예들이 보이는 시기에는 'ㅁ'도 비모음화 현상을 일부 보이지 않았을까 생각되는 것이다[85].

어중 'ㄴ'의 탈락이 비모음화 현상과 관련되는 이유는 현대 경상도 방언의 비모음화와 관련하여 그리 어렵지 않게 추론할 수 있다. 현대 경상도 방언에서 'ㄴ' 탈락 다음에 일어나는 비모음화 현상은 음운론적 환경이 모

---

85) 이러한 우리의 입장은 국어에서 비자음이 탈락되면서 일어나는 비모음화 현상이 각 비자음의 성격에 따라 상이하다는 점에서 접근이 가능하다. 'ㅇ'이 탈락되고 난 다음 일어난 비모음화 현상은 모음과 모음 사이에서 일어난다. 그러나 'ㄴ'이 탈락되고 난 다음 일어나는 비모음화 현상은 모음과 'ㅣ'(또는 반모음 'ㅣ') 사이에서 일어난다. 'ㅁ'의 경우에는 'ㅁ'이 탈락지도 않으며, 그리하여 비모음화 현상도 일어나지 않는다. 이러한 특성은 비강과 가까운 위치일수록 비모음화가 활발하게 일어나는 것을 말해준다.

음과 i나 y 앞에서 'ㄴ'이 탈락하는 과정에서 일어난다. 그러나 기저의 'ㄴ' 앞에 자음이 있다면 그 'ㄴ'은 탈락하지 않으며, 또한 비모음화를 일으키지도 않는다. 'ㄴ'의 탈락은 반드시 i나 y 앞에서 일어나기 때문에 비모음화가 일어나기 위해서는 'ㄴ' 앞에 반드시 모음이 와야 하는 것이다. 말하자면 'ㄴ'은 모음 사이에서 탈락하지만 후행 모음은 i나 y라는 제약을 갖는 것이다. 여기에서 경상도 방언의 비모음화 현상이 일어난 이유를 찾을 수 있을 것으로 생각된다.

비어두 음절의 'ㄴ'이 모음 사이에서 탈락하게 되면 선행하는 모음과 후행하는 i나 y 사이에서 'ㄴ'의 흔적을 잃어버리게 된다. 그러나 어떤 음이 탈락하더라도 그 탈락하는 음이 흔적도 없이 사라지는 것이 아니라 사라지게 되는 음이 가진 속성의 일부를 어딘가에 흔적으로 남긴다고 설명하는 것이 일반적이다. 예를 들어 국어에서 어떤 환경에서 음절이 없어지게 되면 그 음절이 실현될 때에 필요로 하던 일정한 길이의 시간은 남아 선행 음절의 모음의 길이로 실현되어 선행 음절의 모음을 장음화시키는 현상을 우리는 알고 있는 것이다(이병근 1978). 보상적 장모음화로 널리 알려져 있는 이 현상과 같이 비음 'ㄴ'이 어중에서 탈락되는 경우에도 'ㄴ'이 비음이 갖던 일부 자질은 남기는 것이 일반적이라고 할 수 있다. 이런 점에서 어중에서 'ㄴ'이 분절음이 탈락되는 것처럼 보이지만, 사실 'ㄴ'이 완전히 탈락한 것이 아니라 비음성은 남겨 인접 모음에 영향을 줌으로써 비모음화 현상이 일어난 것이라고 해석할 수 있다.

어중에서 'ㄴ'이 탈락되면서 'ㄴ'이 가지고 있던 비음성이 인접 모음에 전이된다고 할 때, 그 비음성은 'ㄴ'에 후행하는 i나 y에 전이될 수도 있고, 선행 모음에 전이될 수도 있을 것이다. 그러나 'ㄴ'의 구개음으로 실현되는 현상이 후행하는 i나 y에 의해 선행하는 'ㄴ'에 영향을 미치는 것으로 보아 i나 y 앞에서 일어나는 비모음화 현상도 원칙적으로 역행의 방향으로 일어난 현상이라고 하는 것이 타당한 것으로 보인다[86]. 그렇다면 구개변이음으로 실현되던 'ㄴ'이 탈락될 때, 'ㄴ'이 갖고 있던 [비음성]은 선행 모음에 전이되어 선행 음절의 모음이 비모음으로 실현되도록 하는 결과를 가져 왔다고 할 수 있다.

비모음화의 발생에 대한 이러한 해석은 (6.1)의 예들에 합당하게 적용할 수 있다. 그러므로 어중에서 'ㄴ'이 탈락되면서 'ㄴ'이 갖던 [비음성]이 인접한 선행 모음에 전이되어 선행 음절의 모음이 비모음으로 실현된 것으로 추정할 수 있다. 이러한 우리의 해석은 현대 경상도 방언의 비모음화 현상이 음성적 층위에서 일어나는 현상이기 때문에, 그리고 이러한 음성적인 현상을 표기에 반영할 수 없기 때문에 18세기의 경상도 방언의 비모음화 현상도 어중 'ㄴ'의 탈락으로 인하여 일어난 현상이라 할 수 있다.

비음으로 끝나는 체언과 비음으로 끝나는 용언 어간 다음에는 앞에서 본 예에서처럼 'ㄴ'이 탈락되지 않고 왜 'ㄴ'이 첨가되는 현상으로 나타났는가 하는 것이 문제된다. 이것은 용언과 체언의 비모음화 과정이 달랐음을 보여주는 것이 아닌가 추측된다. 즉 체언 말음이 탈락한 예는 찾을 수 없으므로 체언의 말음인 비음이 완전히 탈락되지 않은 상태에서 비음성을 모음에 추가하는 특성을 표기상 'ㄴ'을 첨가하여 나타내고자 한 것이 아닌가 여겨진다[87].

---

86) 지금까지의 연구자들에 있어서 비모음을 표시하는 위치도 같지가 않다. 연구자에 따라, 비음표시를 'ㄴ'이나 'ㅇ[ŋ]'이 탈락되는 앞 음절의 모음에 하기도 하고, 'ㄴ'이나 'ㅇ'이 탈락된 음절의 모음, 즉 후행하는 모음에 비음 표시를 하기도 한다. 연구자에 따라서는 'ㄴ'이나 'ㅇ'이 탈락된 앞뒤의 모음에 걸쳐 비음 표시를 하기도 한다. 한국정신문화연구원에 현지 조사를 한 결과 펴 낸 《한국방언자료집》(경상북도편)에는 비음 표시가 'ㄴ'이나 'ㅇ'이 탈락된 앞 음절의 모음에 표시되어 있다.

87) 백두현(1990)에서는 체언과 주격조사 '이'니 지정사 '이-'와의 통합에서는 'ㄴ'이 탈락되어 비모음화된 예들이 표기에 드러나지 않는다고 하였다. 오늘날 경상도 방언에는 '산' + '이'나 '돈' + '이'의 통합에서 'ㄴ'이 약화되어 인접 모음이 비음화된다고 하면서, 문헌에서 이러한 예는 찾을 수 없다고 설명하고 있다. 그 이유는 "체언의 곡용에 이 변화가 일어났다고 하더라도 체언 어간이 가진 독립성 및 분철표기의 확대로 표기상에 반영되기는 어려웠을 것이다."라고 함으로써 문헌에서 이러한 예를 찾을 수 없는 것으로 간주한 것이다.

그러나 본고에서는 앞에서 논의한 바와 같이 체언이 갖는 독립적인 성격으로 인하여 표기에 반영되는 방식이 달랐던 것으로 이해한다. 그 이유는 앞에서 설명하였거니와 체언에 그러한 변화가 일어났다면 용언에는 그러한 표기가 반영되었는데 체언에는 그러

이상의 예들에서 비음성을 나타내는 데에는 'ㄴ'이 선택되었다. 그것은 'ㄴ'이 탈락되어 [비음성]을 남겼으므로 'ㄴ'이 선택된 것은 당연한 결과가 아니었나 생각된다. 'ㄴ'은 이 시기에 설명형어미 '-니'에서 'ㄴ'이 탈락함으로써 비모음화를 일으켰다면 그 'ㄴ'을 가지고 비음성을 표시하는 데에 사용할 가능성이 크다고 생각된다. 이런 점에서 'ㄴ'이 모음의 비음성을 나타내는 데에 적당한 문자소였을 것으로 추정된다. 물론 'ㅇ'이 [비음성]을 나타내는 데에 사용되었을 가능성도 있다. 그렇지만 'ㅇ'을 음절 초 자음으로 사용하게 되면 초성의 음가 없는 'ㅇ'과 같은 문자소가 되어 비음성을 나타내는 문자소로서는 합당하지 못하였다. 그 외에 'ㅁ'은 순음 [m]을 나타내었으므로 담당하는 음성이 'ㄴ, ㅇ'보다 비음성을 실현할 수 있는 목구멍이나 비강과 거리가 있어서 합당하지 않았다고 할 수 있다[88].

그런데 이와 같이 비어두 음절의 ㄴ탈락과 ㄴ첨가 현상을 현대 경상도 방언의 비모음화 현상과 관련지을 때 문제되는 것은, 비어두 음절의 'ㄴ'은 탈락되면서 비모음화를 일으키는데 어두 음절의 'ㄴ'은 탈락되면서 왜 비모음화를 일으키지 않는가 하는 점이다. 그 이유로는 여러 가지가 있을 수 있겠지만, 일단 그 이유를 어두 음절의 ㄴ탈락 현상과 비어두 음절의 ㄴ탈

한 현상이 표기에 반영되지 않았다고 해야 하는데 그러한 설명은 설득력이 약하다.고 생각된다. 또한 분철표기가 음성 현상을 반영하는 데에 방해가 될 정도의 영향력을 가지고 있었던가 하는 문제도 신중히 검토해 보아야 할 것이다.

88) 현대 경상도 방언의 비모음화는 'ㄴ'과 'ㅇ'이 모음 사이에 있을 때에 탈락하면서 일어난다. 'ㄴ'이 탈락하면서 비모음화를 일으키는 것은 두 종류로 나누어진다. 그 하나는 음절 두음이 탈락하면서 선행 모음이 비모음화를 일으키는 경우이고 다른 한 종류는 어간 말음 'ㄴ'이 탈락되면서 비음성이 인접음에 남아 있는 경우이다. 'ㅇ'이 탈락되면서 비모음화를 일으키는 것은 'ㄴ'의 경우에 있어서 후자, 즉 어간의 말음인 경우에 'ㅇ'이 탈락되면서 [비음성]을 전이시키는 경우에 한정된다. 그 이유는 'ㅇ'이 음절 초 자음으로 실현되는 경우가 없기 때문이다. 이것은 'ㅇ'이나 'ㄴ'이 탈락하면서 그 흔적으로서 [비음성]을 인접 모음에 전이시킨 것이라는 우리의 주장을 지지해 준다. 그러나 비음모화를 일으키는 환경, 다시 말해서 'ㄴ'이나 'ㅇ'이 탈락하는 환경은 다르다. 'ㄴ'은 모음과 y계 모음 사이에서 탈락되는 특성을 보여주는 데에 반해 'ㅇ'은 모음과 모음 사이에서 탈락되는 특성을 보여주기 때문이다. 이러한 환경의 차이는 'ㄴ'과 'ㅇ'이 탈락하는 동인이 다를 수 있다는 점을 시사해 준다. 실제로 국어사 문헌에서 'ㄴ'이 탈락하는 예들은 경상도 방언 자료에 보이지만 'ㅇ'이 탈락하는 예들은 보이지 않는다.

락 현상이 일어나는 환경상의 차이에서 찾아볼 수 있다. 어두 음절 'ㄴ'의 경우, 구개음화를 일어나게 하는 환경은 i나 y로서 비어두 음절과 같지만, 선행 환경은 비어두 음절의 경우와 같지 않다. 비어두 음절의 'ㄴ'은 선행하는 환경이 모음이어서, 비어두 음절의 ㄴ탈락 현상은 모음 사이에서 일어나는 특성을 보여준다. 그러나 어두 음절의 첫 소리는 그 앞에 휴지가 있기 때문에 'ㄴ'이 탈락되는 환경이 휴지와 모음 사이라는 점에서 어중의 환경과 차이가 있는 것이다.

그런데 비어두 음절의 경우에는 'ㄴ'이 탈락하면서 비모음화를 일으키는데, 어두 음절의 경우에는 왜 비모음화가 일어나지 않는가 하는 문제가 제기될 수 있다. 그것은 어두 음절의 'ㄴ'이 탈락되는 환경이 휴지 다음이기 때문이라는 특성으로써 그에 대한 설명이 가능하다. 어두 음절의 첫 소리는 단어가 시작되는 위치이다. 단어와 단어 사이에는 휴지가 게재하므로 어두 음절의 첫 소리 앞에는 휴지가 있다는 말이 된다. 어두의 'ㄴ' 앞에 휴지가 있다는 것은 어두 'ㄴ'의 선행 환경은 비음성을 전이할 수 있는 환경이 없음을 의미한다. 그러므로 비어두 음절의 'ㄴ'이 탈락하면서 'ㄴ'이 가지고 있던 비음성은 선행하는 모음에 전이되지만, 휴지 다음에 있는, 즉 어두의 'ㄴ'은 탈락하더라도 'ㄴ'의 비음성을 전이할 수 있는 환경이 없기 때문에 비모음화가 일어나지 않았다고 설명할 수 있다[89].

---

89) 이런 점에서 휴지와 장애음은 차이가 있다. 중화 현상과 같은 현상을 통하여 휴지와 장애음의 동일성이 포착되기도 하지만, 장애음과 휴지 사이에는 간과할 수 없는 차이점도 있기 때문이다. 장애음은 그 인접한 분절음과 통합하여 동화와 같은 음운현상이 일어날 수 있지만, 휴지는 결코 동화현상을 일으킬 수 없는 것이다. 이러한 특성은 비음동화 현상을 통해서도 알 수 있다. 장애음이 'ㄴ' 앞에 있으면 그 장애음은 동일조음 위치의 비음으로 바뀌는 비음화 현상이 적용되지만(예: 받는 → 반는, 입는 → 임는 등등), 휴지 다음에 'ㄴ'이 오더라도 'ㄴ' 앞의 휴지가 'ㄴ'에 의해 비음화되는 일은 없다(예: 노래, 날개 등등). 이러한 휴지의 특성으로 인하여 어두의 'ㄴ'은 탈락되면서 비모음화를 일으킬 수 없었다고 할 수 있다.

4.4 단어 형성과 ㄴ첨가 현상

어두 음절의 첫 소리에서 일어난 'ㄴ'의 탈락과 그 과도교정인 'ㄴ'의 첨가 현상이 실제의 음성 층위에서 일어나 현대국어에 계승되었다. 그리하여 어두의 'ㄴ'이 i나 y를 선행하는 환경에서는 'ㄴ'이 탈락된 형태로 재구조화되어 어두 음절에서는 i나 y를 선행하는 환경에서 'ㄴ'이 오지 못하는 제약을 갖게 된 것이라 할 수 있다. 이런 점에서 근대국어 시기에도 어두 'ㄴ'은 i나 y를 선행하는 환경에서 점차 탈락되어 현대국어와 같이 'ㄴ'이 탈락된 형태가 일반화되어 왔다고 추정할 수 있다.

그런데 현대국어에서 복합어나 파생어를 형성할 때 뒷요소가 i나 y로 시작되는 말이면 그 i나 앞에 'ㄴ'이 첨가되는 현상이 있음은 널리 알려져 있다. 다시 말하면 현대국어에서는 i나 y로 시작되는 말이 자음으로 끝나는 말 뒤에 결합되어 하나의 복합어나 파생어를 형성할 때, 후행하는 말의 첫 소리로 'ㄴ'이 첨가되는 현상이 일어나는 것이다. 현대국어의 이러한 현상은 학자에 따라 다양한 설명이 이루어져 왔지만, 적어도 통시적인 관점에서 보면 이 환경에서 실현되는 모든 'ㄴ'이 첨가된 것으로 간주할 수는 없다. 왜냐하면 15세기부터 'ㄴ'을 가지고 있던 말이 복합어나 파생어의 후행 요소로서 통합될 때, 새로 'ㄴ'이 첨가된 것으로 간주할 수는 없기 때문이다. 물론 'ㄴ'을 가지고 있지 않던 말이 후행 요소로서 통합될 때, 'ㄴ'이 새로 첨가되는 예들이 있고, 15세기 이래 'ㄴ'을 첫소리로 가졌던 형태소도 단독형의 어두 위치에서 'ㄴ'이 탈락되어 'ㄴ'이 나타나지 않으므로 'ㄴ'이 첨가된 것이라고 할 수도 있겠으나 통시적인 관점에서는 일률적으로 모든 'ㄴ'이 첨가되었다고 설명할 수는 없다는 것이다.

'ㄴ'이 어두에서 탈락되었다고 하여 어두와 유사한 모든 환경에서 'ㄴ'이 탈락된 것은 아니었던 것으로 추정된다. 어두 음절에서 i나 y 앞에 'ㄴ'이 있던 말이 복합어나 파생어의 두 번째 요소인 경우에 나타나는 'ㄴ'은 원래 형태의 어두 'ㄴ'이 실현되는 것으로 설명해야 할 것이기 때문이다. 그러므로 어두에서 'ㄴ'이 탈락되었지만, 복합어나 파생어를 형성하는 경우 두 번째 요소인 형태소의 첫 음인 'ㄴ'이 탈락되지 않고 다음과 같이 그대로 실현되기 때문에 어두에서처럼 'ㄴ'이 탈락되었다고 할 수는 없다.

(23) 솜이불: [솜니불], 콩잎: [콩닙], 설익다: [설릭다], 늦여름: [는녀름], 앞이마: [암니마]

이 예들에서 복합어나 파생어를 형성하는 두 번째 요소인 '이불, 잎, 익다, 여름, 이마'는 원래 'ㄴ'을 가지고 있던 '니불, 닢, 닉다, 녀름, 니마'였다. 그런데 이들은 제1음절에서 'ㄴ'이 구개음화되어 탈락하여 단독형으로 실현될 때에는 '이불, 잎, 여름, 이마'로서 'ㄴ'이 나타나지 않는다. 그러나 이 예들이 복합어나 파생어의 두 번째 구성요소를 형성할 때에는 어두 위치가 아니므로 'ㄴ'이 탈락되지 않는다. 말하자면 어두와 달리 선행요소의 마지막 자음을 비음화시킴으로써 원래 형태의 'ㄴ'이 그대로 실현되는 것이다. 이러한 사정은 '송곳니[송곤니], 앞니[암니]' 등의 '니'의 실현이 잘 보여준다. 그러므로 이들 복합어나 파생어의 두 번째 요소의 첫 음으로 나타나는 'ㄴ'은 첨가된 것이 아니고 원래의 'ㄴ'이 실현되는 것으로 보는 것이 타당하다.

그런데 문제는, 현대국어에서 원래 i나 y 앞에서 'ㄴ'을 가지고 있지 않던 말이 복합어나 파생어를 형성할 때에 'ㄴ'이 새로이 나타나는 현상이다. 즉 다음과 같이 원래 'ㄴ'을 가지고 있지 않던 말이 복합어나 파생어를 형성할 때 'ㄴ'이 새로 나타나는 예들이 있다.

(24) 집-일[짐닐], 막-일[망닐], 짓-이기다[진니기다], 밤-윷[밤뉻], 맨-입[맨닙], 국민-윤리[궁민뉼리], 야금-야금[야금냐금~야그먀금], 이죽-이죽[이중니죽~이주기죽]

(24)의 복합어나 파생어에 보이는 '일, 이기다, 윷, 입, 윤리' 등은 이전 시기에도 단독형으로 실현될 때 첫소리로 'ㄴ'을 가지고 있지 않던 말들이다. 그런데 이들 단어가 복합어나 파생어의 두 번째 요소가 되면서 'ㄴ'이 나타나는 것이다. 현대국어의 단어 형성 과정에서 'ㄴ'이 새로 나타나 실현되기 때문에 이러한 특성을 중시하여 이 예들에 ㄴ첨가 현상이 일어난 것으로 설명해 오고 있다.

그런데 이들 예 역시 통시적인 관점에서 보면, 현대국어에서 'ㄴ'이 첨가된 이유를 설명할 수도 있다. 'ㄴ'의 탈락 현상이 광범위하게 일어나던 17 · 8세기에 'ㄴ'의 첨가 현상으로서 원래 'ㄴ'이 없던 말이 i나 y로 시작되면 'ㄴ'이 첨가되는 현상을 보여주었던 것이다. 즉 우리가 앞에서 ㄴ탈락 현상에 대한 과도교정으로 간주하였던 이러한 예들이 단어 형성에서 보여주는 두 번째 요소의 첫소리로 'ㄴ'이 첨가되는 현상과 동일한 특징을 보여주는 것이다. 말하자면 통시적인 관점에서 원래 'ㄴ'이 없던 어사들의 경우에도 복합어의 후행 요소로 첨가하는 말의 첫소리로 'ㄴ'이 첨가된 것처럼 보이는 말들도 사실은 'ㄴ'의 탈락에 대한 반작용으로 일어난 과도교정의 결과라고 설명할 수 있는 것이다. 이러한 주장은 국어사 문헌에 보이는 예들과 현대국어의 단어형성에서 ㄴ첨가 현상을 보이는 어사들 사이에 보이는 호나경상의 공통점, 즉 선후 환경이 첫 소리로서 자음을 가지지 않고 i나 y로 시작된다는 점을 바탕으로 한다.

그러나 앞에서 살펴본 'ㄴ' 첨가의 예들과 현대국어의 단어형성 시에 나타나는 'ㄴ'이 첨가된 예들 사이에 차이점이 없는 것도 아니다. 17 · 8세기에 'ㄴ'이 첨가된 예들은 어두에서 일어났지만, 현대국어의 단어형성 시에 보이는 'ㄴ'의 첨가는 어두 위치가 아닌 것이다. 그러나 현대국어의 복합어나 파생어 형성 시에 나타나는 'ㄴ'의 첨가도 사실상 후행하는 요소의 제1음절이나 다름없다. 복합어나 파생어를 형성하는 후행하는 요소로서 'ㄴ'이 첨가되는 형태들은 모두 실질형태소로서 그 실질 형태소의 제1음절에 해당하는 것이다. 이것은 흡사 ㄱ구개음화나 ㅎ구개음화가 반드시 단어나 형태소의 제1음절에서 일어난 것이 아님에도 불구하고 이들 구개음화는 어두 음절에서만 일어났다고 한 것이나 다름없다. '참지름(〈참기름), 뜰지름(〈들기름), 뱃심(〈비힘), 입씨름(〈입힐홈)' 등과 같이 ㄱ구개음화나 ㅎ구개음화도 복합어나 파생어에서는 두 번째 요소에서 일어났지만, 이들 복합어나 파생어의 두 번째 요소로서 구개음화된 예들도 어두 음절로 처리하고 있는 것이다. 그러므로 국어사 문헌에 보이는 어두 'ㄴ'의 첨가 예들과 현대국어의 단어형성에서 나타나는 'ㄴ' 첨가의 예들에서 'ㄴ'이 첨가되는 환경이 표면적으로 상당히 다르지만, 사실은 그것이 차이점이 아니라 공통점에 속하는 특징이라 할 수 있는 것이다.

원래 'ㄴ'을 가지고 있지 않던 말들의 과도교정 예들이 현대국어의 단어형성 시에 ㄴ첨가 현상을 보이는 예들과 유사한 유형의 예들이 있다. 다음 (25)와 같이 후기 중세국어 시기부터 가지고 있던 'ㄴ'이 복합어나 파생어의 두 번째에서 실현되는 예들도 있고, (26)과 같이 원래 'ㄴ'이 없었지만 복합어나 파생어를 형성하면서 'ㄴ'이 첨가된 예들도 있다.

(25) 닢[葉], 니[齒], 닐굽[七], 녀름[夏], 닙다[着], 닉다[熟],

(26) 닐〈일, 냑간〈약간, 니옷〈이웃, 니다〈이다, 닗다〈잃다

(25)와 같은 예들이 복합어나 파생어 형성 시에 'ㄴ'이 유지된 형태들로 나타나는 예들과 (26)과 같이 원래는 'ㄴ'이 없었지만 'ㄴ' 탈락에 대한 과도교정으로서 'ㄴ'이 첨가된 형태로 실현되었을 가능성이 있는 예들에 대해서는 앞에서 논의한 바가 있다. 이러한 유형이 경상도 방언의 문헌에도 나타난다는 사실은 주목할 만하다. 경상도 방언이 반영된 문헌에서 다음(27)의 예들과 같이 어중에서 'ㄴ'이 첨가된 예들이 나타나는 것이다.

(27) 여럿닐과(임정-수, 2a), 날넌쟝의(경민-울, 7), 젼싱닐을(법화-송, 1a),

(27)의 예들은 실질형태소의 두 번째 요소들에 원래 'ㄴ'이 없던 말들인데, 'ㄴ'이 첨가되어 나타난 예들이다. (27)의 예들은 현대국어의 복합어나 파생어와 유사한 것으로서, i나 y로 시작되는 두 번째 요소의 첫 소리로 원래는 없던 'ㄴ'이 첨가되어 나타나는 것이다. 이러한 현상의 일치는 1) 원래 'ㄴ'을 가지고 있던 말들이 복합어나 파생어의 두 번째 요소가 되는 경우에 'ㄴ'이 나타나는 예, 2) 'ㄴ'이 없었지만 ㄴ탈락에 대한 과도교정으로서 새로 'ㄴ'이 첨가된 예, 3) 통사적 구성에서 휴지를 없앨 경우에 나타나는 'ㄴ' 첨가 예들은 바로 현대국어의 단어형성에 보이는 ㄴ첨가가 17·8세기의 ㄴ탈락과 그 과도교정으로 일어난 ㄴ첨가 현상의 계승임을 말해주는 것으로 간주된다.

여기서 이제 문제되는 것은 왜 i나 y를 선행하는 'ㄴ'이 단독형에서는 탈락하였으나, 단어를 형성하는 경우에는 왜 'ㄴ'이 남게 되었느냐 하는 것이다. 어두에서 'ㄴ'이 탈락하게 된 것은 구개음화에 이은 구개음의 연결 제약에 의한 것으로 간주되어 오고 있으나 왜 그러한 제약이 있는지에 대해서는 아직 설명하기 어렵다. 어쨌든 이러한 제약 현상에 의해 어두의 'ㄴ'은 모두 탈락하는 방향으로 단일화 되었지만, 어중에서는 어두와 다른 몇 가지 특징으로 인해 탈락하지 않게 된 것으로 보인다.

그런데 한자어의 경우, 한자음의 표면적인 통합형에서 비음이나 장애음 'ㅂ, ㄱ'으로 끝나는 음절 다음에 'ㄹ'이 오면 그 'ㄹ'은 'ㄴ'으로 실현되는 현상이 있다. 이를 살펴보기 위해 다음 예들을 보기로 한다.

(28) 남녀, 탐닉,

(29) 1) 공리: [공니], 심리: [심니],

    2) 독립: [동닙], 압력: [암녁], 격리: [경니],

(30) 어학연수: [어항년수], 맹연습: [맹년습]

(28)은 원래부터 'ㄴ'을 가지고 있던 말이고, (29)은 'ㄹ'이 비음 다음에서

‘ㄴ’으로 실현되는 말이다. 그리고 (29)는 장애음 다음에서 ‘ㄹ’이나 ‘ㄴ’이 ‘ㄴ’으로 실현되는 말들이다. 이러한 예들에서 보듯이 어중에서 i나 y를 선행하는 구개음 ‘ㄴ’은 얼마든지 실현될 수 있는 특징을 가지고 있었던 것이다. 이러한 특징은 어두에 ‘ㄹ’을 가지고 있던 말이 복합어나 파생어를 형성할 때 두 번째 요소로 참가하게 되면 그대로 실현되거나 그 환경의 특성에 따라 ‘ㄴ’으로 바뀌어 실현되는 것과 같은 현상인 것이다.

이런 점에서 복합어나 파생어를 형성할 때 두 번째 요소로서 참가할 때에는 ‘ㄹ’이나 ‘ㄴ’은 구개음 ‘ㄴ’으로 실현될 수 있었으며, 이러한 특징에 더하여 과도교정으로서 첨가된 ‘ㄴ’도 이들과 같이 어중에서는 발음되는 방향으로 통일된 것이 아닌가 여겨진다. 결국 한자어와 고유어의 i나 y로 시작되는 말들에 상이하게 적용되던 규칙들을 어두에서는 ‘ㄴ’이 탈락되는 쪽으로, 어중에서 단어를 형성할 때에는 ‘ㄴ’을 실현시키는 쪽으로 단일화됨으로써 현대국어의 단어형성 시에 ‘ㄴ’이 실현되는 것이 아닌가 여겨진다. 그러므로 현대국어의 단어 형성 시에 나타나는 이른바 ㄴ첨가 현상은 통시적으로 ‘ㄴ’을 가지고 있던 형태소와, 원래 ‘ㄴ’이 없었지만 어두 ‘ㄴ’의 탈락에 대한 과도교정으로서 첨가된 ‘ㄴ’이 실현되는 것이라고 할 수 있다.

그러나 복합어나 파생어에 있어서 ㄴ첨가 현상은 보다 복잡한 현상이라는 점이 지적되어야 할 것 같다. 왜냐하면 ㄴ구개음화가 일어나지 않은 평안도 방언에서도 이러한 복합어나 파생어를 형성할 때, 두 번째 요소가 i나 y로 시작되면 ‘ㄴ’이 첨가되기 때문이다. 이런 점에서 복합어나 파생어를 형성할 때에 나타나는 ‘ㄴ’이 모두 ‘ㄴ’ 탈락에 대한 과도교정 현상으로서만 나타나는 현상이 아니라는 점은 다시 한 번 강조할 필요가 있겠다. 원래부터 ‘ㄴ’을 가지고 있던 어사도 있으며, 과도교정으로 ‘ㄴ’이 첨가된 어형이 있는 것처럼 유추와 같은 다른 현상에 의해 평준화되었을 가능성으로 i나 y를 선행하는 단어형성시 두 번째 요소에 ‘ㄴ’이 첨가되어 나타나는 것으로 간주되기 때문이다.

5. 구개성 반모음 첨가 현상의 통시적 과정과 특성

5.1 구개성 반모음 첨가 현상의 성격

국어 음운론에서 움라우트 현상은 일반적으로, i나 y에 의해, [+back] 자질을 갖는 선행 음절의 모음이 [-back] 자질을 갖는 모음으로 바뀌는 현상을 일컬어 왔다. 국어에서 움라우트 현상은 동화주인 i나 y인 음절을 뛰어넘어 피동화음에 영향을 미치는 원격동화 현상으로서, 동화주와 피동화음 사이에 자음이 개재해야 한다는 조건을 갖추어야 하며, 그 개재자음이 [-back, +high]의 자질을 갖는 구개음이 아니어야 일어날 수 있다는 제약을 갖는다고 지적되어 왔다.

이러한 움라우트 현상의 공시적인 특성은 통시적인 연구에서도 그대로 적용되어 왔다. 즉 근대국어 시기의 i나 y에 의해 그 선행 음절의 후설모음인 'ㅏ, ㅓ, ㅗ, ㅜ' 등이 각각 'ㅐ, ㅔ, ㅚ, ㅟ'로 바뀌어 표기된 예들에 대해서도, 현대국어에 적용되는 움라우트의 특성이 그대로 적용되어 일어난 현상의 예들로 간주해 왔던 것이다. 그리하여 i나 y의 선행 음절에서 후설모음이 바뀌어 표기된 'ㅐ, ㅔ, ㅚ, ㅟ'는 당연히 [-back]의 단모음으로 간주되어 왔을 뿐만 아니라, 이들 예의 표기로 나타나는 'ㅐ, ㅔ, ㅚ, ㅟ'는 y계 하향이중모음 'ay, əy, oy, uy'가 'ɛ, e, ö, ü'로 단모음화되었음을 보여주는 근거로 활용해 왔다. 그리고 이들 움라우트 현상을 반영한 것으로 간주된 예들을 바탕으로, y계 하향이중모음 'ㅐ, ㅔ, ㅚ, ㅟ' 등의 단모음화는 늦어도 이 현상이 일어나기 이전에 완성된 것으로 추정되어 왔다.

이러한 맥락에서 살펴볼 때 국어사 문헌에서 움라우트 현상으로 간주되는 예들은 'ㆍ'의 변화, y계 하향이중모음의 단모음화 현상 등으로 재정립

된 근대국어 시기의 모음체계를 확인하는 자료로 활용되었다. 이런 점에서 움라우트의 통시적인 전개 과정은 주로 ' ·'의 변화와 함께 이들 단모음의 등장으로 간주된 움라우트와 관련하여 논의되어 왔다고 할 수 있다[90].

그런데 1970 · 80년대 교체기에 들어서, 그동안의 방언 자료를 바탕으로 움라우트 현상이 통시적으로는 현대국어의 움라우트와 다른 특성을 가지고 시작되었으리라는 일련의 주장이 조심스럽게 대두되었다. 전설성의 동화현상으로 나타나는 움라우트 현상과 달리, 현대국어의 일부 방언에서는 i나 y에 의해 선행 음절의 후설모음에 y가 첨가되어 나타난다는 사실에 주목하여 현대국어의 움라우트 현상이 근대국어에서는 y가 첨가되는 현상으로 시작되었을 가능성이 있다는 것이다(최전승 1978, 최명옥 1980, 한영균 1980). 다시 말해 현대국어에 보이는 움라우트 현상의 통시적인 예들로 간주되어 온 근대국어의 예들이 통시적으로는 i나 y 의 선행 음절의 후설모음이 i나 y의 전설성의 영향으로 반모음 y를 첨가하는 현상이었을 가능성이 제기된 것이다. 이와 같이 근대국어의 예들을 i나 y에 의해 그 선행 음절의 후설 모음이 i나 y의 전설성에 동화되는 현상이 아니라, 후설모음에 반모음 y를 첨가하는 현상이 일어난 것으로[91] 보는 주장이 제기됨으로써

---

90) 이런 점에서 움라우트 현상의 통시적인 전개 과정에 대한 논의는 현대국어 방언에 대한 논의에 비해 그리 활발하지 못하였다. 통시적인 관점에서 이 현상에 대한 구체적인 논의는 최근에 와서야 활기를 띠고 있다. 최전승(1986), 백두현(1990) 등을 참조.

91) 물론 움라우트에 대해 이른 시기에 주목한 정인승(1937)에서는

"…(중략)… 'ㅣ'는 소리 혀 높은 전설모음으로서 'ㅏ, ㅓ, ㅗ, ㅜ, ㅡ' 들이 모두 혀 낮은 후설 또는 중설 모음임에 반하여 'ㅣ'만이 현저하게 달라, 혀 몸이 높으면서 얇게 열어나는 소리이기 때문에 우리가 말을 할 때에 'ㅓ, ㅏ, ㅗ, ㅜ, ㅡ' 등 혀 낮은 소리를 발한 뒤에 연하여 'ㅣ' 소리를 내고자 할 때에는 혀몸이 갑자기 먼 거리인 경구개 가까운 자리로 옮겨 가기 위하여 위 음절 홀소리의 끝을 다 거두기 전에 혀가 벌써 'ㅣ' 소리를 낼 자리로 옮겨갈 자세를 먼저 취함으로 인하여 자연이 웃 음절 모음의 끝이 혹은 강하게 혹은 약하게 'ㅣ' 소리로 화해지는 것이요 …(중략)…"

라고 함으로써 구개성 반모음 'ㅣ'를 첨가하는 현상으로 간주하고 있다. 그러나 이러한 지적은 표기에 이끌린 지적으로 간주된다. '다듬이→다디미, 드리다→디리다, 시골뜨기→시골띠기'와 같은 경우에 표기 '의'는 'ㅣ'로 실현되는 음이기 때문이다.

근대국어에 움라우트로 간주되어 온 움라우트 관련 예들에 대한 검토가
필요하게 되었다. 만일 이러한 주장이 타당하다면 i나 y에 의해 그 선행
음절의 후설모음에 y를 첨가하여 나타난 'ㅐ, ㅔ, ㅚ, ㅟ'는 단모음이 아니
라 이중모음이었다는 사실을 말해주는 것이므로 y계 하향이중모음의 단모
음화 시기나 그와 관련된 근대국어 모음체계도 새로운 각도에서 검토되어
야 할 것이기 때문이다.

그런데 근대국어 시기에 보이는 현상이 현대국어의 움라우트 현상과 달
리, i나 y에 의해 선행 음절의 후설모음에 y가 첨가되는 현상이었다면, 움
라우트라는 용어를 사용하는 것은 부적절하다. i나 y 앞에서 해당 후설모
음에 y가 첨가되어 y계 하향 이중모음을 형성하는 현상은 동화 현상이 아
니라 첨가 현상이기 때문에, 동화 현상을 지칭하는 움라우트는 그 현상을
칭하는 용어로서는 적절하지 않기 때문이다[92]. 이러한 관점에서, 본고에서
는 i나 y에 의해 선행 음절의 후설모음에 반모음 y가 첨가되는 현상이 있
다면, 그 현상은 '구개성 반모음 첨가 현상'이라 하기로 한다. 그러므로 본
고에서의 '구개성 반모음 첨가 현상'은 움라우트 현상과 달리 i나 y 앞에서
구개성 반모음인 y가 선행 음절의 후설모음에 첨가되어 하향 이중모음을
형성하게 되는 현상을 말하게 된다.

한편 북한의 정용호(1959)에서도 이러한 현상을 '[이]음의 첨가' 현상으로 간주하였으
나 그 논의 역시 문자의 자형에 이끌려 기술한 것으로 보고되어 있다(곽충구, 1992: 390).
이런 점에서 움라우트 현상이 통시적으로 구개성 반모음이 첨가에서 비롯되었다는 점
은 최전승(1978)에서 지적되었으며, 이와는 다른 관점이지만 최명옥(1983)과 한영균
(1980)에서 현대국어의 현상을 바탕으로 보다 구체적으로 지적되었다고 할 수 있다.

92) 기존의 움라우트 현상에 대하여 "동화주 i(j)의 영향에 의해 선행하는 피동화 음절의 후
설모음에 전설성의 j가 첨가되어 피동화 모음 하향 이중모음으로 바뀌는 현상으로 간주
한 백두현(1990)에서는 "동화라는 자연성을 드러낼 수 있다는 점에서 'ㅣ' 역행동화라는
술어를 사용한다"고 설명하고 있다. 그러나 'ㅣ'역행동화라는 술어는 umlaut의 번역어라
는 점에서 움라우트라는 술어와 다르지 않다. 그리고 논의 내용에 있어서는 y가 첨가되
는 현상으로 설명하면서도 '동화'라든가 '피동화 음절'이라는 술어를 사용하고 있어 논의
내용과 술어가 맞지 않는다는 점에서 문제된다. y가 첨가되는 현상이라면 그것은 동화
현상일 수가 없다. 그러므로 동화주나 피동화음이나 피동화음절이라는 용어를 쓸 수가
없는 것이다. 이러한 문제점은 최전승(1986), 한영균(1991)에서도 마찬가지로 드러난다.

현대국어의 움라우트 현상이 구개성 반모음 첨가 현상으로 시작되었다고 한다면 그 현상은 구개음화와 매우 유사한 특징을 갖게 된다. 구개음화는 i나 y에 의해 비구개자음이 구개자음으로 바뀌지만, 구개성 반모음 첨가 현상은 비구개성 모음에 구개성이 첨가된다는 점에서는 차이가 있지만, 음운현상을 일으키는 환경이 i나 y로서 구개음화와 동일하고, 음운현상이 일어난 결과가 [-back, +high]의 성질과 관련된다는 점에서 두 현상은 동질적인 성격을 갖는 것으로 보이기 때문이다. 그러나 아직까지 이러한 관점에서 움라우트 현상을 검토한 구체적인 연구는 없는 상태이다. 이에 이 장에서는 현대국어의 움라우트 현상이 통시적으로 어떻게 시작하였으며 어떠한 과정을 거쳤으며, 이 현상이 일어나 전개되는 과정에 드러나는 특징은 어떠한가에 대하여 구개음화와의 유사성을 중심으로 살펴보고자 한다.

5.2 구개성 반모음 첨가 현상의 전개

5.2.1 ㅣ상합자의 음성 실현과 y첨가 현상

움라우트로 논의되어 온 근대국어 문헌의 예들은, i나 y에 의해, 그 선행 음절의 후설모음자에 ㅣ가 합용된, 말하자면 ㅣ상합자(相合字)93)로 표기된 예들이다. 이러한 예들은 중앙어에서는 17·8세기 문헌에 거의 보이지 않다가 19세기 중기에 이르면 뚜렷한 경향을 보이며 나타난다(金完鎭 1963, 이기문 1972). 움라우트 현상을 통시적인 관점에서 검토하고자 하는 본 연구에서는 움라우트 현상의 피동화음과 동화주 사이의 개재하는 자음이 구개자음이면 이 현상이 일어나지 않는다는(최명옥 1989) 기존의 연구 성과를 존중하여 17·8세기의 관련 예들을 변화를 입는 분절음과 현상을

---

93) 여기서 말하는 'ㅣ상합자'란 ≪훈민정음≫ 해례본에서 말한 y계 하향이중모음에 대응되던 문자들을 말한다. ≪훈민정음≫에서는 '합용자'를 설명하면서 '이자합용자'에 대해 'ㅘ, ㅝ, ㆇ, ㆊ', '與ㅣ 相合字'에 대해 'ㆍㅣ, ㅢ, ㅚ, ㅐ, ㅟ, ㅔ, ㆌ, ㅖ, ㅙ, ㅞ'를 들고 있다. 이 설명을 바탕으로 하여 본고에서는 편의상 15세기에 y계 하향 이중모음을 표기한 문자를 'ㅣ상합자(相合字)'라 하기로 한다.

유발하는 {i, y} 사이에 개재하는 자음을 부류별로 나누어 살펴보기로 한다.

(1) 1) 외얏 니(천자문), 믠야지 구(천자문), 희여딜 폐(천자문), 괴요히(인
　　　 조, 31), 에엿비(인조, 20, 53), 싀양티 말라(인조, 55), 돌귀유(노걸-
　　　 중, 28b), 날회여(노걸-중, 上 28a)

　　 2) 베힐 벌(천자문), 눈청을 베여(은중-용, 36b), 간을 베혀(은중-중,
　　　 37a)

　　 3) 사룸 뵈기를 붓그려 ᄒ고(은중-용, 31a), 색기도 됴히 잇ᄂ냐(정조
　　　 어필언간)94)

　(1.1)은 개재자음이 없는 경우이고95) (1.2)와 (1.3)은 각각 'ㅎ'과 'ㄱ'이 개
재자음인 경우이다. (1.1)이나 (1.2)와 같은 예들은 이 시기에 새로 나타난
것이 아니다. 개재자음이 없는 경우에 보이는 이 현상은 15세기에도 보이
며(李崇寧 1949, 1954), 'ㅎ'이 개재된 경우의 예들은 16세기에도 보이던 것
이다. 'ㅎ' 이외의 자음이 개재음인 예로는 18세기 후반의 정조 친필 자료96)
와, 용주사본 ≪부모은중경≫에 'ㄱ'이 개재된 예가 한둘 보이나 이 시기
중앙어가 반영된 문헌에 'ㅎ' 이외의 자음이 개재된 예들은 별로 드러나지
않는다.

　그런데 17·8세기 남부 방언이 반영된 문헌에는 이러한 예들이 많이 보
인다. 17·8세기 남부 방언이 반영된 문헌에는 개재자음이 없는 경우는 물
론, 개재자음이 있는 경우의 예들도 상당히 많이 보이는 것이다. 먼저 경

---

94) 강원도 원주에서 간행된 ≪가례언해≫에 다음의 예가 보인다.
　　예) 연고 업시 나딩기디 말고(六 32a), cf. 돈기실 제(二 7b)
95) 현대국어 방언에서 보이는 움라우트 현상에 개재자음이 없는 예들이 포함되느냐도 문
　　제가 제기될 수 있다. 최명옥(1989)에서는 개재자음이 없는 예들은 움라우트 현상에 포
　　함시키지 않고 있다. 그러나 이 현상의 통시적인 전개 과정에 대한 논의에서는 이와 달
　　리 볼 수 있을 것이다. 이에 대해서는 이 장의 후반부를 참조할 것.
96) 김완진(1963)에서 재인용한 예임.

상도 방언이 반영된 문헌에 보이는 예들을 개재자음 중심으로 나누어 제
시한다.

(2) 1) 외예셔(진주, 3), ᄆᆞᆷ 뼈일 이리(진주, 61), 외예는(진주, 84), 에엿
비 녀겨(경민-상, 10a), 셔방을 ᄇᆞ래야(보권-예, 11a), 堯舜 어딕 뼈
이실고(보권-신, 17a)

2) 그 대히는(진주, 44), 베혓거늘(두시-중 六, 38a), 베혀(두시-중 十
六, 25b, 二十五, 1b), 베힐 싸니리오(두시-중 二十四, 34b), 베히게
(두시-중 二十五, 2b), 베히리오(두시-중 十二, 26b), 두어 재히오
(두시-중 二十五, 21a), 님재히오(두시-중 六, 6b), 쌔혀(두시-중 十
三, 27b, 十九, 20b, 三, 60b), 대혀 잡드러(어록, 10a), 법을 뵈히샤
(임종, 3b), 즈직히 노닐면셔(보권-동, 56a), 베혀(십구 二, 3a), 쎈히
면(경민-울, 7), 쎈히거ᄂᆞ(경민-울, 7),

3) 서리예 셋겨슈믈(두시-중 十三, 14b), 便安히 네겨(두시-중 二, 13a),
새곤(刻)(두시-중 六, 27), 새로 색겨(보권-해, 52a), 네 아니 줘것로
라(보권-동, 23a), 줘기미 아니이다(보권-동, 23b), 줘기디(보권-동,
23b), 줘것는다(보권-동, 23b, 24a), 줘기미 올ᄒᆞ니다(보권-동,
24a), 줘겨시니(보권-동, 24a), 줘것ᄂᆞ니라(보권-동, 19b, 32a), 뎡
토문을 귀경ᄒᆞ니(보권-동, 53b), 삼보애 귀경이(보권-해, 16b), 새
로 색겨(보권-해, 52b), 업슈이 네기리(십구 一, 91b), 위김질노(경
민-울, 11), 줘길(경민-울, 11), 위길노(〈우김질노, 경민-울, 12), 모
되기을(경민-울, 서)

4) ᄇᆞᄅᆡ미 怒ᄒᆞ야(두시-중 六, 42a), 가이(쉬)면(두시-중 십육, 73a), 드
틔면 긇직히 그러다닷 말이라 角루(어록, 25b), 쉬밀 식 飾(유합-남,
1a), 쉬밀 장粧(유합-남 27a), 재펴 가니(보권-예, 22b), 비방ᄒᆞ야
나모래며(보권-동, 20a), 누이침이(〈뉘오춤이, 경민-울, 7)[97], 만ᄂᆡ
면(경민-울, 9)

5) 긔려기(두시-중 八, 21), 둘기 쇠릴 듣노라(두시-중 三, 20b), 삼십
육딜리(보권-해, 51b), 섯딜이(보권-해, 51b), 에린이의(경민-울,
서), 에린이을(경민-울, 천)

6) 煩惱心 베텨 내고(보권-신, 15b)

(2.1)은 개재자음이 없는 경우이고 (2.2)~(2.6)은 개재자음이 각각 'ㅎ,
ㄱ, ㅁ, ㄹ' 등이 있는 경우이다. 이 가운데 개재자음이 없는 (2.1)의 예들은
기존의 논의에서 움라우트와 무관한 것으로 다루어져 왔으며, (2.2)~(2.6)
의 예들이 주로 움라우트의 예들로 간주되어 온 예들이다.

전라도 방언이 반영된 문헌에도 이러한 예들이 보인다. 개재자음이 없
는 경우, 개재자음이 'ㅎ, ㄱ, ㅁ'인 경우의 예들이 보이는 것이다.

(3) 1) フ퇴야(선가-송, 3a, 16b, 17b, 21b), 젼칙이니라(선가-송, 19a), 신
양 아니ㅎᄂᆞᆫ도다(은중-남, 8a), 에엽브니(은중-남, 8b), 쇠빈얌과
(은중-남, 23b) 이 フ퇴야(선가-송, 42b), 恒沙 곧퇴야(선가-송, 49b),
에잇비(백련-송, 15a)

2) 외히려(선가-송, 1a, 36a), 흙 베흠 フ트니(선가-송, 49b)

3) 족장도 쇠겨(은중-남, 13b)

4) 알픽 나신며(선가-송, 59b), 에미 ᄋᆞ의(권념, 28b)

(3.1)은 개재자음이 없는 예들이고, (3.2)~(3.4)은 개재자음이 각각 'ㅎ,
ㄱ, ㅁ'인 예들이다. 말하자면 개재자음이 없거나 'ㅎ, ㄱ, ㅁ'인 경우에 후
행하는 음절의 i나 y에 의해 선행 음절의 'ㆍ, ㅓ, ㅗ' 등이 그에 대응하는
ㅣ상합자로 나타나는 것이다.

---

97) '뉘오츰이'가 '누이침이'로 된 예는 치찰음 다음 위치에서 일어나는 'ㅡ→ㅣ'의 변화일 가
능성도 있다. 다시 말하면 제3음절의 'ㆍ'가 'ㅡ'로 변한 '뉘오츰이'에서 'ㅊ' 다음의 'ㅡ'가
'ㅣ'로 바뀌어 '뉘오침이'로 되었을 가능성이 있는 것이다.

이와 같이 i나 y에 의해 변화를 입어 만들어진 선행 음절의 ㅣ상합자들이 단모음으로 실현되었던 것인지 이중모음으로 실현되었던 것인지를 판단하는 것은 쉬운 문제가 아니다. ㅣ상합자들이 이 시기에 전설 계열의 단모음으로 실현되었다면 이 예들은 움라우트 현상이 될 것이고, y계 하향 이중모음으로 실현되었다면 이 예들은 구개성 반모음 y 첨가 현상이 될 것이다. 그러므로 이 예들이 움라우트 현상을 반영한 것인지 구개성 반모음 y 첨가 현상을 반영한 것인지를 알기 위해서는 먼저 ㅣ상합자들의 음성적 실현을 검토하는 것이 필요하다.

그럼 먼저 중앙어의 경우부터 살펴보기로 한다. 17·8세기의 중앙어는 y계 하향이중모음들이 단모음화되지 않았다고 지적되어 왔다. 다시 말하면 이 시기의 ㅣ상합자들은 y계 이중모음으로 실현되었다는 것이다. 송민(1986)에서는 ≪전일도인≫(全一道人)의 일본어 음성전사에서 일본어 음소와 한글 전사자의 대응관계를 검토하여, 이 시기의 모음은 6모음체계였다고 주장한 바 있다. 18세기 중앙어의 모음체계에 대한 이러한 주장은 별다른 이견 없이 받아들여져 오고 있는 실정이다[98].

---

98) 그러나 홍윤표(1994)에서는 17세기와 18세기의 교체기에 ㅣ계 하향 이중모음의 단모음화 현상이 일어난 것으로 간주하여 기존의 일반적인 견해와 차이를 보인다. 홍윤표(1994)에서는 南克寬(1689-1714)이 지은 ≪夢藝集≫(1713)의 다음 기록을 근거로 중앙어의 단모음화가 17세기와 18세기의 교체기에 일어난 것으로 간주하고 있는 것이다.

我國物名終語必有伊字如漢語兒字高麗史云方言呼描爲高伊今猶
然但聲稍疾合爲一字
我國諺解字訓已多變殊大曰키 小曰효근 龍曰비르 城曰재 今皆不用猶稱
城內曰재안 犬曰가히今稱개 與描之稱괴同   ≪夢藝集 坤 18a≫

그러나 이 기록을 토대로 y계 하향이중모음의 단모음화 시기를 추정하기는 어려운 것으로 보인다. 이 기록 가운데 y계 하향이중모음의 단모음화와 관련되는 기록은 "犬曰개與描之稱괴同" 부분인데 이것만으로 y계 하향이중모음이 단모음으로 변했다고 할 수는 없는 것으로 간주된다. 오히려 이 기록을 문면 그대로 이해하면 'ㅐ'가 이중모음으로 실현된 것으로 이해하는 것이 타당한 것으로 보인다. 왜냐하면 이 시기의 'ㅚ'가 이중모음으로 추정되기 때문에 '描(고양이)'를 '괴'라고 하는 것과 같은 방식으로 犬을 '개'라고 한다면 '개'의 'ㅐ' 역시 이중모음으로 실현된 것으로 받아들여야 하기 때문이다.

이러한 일반적인 주장은 송기중(1985)에 의해서도 뒷받침된다. 송기중 (1985)에서는 ≪몽어유해≫(蒙語類解)와 〈몽문십이자두〉(蒙文十二字頭)의 위구르 문자의 한글 전사자를 검토한 결과를 보여주고 있다. 그런데 여기 에서 주목되는 내용은 몽고어 모음과 한글 전사자의 대응 관계이다. ≪몽 어유해≫에서는 몽고어의 단모음 a, e[99], i, o가 각각 'ㅏ, ㅓ, ㅑ, ㅗ'로 전사 되었고, 이중모음 ai, ei, oi, ui와 그들과 음운론적으로 차이가 없는 ayi, eyi, oyi, uyi는 한글의 복합모음자 'ㅐ, ㅔ, ㅚ, ㅟ'로 전사되었다. 이러한 몽고어 의 모음과 한글 전사자의 대응 관계를 그대로 이해하면 이 시기 중앙어의 ㅣ상합자들은 y계 하향이중모음으로 실현되었다고 할 수 있다[100].

물론 이러한 외국어 전사는 원칙을 어떻게 정하느냐에 따라 달라질 수 있기 때문에 두 언어의 음운체계와 한글 전사자의 대응 관계를 통하여 당 시의 국어 음소 체계를 추정하는 것은 신중을 기할 문제이다. 그러나 ≪몽 어유해≫나 〈몽문십이자두〉에서는 위구르 문자와 한글 문자소들의 대응 관계가 세심한 관찰을 통하여 18세기에 새로 설정되었을 뿐만 아니라 양 자 간에 차이가 생길 때 다양한 부가 기호를 사용하여 문제점을 줄이고자 했다는 점에서 당시의 한글 전사자의 음성형을 추정하는 데에 유용할 것

---

99) ≪몽어유해≫(1768)에서 e는 예외 없이 'ㅓ'로 전사되었다고 한다. 이러한 사실을 바탕 으로 송기중(1985: 378-9)에서는 'ㅓ'의 음가를 다음과 같이 추정하고 있다.

"만약에 類解 편찬자들이 e와 'ㅓ'가 다른 음이라고 인식하였더라면, o와 u의 경우와 같 이, 어떤 부가 기호를 썼을 것이다. 여기서 두 가지 해석이 가능하다. 첫째는 몽고어의 e는 〈前舌-中舌〉모음이 아니었고, 'ㅓ'와 유사하게 〈中舌-中位〉모음이었다는 것이고, 둘째는, 반대로, 국어의 'ㅓ'가 〈中舌-中位〉의 'ㅓ'가 아니고 e와 같이 〈前舌-中位〉였 다는 것이다. …(중략)… ≪몽어유해≫에서 'ㅓ'로 轉寫된 e는 현대어[현대국어: 필자 주]에서 시현되는 [ə]였던 것으로 추정된다. 즉 절대적인 前舌母音 [e]가 아니었던 것 으로 생각되고, 따라서 한글전사는 타당한 것이다."

100) 송기중(1985)에서는 'ㅚ', 'ㅟ', 'ㅐ', 'ㅔ'의 음성적 실현에 대해 명시적인 언급은 하지 않았으나 단모음화되지 않았다는 사실을 당연한 것으로 받아들이고 있는 것으로 보인 다. 그리고 'ㅚ'와 'ㅟ'에 대해서도 "國語에는 o와 u音이 존재하지 않았고 한글로 적당 히 表記할 수 없었기 때문에, 'o / u / ü'를 구분하여 전사하는데 고심하였던 것으로 보 인다."고 하여 'ㅚ'와 'ㅟ'가 단모음화되지 않은 상태에 있었을 것으로 추정하고 있다.

으로 생각된다[101].

(1.1)의 예들과 함께 y가 탈락된 다음 예들도 이 시기 중앙어에서 ㅣ상합자가 y계 이중모음으로 실현되었음을 보여주는 것으로 생각된다.

(4) 믄양 스스로 탄식ᄒ며(은중-용, 31b), 믄양 붓그려 ᄒ야(은중-용, 31b), 쇠ᄇ얌과(은중-용, 42a)

(4)에 제시된 '믄양'과 '쇠ᄇ얌'은 각각 '미양(은중경-용, 16a), 쇠비얌(은중경-용, 42a)'이 원래의 어형인데, 제1음절의 '미'와 '비'가 y로 시작되는 후행음절 앞에서 ㅣ가 탈락되어 각각 '믄'와 '브'로 나타나는 것이다. 이렇게 ㅣ가 탈락되는 현상은 ㅣ상합자들이 이중모음으로 실현되지 않았다면 불가능할 것으로 추정된다. 그러므로 이 예들 역시 ㅣ상합자들이 y계 하향이중모음으로 실현되었음을 보여주는 근거로 간주할 수 있다.

그런데 이 시기의 예들에서는 y를 선행하는 음절에 y가 첨가되거나 탈락되는 현상은 보이지만, 15세기에서처럼 하향이중모음으로 된 ㅣ상합자의 'ㅣ'를 후행음절로 이동시켜 표기한 예들은 보이지 않는다. 다시 말해 상향이중모음으로 시작되는 첫 음인 y를 선행 음절로 이동시켜, 말하자면 역행의 방향으로 음절을 이동시켜 표기한 예들만 보이는 것이다. 표기의 이러한 특성은 두 음절의 경계에서 후행 음절에 있던 y를 그 앞 음절의 후설모음 뒤로 이동시켜 하향 이중모음을 형성하도록 했다는 점에서 기존

---

101) 송기중(1985: 364)에서는 "위구르 文字로는 1音이 1字로 표기되지 않고, 어느 字는 2-3가지 音을 표시하고, 반대로 어느 音은 2字로 표기된다. 또 語頭, 語中, 語末 文字形이 다르다. 國語와 音節構造가 다르고 한글과 表記體系가 다른 몽고어의 위구르 문자어를 轉寫하면서, 《몽어유해》(蒙語類解) 편찬자들은 독특한 방법을 개발하였다."라고 하고 나서 위구르 문자와 한글 자모 간의 기본 대응 관계를 자세하게 제시하고 있다. 이런 점에서 《몽어유해》의 한글전사 표기체계는 이전의 관습적인 방법과 달리 위구르 문자에 적합하게 새로이 작성된 것이라고 할 수 있을 것이다. 송기중 (1985: 376)에서는 이러한 《몽어유해》 한글전사자의 기본 원칙은 〈몽문십이자두〉에서 마련되었을 것으로 추정하였다.

의 논의에서처럼 17·8세기 중앙어에는 이 시기에도 하향 이중모음을 나타내던 ㅣ 상합자들이 단모음으로 실현되지 않았던 것으로 간주된다.

그러나 18세기 중앙어의 ㅣ 상합자가 y계 하향이중모음으로 실현되었다고 하더라도 (1.3)의 예들이 구개성 반모음 첨가 현상을 반영한 것인지 움라우트 현상을 반영한 것인지를 판단하는 것은 쉽지가 않다. 왜냐하면 18세기 후반에 보이는 일부의 ㅣ 상합자들은 첨단적인 어형에 속할 수도 있기 때문에 19세기 이후에나 검토가 가능한 y계 이중모음의 단모음화 과정과 함께 검토될 필요가 있다. 이러한 관점에서 근대 시기의 중앙어에 나타나던 (2)와 (3)의 예들이 움라우트 현상의 결과인지 아니면 구개성 반모음 y 첨가 현상의 결과인지에 대해서는 당시 표기와 음성형의 대응 관계를 통하여 검토될 필요가 있다.

경상도 방언에서도 이 시기의 ㅣ 상합자들이 단모음화되지 않았던 것으로 보인다. 먼저 중앙어의 (1.1)과 같은 성격의 예들이 경상도 방언이 반영된 문헌에도 (2.1)과 같이 나타난다는 점에서 ㅣ 상합자들이 단모음으로 실현된 것은 아니었던 것으로 추정된다. 말하자면 15세기에 ㅣ 상합자들이 y계 하향이중모음으로 실현되었듯이 경상도 방언이 반영된 문헌에 보이는 동일한 부류의 예들도 y계 하향 이중모음이었음으로 실현되었던 것으로 추정되는 것이다. 경상도 방언이 반영된 문헌의 ㅣ 상합자들에서 'ㅣ'가 탈락되는 예들도 경상도 방언의 ㅣ 상합자들이 y계 하향 이중모음으로 실현되었음을 지지해 주는 것으로 보인다.

(5) 주글 짜예(〈째, 보권-동, 15a, 19b), 긋 짜예(〈째, 보권-동, 16b)

(5′) 주그실 째예(보권-동, 15a), 주글 째예(보권-동, 19b)

(5)와 같이 'ㅐ'에서 ㅣ 가 탈락되는 것은 ㅣ 상합자 중의 하나인 'ㅐ'가 단모음으로 실현되었다면 불가능했으리라 추정된다. 그러므로 적어도 ㅣ 상합자 가운데 'ㅐ'는 y계 하향이중모음으로 실현되었던 것으로 간주된다. 이

러한 맥락에서 (2.1)에 제시한 '에엿비'와 '어엿비', 'ᄇ래야'와 'ᄇ라고', '뼈일'과 '쓰일', '오야'와 '외예' 등의 예들도 'ㅔ, ㅐ, ㅢ, ㅚ' 등이 y계 하향 이중모음으로 실현되었음을 시사한다. 이러한 예들은 결국 이 시기의 경상도 방언이 반영된 문헌에 보이는 ㅣ 상합자들이 y계 이중모음으로 실현되었음을 보여주는 것으로 간주된다.

다음 과도교정의 예들도 '외'가 하향 이중모음으로 실현되었음을 보여주는 예로 간주된다.

(6) 1) 뢰 지극히 즁흔니라(경민-울, 1), 뢰 잇ᄂ니라(경민-울, 6)

2) 죄 지극히 즁ᄒ고(경민-울, 2), 죄 흔 가지니라(경민-울, 11)

≪경민편언해≫(1806)에 나오는 (6)의 예는 '죄'를 과도교정한 자료이다. 이 자료의 '죄'나 '죄'는 '뢰'를 과도교정한 예로서, '죄'가 '죄'로 표기된 데에서 나아가 '죄'가 다시 '뢰'로 표기된 것이다. 이러한 표기에 있어서 '뢰'는 ㄷ구개음화에 대한 과도교정을 넘어서 'ㄷ'을 'ㅈ'과 거의 구별할 수 없는 상태에 이른 것을 보여주는 예로 간주된다. 이 예에서 '죄'를 '뢰'로 교정한, 그중에서도 '외'를 '외'로 교정한 표기는 'ㅚ'가 단모음으로 실현되었기 때문에 가능한 것이 아닌가 여겨진다. 'ㅚ'가 단모음에 대응되는 표기였다면, 'ㅚ'와 같은 표기가 불가능하다고 생각되기 때문이다.

이와 달리, 'ㅚ'가 단모음으로 실현되었지만 ㄷ와 y가 결합되면 그것을 구개음 ㅈ로 간주한 표기의식이 반영되어 'ㅚ' 표기가 가능하다고 할 수 있을지도 모른다. 그러나 이 시기의 경상도 방언에 ㄷ구개음화가 일반화되어 '저'나 '져'와 y를 개재한 표기 '뎌'가 거의 구별되지 않는 상태에 있었기 때문에 'ㅈ' 다음에 오는 'ㅚ'를 'ㅚ'로 표기하였다고 하여 'ㅚ'가 단모음으로 실현되지 않았다는 증거는 되지 못한다고 할 수도 있다. 그럼에도 불구하고 y는 핵모음을 나타내는 모음자에 결합되므로 핵모음자인 'ㅚ'가 단모음이었다고 한다면 'ㅚ'를 형성하는 것 자체가 성립되지 않기 때문이다. 그러므로 'ㄷ' 다음에 y를 첨가한 표기가 구개음으로 실현됨을 나타낸다고 하더라도 'ㅚ'에 반모음을 첨가한 'ㅙ'가 표기되었다는 사실 자체가 'ㅚ'는 단모음으로 실현된 것이 아니라는 것을 보여주는 것으로 판단된다.

원순모음화나 비원순모음화와 관련되는 다음 예도 이 시기의 경상도 방언의 'ㅚ'나 'ㅟ'가 이중모음으로 실현되었음을 보여주는 예로 간주된다.

(7) 1) 뵈 션(船, 유합-남, 12a), 션뵈(이륜-영, 38a), 말뫼암고(병-상2, 23a), 보뵈로쇠(보권-동, 40a), 보뵈옛 오슬(보권-동, 40a), 디뷔 도라가 (보권-해, 10a)

   2) 부븨 한 가지로(보권-동, 21b), 넘블 공븨 하거록 ᄒᆞ시매(보권-동, 15a), 시왕씌 가셔 뷘듸(보권-해, 16a),

(7)의 '뵈, 션뵈, 말뫼암고, 보뵈'는 '븨, 션븨, 말믜암고, 보븨'가 원순모음화된 어형인데, 'ㅢ'가 양순음인 'ㅂ, ㅁ'의 영향으로 원순모음 'ㅚ'로 바뀌어 나타난 예들이다. 'ㅢ'에 원순모음화가 일어나서 'ㅚ'가 되기 위해서는 'ㅢ'가 단모음 [ɛ]였다면 불가능한 것으로 생각된다. [ɛ]가 단모음이었다면 [-원순성]의 모음인 [ɛ]가 [원순성]을 추가한다고 하여 'ㅚ'가 될 수는 없기 때문이다. [원순성]의 변화에 의해 'ㅚ'가 될 수 있었던 것은 'ㅚ'가 'ㆍ+y'의 결합으로서 [-원순성]의 모음인 'ㆍ'가 선행하는 양순 자음에 의해 [+원순성]의 모음인 'ㅗ'로 변화한 것으로 볼 때 가능하다. 당시에는 'ㆍ'나 'ㅡ'에 'ㅂ'안 'ㅁ'에 의해 각각 'ㅗ'나 'ㅜ'가 되는 것이 일반적인 현상이었기 때문이다.

(7.1)의 '디뷔'는 '딥'에 처격조사 'ㅢ'가 결합된 말이다. ㄷ구개음화에 대한 과도교정으로 '집'이 '딥'으로 되었고 체언의 마지막 자음인 'ㅂ'의 순음성에 의해 'ㅢ'가 'ㅟ'로 되는 원순모음화 현상이 일어나 '디뷔'가 된 것이다. 이 예도 앞에서 본 예와 마찬가지로 'ㅟ'가 단모음이 아니라 하향 이중모음이었음을 보여준다[102].

(7.2)의 예들도 비원순모음화와 관련하여 ㅣ 상합자가 이중모음으로 실현되었음을 보여준다. 이 예들은 각각 원래의 어형인 '부부'와 '공부'에 주격조사가 결합된 어형으로서, 비원순모음화가 일어나 각각 '부뷔'와 '공뷔'로 된 것이다. 이 예들에서 비원순모음화 현상이 일어날 수 있었던 이유도 '뷔'의 'ㅟ'가 'ㅜ'와 y가 결합된 이중모음으로서, 'ㅜ'가 [원순성]을 갖는 단모음 [u]이었기 때문이라고 할 수 있다. 'ㅟ'가 단모음 [ü]로 실현되었다고 한다면 단모음 [ü]의 [원순성]에 의해 대립되는 [i]로 변화해야 했을 것이다. '부부'(夫婦)가 변화한 "왕낭의 부브룰(보-동, 21b), 왕낭 부브드려(보-동, 22a)" 등의 '부브'는 [u]가 'ㅡ'로 바뀐 것임을 보여준다. 'ㅜ'가 'ㅡ'로 바뀌는 현상은 일반적인 양순음 다음의 원순모음이 비원순모음으로 바뀌는 비원순모음화 현상이므로, '부뷔'의 'ㅟ'도 '공뷔'의 'ㅟ'와 마찬가지로 y계 하향이중모음인 [uy]로 실현된 것으로 간주하지 않을 수 없는 것이다.

이상의 논의를 바탕으로 하면 이 시기의 경상도 방언에 보이는 ㅣ 상합자 'ㅐ, ㅔ, ㅢ, ㆎ, ㅚ, ㅟ'는 단모음이 아니라 하향이중모음으로 실현된 것으로 간주된다. 그러나 이러한 우리의 논의에도 불구하고 다음과 같은 예들이 있어 일부 환경에서 이 시기의 'ㅔ'와 'ㅐ'는 단모음화 현상이 진행되고 있었던 것이 아닌가 추정된다.

(8) 1) 방벤문(방편문)(보권-해, 49a), 제 일벨(제일별)(보권-해, 50a), 제 자(市)(十九 2, 105a),

　　 2) 복병을 배프고, (베플-)(병-우 2, 6b), 삼개힝을 밧드러(보권-해, 50a)

(8.1)의 예들은 'ㅕ'가 'ㅔ'로 된 예들로서 경상도 방언에 대해 金完鎭

---

102) 이 '위'가 'ㅜ + ㅣ'의 결합체라고 할 때 'ㅜ'가 반모음이었는지 'ㅣ'가 반모음이었는지는 단정하기 어렵다. 이러한 사정을 알기 위해서는 이 시기의 이중모음에 대한 포괄적이고 체계적인 검토가 있어야 할 것이다.

(1963)에서 설정한 단모음화 과정의 한 단계를 보여준다. 金完鎭(1963)에서
는 '혀(舌)〉ᄒᆑ(hyəy)〉셰〉세〉쎄'를 통하여 '-jə-〉-e-'의 변화를 설정한 바 있
는데, 그 과정에서 (8.2)의 예들은 'ᅧ'가 'ᅨ'로 바뀐 모습을 보여주는 예들
로 간주되어 왔다. (8.2)의 예들은 'ᅨ'와 'ᅤ', 'ᅰ'와 'ᅫ'가 혼기된 모습을
보이는 예들로서, 이 혼기가 발음의 층위에서 일어난 현상을 반영한 것이
라면 이 예들의 'ᅨ'와 'ᅤ'는 단모음이었을 가능성이 큰 것이다. 'ᅨ'와 'ᅤ'
가 단모음화되지 않은 상태에서라면 'ᅡ'와 'ᅥ'가 혼기된 특별한 이유를 찾
기 어렵기 때문이다103). 그러므로 경상도 방언에서 18세기에는 대부분의
ᅵ상합자가 y계 이중모음으로 실현되었지만, 다른 한편에서는 'ᅨ'와 'ᅤ'의
단모음화가 일부 일어나고 있었지 않았나 생각된다.

이 시기의 전라도 방언에서도 ᅵ상합자들은 y계 하향이중모음으로 실
현되고 있었던 것으로 간주된다. (3.1)의 예들이 그러한 특성을 보여준다.
'ᄀᆞ툐야'와 'ᄀᆞ틔야', '시양과 '스양', '젼쳐니라'와 '젼츠' 등을 통하여 '•ᅵ'가
이중모음으로 실현되었던 것으로 추정할 수 있으며, '에엽브니'와 '어엿버'
를 통해 'ᅨ'도 이중모음으로 실현되었던 것으로 추정할 수 있다. (3.2),
(3.3), (3.4)의 예들을 통하여 이 시기에 전라도 방언에서도 자음이 개재되
는 환경에서 경상도 방언의 경우와 유사한 현상이 일어나고 있음을 알 수
있다. 또한 "任病이 되리리니(선-송, 17b), 王이 되이ᄂᆞ니라(선-송, 40a)" 등

---

103) 해석에 있어서는 본고와 차이를 보이지만, 이 두 유형의 예들은 이미 백두현(1990)에
제시되어 있다. 그런데 백두현(1990)에는 이 외에 'ᅤ'와 'ᅨ'의 단모음화 과정을 보여
주는 또 다른 유형으로 "크게(병-우 2, 3b), 즉계(병-우2, 6b), 이졔(십구2, 58b), 순의
계 도라오거늘(십구1, 17b), 왕의 고이는 희게 비러(십구2, 74b), 명예(駕)(십구2, 75b)"
등도 제시하면서 '에'를 '예'로 표기한 것은 'ᅨ'가 단모음이 아닐 때에는 일어나기 어려
운 것으로 간주하고 있다.

그러나 이러한 현상은 백두현(1990)의 3.4.2에서 하나의 절을 만들어 논의하고 있듯
이 광범위하게 일어나는 상향성 활음의 첨가 현상으로 간주하여야 한다. 말하자면 이
러한 활음의 첨가 현상은 'ᅨ〉ᅨ'에만 국한되어 일어난 것이 아니라 '벼려-벼려, 범 호
(虎), 홀 변(番), 다락 누(樓), 밤 아(夜), 항복(降伏), 두류 쥬(周)' 등과 같이 다른 환경
에서도 일어나기 때문에 'ᅨ'의 단모음화의 근거로 삼을 수 없는 것이다. 이러한 유형
의 예에 대해서는 백두현(1990)의 "3.4.2 上向性 滑音의 添加와 脫落" 부분을 참조.

의 예들도 경상도 방언의 (8)과 같은 특성을 보인다. 말하자면 이 예들에도 y첨가 현상이 일어난 것이라고 할 수 있다.

이제 경상도 방언과 전라도 방언의 예들을 통하여 구개성 반모음 첨가 현상의 발생과 그 진행 과정에 대해서 간단히 언급하고자 한다. 앞에 제시했던 예 (2.1)과 마찬가지로 (6.1)도 구개성 반모음 첨가 현상과 유사한 현상이다. 이러한 현상이 수의적으로 15·6세기에 일어나고 있었다는 것은 i나 y가 후행하면 y첨가 현상이 일어날 수 있는 동인은 충분히 가지고 있었을 것으로 생각된다. 그런데 이러한 현상에 직접적으로 관여하게 되는 현상은 당시의 i나 y가 보여주는 특성에 있다고 추측된다. 말하자면 이 구개성 반모음 첨가 현상은 17·8세기에 갖는 y나 i가 보여주는 특성에 기인하는 것이라고 할 수 있다.

i와 y는 이 시기에 구개음화를 일으키는 동화주였다. 구개음화가 일어날 수 있는 환경은 i나 y이다. i나 y는 [-back]과 [+high]의 자질 특성을 갖는 구개음이다. 그러므로 구개음화는 동화주인 구개음 i나 y에 의해 피동화음인 비구개음에 동화주의 구개성과 같게 만드는 동화현상이 된다. 이런 점에서 앞에서 살펴본 y첨가 현상도 구개음화와 여러 면에서 유사한 특징을 갖는다. i나 y의 [-back]과 [+high]라는 음성적 특징에 의해 선행하는 음절의 후설모음에 [-back], [+high]의 자질 특성이 첨가되는 것이다. 그러므로 이 구개성 반모음 첨가 현상은 구개음화 현상과 유사한 현상으로서 구개성을 갖도록 한다는 점에서 구개음화와 유사한 특징을 보인다고 할 수 있다.

사실 구개성 반모음 첨가 현상이 국어에만 있는 특수한 현상은 아니다. 이와 유사한 현상이 만주어에도 보이는 것이다. 1730년에 간행된 만주어 문어 학습서인 ≪청문계몽(淸文啓蒙)≫에도 이와 유사한 y첨가 현상이 일어난 것으로 알려져 있다(성백인: 1976). 만주어 문어에서는 후속 음절의 모음이 i인 경우 그 역행의 방향으로 선행 음절의 모음에 i가 첨가되는 현상이 일어났다는 것이다.

(9) cabi → 차批 caibi[tʃaipi]

　　cargi → 차鷄(不滾舌) caigi[tʃaigi]

　　dehi → 得衣切稀 deihi [dəihi]

　　ebi habi → 惡意切逼咳逼 eibi haibi

　　ebihe → 惡意切逼呵 eibihe[əibihə]

　　ekisaka → 惡意切欺薩喀 eikisaka

　　ergi → 惡意切鷄 eigi

　　hafirahun → 咳非拉婚 haifirahun[haifirahun]

　　hahiba → 咳稀八 haihiba

　(9)에서는 i를 선행하는 음절의 모음이 i의 영향을 받아 i가 첨가되어 y계 하향이중모음을 형성함을 보여준다. 예를 들어 'cabi'는 두 번째 음절의 핵모음인 i의 영향을 받아 그 선행 음절의 모음 a에 i가 첨가되어 'caibi[tʃaipi]'로 된 것이다. 이와 마찬가지로 'cargi, dehi, ebi habi, ebihe, ekisaka, ergi, hafirahun, hahiba' 등도 i를 선행하는 음절의 모음에 i가 첨가되어 각각 'caigi[tʃaigi], deihi [dəihi], eibi haibi, eibihe[əibihə], eikisaka, eigi, haifirahun[haifirahun], haihiba' 등이 된 것이다.

　그러나 만주어 문어에 보이는 이러한 현상은 i를 선행하는 음절의 모음이 a와 e에 한정되어 선행 음절의 모음이 [원순성]을 갖는 모음이면 이 현상이 일어나지 않는 제약이 있으며, 이 현상을 유발하는 음과 변화를 입는 음 사이에 개재하는 자음이 [-grave]인 조건에서 일어나 plato-alveolar 자음이 두 소리의 사이에 개재하면 이 현상이 일어나지 않는다는 제약이 있다. 이러한 점에서 이 현상이 일어나는 조건과 제약은 본 연구에서 검토하고 있는 구개성 반모음 첨가 현상과는 차이가 있지만, 적어도 i에 의해 선행 음절의 모음에 y가 첨가되어 이중모음을 형성함을 보여준다는 점에서 근대국어에서 구개성 반모음 첨가 현상이 일어난다고 하여 그것이 특이한 현상이 아니라는 사실은 알 수 있다.

5.2.2 구개성 반모음 첨가 현상의 진행 과정

지금까지 ㅣ 상합자는 대체로 y계 이중모음으로 실현되고 있었으나 경상도 방언을 반영한 문헌의 자료에서는 일부의 'ㅔ'와 'ㅐ'는 단모음으로 실현되고 있었음을 논의하였다. 이와 같이 당시 경상도 방언의 경우 한편에서는 단모음으로 실현되는 예들이 있고 다른 한편에서는 이중모음으로 실현되고 있었다고 할지라도 기존에 움라우트가 적용된 것으로 간주되어 왔던 예들은 움라우트 현상이 아니라 구개성 반모음 첨가 현상이 적용된 예들이었다고 할 수 있다.

현대국어의 제 방언에서 움라우트 현상이 일어난 예들이 일부 방언에서 이중모음으로 실현되는 예들을 통하여 움라우트가 y를 첨가하는 현상으로부터 비롯되었다고 하는 주장은 이러한 본고의 논의를 통하여 뒷받침될 수 있다. 사실 본 연구의 논의 내용은 이러한 주장을 바탕으로 하여 국어사 문헌에 보이는 많은 예들을 통하여 현대국어의 움라우트 현상이 역사적으로 구개성 반모음 첨가 현상으로 시작되었다고 논의한 것이다. 현대국어의 여러 방언에서 나타나는 움라우트 현상과 국어사 문헌에서 보여주는 구개성 반모음 첨가 현상의 공통점과 차이점은 '그려기'에서 일어난 현상을 보면 쉽게 알 수 있다.

후기 중세국어의 '그려기'는 현대국어에서 '기러기'로 실현된다. 후기 중세국어의 '그려기'가 현대국어에서 '기러기'로 실현되는 것을 움라우트로 설명하면 '그려기'의 두 번째 음절의 y에 의해 선행하는 음절의 모음인 후설모음 'ㅡ'에 전설성, 즉 [-back]을 추가하여 'ㅣ'로 교체되었다고 해야 한다. 그러나 근대국어 문헌에는 '그려기'에서 변화된 '긔려기'가 보인다. '그려기〉긔려기' 변화는 두 번째 음절의 부음 y에 영향을 받아 그 선행 음절의 'ㅡ'가 'ㅢ'로 되었다고 설명할 수밖에 없다. 다시 말하면 '그려기〉긔려기'에 나타난 변화는 두 번째 음절의 y에 의해 제1음절의 모음인 후설모음 'ㅡ'가 ㅣ 상합자인 'ㅢ'로 변화한 것이다. 이 변화에서 y의 영향을 받아 형성된 ㅣ 상합자인 'ㅢ'는 y계 하향이중모음이므로 '그려기〉긔려기'의 변화는 현대국어의 움라우트 현상과 동일한 과정을 보여주는 것이 아니다. 만일 현대국어에서처럼 '그려기'가 바로 '기러기'로 바뀌었다면 그 변화를 움라우트로 설명할 수 있지만, 그렇지 않고 '그려기'가 '긔려기'로 바뀐 다음, '기러기'가 되었다면 그 과정은 움라우트 현상으로는 설명할 수 없다. 두 번째 음절의 y에 의해 '그려기'의 'ㅡ'에 [-back] 자질이 추가되면 '긔려기'가 되겠지만, '긔려기'는 두 번째 음절의 y에 의해 '그려기'의 'ㅡ'에 반모음 y가 추가되었기 때문이다. 이와 같이 구개성 반모음 첨가 현상이 일어나 형성된 '긔려기'는 'ㅢ'의 단모음화(또는 'ㅡ' 탈락 현상), 'ㄹ' 뒤의 y가 탈락되는 등의 변화를 거쳐 현대국어의 '기러기'로 되었다고 할 수 있다. 이러한 관점에서 현대국어의 움라우트 현상이 역사적으로는 구개성 반모음 첨가 현상으로 시작되었다는 주장은 타당하다고 생각된다. 움라우트는 i나 y가 그 선행 음절의 모음에 영향을 미쳐 [-back] 자질을 추가하는 현상이다. 그러므로 구개성 반모음 첨가 현상에 대한 통시적인 전개의 과정도 그 현상을 유발하는 환경, 변화를 입는 분절음의 성격, 변화를 유발하는 환경과 변화를 입는 분절음 사이의 개재자음 등을 중심으로 살펴볼 필요가 있다. 먼저 구개성 반모음 첨가 현상을 유발하는 환경은 i나 y로서 움라우트 현상과 같다. 또한 변화를 입는 분절음도 i나 y를 선행하는 음절의 핵모음으로서, 그 모음이 [-back]의 자질을 가질 때 구개성 반모음 y를 첨가하게 된다. 이에 대해서는 앞에서 장황할 정도로 논의를 해 왔기 때문에 이제 현상을 유발하는 i나 y와 변화를 입는 선행 음절의 모음 사이에 개재하는 자음을 중심으로 검토해 보기로 한다.

그럼 구개성 반모음 첨가 현상의 통시적 전개 과정을 구체적으로 논의하기 위하여 앞에서 들었던 (2.1)～(2.6)의 예들을 검토해 보기로 한다. 먼저 15세기부터 보이는 (2.1)의 예들도 구개성 반모음 첨가 현상의 예들로 간주할 수 있느냐에 대한 문제가 제기된다. 그러나 움라우트 현상에 대한 논의에서는 개재자음이 없다면 선행 음절의 모음이 유사한 교체를 보이더라도 움라우트 현상에 포함하지 않는 것이 일반적이다. 구개성 반모음 첨가 현상에 있어서도 사실 (2.1)의 예들은 (2.2)~(2.6)의 예들과는 그 성격이 같지 않다. (2.2)~(2.6)의 예들은 근대국어 시기에 와서 확산되는 경향을 보이는 데에 반해 오히려 (2.1)의 예들은 후기 중세국어 시기의 문헌에 보일 뿐 아니라 근대국어 시기에 올수록 확산되기보다는 오히려 위축되는 특성을 보인다는 점에서 개재자음이 있는 예들과는 구분할 필요가 있다.

그러나 15세기 문헌에서부터 보이는 (2.1)의 예들도 개재자음이 없다는 점을 제외하면 (2.2)~(2.6)의 예들과 근본적으로 다른 현상인가 하는 문제는 판단하기가 쉽지 않다. 오히려 (2.1)의 예들이 개재자음이 없지만, 근대국어 시기의 문헌으로 올수록 (2.1) 유형의 예들도 15·6세기와는 다른 특성을 보이기 때문에 오히려 (2.2)~(2.6)의 예들과의 통시적인 연계성을 찾아보는 것이 음운변화의 과정을 자연스럽게 설명할 수 있지 않나 생각된다. 다시 말하면 (2.1)은 (2.2)~(2.6)과 개재자음이 없다는 점에서 분명히 차이점이 있으므로 구분될 필요는 있지만, 개재자음의 문제를 제외하면 근본적인 차이점을 내세울 만한 이유가 없을 뿐만 아니라 후기 중세국어에서 근대국어로 넘어오는 과정에서 보여주는 특징을 고려하면 (2.1)의 예들도 (2.2)~(2.6)의 예들과 갖는 공통점을 중시하여 통시적인 관련성을 검토해 볼 필요가 있다.

(2.1)의 예들은 후기 중세국어 문헌에 '보얌, 비얌, 비암'의 세 유형으로 나타난다. '보얌'을 제1유형, '비얌'을 제2유형, '비암'을 제3유형이라고 한다면 이 세 유형 가운데 제1유형이 원래의 어형으로 간주된다(이숭녕 1949). 그러므로 제1유형에서 제2유형과 같이 y가 선행 음절에 덧나기도 하고, 제3유형과 같이 후행 음절에 있던 y가 선행 음절로 이동하기도 한다. 17·8세기에도 제3유형의 예들이 전혀 나타나지 않는 것은 아니지만, 대체로 제1유형이 제2유형으로 나타나는 예들이 대부분이다. 17·8세기에 이르러 후행 음절의 i나 y에 의해 선행 음절에 y가 첨가되는 제2유형이 주로 나타난다. 그리고 후기 중세국어 시기에는 거의 보이지 않던 제3유형의 예들이 다소 많아진다.

그런데 후기 중세국어 시기에 제1유형에서 제2유형이나 제3유형이 만들어지는 현상은 개재자음이 없는 상태에서 일어난다는 점에서, 그리고 어떤 음이 그러한 현상을 유발하는 것이 아니라 음절 경계와 관련되는 현상이기 때문에 17 · 8세기의 예들과 차이가 있다. 또한 이러한 15세기 현상들은 후기로 올수록 확산되는 것은 아니어서 17 · 8세기에 이르면 앞에서 살펴본 (2.2)~(2.6)과 같이 나타나는 경향을 보이는 것이다. 그러나 (2.1)의 예들은 y가 첨가된다는 점에서 (2.2)~(2.6)의 예들과 무관하다고 할 수는 없으나, (2.2)~(2.6)과 동일한 현상으로 간주하기는 어렵다. 이런 점에서 15 · 6세기에 음절 경계와 관련되어 나타나는 (2.1)의 예들은 17 · 8세기에 확산되어 나타나는 (2.2)~(2.6)의 예들과 통시적인 관련성은 인정할 수 있지만, 그렇다고 하여 (2.1)의 예들을 구개성 반모음 첨가 현상으로 간주할 수는 없다.

음절 경계와 관련되어 일어난 이러한 수의적인 현상은 구개성 반모음 첨가 현상과 달리 개재자음이 없어야 한다는 조건을 갖고 있었다. 그러나 16세기 후기에 보이는 이러한 현상은 개재자음을 두고 일어나는 특징을 보이기 시작한다. 개재자음은 'ㅎ'인 경우에 먼저 나타나 확산되기 시작한다. 이러한 특징은 '버혀'와 '베혀', '다히'와 '대히', '오히려'와 '외히려' 등의 교체현상을 통하여 알 수 있다. 이러한 교체형들 가운데, 구개성 y가 첨가되어 나타나는 '베혀, 대히, 외히려' 등은 y를 선행하는 경우에만 보이기 때문에 'ㅎ'이 개재자음인 경우의 구개성 첨가 현상을 보이는 예로 간주할 수 있다.

개재자음이 'ㅎ'인 경우에 구개성 반모음 첨가 현상이 먼저 확산되는 이유는 국어에서 보여주는 'ㅎ'의 음성적 특징에서 찾을 수 있다. 국어에서 'ㅎ'은 모음 사이에서 약화되어 수시로 탈락되는 특성을 보여준다. 이미 이 시기에 모음으로 시작되는 어미 앞에서 이른바 ㅎ종성 체언의 'ㅎ'은 상당히 많은 어사에서 탈락된 상태였으며, '즉자히'와 '즉재' '버혀'와 '베여' 등의 예들에서도 'ㅎ'이 탈락되어 두 음절의 핵모음이 하나의 음절로 축약되어 이중모음을 형성한 상태를 보여주는 것이다. 그러므로 'ㅎ'은 모음 사이에서 약화되어 수시로 탈락되는 특성으로 인하여, 음성적으로는 자음이 없는 두 음절의 연쇄와 유사한 성격을 갖게 되는 것이다. 이러한 'ㅎ'의 성격을 고려하면, 두 음절 사이에 'ㅎ'이 개재하는 경우에는 'ㅎ'이 약화·탈락되는 음성적 특성으로 인하여, 자음이 없는 상태에서 두 음절의 연쇄와 매우 유사한 음성적 특성을 가지게 된다고 할 수 있다.

그런데 이러한 'ㅎ'의 음성적 성격과 맞물려 16세기 중기 이후 점차 구개음화가 확산되는 현상이 남부 지방에서부터 일어나기 시작하여, 17·8세기에 이르면 중앙어에서도 ㄷ구개음화 현상이 상당히 급속도로 확산된다. 이러한 맥락에서 i나 y 앞에서 선행하는 비구개음에 [+high, -back]의 자질을 갖도록 하는 현상의 일환으로 i나 y를 선행하는 모음에도 [+high, -back]의 자질을 갖도록 하는 현상이 일어나게 된 것으로 보인다. 모음의 경우에는 이러한 현상이 자음이 개재하지 않는 음절 사이에서 역행의 방향으로 y를 선행 음절로 이동하거나 선행 음절에 y를 첨가하는 현상과 맞아 떨어져, i나 y를 선행하는 환경에서 개재자음이 없는 것과 유사한 음성적 성격을 갖는 'ㅎ'의 경우에 먼저 y 첨가 현상이 나타나게 된 것으로 보인다. 다시 말하면 i나 y를 선행하는 비구개 자음을 구개 자음으로 바꾸는 구개음화가 확산되는 시기에 i나 y를 선행하는 음절의 모음에 y를 첨가하는 현상이 일어나고 이러한 현상이 자음이 없는 것과 같은 음성적 환경인 'ㅎ'이 개재된 환경에까지 확산됨으로써 구개성 반모음 첨가 현상이 나타나게 된 것으로 보인다[104].

i나 y를 선행하는 환경에서 'ㅎ'을 뛰어 넘어 선행 음절의 후설모음에 y가 첨가되는 현상이 일어나게 되자, 음성적으로는 약하게 실현되든가 실

---

104) i나 y에 의한 y의 첨가 현상은 15세기부터 음절 경계와 관련하여 있었지만, 'ㅎ'의 음성적 특징으로 인해 'ㅎ'이 개재된 환경으로 확산되면서 이제는 음절 경계와 관련되는 현상이 아니라 i나 y에 의해 앞 음절에 y가 첨가되는 역행의 방향으로만 적용되는 현상으로 바뀌게 된 것으로 간주되는 것이다.

현되지 않는 'ㅎ'이 원래 형태의 일부로서 인식되자 'ㅎ'이 개재하는 경우에 일어나는 y첨가 현상은 새로운 양상을 띠게 된 것으로 보인다. 'ㅎ'에 국한되던 구개성 반모음 첨가 현상은 이제 구개성을 갖지 않는 다른 자음이 개재하는 환경으로 점차 확산되기에 이른 것으로 추정된다. 다시 말하면 i나 y의 환경에서 선행하는 'ㅎ'이 개재하는 경우에 그 'ㅎ'을 뛰어 넘어 선행 음절의 모음에 y를 첨가하는 것을 보다 일반화하여 점차 i나 y의 환경에서 다른 자음이 있다고 할지라도 그 자음을 선행 음절의 모음에 y를 첨가하는 현상이 확산된 것으로 여겨진다.

'ㅎ'의 개재 환경에서 일어나던 구개성 반모음 첨가 현상은 그 다음으로 'ㅎ'과 조음위치가 가까운 연구개음 'ㄱ'이 개재자음인 환경으로 먼저 확산된 것으로 보인다. 18세기 중앙어에서도 'ㄱ'이 개재자음인 경우의 예가[105], 17·8세기 경상도 방언이 반영된 문헌 (즉, ≪중간두시언해≫나 ≪보권념불문≫(예천 용문사본))에 많이 보이는 것이다. 이와 같이 'ㄱ'이 개재자음인 환경에 이어서 구개성 반모음 첨가 현상은 순음이나 치조음이 개재자음인 환경으로 확산된다. 그러나 이 현상은 현대국어의 움라우트 현상과 같이 [+high, -back]의 자질을 갖는 구개음이 개재자음인 환경에서는 일어날 수 없었던 제약이 있었다. 구개성 반모음 첨가 현상이 움라우트 현상으로 이어지므로 이러한 제약은 일견 당연한 것으로 간주될 수도 있다. 그러나 i나 y 앞이라는 구개음화의 환경에서 그에 선행하는 음절의 후설모음에 구개성, 즉 [+high, -back]의 자질을 첨가하는 현상으로서 구개성 반모음 첨가 현상이 구개음이 개재자음인 경우에는 일어나지 않는다는 제약에 대해서는 다음 절에서 논의하기로 한다.

---

105) 이른 시기의 구개성 반모음 첨가 현상의 예로 ≪두시언해≫(초간본)에 "새굔(六: 27a)"의 예가 보인다(홍윤표: 1994)는 보고도 있다.

5.3 구개음화와 구개성 반모음 첨가 현상의 관계

5.3.1 두 현상의 공통점과 차이점

구개성 반모음 첨가 현상은 구개음화 현상과 여러 모로 유사한 특성을 갖고 있다. 무엇보다 이 두 현상은 음운론적 환경이 i나 y로서 동일하다. 그리고 이 현상을 유발하는 i나 y에 의해, 선행하는 자음이나 모음에 영향을 끼친다는 점에서, 다시 말해 두 현상 모두 순행의 방향이 아니라 역행의 방향으로 일어난다는 점에서도 동일하다. 후행하는 i나 y의 영향을 받아 어떤 현상이 일어난 결과가 구개성과 관련된다는 점에서도 이들 두 현상은 공통점을 가진다. 구개음화는 비구개음이 구개음으로 바뀌고, 구개성 반모음 첨가 현상은 선행하는 음절의 후설모음에 구개성, 즉 [+high, -back] 자질을 첨가하는 현상으로 결과되는 것이다. 이 두 현상은 변화를 일으키는 음의 성질이나 그 영향을 받아 변화되는 음의 성질이라는 양면에서 공통점을 보이는 것이다.

구개음화와 구개성 반모음 첨가 현상의 차이점은 변화에 영향을 미치는 (trigger) 환경보다 변화의 대상이 되는 분절음(target segment)에서 드러난다. 구개음화는 i나 y가 그에 선행하는 동일 음절 내의 자음이 대상이지만, 구개성 반모음 첨가 현상은 i나 y가 그에 의해 선행하는 음절의 후설모음에 영향을 미치는 현상이다. 그러므로 구개음화는 i나 y를 직접 선행하는 자음이 영향을 받아 인접한 분절음 사이에 일어나는 현상인 데에 반해 구개성 반모음 첨가 현상은 i나 y를 선행하는 음절의 모음이 영향을 받는 원격의 현상인 것이다. 또한 구개음화는 i나 y가 그 앞의 자음에 i나 y가 가지고 있는 [+high, -back] 자질을 갖도록 하는 동화현상인 데 반해, 구개성 반모음 첨가 현상은 i나 y가 그 앞 음절의 후설모음에 [+high -back] 자질을 갖고 있는 y를 첨가하는 현상이라는 점에서도 차이가 있다. 그러므로 구개음화는 i나 y에 의해 선행하는 [-high, +back]의 자음을 [+high, -back]의 자음으로 바꾸는 동화 현상인 데에 반해, 구개성 반모음 첨가 현상은 i나 y에 의해 선행하는 음절의 후설모음에 [+high, −back]의 자질을 갖는 y를 첨가하는 현상인 것이다.

이들 두 현상이 보여주는 차이점 가운데 구개성 반모음 첨가 현상은 영향을 미치는 음이 있는 음절을 뛰어 넘어 그 앞 음절의 후설모음에 y를 첨가하는 원격의 현상이라는 점에서 구개음화가 갖지 않는 특징을 보여준다. 즉 구개성 반모음 첨가 현상이 일어나도록 하는 i나 y가 그 앞의 자음을 뛰어 넘어 선행하는 음절에 영향을 미치는 현상이므로, 이 현상을 유발하는 i나 y와, 현상이 일어나는 선행 음절의 모음 사이에는 자음이 개재하게 된다. 이 경우 현대국어의 움라우트 현상은 i나 y와 선행 음절의 모음 사이에 구개음이 개재하게 되면 일어나지 않는 제약을 갖는 것처럼 구개성 반모음 첨가 현상도 개재자음이 구개음인 경우에는 일어나지 못하는 제약을 갖는다.

구개음화와 구개성 반모음 첨가 현상이 일어나는 환경은 i나 y로서 같기 때문에 근대국어 시기에 널리 확산되던 이들 두 현상은 어느 한 현상이 일어나면 다른 현상이 일어나지 못하게 된다. 다시 말해 동일한 환경에서 역행의 방향으로 일어나는 두 현상 가운데 비어두 음절에서 구개음화가 일어나면 개재자음이 구개음이 되므로 구개성 반모음 첨가 현상이 일어나지 못하게 된다. 반대로 구개성 반모음 첨가 현상이 구개음화보다 먼저 일어난 경우에는 구개음화가 일어날 수는 있지만, 구개성 반모음 첨가 현상이 일어난 다음에 구개음화가 일어난 예들은 보이지 않는다. 그러므로 구개음화와 구개성 반모음 첨가 현상은 어느 한 현상이 먼저 일어나면 다른 현상이 일어나지 못하는 배타적인 특성을 갖는다.

현대국어에서 구개음화와 움라우트 현상을 지배하는 규칙도 서로 배타적으로 적용된다. 말하자면 어느 한 현상의 규칙이 적용되면 다른 현상의 규칙이 적용되지 않아 이들 현상을 지배하는 규칙이 서로 배타적으로 적용되는 특성을 보이는 것이다. 현대국어의 방언 분화에 대해 논의한 이병근(1976)에서는 파생어의 생성 과정에서 이 두 규칙의 적용 순위를 따져

봄으로써 두 현상의 규칙이 방언에 따라 다른 순위로 적용되어 방언이 분화되는 한 양상을 보여주었다. 구개음화와 움라우트에서 보여주는 배타적인 성격은 구개음화와 구개성 반모음 첨가 현상의 역사성에 기인한다고 할 수 있다. 말하자면 구개음화와 움라우트 규칙의 배타적인 적용은 구개음화와 구개성 반모음 첨가 현상의 배타적인 특성에 말미암는다고 할 수 있다.

i나 y 앞에서 역행의 방향으로 일어나는 구개음화와 구개성 반모음 첨가 현상이 서로 배타적인 이유는 같은 환경에서 일어나는 동질적인 성격의 현상이기 때문이라고 할 수 있다. 즉 개재자음이 구개음이면 일어나지 않는다는 구개성 반모음 첨가 현상의 특징은 구개성 반모음 첨가 현상과 구개음화가 이질적인 현상이 아니라 동질적이기 때문인 것으로 이해된다. 말하자면 구개음화와 구개성 반모음 첨가 현상이 보여주는 동일한 음운 환경인 i나 y의 자질이 선행하는 분절음에 영향을 미친다는 점에서 구개성을 갖고 있지 않은 분절음에 구개성을 갖도록 하는 동질적인 현상으로 간주되는 것이다.

이러한 공통점을 중시하는 관점에서[106), 이들 두 현상이 보여주는 차이점은 각 현상의 내적인 전개 과정의 차이에 기인하는 것으로 설명할 수 있다. 우리는 앞에서 구개성 반모음 첨가 현상이 음절 경계와 관련하여 보이던 y의 유동적인 성질에 기인하는 것으로 이해하였다. 즉 두 음절 사이에 개재자음이 없고 선행 음절이 모음이나 반모음으로 끝나고, 후행음절 역시 i나 y로 시작되는 경우에 보이던 y의 첨가, 또는 뒷 음절의 y의 앞 음절로의 이동에 구개성 반모음 첨가 현상의 기원을 두었던 것이다. 그러다가 음절 사이에 'ㅎ'이 개재된 경우에까지 확산되고 뒤 이어 'ㄱ'과 같은 연구개음과 같은 자음으로 확산되었음을 지적하였던 것이다. 이런 점에서 구개성 반모음 첨가 현상은 음절을 뛰어 넘어 적용되는 현상이 되었으며,

---

106) 이러한 사실에 주목하여 두 현상의 동질성을 언급한 논의로 김완진(1975), 이병근(1976)을 들 수 있다.

개재자음이 있는 경우에 그 역행의 방향으로 선행 음절의 모음에 y를 첨가함으로써 후설모음에 구개성을 갖도록 하는 특성을 보이게 된 것으로 간주된다. 이런 점에서 구개성 반모음 첨가 현상은 i나 y를 선행하는 음절의 후설 모음에 적용됨으로써 선행하는 음절의 모음에 구개성을 첨가하는 현상이 된 것으로 이해할 수 있다.

그런데 구개음화는 일반적으로 거론되어 왔듯이, 영향을 받는 음을 중심으로 보면 그 이전의 자음이나 자음체계와 관련을 가지리라고 추측할 수 있다. 물론 피동화음을 중심으로 한 구개음화의 발생 원인에 대해서는 아직 명확한 구명이 이루어지고 있지 못하지만 자음이나 자음체계와 밀접한 관련을 가지리라는 것은 부인할 수 없다. 자음체계에서 구개음파찰음이 없었다든가 한자어의 유입에 따라 중국어의 정치음과 치두음의 관계를 말하는 것이나, 그리고 국어의 치음과 설음의 관계 등을 거론할 때 알 수 있듯이, 피동화음을 중심으로 보면 구개음화는 자음의 음운사적 배경과 관련되는 것으로 간주되는 것이다.

5.3.2 두 현상의 상호 배타적 특성

구개음화와 구개성 반모음 첨가 현상은 i나 y가 가지고 있는 구개성과 관련되는 동질적인 현상이라면 이들 두 현상에서 보여주는 특징이 동일한 관점에서 설명될 수 있어야 할 것이다. 다시 말해 이 두 현상이 구개성과 관련되는 동질적인 변화의 두 유형이라면 각 현상의 발생 시기, 그 진행 상태 그리고 두 현상에서 보여주는 제약 현상들이 동질적인 현상이라는 관점에서 설명되어야 할 것이다. 그리하여 구개음화와 구개성 반모음화에서 보여주는 공통점과 차이점이 이들 현상의 통시적 전개 과정을 통하여 설명될 필요가 있다.

문헌의 자료를 바탕으로 하면 남부 방언에서 ㄷ구개음화는 적어도 16세기 중기 경에는 일어났을 것으로 추정된다. ㄷ구개음화가 2음절 이하에서 일어나면 반모음 첨가 현상이 일어나지 않는다. 이러한 제약은 두 현상이 동질적인 현상이기 때문이다. ㄷ구개음화가 일어나 i나 y 앞에서 'ㄷ'이 변해서 된 'ㅈ'이 구개음이므로 구개성 첨가 현상은 적용되지 않는 것으로 보인다. 말하자면 'ㄷ'이 변해서 된 'ㅈ'이 구개음이기 때문에 구개성 첨가 현상을 공전하도록 하는 것이다. 그런데 구개음 'ㅈ'이 구개성 반모음 첨가 현상을 차단시켜버린 현상과 반대로 ㄱ구개음화, ㅎ구개음화는 구개성 반모음 첨가 현상으로 인해 제2음절 이하로 확산되는 것이 차단되는 것으로 보인다.

ㄱ구개음화와 ㅎ구개음화는 그 발생 시기를 정확하게 추측하는 것은 어렵다. 그러나 17세기 초기 문헌에 예가 나타나는 것으로 보아 적어도 ㄱ구개음화와 ㅎ구개음화의 발생은 16세기 후기로 거슬러 올라갈 가능성을 배제할 수 없다. 'ㄴ'의 구개음화 현상은 그 발생시기가 상당히 빠른 것으로 예가 나타나기는 하지만 언제부터 시작되었는지 그 정확한 시기는 알 수 없다.

그런데, 구개성 반모음 첨가 현상은 개재자음이 없는 경우이기는 하지만 이미 15세기에 있었다. 그러나 개재자음이 있는 경우의 예는 훨씬 후기에 나타나므로 개재자음이 있는 경우에 일어나는 구개성 반모음 첨가 현상은 보다 후기에 일어난 것으로 보인다. 방언에 따라 그 발생 시기가 다르겠지만 16세기 이후에 그 예가 보이므로 그 발생에 있어서 구개음화와의 선후 관계가 문제될 수 있다.

구개음화 중에서도 문제가 되는 것은 ㄷ구개음화가 먼저 적용되면 구개성 반모음 첨가 현상이 일어나지 않는 것으로 보아 적어도 구개성 반모음 첨가 현상은 ㄷ구개음화보다는 늦은 시기에 일어난 것으로 간주해야 할 것이다. 그러나 ㄱ구개음화나 ㅎ구개음화와는 그 발생 시기의 선후관계를 검토해 보아야 한다.

ㄱ구개음화나 ㅎ구개음화는 어느 방언에서나 제1음절에서 일어났으며, 구개성 반모음 첨가 현상은 비어두 음절에 있는 i나 반모음에 의해 그 앞 음절의 모음에 y를 첨가하므로 제1음절의 경우에 문제가 되는 것으로 보

인다. 그러나 제1음절에서는 ㄱ구개음화나 ㅎ구개음화가 일어나는 환경인 i나 y는 전설모음이므로 구개성 반모음 첨가 현상과 관련하여 별다른 문제가 생기지 않는다. 그러므로 제1음절에서 ㄱ구개음화나 ㅎ구개음화가 일어난 시기와 구개성 반모음 첨가 현상은 아무런 문제를 일으키지 않는 것이다.

ㄱ구개음화와 ㅎ구개음화가 문제되는 것은 제2음절에서의 경우이다. ㄱ구개음화나 ㅎ구개음화가 먼저 적용되면 개재자음이 구개음이 되므로 구개성 반모음 첨가 현상이 일어날 수 없게 될 것이다. 그러나 구개성 반모음 첨가 현상이 먼저 일어나면 ㄱ구개음화나 ㅎ구개음화는 그 이후에 일어날 수도 있게 된다. 그런데 17 · 8세기의 문헌자료에는 ㄱ구개음화나 ㅎ구개음화가 제2음절에서 일어나지 않았지만, 구개성 반모음 첨가 현상은 일어나고 있었음을 보여준다. 같은 구개성이라는 자질 특성을 지향하는 이 두 유형의 음변화 현상에 대해 몇 가지 추론이 가능하다.

먼저 지적할 수 있는 것은 'ㄱ'이나 'ㅎ'이 개재자음인 경우에 구개성 반모음 첨가 현상이 일어난 것으로 보아 적어도 ㄱ구개음화나 ㅎ구개음화보다는 구개성 반모음 첨가 현상이 먼저 일어났다는 점을 지적할 수 있을 것이다. 말하자면 구개성 반모음 첨가 현상보다 ㄱ구개음화나 ㅎ구개음화가 먼저 일어난 것으로 볼 수는 없다는 것이다. 그러므로 ㄱ구개음화나 ㅎ구개음화가 어두 음절에서 적용되었지만, 비어두 음절에서는 적용되지 않던 시기에 구개성 반모음 첨가 현상이 개재자음을 둔 환경으로 확산되었다고 추론할 수 있다.

이런 점에서 ㄱ구개음화나 ㅎ구개음화의 발생 시기가 문제되는 것이 아니라 구개성 반모음 첨가 현상이, ㄱ구개음화나 ㅎ구개음화가 제2음절로 확산되기 이전에 적용된 시기가 문제되는 것이다. 말하자면 제2음절에서 ㄱ구개음화나 ㅎ구개음화가 확산되기 이전에 개재자음을 둔 상태에까지 구개성 반모음 첨가 현상이 확산되었다고 본다면, 제1음절에서 ㄱ구개음화나 ㅎ구개음화가 일어났든 일어나지 않았든 간에, 'ㄱ'이나 'ㅎ'을 개재한 상태에서 구개성 반모음 첨가 현상이 언제 일어났느냐가 중요한 문제로 간주된다. 그런데 실제로 개재자음을 둔 상태에까지 확산된 예들을 바탕으로 한 우리의 추론은 'ㅎ'이나 'ㄱ'을 개재한 경우에 먼저 확산되는 것으로 보이기 때문에 이러한 시기의 추정은 사실과 부합되는 것으로 간주된다.

이러한 추론이 타당하다면, 경상도 방언에서 ㄱ구개음화나 ㅎ구개음화가 어두 음절에서는 일어났으면서도 비어두 음절에서는 일어나지 않은 이유도 동일한 관점에서 이해할 수 있다. 즉 구개성 반모음 첨가 현상과 이들 구개음화의 환경이 동일하여 규칙이 배타적으로 적용되는 관계에 있어서 비어두 음절에서 이들 구개음화가 일어나면 구개성 반모음 첨가 현상이 일어날 수 없고 구개성 반모음 첨가 현상이 일어나면 이들 구개음화 현상이 일어날 수 없게 되는 상황에서 구개성 반모음 첨가 현상이 개재자음을 둔 환경에까지 먼저 확산됨으로써 이들 구개음화 현상이 비어두 음절에서 일어나지 못하게 되었다는 것이다. 이러한 관점에서 ㄱ구개음화나 ㅎ구개음화가 어두 음절에서는 일어났지만 비어두 음절로 확산되지 못한 반면, 구개성 반모음 첨가 현상은 17·8세기에 점차 그 적용 영역을 확산시켜 나간 것으로 이해할 수 있다.

이런 점에서 움라우트 현상에서 개재자음의 음운론적 조건을 {i, y} 앞에서 경구개음으로 실현되지 않는 제약이 검토될 수 있다. 즉 구개음화와 구개성 반모음 첨가 현상은 동질적인 현상이기 때문에 구개음이 i나 y에 의한 구개성 첨가 현상이 음절을 뛰어 넘어 선행 음절에까지 영향을 미치기 이전에 구개음이 개재함으로써 더 이상 역행의 방향으로 구개성의 영향을 미치지 못하게 된 것으로 보인다. 다시 말하면 i나 y가 역행의 방향으로 영향을 미치는 것은 같은 음절에 있는 구개음으로 인하여 그 선행 음절의 모음에 영향을 미치지 못한 것으로 간주된다. 국어에서 후행 자음에 영향을 받아 선행 음절에 구개성을 첨가한다거나 동화시키는 일은 없기 때문에 i나 y에 의한 구개성 반모음 첨가 현상은 일어난다고 할 수 없는 것으로 간주된다.

그러므로 기존에 지적된 바와 같이 구개음이 개재해 있을 때 움라우트가 일어나지 않는 이유가, 이러한 환경에서 동화 작용이 일어나면 동일한 자질이 VCV에서 연속되는 결과를 초래하게 되므로 동일 자질을 회피하기 때문이라고 하거나, 국어사에서 [+high, -back] 자질을 가진 세 음소의 연속이 형태소 내부에서 발견되지 않기 때문이라고 한 설명은 재고되어야 할 것이다. 현대국어에 구개음 연결체는 얼마든지 찾아 볼 수 있으며, 국어사 문헌에서 '지질 젼: 煎(訓蒙字會, 下13), 이시리니: 有(月 九 37), 미치게: 狂解(능 十 6)' 등과 같이 형태소 내부에서 셋 이상의 구개음 연결체가 나타날 뿐 아니라, ㄷ구개음화가 일어난 시기의 예까지 다룬다면(구개성 반모음 첨가 현상이 ㄷ구개음화보다 늦은 시기에 일어났으므로), 구개음이 형태소 내에서 셋 이상 연속적으로 나타나는 예들이 많이 있기 때문이다. 우리가 앞에서 검토한 바와 같이 구개음이 개재한 경우에 구개성 반모음 첨가 현상이 일어나지 않는 이유는 이 두 현상이 i나 y에 의해 역행적으로 일어나는 동질적인 현상이기 때문에 음절을 뛰어 넘어서 적용되는 구개성 반모음 첨가 현상이 구개음에 차단되어 버림으로써 더 이상 선행 음절의 모음에 영향을 미치지 못하게 된 것으로 간주된다.

6. 구개음화와 관련 음운현상의 역동적 특성

6.1 역동적 특성의 개념과 유형

6.1.1 구개음화와 관련 음운현상의 관련 양상

지금까지 국어의 구개음화 현상들의 통시적인 과정을 살펴보고, 그 과정에서 드러나는 특성에 대하여 논의하였다. 이 논의에서 구개음화는 그 자체만의 특성으로 다른 현상과 관계없이 독자적으로 진행되는 현상이 아니라, 여러 현상들과 직접·간접적으로 다양한 관계를 맺으면서 진행된다는 사실을 확인하였다. 그리고 구개음화 현상이 다른 여러 현상들과 맺어지는 관계, 또는 그 관계의 양상은 시간과 공간의 변화에 따라 달리 나타난다는 사실도 확인하였다.

그런데 구개음화 현상들 사이, 또는 구개음화와 그 관련 현상 사이에 다양한 관계가 맺어진다고 하여 그것이 아무렇게나 맺어지는 것은 아니었다. 구개음화 현상들, 즉 ㄷ구개음화, ㄱ구개음화, ㅎ구개음화 현상 사이에는 구개음화에 관여하는 요인에는 공통점과 차이점이 있어서 공통점이 변인으로 작용하여 동질적인 현상으로서의 특성이 나타나기도 하고, 차이점이 변인으로 작용하여 이질적인 현상으로서의 특성이 나타나기도 하였다. 또한 구개음화와 그 관련 현상 사이에도 공통점과 차이점이 있어서 공통점이 변인으로 작용하면 유사한 현상으로서의 관련 양상이, 차이점이 변인으로 작용하면 이질적인 현상으로서의 관련 양상이 나타났다.

현상들 사이에 드러나는 공통점과 차이점을 중시하는 관점에서 보면, 연구의 대상은 모두 구개성과 관련된다는 공통점을 가지고 있다. 이러한 공통점을 바탕으로 하면 본 연구에서 대상으로 삼은 현상들은 구개성이 없는 분절음에 구개성을 가지도록 하거나 구개성이 있던 분절음에서 구개성을 가지지 않도록 하는 두 부류의 현상으로 나뉜다. 음운론적인 관점에서 말하면 전자에는 구개음화가 해당되며, 후자에는 각 구개음화의 과도교정이 해당된다. 이들 두 부류 가운데 후자의 현상, 즉 과도교정은 전자의 현상, 즉 구개음화를 전제로 할 때 일어난다는 특성을 갖는다. 말하자면 과도교정 현상은 구개음화가 확산될 때, 그 구개음화를 받아들이지 않으려는 의식에서 구개음화된 형태를, 구개음화되지 않았던 원래 형태로 되돌리려는 의식이 작용하여 일어난 현상으로 간주하였기 때문이다.

그런데 과도교정 현상이 일어남에도 불구하고 구개음화 현상이 확산된다면 결국 어느 시점에 구개음화된 형태는 화자들에게 인정되어 다른 현상이 일어날 수 있는 환경을 제공할 수 있다. 그리하여 구개성을 기반으로 하는 다른 현상이 일어난다면, 구개음화 규칙이 적용된 형태는 다른 현상의 입력부가 되어 해당 현상을 지배하는 규칙이 적용될 것이다. 그러나 이와 반대로 구개성이 다른 현상을 일어나지 못하게 하는 환경을 제공할 수도 있을 것이다. 이 경우 구개성은 다른 현상이 일어나지 못하게 하는 제약으로 작용하여 해당 규칙이 적용되지 못하게 하는 역할을 할 수도 있는 것이다. 그러므로 전자와 같이 구개음화가 일어나 다른 현상이 일어날 수 있는 환경을 제공하는 특성을 가질 수도 있고, 후자와 같이 구개음화가 일어나 다른 현상이 일어나지 못하도록 하는 환경을 제공하는 특성을 가질 수도 있다.

이와 같이 구개음화 현상들 사이에 맺어지는 관련 양상을 유형화하면, 대체로 4가지로 나누어진다. 첫째 유형은 구개성을 갖지 않는 분절음에 구개성, 즉 [+high, -back]의 자질을 갖도록 하는 특성을 보이는 부류들이다. ㄷ구개음화, ㄱ구개음화, ㅎ구개음화 등은 i나 y 앞에서 비구개음이 구개음으로 바뀌는 동질적인 특성을 보이는 현상들인 것이다. 이들 구개음화와 동일한 환경에서 일어난 ㄴ탈락 현상[107], 구개성 반모음 y 첨가 현상 등이 이 부류에 해당한다. 둘째 유형은 i나 y 앞에서 비구개음이 구개음으로 교체되는 현상이 일어나면 동일한 환경에서 그에 상반된 방향의 현상이 일어나 상호 경쟁하는 관련 양상을 보이는 유형이다. 각 구개음화에 대한 과도교정 현상이 이 부류에 해당한다. 셋째 유형은 구개음화가 일어난 출력부가 다른 현상의 입력부가 됨으로써 또 다시 다른 현상들이 일어날 수 있도록 해주는 유형이다. 구개음화의 결과로 생성된 구개음 'ㅈ' 다음에 반모음 y가 탈락되는 현상이나 구개변이음으로 실현된 'ㄴ'이 탈락되는 현상, 또는 그 현상이 비모음화의 입력부가 되는 경우 등이 이에 해당한다. 넷째 유형은 어느 한 현상이 일어나면 다른 현상이 일어나지 못하게 되는 배타적인 관계에 놓이게 되는 유형이다. 어느 한 현상이 일어나면 다른 현상이 일어나지 않는 구개음화와 구개성 반모음 첨가 현상이 이에 해당한다108).

그런데 현상들 사이에 맺어지는 관련 양상의 네 가지 유형은 구조적인 특성을 보인다. 예를 들어 ㄷ구개음화는 다른 구개음화 현상들과 함께 비구개성 자음에 구개성을 갖도록 하는 동질적인 변화의 방향을 지향하는 동시에, ㄷ구개음화에 대한 과도교정과는 다른 구개음에 대한 과도교정과 마찬가지로 구개음화와 경쟁 관계를 갖는 특성을 갖는다. 그뿐만 아니라 ㄷ구개음화 규칙의 출력부는 구개음 'ㅈ' 다음에 오는 y의 탈락 현상이 적용되도록 하는 환경을 제공하는 동시에, 동일한 환경에서 일어나는 구개성 반모음 첨가 현상과 상호 배타적인 관계에 놓이는 특성을 갖는다. 이런 점에서 구개음화의 전개에서 드러나는 관련 양상은 한 현상이나 규칙이 다른 여러 현상이나 규칙들과 구조적인 관계를 맺으면서 전개된다고 할 수 있다.

---

107) 이 현상은 'ㄴ'이 음성적 층위에서 구개변이음으로 된 다음, 다른 현상이 함께 작용함으로써 일어난 것이라는 점에서 음운 층위에서 일어나는 구개음화 현상과 차이가 있다. 그러나 음성적 층위에서 일어난 변이음이 다른 현상과 함께 작용하여 음운론적 결과를 가져왔다는 점에서 다른 구개음화 현상들과 동질적인 현상으로 간주할 수 있다.

108) 이러한 특성들은 남부 방언의 경우에 한정된다. 다른 방언의 경우에는 이러한 현상들 상호 간의 관계에서 어떤 일부 현상이 일어나지 않은 경우도 있으므로 방언에 따라 이들 현상들의 상호 관련 양상은 달라질 수밖에 없다. 그러나 여러 현상이 상호 간에 맺어지는 관련 양상이 다각도로 검토되어야 한다는 점은 다르지 않다.

6.1.2 관련 양상의 유형

지금까지 논의해 온 바와 같이 구개음화는 구개성과 관련하여 다른 현상들과 다양한 관련 양상을 보이며 전개된다. 이러한 관련 양상에 가장 먼저 주목한 논의는 송민(1991)이었다. 송민(1991)은 그동안 음운사적 연구의 성과를 바탕으로 음운변화나 음운현상들에 대한 연구의 방향이, 음운현상이나 규칙의 상호 관련성을 찾아내어 그 특징을 밝히는 쪽으로 나아가야 함을 구체적인 연구 사례를 통하여 논의를 전개하였다는 점에서 의미 있는 작업이었다고 생각된다.

송민(1991)에서 음운변화나 음운현상을 바라보는 태도는, 어떤 음운현상이나 음운변화를 개별적인 것으로 간주하지 않고, 여러 현상들의 상호관련성을 중시한다는 점에서 본고의 태도와 기본적으로 동일하다. 송민(1991)에서는 국어 음운사에 보이는 여러 현상들이 서로 밀접하게 관련을 맺으면서 전개된다는 관점에서 '상호 유기적인 관계' 또는 '상호 유기성'이란 개념을 설정하여 국어 음운사에 나타난 여러 현상들의 상호 관계를 몇 가지 유형으로 나누어 구체적으로 설명하였다.

송민(1991)에서는 음운변화의 '상호 유기성'으로 '계기적 유기성'과 '공기적 유기성'을 설정하였다. '계기적 유기성'은 'ㆍ'가 비음운화하여 'ㅡ'가 된 다음 'ㅡ〉ㅜ' 원순모음화 현상이 일어나는 것과 같이 어떤 음운변화가 일어나면 그 변화된 형태가 다른 음운변화의 환경을 제공함으로써 음운변화가 계속 일어날 수 있도록 해 주는 관계를 말한다. 이러한 음운변화 상호 간의 계기적 유기성은 상대 연대를 통한 음운사 구명에 유효 적절한 특성을 갖는다고 파악하였다. 이와 달리 '공기적 유기성'은 17세기 중엽부터 나타나기 시작하는 양순음 다음에 오는 비원순모음에 일어난 원순모음화 현상과 그 반대로 양순음 다음에 오는 원순모음에 일어난 비원순모음화 현상의 관계에서 드러나는 상호 관련성에 대한 것이다. 양순음 다음에 오는 모음에서 일어난 원순모음화와 비원순모음화는 서로 밀접한 관계에 있는 현상으로서 거의 같은 시기에 일어난 공시적 성격을 나타낸다는 점에서

'공기적 유기성'이라 한 것이다. 이러한 '공기적 유기성'은 그때그때의 음운 체계 수립에 공헌할 수 있을 것으로 간주하였다.

송민(1991)에서는 표면적으로 서로 다르게 보이는 음운변화라 할지라도 그들 내면에는 계기적이건 공기적이건 간에 상호 유기성이 존재한다는 사실을 알 수 있다고 지적하면서 "이러한 유기성이야말로 자연어(natural language)의 음운변화에 나타나는 통시적, 공시적 역동성(力動性)을 효과적으로 해명해 줄 수 있을 것으로 전망하였다. 그러므로 송민(1991)에서는 음운변화 현상의 내면에서 포착되는 현상들 사이의 상호 유기성을 바탕으로 음운변화의 통시적, 공시적 역동성을 연구할 필요가 있음을 논의한 것이다. 이러한 송민(1991)의 논의는 음운변화는 역동성을 보인다는 점을 전제로 하고 있으며, 그 역동성을 보여주는 음운변화 현상들 사이에 드러나는 내면적 특성을 통시적으로 '계기적 유기성', 공시적으로는 '공기적 유기성'의 관점에서 접근할 필요성이 있음을 주장한 것으로 보인다.

구개음화에 대한 논의를 전개하면서 규칙들 사이의 역동적인 관계를 밝히는 일이 국어사 연구의 중요한 일이 될 것이라고 한 홍윤표(1994)의 '역동성'은 송민(1991)과 다소 차이가 있다. 홍윤표(1994)에서는 구개음화를 중심으로 한 규칙들 간에 역동성이 있음에 주목하지 않을 수 없다고 하였다. 그리고 이 규칙들 상호 간에 나타나는 역동성의 예를 다음과 같이 제시하고, 앞으로 이러한 규칙간의 역동적인 관계를 밝히는 일이 국어사의 모습을 알 수 있는 중요한 일일 것으로 생각한다고 하였다.

(1) 1) ㅣ움라우트가 일어나면 구개음화가 일어나지 않는다.
   2) 구개음화가 일어나면 ㅣ움라우트가 일어나지 않는다.
   3) 이중모음의 단모음화가 일어나면 구개음화를 거부한다.
   4) 치찰음 아래의 'ᆞ'가 비어두 음절에서 비음운화되어 'ㅡ'가 되어도 이것은 치찰음의 전부고모음화를 거부한다.

홍윤표(1994)에서 말하는 역동성, 또는 역동적인 관계는 구개음화 현상을 중심으로 한 규칙 상호 간에 맺어지는 상호 관계의 특성에 대한 것이다. 홍윤표(1994)에서 제기한 구개음화 중심의 규칙들 상호 간에 맺어지는 관계를, 현상이나 규칙들의 상호 유기성이라는 관점에서 체계화하고자 한 송민(1991)에 적용해 보면, 역동성의 내용이 동일하지 않다. 가령 구개음화와 움라우트(본고의 '구개성 반모음 첨가 현상')의 관계는 송민(1991)의 유기성에 따르면 현상이나 규칙의 발생 시간을 어떻게 보느냐에 따라 공기적 유기성이 될 수도 있고 계기적 유기성이 될 수도 있기 때문이다.

구개음화와 움라우트가 동일한 시기에 일어나는 현상이라면 두 현상이나 규칙들 사이에는 공기적 유기성의 관계를 맺겠지만, 두 현상이 시기의 차이를 두고 일어난다면 그것은 계기적인 유기성의 관계를 맺을 것이기 때문이다. (1.3)과 (1.4)에서도 이러한 문제는 마찬가지로 등장한다. (1.3)과 (1.4)의 현상들 사이에는 시간적인 선후 관계를 설정할 수 있어서 계기적 유기성을 맺을 것처럼 보이지만, 어느 시기엔가 시간적인 선후 관계 없이 각각의 두 현상들이 방언차를 두고 서로 경쟁하는 관계에 있었다면 공기적 유기성을 맺을 가능성을 배제할 수 없기 때문에 (1.3)과 (1.4)의 현상들 사이에 반드시 계기적 유기성이 맺어진다고 할 수가 없을 것이다.

송민(1991)에서의 공기적 유기성과 계기적 유기성은 현상이나 규칙들의 관계를 동시대적인 현상이나 규칙으로 보느냐 선후 관계를 갖는 현상이나 규칙으로 보느냐를 기준으로 삼고 있다. 이는 표면적으로 공시태를 보여주는 현상이나 규칙들의 관계와, 통시태를 보여주는 현상이나 규칙들로 나누었다는 점에서 매우 체계적인 분류법으로 보이지만[109], 사실 역사적으

---

109) '계기적 유기성', '공기적 유기성' 등의 분류는 매우 체계적인 것으로 보인다. 그러나 논의 과정에서 '체계적 유기성'을, '계기적 유기성'과 '공기적 유기성'을 분리하여 구분 하듯이 언어 내적으로 이들 유기성을 분류하는 기준을 찾기는 어렵다. 모음 체계나 자음 체계에서 일어나는 현상과 규칙으로 설정할 수 있는 현상으로 먼저 나누고, 다시 규칙으로 설정할 수 있는 현상에 대해 '계기적 유기성'과 '공기적 유기성'으로 나눌 수 있을 것이다. 그러나 "음운변화 상호 간의 계기적 유기성은 상대 연대 확립을 통한 음

로 변화하는 현상들을 두고서 공시태를 보여주는 현상이나 규칙들과, 통시태를 보여주는 현상이나 규칙으로 구분하는 것이 타당한가 하는 문제가 있다. 통시적인 관점이 시간의 선후 문제를 기준으로 어떤 음운현상이나 음운규칙이 변화하는 과정을 연구한다고 하더라도 특정의 시기를 기준으로 보면 변화를 이끄는 현상이나 규칙들은 다양한 변이 현상이나 규칙, 또는 다양한 교체 현상이나 규칙으로서 존재할 뿐이다.

이러한 관점에서 송민(1991)에서 '상호 유기성'의 종류를 시간의 횡적인 관계와 종적인 관계를 기준으로 구분한 것은 어떤 현상이나 규칙이 진행된 결과를 바탕으로 그 현상이나 규칙에 접근하는 시각의 문제로 간주된다. 왜냐하면 어떤 현상이나 규칙이 어느 특정의 시기에 다른 현상이나 규칙과 맺는 관계는 그 다음 시기에도 동일한 관계를 맺기는 하지만, 양적으로나 질적으로 변화한 상태를 보이게 될 것이기 때문이다. 다시 말하면 어떤 유형이 다른 현상들과 맺는 유기성은 현상에 따라 다른 것이 아니라 어느 시점에서나 항상 질적으로나 양적으로 달라진다는 것이다. 그러므로 여러 현상들 사이에 맺어지는 유기성의 유형은 현상이 아니라 시간을 중심으로 나누는 것이 타당하다는 결론에 이르게 된다.

이러한 관점에서 시간의 축을 설정한다면 공간의 축도 설정할 필요가 있다. 앞에서 검토한 바와 같이 어떤 현상이 다른 현상과 맺는 관계는 공

운사 구명에 매우 유효적절할 것이며, 공기적 유기성은 그때그때의 음운체계 수립에 분명히 공헌하리라는 점이 밝혀졌다. 그러므로 계기적 유기성은 통시적 차원에서, 공기적 유기성은 공시적 차원에서 그중요성이 새롭게 인식될 필요가 있다."라고 하여 시간의 종적인 축 위에서 이루어지는 현상과 시간의 횡적인 축 위에서 이루어지는 현상이 별도로 존재하는 것처럼 설명하고 있다. 이러한 설명은 '상호 유기성' 가운데, '공기적 유기성'은 공시태를 잘 반영하는 현상이고, '계기적 유기성'은 통시태를 잘 반영하는 현상이므로 '상호 유기성'을 그 특성에 따라 이들 유기성을 분리하여 별개인 것으로 보아야 하는 것으로 이해된다. 그러나 어떠한 '상호 유기성'이라 하더라도 통시적인 관점에서 바라볼 수도 있고 공시적인 관점에서 바라볼 수도 있다고 생각된다. 여기에서 중요한 것은 시간과 공간의 범위가 중요한 변수인데, 송민(1991)에서는 시간과 공간의 범위를 변수로 고려하지 않아, '공기적 유기성'에 해당하는 현상들과 '계기적 유기성'에 해당하는 현상들을 연구자의 관점에 따라 달리 보아야 할 것을 주장한 것으로 간주된다.

간에 따라서도 달라지기 때문이다. 예를 들어 평안도 방언에서는 구개음화가 일어나지 않았지만, 남부 방언에서는 다양한 종류의 구개음화가 일어났다. 이와 달리 중앙어에서는 ㄷ구개음화는 일어났지만 ㄱ구개음화나 ㅎ구개음화는 일어나지 않았다. 그러므로 이들 각 방언에서 구개음화 현상들 사이, 또는 구개음화 현상이 다른 현상들과 맺는 관계도 다르지 않을 수 없다. 이런 점에서 어떤 현상이 다른 현상과 맺는 관계는 시간의 차이에만 기인하는 것이 아니라 공간의 차이에도 기인한다고 할 수 있다.

본 연구에서는 구개음화가 다른 현상들과 맺는 관련 양상이 대체로 네 가지 유형으로 나타나며 이들 유형을 어떤 하나의 현상을 중심으로 살펴보면 현상이나 규칙들 상호 간에는 구조적인 관계가 맺어지는 것으로 파악하였다. 이렇게 구조적으로 맺어지는 관련 양상에 시간과 공간의 축을 도입하면 어떤 현상이나 규칙이 다른 현상이나 규칙과 맺어지는 네 유형의 관련 양상은 시간의 흐름에 따라 달라지며, 또한 공간의 차이에 따라 달라질 것으로 예측할 수 있다. 다시 말하면 구개음화 현상들 사이, 또는 구개음화와 관련 현상들 사이에 맺어지는 관계는 시간과 공간의 축을 고정한 상태에서 일정한 방법으로 맺어지며, 이렇게 맺어지는 관련 양상은 시간과 공간의 변화에 따라 달라질 수밖에 없을 것이다.

개별 현상(또는 규칙)이 다른 여러 현상들과 맺는 관계가 구조적이며, 어떤 개별 현상의 시간과 공간에 따라 이러한 구조적인 관계가 변화한다면, 그리하여 현상들 또는 규칙들 사이의 관계가 양적·질적인 면에서 복잡하고 다양하게 달라진다면, 이러한 변화의 움직임은 가히 역동적이라 할 수 있을 것이다. 그러므로 이러한 관점에서 본 연구에서 검토한 구개음화 또는 구개성과 관련되는 현상들 사이에 맺어진 시간과 공간에 따른 구조적인 관계의 망은 다양하고 복잡하게 변화하는 특성을 보여주었다는 점에서 '역동적인 특성'(이를 줄여서 '역동성')을 보여준다고 할 수 있다.

이러한 관점에서 '역동적인 특성'(dynamic characteristics, 줄여서 '역동성', dynamics)을 '구개음 또는 구개음화와 관련된 어떤 현상들이나 규칙들 사이에 맺어지는 구조적인 관계가 시간과 공간에 따라 변화해 나가는 특성'을 말하는 것으로 간주하기로 한다. 그러나 문헌을 대상으로 하는 국어사적 연구에서는 이러한 역동적인 특성을 개념 그대로 밝히기가 쉽지 않다. 왜냐하면 앞에서 검토하였듯이 변화는 문헌의 자료에 점진적으로 나타나기 때문에 변화 그 자체에 대해서는 양적으로나 질적으로 검토할 수 있지만, 변화를 보이는 현상 또는 규칙이 다른 현상들과 맺는 관계의 변화도 시간의 흐름에 따라 서서히 나타날 뿐이고, 공간의 차이에 따른 변화도 문헌의 부족으로 사실상 논의하기가 어렵기 때문이다.

국어사 문헌을 통하여 어떤 현상이나 규칙이 다른 현상이나 규칙과 맺는 구조적인 관계의 변화를 파악하기는 현실적으로 어렵다. 다시 말해 문헌의 자료를 이용하여 본 연구에서 말하는 음운변화의 역동적인 변화의 특성을 파악하기는 쉽지 않다. 왜냐하면 어떤 현상이나 규칙들이 특정의 시·공간에서 맺는 구조적인 관계 자체를 파악하기도 어려운 상태에서 그 관계들의 구조가 변화하는 양상을 검토하는 것은 현실적으로 불가능하기 때문이다. 그러므로 어떤 현상이나 규칙들이 특정의 시·공간에서 맺는 구조적인 관계가 시간과 공간에 따라 변화해 가는 움직임을 알기 위해서는 구조적인 관계를 형성하고 있는 현상과 현상, 규칙과 규칙 사이의 관계에서 보여주는 특징을 유형화하여 각 유형의 변화에서 드러나는 특성을 고찰할 필요가 있다.

이러한 관점에서 "어떤 현상이나 규칙들 사이에 맺어지는 구조적인 관계의 변화", 다시 말해 국어 음운변화의 역동적인 특성을 파악하기 위해서는 먼저 어떤 음운변화 현상이 다른 현상과 맺는 관계를 유형화하여 해당 유형의 특징을 파악해야 할 것이다. 즉 어떤 현상이나 규칙이 다른 현상이나 규칙과 맺는 구조적인 관계 망을 구성하는 유형화된 관련 양상의 특징을 이해하고, 그리고 나서 그 관련 양상의 변화를 고찰하면 특정 시기에 맺어진 현상과 현상, 규칙과 규칙 간의 구조적인 관계망을 재구해 낼 수 있을 것으로 생각된다. 이에 본 연구에서는 구개음 또는 구개음화와 관련되는 여러 현상들 사이에 맺어지는 관계를 유형화하여 그 특성을 검토하고, 이러한 유형화된 관계의 변화를 논의함으로써 국어 음운변화의 역동적인 특성에 대하여 논의해 보기로 한다.

6.1.3 관련 양상의 유형적 특성

앞 절에서 우리는 구개음화의 통시적인 과정에서 구개음화의 관련 양상이 네 가지 유형으로 나타난다고 설명하였다. 그럼 여기에서는 이들 네 가지 관련 양상의 특징을 유형적으로 나누어 살펴보기로 한다.

첫째 유형은 여러 종류의 구개음화 현상들은 i나 y 앞에서 구개성을 갖지 않던 분절음이 i나 y의 구개성에 영향을 받아 구개성을 갖는다는 공통 특징을 보이는 관련 양상이다. 이러한 특징을 보이는 현상이나 규칙들은 서로 공모적 관계에 있다고 할 수 있다. 그리하여 본 연구에서는 이러한 현상이나 규칙들 사이에 공통적으로 드러나는 관련 양상은 '공모적 특성'을 보인다고 하고, 이러한 관계에 있는 현상이나 규칙들의 관계를 '공모적 관계'에 있다고 할 것이다.

둘째 유형은 i나 y 앞에서 구개음화가 일어났을 때 그에 상반된 방향으로 일어나는 현상들 사이에 맺어지는 특성을 갖는 관련 양상이다. 이러한 관련 양상은 일련의 흐름을 타고 진행되고 있는 현상과 이 현상에 대해 부정적인 인식이 작용하여 진행 중인 현상을 저지하거나 억제하는 쪽으로 작용하는 현상 사이에 나타나는 유형이다. 이 경우에 두 현상은 무의식적으로 일어나 확산되는 현상과 이를 부정적으로 받아들여 진행 중인 현상을 의식적으로 거부하여 나타나는 관련 양상으로서, 무의식적으로 시작된 현상을 의식하게 되면서 두 현상 사이에 작용과 반작용이라는 관련 양상을 맺어 두 현상이 경쟁 관계에 놓이게 되는 것을 말한다. 본 연구에서는 이러한 관련 양상을 보여주는 특성을 '경쟁적 특성'이라 명명하고, 이러한 경쟁적 특성을 보여주는 현상들이나 규칙들은 상호 간에 '경쟁적 관계'에 있다고 설명하기로 한다.

셋째 유형은 어떤 음운변화가 일어나 그 현상의 출력부가 언중들에게 받아들여지게 되면, 그 출력부는 다른 현상의 입력부가 됨으로써 다른 현상이 계기적으로 일어날 수 있도록 해주는 관련 양상이다. 이러한 현상은 어떤 현상이 이미 상당히 진행되어 이 현상을 자연스러운 현상으로 받아들여 이 현상을 지배하는 규칙을 일반적인 음운현상의 규칙으로 인정함으로써 일어나고 있거나 이미 일어난 형태를 수용하여 다른 현상들이 일어나거나 새로운 규칙이 적용될 수 있도록 하는 특성을 갖는다. 그러므로 본 연구에서는 이러한 특성을 보이는 현상이나 규칙들의 관련 양상을 '계기적 특성'이라 하고 이러한 특성을 보이는 현상이나 규칙들의 관계는 '계기적 관계'에 있다고 할 것이다.

넷째 유형은 동일한 음운론적 환경에서 일어날 수 있는 동질적인 두 현상이 특정의 환경에서 상호 배타적인 관계에 놓이는 관련 양상이다. 이러한 관련 양상을 보이는 두 현상은 어느 한 현상이 일어남으로써 다른 현상이 일어나지 못하도록 하는 결과를 가져와 두 현상이나 그 현상을 지배하는 규칙이 서로 배타적인 관계에 놓이게 되는 특성을 보여준다. 그러므로 본 연구에서는 이러한 특성을 보여주는 현상이나 규칙들의 관련 양상은 '배타적 특성'을 보인다고 하고, 이러한 특성을 보이는 현상들이나 규칙들의 관계는 '배타적 관계'에 있다고 할 것이다.

6.2 구개음화의 역동적 특성

6.2.1 공모적 특성[110]

구개음화 현상들은 i나 y라는 구개적 환경에서 구개성을 갖지 않던 분절음이 i나 y의 구개성에 영향을 받아 구개성을 갖게 되는 동질적인 현상들이다. 이러한 현상들은 모두 구개성을 갖지 않던 분절음이 구개성을 가지

---

110) 공모성에 대해서는 김진우(1971), Kisserberth(1970)을 참조할 것.

는 방향으로 변화가 일어난다는 점에서 하나의 공통 방향을 지향하는 현상들이라 할 수 있다. 이러한 관련 양상을 보이는 특성을 공모적 특성이라 하고 그러한 현상들 간, 또는 그러한 현상을 지배하는 규칙들 간의 상호관계를 '공모적 관계'에 있다고 하기로 하였다. 이런 점에서 구개성을 갖지 않던 분절음이 i나 y 앞에서 구개성을 갖게 되면 이러한 현상도 공모적 특성을 갖는다고 할 수 있다.

ㄷ구개음화는 ㄱ구개음화, ㅎ구개음화와 공모적 관계에 있다. 이 현상들이 일어나는 환경이 i나 y로서 같으며, 그 환경에서 일어나는 변화의 결과가 구개음으로서 경구개음을 지향하는 방향으로 일어난 현상들이기 때문이다. i나 y에 의한 자음의 동화현상인 이들 현상은 i나 y가 가지고 있는 [+high, -back]의 자질이 선행하는 자음에 영향을 미치는 자질변경규칙의 특징을 갖는다.

구개성 반모음 첨가 현상도 좁은 의미의 구개음화 현상인 ㄷ구개음화, ㄱ구개음화, ㅎ구개음화 현상과 공모적 관계에 있다고 할 수 있다. i나 y라는 음운론적 환경이 동일하며, 변화가 일어난 결과가 구개성을 지향한다는 점에서 동일한 변화의 방향을 갖기 때문이다. 그러나 좁은 의미의 구개음화 현상들이 i나 y에 의한 자음의 변화 현상인데 반해, 구개성 반모음 첨가 현상은 i나 y에 의한 모음의 변화 현상이라는 점에서 차이가 있다. 또한 좁은 의미의 구개음화 현상들이 i나 y의 자질에 자음이 동화되는 자질변경규칙인데 비해 구개성 반모음 첨가 현상은 i나 y에 의해 그 선행 음절의 [+back]인 모음에 y를 첨가하는 현상이라는 점에서도 차이가 있다.

그러나 이 현상이 [+high, -back]자질을 갖도록 하는 y의 첨가 현상이라 하더라도 [+high, -back]의 자질을 첨가하는 특성이 이 현상이 다른 구개음화 현상과 공모적인 관계에서 출발하였다고 할 수 있다. 그런데 i나 y에 의해 선행 음절의 후설모음을 전설모음으로 교체되는 움라우트 현상은 구개성 반모음 첨가 현상과는 차이가 있다. 움라우트 현상은 [+back]의 선행모음을 i나 y 앞에서 [-back]으로 자질을 변경시키는 자질변경규칙이라는 점에서 'ㄷ, ㄱ, ㅎ'의 구개음화와 공모적인 특성을 공유한다고 할 수도 있으나, 움라우트 현상이 일어난 자질변경의 결과가 구개음이 갖는 [+high, -back]이 아니라, [-back]이라는 점에서 구개성 반모음 첨가 현상과는 차이가 있는 것이다. 즉 움라우트 현상은 구개음이 갖는 공통 자질인 [+high, -back]을 지향하는 것이 아니라 [+high, -back]에서 [+high]에는 변화를 가하지 않고 [-back]의 자질만 [+back]으로 변경시킬 뿐이다. 그러므로 움라우트 현상의 환경이 i나 y 앞으로서, 개재자음이 [+high, -back]인 경우 움라우트 현상이 일어날 수 없다는 제약을 통하여 움라우트 현상이 구개음화 현상을 밀접하게 관련되기는 하지만 [+high, -back]라는 구개성 가운데 [+high]는 관여하지 않고 단지 [-back] 자질을 [+back] 자질로 바꾼다는 점에서 구개음화 현상과 부분적으로 공모한다고 할 수 있다.

i나 y 앞에서 일어나는 'ㄴ'의 탈락이나 첨가 현상은 다른 구개음화 현상과의 공모적 관계를 바탕으로 일어난 현상이라 할 수 있다. i나 y 앞에서 'ㄴ'이 구개변이음으로 실현되는 음성 층위의 현상이 일어난 다음, 어두에서 특정의 자음 제약 현상이 적용되어 'ㄴ'이 탈락되는 현상이나, 경상도 방언의 비어두에서 'ㄴ'의 비음화 현상의 적용으로 인해 비어두 음절의 'ㄴ'이 탈락되는 현상은 음성 층위에서 일어난 변이음 실현 현상, 즉 'ㄴ'의 구개변이음화를 바탕으로 한다. 그러므로 엄밀한 의미에서 이러한 현상들 자체가 다른 구개음화와 공모적 관계에 있다고 하기는 어렵다. 이러한 현상들이 일어나는 음운론적 환경은 i나 y 앞이라는 점에서 동일하지만, 여러 현상이 일어난 결과로서 i나 y 앞의 자음이 탈락하였기 때문에 [+high, -back]을 지향하는 방향으로 일어나는 다른 구개음화 현상과 다른 것이다. 그러나 음성 층위의 구개변이음화 현상이 없었다면 이러한 현상들은 일어날 수 없었을 뿐 아니라, i나 y 앞에서 [+high, -back]를 지향하며 일어난 음성 층위의 구개변이음화가 바람직한 어형으로 받아들여지지 않았다면 다른 음운현상이 적용될 수 없었을 것이다. 이런 점에서 음성 층위에서 일어난 현상이라 하더라도 그 구개변이음이 포함된 분절음 연쇄체에 음운론

적 결과를 가져오는 음운현상이 적용된 경우에는 구개음화와 공모적 관계에 있는 것으로 인정할 수 있지 않나 생각된다.[111]

이러한 관점에서 경상도 방언에서 일어난 비어두 음절의 ㄴ탈락 현상도 이러한 현상들과 비교하면 공모적 특성을 보인다고 할 수 있다. i나 y 앞에서 'ㄴ'이 구개변이음으로 실현될 때 i나 y에서 'ㄴ'의 비음성을 선행하는 모음으로 전이시키고 'ㄴ'이 탈락되는 'ㄴ'의 탈락 현상도 결국 'ㄴ'이 갖는 [+high, -back] 자질로 인해 결과된 현상으로 간주되기 때문이다. 이 경우에는 어두 음절의 'ㄴ'이 탈락되는 현상과 달리 음성 층위에서 비음화 현상이 일어났다는 특성이 있기는 하지만, 'ㄴ'의 구개변이음을 바람직한 음성형으로 받아들였기 때문에 다른 현상이 적용될 수 있었다는 점에서, 그리고 다른 현상이 적용되어 궁극적으로 비어두 음절의 'ㄴ'이 탈락된다는 음운론적 결과를 가져왔기 때문에 공모적 특성에 포함할 수 있을 것이다[112].

이상의 내용을 종합하여 정리하면 결국 [+high, -back]를 지향하는 공모적 특성을 보이는 구개음화 현상은 다음과 같이 분류될 수 있다.

(2) 공모적 특징

자질변경현상	첨가 현상	탈락 현상
ㄷ구개음화	구개성 반모음 첨가	어두 'ㄴ' 탈락(ㄴ구개변이음화)
ㄱ구개음화	어중 'ㄴ'의 첨가	어중 'ㄴ'의 탈락(ㄴ구개변이음화)
ㅎ구개음화		

위 도표를 통해, 구개음화의 공모적인 특성이 [+high, -back]를 지향하

---

111) 음성 층위의 구개변이음화 현상에 다른 음운현상이 적용되어 음운론적 결과를 가져올 때 구개음화 현상과 공모적 관계에 있는 것으로 간주하는 이러한 태도는 ㄴ탈락 현상이 음성 층위에서 일어난 현상이지만 다른 현상이 적용되어 음운론적 결과를 가져왔기 때문에 넓은 의미에서의 구개음화로 인정하는 본고의 태도에 기인한다.

112) 자음체계에서 'ㅈ'의 조음 위치가 바뀐 현상도 구개음화와 공모적 관계를 보인다고 할 수 있을지 문제가 될 수 있다. 'ㅈ'이 구개음으로 되는 현상은 음운 환경이 i나 y로 한정되지 않기 때문에 구개음화와 공모적 관계를 갖는 부류라고 하기 어려울 것이다.

는 동질적인 현상이 [+high, -back]이 아닌 자음이나 모음의 분포에 따라 다양하게 나타날 수 있음을 알 수 있다. 자질변경 현상, 첨가 현상, 탈락 현상은 모두 유형적으로 다른 것으로 분류되기 때문이다. 그럼에도 불구하고 유형적으로 달리 분류될 수 있는 다양한 현상들이 시간적으로 큰 차이를 두지 않고 [+high, -back]의 자질을 가지는 현상이 일어난다는 점에서 이들 현상들 사이에는 공모적 관계에 있다고 할 수 있으며, 이들 현상 사이에 맺어지는 관련 양상은 공모적 특성을 보인다고 할 수 있다.

이렇게 다양한 현상들이 복잡한 양상을 띠면서 공모적 특성을 갖는다는 것은 당시에 [+high, -back]를 지향하는 방향으로의 변화가 많이 일어났음을 의미한다. 동질적인 변화 현상이 시기 차를 많이 두지 않고 다양하게 일어났다는 사실은 공모적 특성을 갖는 현상들이 하나의 흐름을 형성하여 언어의 변화를 촉진했다는 것을 의미한다. 이런 점에서 음운사에서 공모적 특성이 갖는 의미는 유사한 특성을 갖는 음운변화를 동질의 방향으로 상호 유도하여 변화의 큰 흐름을 형성함으로써 해당 방향으로의 언어 변화를 촉진시킨다는 것이다. 그러므로 공모적 특성을 갖는 현상이 많으면 많을수록 그 방향으로 변화의 큰 흐름이 형성되어 간다는 것을 의미한다.

6.2.2 경쟁적 특성

'경쟁적 특성'은 P라는 음운변화 현상이 어떤 음운론적 환경에서 일어나 확산되는 과정에 있을 때, 그에 상반되는 현상이 일어나 해당 음운 현상의 확산 과정에서 상호 경쟁하는 특성을 갖는 관련 양상을 말한다. 다시 말하면 P라는 음운변화 규칙이 다음의 (3.1)과 같이 생겼다면, 그에 상반되는 (3.2)의 규칙이 생겨, 동일한 환경에서 두 규칙이 상호 경쟁적으로 작용하는 특성을 갖게 되는 관련 양상을 말한다. 이렇게 경쟁적 특성을 보이는 P라는 현상과 P̄라는 현상의 음운론적 환경은 i나 y로서 같지만, 입력부의 음과 출력부의 음이 뒤바뀐 것이 특징이다.

이 경우 P에 의한 현상은 변화를 지향하는 쪽으로 나아가고자 하는 현

상인 반면, P̄ 는 그 변화를 억제하여, 이전의 어형을 고수하고자 하는 현
상이라고 할 수 있다.

(3) 1) P현상, a → b / ____ {i, y}

2) P̄ 현상, b → a / ____ {i, y}

(3.1)에서 구개음화 현상이 P라면, 그 '반작용'으로서 일어나는 과도교정
현상은 P̄ 현상에 해당한다고 할 수 있다. '작용'에 해당되는 P현상으로서
구개음화 현상이 생기고 난 이후, 그 현상에 대한 '반작용'으로서 P̄ 현상에
해당하는 과도교정 현상이 일어나 두 현상이 상호 작용하는 특성을 보였
던 것이다113). 이러한 형식에서 (3.1)이 새로이 일어난 음운현상이라면
(3.2)는 a가 b로 바뀌는 (3.1)의 현상을 잘못된 것으로 의식하여 원래의 b마
저 a로 교정함으로써 (3.1)과는 반대 방향으로의 변화를 지향하는 것처럼
보이지만, (3.2)는 (3.1)에 의하여 만들어지는 개신형을 거부하는 현상인 것
이다.

이런 점에서 (3.1)의 현상이 생기고 (3.2)의 현상이 생기는 애초의 이유
는 변화를 거부하고자 하는 태도의 일환이기는 하되, (3.1)의 현상을 적용
하지 않는 태도에서 나온 것으로 추정된다. 그리하여 (3.1)의 적용을 거부
하는 태도가 (3.1)과 상반되는 (3.2)의 규칙을 생성하는 데까지 나아가게 된
것으로 여겨진다. 그러므로 애초에는 (3.1)의 적용을 억제하는 방향으로
작용하던 의식이, (3.1)의 규칙을 적용한 것이 아닌 원래의 구개음인 어형
에 대해서도 동일한 의식을 과도하게 적용하여 (3.2)의 새로운 규칙의 생
성으로까지 나아가게 된 것으로 생각된다.

---

113) 이러한 작용과 반작용의 특성이 강한 점을 중시하여 필자의 학위 논문에서는 이 유형
의 관련 양상을 "작용과 반작용의 특성"이라 하였으나, 여기에서는 다른 용어와 평행
되지도 않을 뿐 아니라 반드시, 그리고 항상 "작용과 반작용"의 관계에 놓이는 것은
아닐 수 있기 때문에 그 용어를 "경쟁적 특성"으로 바꾸어 사용하기로 한다.

이러한 추정이 타당하다면 (3.1)의 현상이 상당히 확산되어 있을 때에 (3.2)의 현상이 생긴다고 할 수 있다. 어느 어형이 원래의 구개음이었고, 어느 어형이 원래는 구개음이 아니었는지를 구분하지 못할 정도로 구개음화가 확산되어 있을 때 (3.2)로까지 적용되는 (3.1)의 거부 현상이 생길 수 있기 때문이다. 그러므로 (3.2)의 현상이 보이기 시작하는 시기에는 (3.1)의 현상이 의식될 정도로 상당히 확산되어 적용되고 있었음을 보여주는 증거가 된다고 할 수 있다.

앞에서 검토하였다시피, 구개음화의 경우는 (3.1)에 해당된다. 구개음화가 일어나 적용되던 시기에 새로이 생겨난 (3.2)은 구개음화 현상에 대한 과도교정 현상이라고 할 수 있다. 구개음화의 진행 과정에서 작용과 반작용의 특성, 다시 말해 경쟁적 특성을 보이는 이러한 유형에는 ㄷ구개음화와 그 과도교정, ㄱ구개음화와 그 과도교정, ㅎ구개음화와 그 과도교정, ㄴ탈락 현상과 ㄴ첨가 현상 등과 같이 상호 작용한 현상들이 이 유형에 속한다. 다시 말하면 각 구개음화 현상이 발생되어 진행될 때, 각 구개음화에 상반되는 현상이 만들어져 구개음화 현상과 경쟁적으로 상호 작용하면서 구개음화 현상이 진행되었다고 할 수 있다.

이러한 유형은 하나의 경향을 이루면서 일어나는 이 새로운 음운변화 규칙이 기존의 어형을 새로운 형태로 바꾸어 사용하면, 그러한 변화를 잘못된 것으로 인식하여 새로운 형태의 사용을 거부하고 새로운 형태를 기존 형태로 되돌리려는 노력의 일환으로 생기기 때문에 과도교정은 음운변화 규칙의 적용을 억제하도록 하는 역할을 한다. 그러므로 음운변화가 진행되고 있는 현상과 그에 대한 의식적인 반작용의 결과로 생기게 되는 이 두 현상은 동등한 차원에 놓이는 상반된 규칙은 아닌 셈이다. 새로운 형태의 사용이라는 음운변화 규칙, 즉 (3.1)을 전제로 할 때, (3.2)가 생긴다는 점에서나, (3.1)이 적용되지 않도록 하는 장치라는 점에서나 (3.2)는 (3.1)의 적용을 제지하고자 하는 소극적인 규칙으로 출발한 것으로 추정된다. 그런 점에서 (3.1)이 무의식적으로 반복되는 지속적인 적용을 통하여 언어 변화를 주도하는 것이라고 한다면 (3.2)는 (3.1)을 의식하여 만들어진 것으로서, (3.1)의 변화가 널리 확산된다면 (3.1)의 흐름에 밀려 사라질 가능성이 크다고 하겠다.

과도교정이 구개음화 현상을 의식함으로써 일어나는 현상이라는 점에서 과도교정도 음소들의 대립을 전제로 하게 된다. 과도교정이 (3.1)을 거부하여 의식적으로 적용하는 규칙이라는 점에서 인식의 기본 단위인 음소의 층위에서 (3.2)의 규칙이 적용된다는 것은 당연하다고 할 수 있다. 그러므로 (3.1)과 같은 구개음화 현상이 일어나면 동일한 음운론적 환경에서 교체에 참가하는 음소들의 대립 관계를 고려하여 (3.2)의 규칙이 만들어지는 것으로 추정된다. 음소를 식별하기 위하여 최소대립쌍이 교체되는 음소를 제외한 나머지 환경을 동일하게 하여 교체되는 음소들의 대립관계를 확인하듯이 (3.2)에서 활용하는 음소들의 대립 관계도 이와 비슷하다. 즉 규칙이 적용되는 나머지 환경은 동일하면서 (3.1)의 입력부에서 교체될 음소가 (3.2)에서는 출력부의 음소로 확인되는 것이다. 예를 들어 ㄷ구개음화와 그 과도교정에는 'ㄷ'과 'ㅈ'이 입력부와 출력부에 참가하게 된다. 그런데 구개음화의 경우 입력부에는 'ㄷ'이 출력부에는 'ㅈ'이 있게 되지만, 과도교정의 경우에는 그 반대로 입력부에는 'ㅈ'이 출력부에는 'ㄷ'이 있게 된다. 이러한 특징은 ㄱ구개음화나 ㅎ구개음화, ㄴ탈락과 ㄴ첨가 현상 등이 유형에 속하는 현상에서는 공통적으로 드러나는 특징이다.

또한 대립을 전제로 하는 이 유형의 규칙 (3.2)는 음소 층위에서 일어나는 현상이기 때문에 음운론적 환경에 의해 영향을 받는 자질 이외의 자질은 동일한 음소로 교체되는 특성을 갖는다. 평음 'ㄷ'이 'ㅈ'으로 교체되는 구개음화에 대한 반작용으로서 일어난 ㄷ구개음화의 과도교정은 평음 'ㅈ'이 평음 'ㄷ'으로 교체되는 현상을 보이는 것이다. 그러므로 이들 현상이 여러 면에서 동질적인 현상이라 할 수 있지만, 그 교체되는 음의 변화에 있어서만 입력부와 출력부가 상반되는 이러한 과도교정을 통하여 역설적으로 구개음화의 진행 과정을 논의할 수 있었던 것이다.

그러나 (3.1)의 입력부는 (3.2)의 출력부가 되고, (3.2)의 출력부는 (3.1)의 입력부가 되는 것은 아니다. 이러한 대립의 관계는 (3.1)의 공모적 현상들과의 관계 속에서 공모적 특성을 보이는 동일 변화의 다른 대립 관계를 이용하기도 한다. 다시 말해서 구개음화가 진행되는 정도에 따라 (3.1)과 (3.2)의 상호 관계는 다른 양상을 보이기도 한다. 그러한 예로, ㄷ구개음화가 확산되는 과정에 일어난 ㄱ구개음화에 대한 과도교정의 경우를 보기로 하자.

3장에서 논의한 대로 16세기 경상도 방언 자료에 구개음화 예는 나타나지 않지만, ≪칠대만법≫(1569)에 '규화'가 '듀화'로 바뀐 예가 하나 나타난다. 17세기 초기 자료에 ㄷ구개음화가 상당히 일반화되어 나타나고 ㄱ구개음화 예도 보인다는 점에서 '규화'가 '듀화'로 바뀌어 나타나는 것은 ㄱ구개음화가 일어난 어형에 다시 ㄷ구개음화에 대한 과도교정이 일어난 형태로 이해하였다. 그런데 여기에서 주목되는 사실은 ㄱ구개음화된 어형을 ㄱ구개음화에 대한 과도교정을 한 것이 아니라 ㄷ구개음화에 대한 과도교정을 했다는 점에서 중앙어의 과도교정과 차이가 있다는 점이다.

(4) 1) ㄷ → ㅈ / ___{i, y}

2) ㅈ → ㄷ / ___{i, y}

(5) ㄱ → ㅈ / ___{i, y}

이러한 사실과 17세기 초반의 구개음화 예들로 미루어, 16세기 후반에 경상도 방언은 ㄷ구개음화가 화자가 의식할 정도로 진행되고 있었던 것으로 보인다. ㄷ구개음화가 의식되지 않았다면, ㄱ구개음화된 어형에 (4.2)의 규칙 적용이 가능한 것으로 보이지 않기 때문이다. '듀화'의 표기 예를 이렇게 이해하는 것이 타당하다면, 이 시기에 ㄱ구개음화가 일어나고 있는 것으로 추정되기는 하였으나 화자들이 의식할 정도로 충분히 확산된 단계에 있지는 않았던 것으로 추정된다.

그런데 경상도 방언의 경우 ㄷ구개음화가 상당히 확산되고, 또한 ㄱ구개음화가 의식될 정도로 확산되는 시기에 이르면 구개음화와 과도교정 관계는 또 다른 양상으로 나타난다. 원래의 'ㅈ'을 'ㄷ'이 아니라 'ㄱ'으로 바꾸는 과도교정이 일어나는 것이다. ㄷ구개음화만 일어나던 시기에는 'ㄷ'과 'ㅈ'이 이들 현상에 관여하다가 ㄱ구개음화가 화자들에게 의식되기에 이르면서 'ㅈ'은 'ㄱ'으로 'ㄱ'은 'ㅈ'으로 교체되기에 이른 것으로 추정된다.

(6) ㄱ ↔ ㅈ / ___{i, y}

이 시기에는 i나 y 앞에서 'ㄷ'이 'ㅈ'으로 바뀌는 ㄷ구개음화 현상이 일어나 이를 의식하여 원래의 'ㅈ'이 'ㄷ'으로 바뀌는 과도교정 현상이 일어나고, 동일 환경에서 'ㄱ'이 'ㅈ'으로 바뀌는 현상이 일어나자 이를 의식하여 'ㅈ'을 'ㄱ'으로 바꾸는 과도교정 현상이 일어나게 된 것이다. 말하자면 ㄱ구개음화가 확산됨에 따라 'ㄱ'이 'ㄷ'으로 바뀌는 현상에서 나아가 같은 환경에서 'ㄷ'이 'ㄱ'으로 바뀌는 현상까지 나타나게 된 것이다. 물론 이들 현상은 어느 경우에나 i나 y를 선행하는 환경에 한정되며, 평음은 평음으로, 격음은 격음으로, 그리고 경음은 경음으로 교체된다. 이와 같이 구개음화에 대한 과도교정에서는 조음 방법의 차이에 의한 분절음의 교체는 나타나지 않고, 구개음에 인접한 조음 위치에 의한 구개음과 비구개음의 교체만 나타나는 특성을 보인다. 그러므로 과도교정은 구개음을 중심으로 한 음소들의 조음 위치에 의한 대립을 이용한 것이라고 할 수 있다.

    치조음   (구개음) 연구개음
(7) ㄷ ↔ (ㅈ) ↔ ㄱ / ___ {i, y}

이와 같이 ㄷ구개음화와 ㄱ구개음화의 경우 조음 위치에 의한 대립을 이용한 것처럼, ㅎ구개음화와 그 과도교정 현상에 있어서도 조음 위치에 의한 대립을 이용한다. 마찰음 'ㅎ'의 경우에도 마찬가지이기는 하지만, 조음 위치에 의해 대립을 보이는 음이 'ㅅ'밖에 없으므로 'ㅎ'은 'ㅅ'의 구개변이음인 [ʃ]로 교체되어 나타난다.

(8) 1) ㅎ → ㅅ / ____ {i, y}
    2) ㅅ → ㅎ / ____ {i, y}

　　　　구개음　　후두음
(9)　　ㅅ　↔　　ㅎ / ____ {i, y}

'ㅎ'의 경우 구개음화 과정으로서는 (8.1)과 같이 i나 y 앞에서 'ㅎ'이 구개음 'ㅅ'[ʃ]로 교체되며, 과도교정으로서 (8.2)와 같이 구개음화와 동일한 환경에서 구개음 'ㅅ[ʃ]'가 후두음 'ㅎ'으로 교체된다. 이를 통합하여 제시하면 (9)와 같이 된다.

'ㄴ'의 탈락과 첨가 현상은 ㄷ구개음화나 ㄱ구개음화 또는 ㅎ구개음화와 또 다른 양상을 보여주는 것으로 나타났다. 어두 위치에서 'ㄴ'이 탈락되는 현상이 일어나자 그에 대한 반작용으로서 'ㄴ'이 첨가되는 현상이 나타난 것으로 추정되었던 것이다.

(10) 1) ㄴ → φ / # ____ {i, y}
     2) φ → ㄴ / # ____ {i, y}

(11) ㄴ ↔ φ / ____ {i, y}

경쟁적 특성을 보이는 이 현상들의 관련 양상은 엄격하게 음운변화에 참가하는 음소들의 인접한 조음 위치에 있는 음소들의 대립을 전제로 한다는 점에서 자음체계에서 상반된 대립 관계를 활용한다고[114] 할 수 있다.

경쟁적 특성을 보이는 현상들은 대부분 '작용'에 해당하는 현상이 공모적 특성을 보이는 큰 변화의 흐름을 타고 확산되기에 이르는 것으로 보인다. 물론 모든 경우에 '작용'에 해당되는 현상이 통시적인 변화를 주도적으로 이끄는 것은 아니다. 경우에 따라 방언과 방언, 또는 어떤 하위의 집단과 하위 집단 사이에는 접촉의 상황에 따라 변화에 대한 거부의식에서 일어난 과도교정 현상이 잔재형으로 남아 있게 되는 경우도 있다. 과도교정 현상이 남아 있게 되는 경우는 언어 내적·언어 외적 상황에 따라 어휘의 일부에 남아 있는 경우도 보이며, 복합어나 파생어의 특정 환경에 남아 있는 경우도 보인다.

경쟁적 특성을 보이는 현상들 중, ㄷ구개음화는 평안도 방언을 제외한 대부분의 방언에서 ㄷ구개음화가 확산되는 방향으로 전개되었다. 단 함경도 육진 방언과 일부 황해도 방언에는 일부 어휘에 ㄷ구개음화에 대한 과도교정 형태가 남아 있다. ㄱ구개음화와 ㅎ구개음화는 남부 방언에서 제1음절에서 구개음화가 일어나는 방향으로 전개되었다. 중앙어에는 ㄱ구개음화의 과도교정 형태가 일부 어휘에 남아 있다. ㅎ구개음화는 중앙어에서도 구개음화가 일어나는 방향으로 진행되었으나 일부 어휘에 한정되어 남아 있고 대부분 구개음화가 일어나지 않은 형태가 사용되고 있다.

ㄴ탈락 현상은 이들 구개음화 현상과 다른 양상을 보여준다. 남부 방언이나 중앙어에서 어두 음절에서 'ㄴ'이 탈락되는 방향으로 전개되었지만, 복합어나 파생어를 형성할 때에는 비어두 음절의 두 번째 요소가 i나 y로 시작되는 환경에서 'ㄴ'이 첨가되는 방향으로 전개되었다. 남부 방언에서는 어두 'ㄴ'의 탈락 현상이 비어두 음절에까지 확산되어 형태소 내부에서도 'ㄴ'이 비음화되어 탈락되는 방향으로 진행되었다.

경쟁적 특성을 보이는 현상들 중에 대체적으로는 음운변화를 지향하는

---

114) 이러한 특성은 ㄴ구개음화나 ㅅ구개음화 또는 ㄹ구개음화의 경우, 과도교정이 일어나지 않은 사실에서 알 수 있다. 이들 구개음화 현상은 대립을 상정할 수 없는 음성 층위에서 일어나는, 다시 말해서 변이음으로 되는 현상이었던 것이다.

현상이 공모적 특성을 보이는 현상들이 언어 변화를 주도하였지만, 모든 방언에서 이러한 흐름이 동일하게 일어난 것은 아니었다. 이 현상에 의한 변화를 거부하는 현상도 시간과 공간에 따라 선택될 수도 있었다는 사실이 나타났기 때문이다. 이러한 경쟁적인 특성을 보이는 현상이나 경쟁적 관계에 있는 규칙의 상호 관계에 의하여 음운변화는 항상 규칙적으로 변화하는 것은 아니었다. 또한 상당히 오랜 기간에 걸쳐 일어나는 음운변화 과정에 경쟁적 특성을 보이는 현상이나 경쟁적 관계에 있는 규칙의 선택은, 음운변화가 일어나는 시간과 공간의 언어 내적·언어 외적 요인에 따라 달리 나타날 수 있었던 것이다. 이런 점에서 언어 변화에 있어서 경쟁적 특성은, 공모적 특성과 함께 시간과 공간의 축에서 여러 현상들이 구조적으로 맺어져 언어의 변화 과정을 역동적인 모습을 보이면서 전개 되도록 하는 유형이라 할 수 있다.

6.2.3 계기적 특성

'계기적 특성'은 진행 중인 음운변화가 화자들에게 일반적인 현상으로 받아들여져 그 음운변화가 일어난 형태가 다른 음운 현상의 구조 기술을 만족시킬 경우 해당 현상이 일어난 형태에 다른 음운변화가 일어날 수 있는 환경을 만들어주는[115] 관련 양상으로서, 진행 중인 음운변화 현상이 다른 음운변화를 이끄는 현상과 맺어지는 관계를 말한다. 이는 Hooper(1976)의 '급여규칙순(feeding rule order)'과 유사한 개념이다[116]. Hooper(1976)의

---

115) 생성음운론에서 말하는 feeding rule order에 대해서는 Hooper(1976)을 참조할 것.

116) 필자의 학위 논문에서는 Hooper(1976)의 이러한 개념을 받아들여 '급여규칙순의 특성'이라고 한 바 있다. 그러나 후술하는 바와 같이 공시적인 연구에서 활용한 '급여규칙순'의 개념을 통시적인 연구에 그대로 받아들이기는 어렵다. 오히려 송민(1991)에서 사용한 '계기적 유기성'의 '계기적'이란 용어가 보다 적합하다고 생각되어 '계기적 특성'이란 용어로 고쳐 사용하기로 한다. 그러나 송민(1991)의 '계기적 유기성'과 본고의 '계기적 특성'이 완전히 동일한 것은 아니다. 송민(1991)에서는 계기적 유기성이 통시적 연구에서 보다 중요하게 인식되어야 한다고 했으나 통시적 연구뿐만 아니라 공시적 연구에서도 동일한 가치를 갖는 특성으로 이해할 수 있기 때문이다. 이러한 개념의 자세

'급여규칙순'의 개념은 "어떤 한 규칙의 적용으로 다른 규칙의 입력부가 생겨나는 내재적 순서(intrinsic order)"를 말하면서, "규칙 A가 규칙 B의 구조 기술(structural description)에 맞는 형태를 도출시키는 경우, 규칙 A가 규칙 B를 급여한다(feed)고 하고, 이러한 적용 순서를 급여규칙순"이라 하였다. 그러므로 '급여규칙순'은 공시적인 규칙 적용에 있어서의 어떤 한 규칙이 먼저 적용된 출력부가 다른 규칙의 입력부가 되어 그 규칙 적용의 구조 기술에 맞는 규칙들의 상호 관계를 말한다.

그런데 본고의 '계기적 특성'은 Hooper의 '급여규칙순'과는 다소 차이가 있다. '급여규칙순'은 규칙 A가 규칙 B의 구조 기술에 맞는 경우, 자동적으로 규칙 A는 규칙 B를 적용하게 되지만, 통시적인 경우에는 이와 다를 수도 있기 때문이다. 어떤 요인에 의해 생성된 음운규칙은 어휘적으로 모든 형태소들에 동시에 적용되는 것이 아니라, 어휘 목록 안에서 음운 규칙이 적용될 수 있는 환경을 갖춘 형태소에서 형태소로 점진적으로 확산되어 가므로(Wang: 1969), A규칙이 적용되어 도출되는 출력부가 B라는 규칙의 구조 기술에 맞는다고 하더라도 B규칙이 반드시 적용되는 것은 아닐 수도 있기 때문이다117).

국어사 자료에서 보여주는 구개음화의 예들은 바로 이러한 통시적인 현상을 반영한다. 구개음화 현상은 보이더라도, 구개음화의 환경을 갖춘 모든 형태소나 단어에 구개음화가 적용되지 않고 상당히 오랜 기간에 걸쳐 점진적으로 확산되어 나가는 모습을 보여주는 것이다. 바로 이러한 현상은 구개음화 현상이 음운변화를 주도하는 규칙으로 존재하는 시기에 있어서도 일률적으로 적용되는 것이 아니라는 점을 말해준다. 구개음화 현상에서 드러나는 이러한 특성은 구개음화가 일어난 출력부가 다른 현상의

한 특성은 본고의 6.1을 참고할 것.
117) A규칙이 적용되어 도출된 출력부가 자동적으로 B규칙의 입력부가 되는 경우도 있을 것이다. 가령, 'ㅸ'의 변화 과정에서 용언 어간에 위치하는 'ㅸ'의 [순음성]이 어미의 'ㆍ'나 'ㅡ'를 만나면, 'ㅗ'나 'ㅜ'로 바뀌어 실현되는 경우가 이 경우에 해당한다.

입력부가 되는 데에 있어서도 마찬가지로 나타난다. 즉 구개음화 규칙이 적용된 어형이 다른 현상을 지배하는 규칙의 입력부가 된다고 하더라도 곧바로, 그리고 일률적으로 다른 현상의 규칙이 적용되는 것은 아닐 것이다. 이러한 특성은, 구개음화 규칙이 존재하는 시기에도 그 환경에 따라, 어휘에 따라, 시간과 공간에 따라, 심지어 화자의 태도에 따라 해당 환경을 갖춘 단어에 적용할 수도 있고 그렇지 않을 수도 있음을 말한다.

본고에서는 어떤 현상 A나 A 현상을 지배하는 규칙이 적용된 결과가 또 다른 현상 B나 B 현상을 지배하는 규칙의 입력부가 될 수 있는 조건을 갖춘, 다시 말해서 A규칙의 출력부가 B 규칙의 구조 기술을 만족시키면서, B규칙이 적용되었을 때, 현상 A와 현상 B는 상호 계기적인 특성을 보인다고 하고, 상호 계기적인 특성을 보이는 두 현상의 규칙을 계기적인 관계에 있다고 정의한다. 그러므로 현상 B를 지배하는 규칙이 생성된 어떤 시기에, 현상 A를 지배하는 규칙이 적용된 출력부가 현상 B의 구조 기술을 만족시킨다고 하더라도, 규칙 B가 규칙 A의 출력부에 적용되지 않았다면 현상 A와 현상 B는 상호 계기적 특성을 보이지 않으며 따라서 두 현상은 계기적인 관계에 있다고 할 수 없다.

이 유형에는 ㄷ구개음화나 ㄱ구개음화가 일어난 'ㅈ, ㅊ' 뒤에 'ㅡ'가 올 때, 구개음 'ㅈ, ㅊ' 등으로 인하여 'ㅡ'가 'ㅣ'로 교체되는 현상이 일어난다면 두 현상은 계기적 특성을 보이며, 구개음화와 구개음 뒤에서의 'ㅡ〉ㅣ' 변화 사이에는 계기적 관계가 맺어진다고 할 수 있다. 구개성 반모음 첨가 현상이 일어난 하향이중모음에 단모음화 현상이 일어난다면 구개성 반모음 첨가 현상과 이중모음의 단모음화 현상 사이에도 이러한 특성이 보인다고 할 수 있다. 이 외에도 본 연구에서 검토한 음성 층위의 현상이기는 하지만, 어두 음절의 i나 y 앞에서 'ㄴ'이 탈락된 경우가 이러한 특성을 보이는 예라고 할 수 있다. 경상도 방언의 경우 역시 음성 현상이 포함되어 진정한 의미에서의 계기적인 특성을 보인다고 하기 어렵지만, 'ㄴ'의 탈락과 그후에 동일한 환경에서 일어나는 비모음화 현상의 관계도 이러한 특성을 보여준다고 할 수 있다.

이러한 관점에 서면 국어 음운사에 보이는 대부분의 변화 현상들이 이 유형에 속하는 것처럼 보일 수 있다. 그러나 변화를 보이는 모든 현상이 이 유형에 속한다고 하기 어렵다. 구개음화를 중심으로 계기적인 특성이 나타난다고 하기 위해서는 구개음화가 일어난 출력부가 다른 변화 현상의 입력부가 되어야 하기 때문이다. 가령 고구려 시대에 일어난 ㄷ구개음화의 출력부가 19세기에 일어나는 어떤 현상의 입력부가 되었다고 하더라도 그 두 현상 사이에 계기적인 특성이 있다고 할 수 없다. 계기적 특성은 진행 중인 어떤 현상이 다른 변화 현상의 입력부가 될 때 두 현상 사이에 맺어지는 특정의 시·공간에서 나타나는 특성으로서 두 현상 사이에 맺어지는 계기적인 관계를 바탕으로 나타나는 역동적인 특성의 하위 내용이기 때문이다.

본고에서는 구개음화 현상의 통시적인 현상에 대해서 검토하고 논의했기 때문에 구개음화의 계기적인 특성에 대해 거의 논의를 하지 못하였다. 구개음화의 계기적인 특성을 논의하기 위해서는 구개음화가 일어난 이후의 과정을 같이 논의해야 하지만 본고에서는 19세기 이후의 통시적 현상을 검토하지 않았기 때문이다. 사실 구개음화가 일어난 형태를 입력부로 하여 일어나는 현상이 있다는 사실은 구개음화를 겪은 형태가 새로운 기저형이 되었음을 말해주며 또한 다른 현상이 새로운 기저형을 바탕으로 발생한 시기를 추정할 수 있는 근거를 제공해 준다. 그러므로 구개음화의 계기적인 특성을 논의하기 위해서는 구개음화 이후에 일어나는 다른 현상의 발생과 확산에 대한 검토가 이루어져야 하지만 본고에서는 17·8세기의 구개음화에 대한 문제에 논의를 한정했기 때문에 구개음화된 형태를 입력부로 하는 현상의 계기적인 특성에 대해서는 다루지 못하였다[118].

___

118) 구개음화와 관련된 계기적인 특성은 구개성 반모음 첨가 현상과 y계 하향이중모음의 단모음화 과정, 구개음 'ㅈ, ㅊ, ㅉ'를 선행하는 음절말 위치의 ㄴ삽입 현상(예, 까치〉깐치, 더디다〉더지다〉던지다, 이제〉인제 등), 구개음 'ㅈ, ㅊ, ㅉ' 다음의 'ㅡ〉ㅣ' 현상

6.2.4 배타적 특성

'배타적 특성'은 둘 이상의 음운변화 현상이 확산되어 나가는 과정에서, 특정의 음운론적 환경에서 두 현상이 모두 적용될 수 있을 때, 어느 한 현상이 그 환경에서 먼저 적용됨으로써 다른 현상의 적용을 차단함으로써 두 현상이 배타적으로 적용되는 관련 양상을 말한다. 이와 같이 특정 환경에서 상호 배타적으로 적용되는 두 현상 사이에 맺어지는 관련 양상을 '배타적 특성'이라 하고, 그 현상들을 지배하는 규칙들의 상호 관계를 '배타적 관계'에 있다고 하기로 한다.

배타적인 특성을 보이는 유형은 공시적인 연구에서 적용되는 생성음운론의 출혈규칙순과 유사하다[119]. 어떤 규칙이 적용되면 다른 규칙이 적용될 수 없다는 점에서는 '출혈규칙순'과 본고의 배타적인 특성은 유사하다. 그러나 출혈규칙순은 어떤 규칙이 적용되고 나면 다른 규칙이 적용될 수 없는 환경이 만들어져 그 규칙이 공시적인 규칙의 적용 과정에서 공전하는 데에 비해 본고에서 말하는 배타적인 특성은 공시적인 규칙 적용의 관점에서 규칙의 공전을 말하는 것은 아니다. 본고의 배타적인 특성은 동일한 환경에 적용될 수 있는 둘 이상의 통시적인 규칙들 가운데 어떤 한 규칙이 해당 음운 환경에서 먼저 적용되면 다른 규칙이 적용되지 못함으로써 해당 환경에서 규칙이 적용되지 못한 현상들은 더 이상 확산되지 못하게 되는 통시적인 특성을 보이는 것을 말하기 때문이다.

그 한 예로 구개음화와 구개성 반모음 첨가 현상이 보여주는 상호 관계를 들 수 있다. 이들 현상은 모두 i나 y 앞에서 적용되는 현상들로서 어느 한 현상이 일어나면 다른 현상이 일어나지 못하는 배타성을 보여주기 때문이다. 말하자면 ㄷ구개음화 규칙과 구개성 반모음 첨가 규칙은 상호 배

등을 들 수 있다.

119) 생성음운론에서 말하는 bleeding rule order에 대해서는 Hooper(1976)을 참조할 것. 일반적으로 출혈규칙(出血規則)이란 어떤 규칙 A의 적용이 다른 규칙 B의 적용 조건의 일부 또는 전부를 없애 버림으로써 이 규칙 B가 적용되지 못하게 하는 규칙의 순서를 말한다.

타적인 관계에 놓인다고 할 수 있다. ㄷ구개음화와 구개성 반모음 첨가 현상은 i나 y에 선행 자음이나 모음의 영향을 받아 구개성을 가지게 된다는 점에서 공모적 특성을 가진다. 그런데 ㄷ구개음화는 i나 y를 선행하는 자음의 자질이 변경되는 이른 바 직접 동화현상인 데에 비해, 구개성 반모음 첨가 현상은 i나 y의 선행 음절이 후설모음일 때에 그 후설모음에 구개성 반모음 y를 첨가하는 현상이다. 그런데 구개성 반모음 첨가 현상은 이 현상을 유발하는 i나 y와, y가 첨가되는 선행 음절의 후설모음 사이에 자음이 놓이게 된다. 이러한 두 현상의 특성으로 인해 두 현상은 동일한 i나 y 앞에서 상호 배타적으로 적용될 수 있는 상태에 놓이게 된다.

ㄷ구개음화는 i나 y에 의해 자음이 직접 영향을 받기 때문에 아무런 문제 없이 규칙이 적용될 수 있다. 그러나 구개성 반모음 첨가 현상은 i나 y에 의해, 선행 음절의 모음이 영향을 받게 되므로 음절을 뛰어 넘어 구개성 반모음이 첨가된다는 점에서 ㄷ구개음화와 사정이 다르다. 동일한 음운 환경이 각 현상을 유발하는 동질적인 성격의 이들 두 현상이 첫 번째 음절에서는 부딪히지 않고 각 현상이 일어날 수 있으나 두 번째 이하 음절에서는 두 현상이 모두 적용될 수 있기는 하지만 상호 배타적 적용의 환경에 놓이게 된다.

이러한 상황에서 ㄷ구개음화는 직접 동화현상이므로 적용되는 데에 장애가 없다. 그러나 구개성 반모음 첨가 현상은 음절을 뛰어 넘어 일어나는 현상이므로 개재자음이 문제를 유발하게 된다. 즉 선행 음절의 후설모음과 이 현상을 유발하는 i나 y 사이에 구개자음이 놓이게 되면 구개성 반모음 첨가 현상은 일어나지 않고 개재자음이 구개음이 아니라면 구개성 반모음 첨가 현상이 일어날 수 있는 것이다. 구개성 반모음 첨가 현상이 갖는 이러한 제약은 이 현상이 구개음화와 공모적인 관계에 있기 때문에 나타난 결과로 간주된다.

ㄷ구개음화는 i나 y에 의해 [+high, -back] 자질을 가지지 않은 'ㄷ'에 이 자질을 가진 'ㅈ'으로 바뀌는 현상이다. 구개성 반모음 첨가 현상도 i나 y에

의해 [+high, -back] 자질을 갖지 않은 후설모음에 이 자질을 첨가하는 현상이다. 그러므로 이 두 현상은 동질적인 현상이다. 그래서 구개성 반모음 첨가 현상이 적용될 때, [+high, -back] 자질을 갖도록 하는 과정에서 i나 y 앞에 있는 자음이 [+high, -back] 자질을 가지고 있으면 이 현상은 적용되지 못하는 것으로 간주된다. i나 y 앞에 있는 자음이 [+high, -back] 자질을 가지고 있음에도 불구하고 구개성 반모음 첨가 현상이 일어날 수 있지 않은지 생각해 볼 수 있지만, 그렇게 되면 i나 y 앞에 [+high, -back] 자질이 있으므로, i나 y에 의해 유발되는 현상은 거기에서 차단되었다고 할 수 있다. 만일 이러한 환경에서 선행 음절의 후설모음에 [+high, -back]의 자질을 갖는 반모음을 첨가한다면 그것은 이제 i나 y에 의해 일어나는 것이 아니라 [+high, -back] 자질을 갖는 구개자음의 영향을 받아 일어나는 현상으로 바뀌게 될 것인데, 국어에서 후행하는 음절의 자음이 음절을 뛰어넘어 선행 음절의 모음에 영향을 미치는 현상은 없기 때문에 이 환경에서 구개성 반모음 첨가 현상이 일어날 수 없다고 할 수 있다.

이렇게 보면 ㄷ구개음화와 구개성 반모음 첨가 현상은 상호 배타적인 특성을 갖는 것이 아니라 구개성 반모음 첨가 현상만 구개음화에 의해 배타적인 특성을 갖는다고 할 수 있을지 모른다. 그러나 구개성 반모음 첨가 현상의 이러한 제약은 개재자음이 'ㅈ'인 경우만이 아니라, [+high, -back] 자질을 갖는 모든 경우에 구개성 반모음 첨가 현상이 일어나지 않는다는 점에서 ㄱ구개음화나 ㅎ구개음화와 함께 검토할 필요가 있다.

ㄱ구개음화와 ㅎ구개음화는 경상도 방언이나 전라도 방언에서 모두 어두 음절에서만 일어났다. 홍윤표(1985)에서는 ㄱ구개음화의 이러한 제약을 ㄷ구개음화의 과정과 관련하여 논의한 바가 있다. 즉 ㄷ구개음화는 첫째, 형태소 경계(R1), 둘째, 비어두 음절의 어휘형태소 구조 내부(R2), 셋째, 비어두 음절의 문법형태소 구조 내부(R3), 넷째, 어두 음절의 어휘형태소 구조 내부(R4)의 일정한 순서, 다시 말해서 R1, R2, R3, R4의 순으로 ㄷ구개음화가 내면적 과정을 거쳤으리라 추정하고, 18세기 초에는 구개음화 규칙이

R1과 R4만 남게 되어 어두 음절에서만 일어나는 제약을 설명할 수 있다는 것이다. 그러나 앞에서 검토한 바와 같이, 경상도 방언에서 ㄱ구개음화와 ㅎ구개음화는 17세기에 이미 진행되고 있었으며, ㄱ구개음화가 일어나고 있었음을 간접적으로 보여주는 예도 16세기 후반 자료에 나타났다. 그러므로 ㄱ구개음화와 ㅎ구개음화에 대한 이러한 추정은 사실에 부합되지 않는 설명이라 하지 않을 수 없다.

ㄱ구개음화와 ㅎ구개음화가 2음절 이하로 확산되지 못한 것은 구개성 반모음 첨가 현상 때문인 것으로 보인다. 어두 음절에서 일어나던 이들 구개음화 현상이 비어두 음절로 확산될 수 있는 음운 환경은 구개성 반모음 첨가 현상과 같은 i나 y 앞이다. 이 환경에서 ㄱ구개음화, ㅎ구개음화와 구개성 반모음 첨가 현상이 서로 배타적으로 적용될 수밖에 없는 상황에 놓이게 된다. 이러한 상황에서 ㄱ구개음화, ㅎ구개음화와 구개성 반모음 첨가 현상 중 구개성 반모음 첨가 현상의 규칙이 먼저 생성되어 확산되었기 때문에 ㄱ구개음화나 ㅎ구개음화는 비어두 음절로 더 이상 확산되지 못한 것으로 추정된다. 구개성 반모음 첨가 현상이 적용되는 환경에서 ㄱ구개음화나 ㅎ구개음화가 제2음절 이하로 확산된다면 구개성 반모음 첨가 현상을 적용할 수 없도록 하는 결과를 가져오기 때문에 화자들의 의식에 이미 규칙으로 자리잡은 구개성 반모음 첨가 현상으로 인해 ㄱ구개음화와 ㅎ구개음화는 2음절 이하로 확산되지 못한 것으로 추정된다.

이러한 추정이 타당하다면, ㄱ구개음화, ㅎ구개음화와 구개성 반모음 첨가 현상은 상호 배타적인 특성을 보이며, 이들 구개음화 규칙과 구개성 반모음 첨가 규칙은 상호 배타적인 관계에 있는 규칙이라고 할 수 있다. 비어두 음절에서 시작된 ㄷ구개음화는 이른 시기에 일어나 구개성 반모음 첨가 현상과 같은 i나 y 앞에서 먼저 적용되어 비어두 음절에서도 구개성 반모음 첨가 현상이 적용되지 못하게 하는 결과를 가져왔으나, 어두 음절에서부터 시작된 ㄱ구개음화, ㅎ구개음화는 제2음절 이하로 확산될 시기에 이미 제2음절 이하에서는 동일 환경에서 구개성 반모음 첨가 현상이 적용되고 있어서 이 구개성 반모음 첨가 현상이 이들 구개음화 현상의 확산을 막은 것으로 추정되는 것이다.

이런 점에서 구개음화와 구개성 반모음 첨가 현상은 공모적인 특성을 갖는 현상이지만, 이들 현상의 동질적인 성격으로 인하여 ㄱ구개음화, ㅎ구개음화와 구개성 반모음 첨가 현상은 상호 배타적 특성을 갖게 된 것으로 생각된다. 이런 점에서 보면 이들 현상이 상호 배타적 특성을 보이기는 하지만, 이들 현상이 동질적인 성격을 갖는 현상이기 때문에 이들 현상이 분포에 따라 달리 적용되어 서로 배타적인 관계에 놓인 것으로 판단된다. 다시 말하면 이들 현상의 공모적인 특성이 특정의 상황에 놓이게 되어 배타적 특성을 가져오게 된 이유로 보이는 것이다.

6.3 구개음화의 역동적 특성

이상에서 구개음화의 역동적 특성을 네 가지 관련 양상으로 나누어 각 관련 양상의 특징을 검토해 보았다. 이들 네 가지 유형적인 관련 양상은 역동적인 특성의 하위 내용으로서, 구개음화에 독립적으로 나타나는 것은 아니었다. 구개음화의 진행 과정에서 이들 관련 양상은 구개음화 현상을 촉진하는 특성을 보이기도 하고, 억제하는 특성을 보이기도 하면서, 또한 분포나 환경에서 조정과 제약을 가하기도 하고, 변화의 결과에 따라 다른 현상이 적용될 수 있는 새 환경을 만들어 주기도 한 것으로 보인다.

이를 ㄷ구개음화를 중심으로 도식화하여 다시 정리하고 이 현상들에서 보이는 역동적인 특성에 대하여 보다 구체적으로 논의하기로 한다. 이러한 역동적인 특성에 대한 논의는 국어사의 전개 과정에 진행되는 음운변화의 기제(mechanism)에 대한 논의가 될 것이다. 여기에서는 다음의 (12)과 같은 구조적인 관계를 갖는 ㄷ구개음화를 중심으로 역동적인 특성에 대한 논의를 해 나가기로 한다.

(12) ㄷ구개음화의 역동적 특성

공모적 특성

↓

경쟁적 특성 ↔ ㄷ구개음화 ↔ 배타적 특성

↓

계기적 특성

　ㄷ구개음화 현상은 i나 y 앞에서 비구개음 'ㄷ'이 구개음 'ㅈ'으로 바뀌는 현상이다. 이 현상은 좁은 의미의 구개음화로 정의한 ㄱ구개음화와 ㅎ구개음화뿐만 아니라, 넓은 의미의 구개음화로 정의한 i나 y 앞에서의 ㄴ탈락 현상, 역시 i나 y에 의한 선행 음절의 후설모음에 일어나는 구개성 반모음 첨가 현상과 공모적인 특성을 보인다. 앞에 말한 대로 이 특성은 여러 현상이 [+high, −back]을 지향하는 동질적인 현상들이 통시적인 변화의 큰 흐름을 형성하여 구개음화 현상이 일어나는 쪽으로 상호 촉진하는 특성을 보인다고 할 수 있다.

　공모적인 현상은 역동적인 특성을 보이는 네 유형의 관련 양상에 모두 영향을 미치는 것으로 간주된다. 경쟁적 특성을 보이는 구개음화와 과도교정 현상 중에서, 변화의 흐름이 구개음화를 일으키는 쪽으로 촉진하는 방향으로 나아가게 되는 것은 공모적인 현상이 변화의 큰 흐름을 형성하여 동일한 방향으로 변화가 상호 영향을 미치기 때문으로 보인다. 그러나 기존의 어형을 고수하기 위한 의식적인 노력으로 일어난 과도교정 현상은 구개음화 전체에 대한 거부의 의식이라기보다 구개음화의 개별 현상에 의존하여 각 구개음화 현상과 상반된 방향으로 작용하게 되어 과도교정 현상 자체는 개별적이고 독립적인 성향을 띠기 때문에 공모적 특성을 지니고 변화의 큰 흐름을 형성한 구개음화의 전체적인 흐름을 바꾸지 못하는 것으로 생각된다. 다시 말해서 공모적 현상은 i나 y가 [+high, −back]라는 자질을 갖도록 하는 공통의 방향이 설정되어 변화의 흐름을 형성하지만,

과도교정은 공통된 방향을 갖는다기보다 변화된 분절음을 기존의 형태로 되돌리고자 하는 의식에 의해 일어난 현상이기 때문에 변화의 흐름을 주도하지 못한 것으로 생각된다.

공모적 특성은 배타적 특성을 보이는 현상에도 깊이 관여한다. ㄷ구개음화가 적용되면 구개성 반모음 첨가 현상이 일어나지 않고 구개성 반모음 첨가 현상이 일어나 ㄱ구개음화나 ㅎ구개음화가 제2음절 이하로 확산되지 못했다고 할 때, 이들 현상들의 배타적 특성으로 인하여 나타나는 제약은 이들 현상이 모두 [+high, -back]라는 자질을 갖는 공통의 방향을 지향하는 공모적 특성을 보이는 현상들이기 때문인 것으로 파악하였다. 제2음절 이하에서 i나 y에 의해 ㄷ구개음화가 일어나면 i나 y가 지향하는 [+high, -back] 자질을 갖게 되었으므로 더 이상 구개성 반모음 첨가 현상이 적용될 필요가 없게 되고, 구개성 반모음 첨가 현상이 일어나는 환경에서 ㄱ구개음화나 ㅎ구개음화가 일어난다면 구개성 반모음 첨가 규칙이 적용되지 못하도록 하여 이들 구개음화 현상이 제2음절 이하로 확산되지 못한 것으로 간주되기 때문이다.

그러나 공모적 특성은 계기적 특성에는 그리 직접적으로 영향을 미친다고 하기 어렵다. 구개성을 지향하는 변화의 흐름을 형성하여 구개음화 규칙의 적용을 촉진하여 구개음화 규칙을 확산한다는 점에서 계기적 특성과 간접적인 영향 관계에 있다고 할 수 있다. 그리하여 계기적인 특성 자체가 구개음화 규칙이 적용된 어형이 다른 현상의 출력부가 되어 새 현상이 적용될 수 있는 시점에 이르면 구개음화와 구개성 반모음 첨가 현상이 갖는 공모적인 특성은 이미 작용하지 못하게 된 상태라 해도 좋을 것이다. 새 규칙이 적용된다는 것은 구개음화가 적용된 어형을 일반화된 형태로 용인한다는 것으로서 구개음화가 적용된 새 형태가 언중들에게 기저형으로 인정되고 있음을 보여주는 것으로 간주되기 때문이다.

이러한 역동적 특성의 하위 내용을 구성하는 네 가지 관련 양상은 공모적 특성을 중심으로 직접·간접적인 관계를 맺는 것으로 보인다. 말하자면 네 유형의 관련 양상이 모두 동등한 위치에서 관계를 맺는 것은 아니다. 공모적 특성이 전체 흐름을 주도하면서, 각 현상이 해당 시·공간에서 처한 상황에 따라 일부의 현상과 관계를 맺기 때문이다. 즉 ㄷ구개음화가 발생하여 확산되어 나가는 상황에서 어떤 현상은 구개음화라는 변화를 거부하고 기존의 어형을 고수하고자 하는 현상(과도교정)과 경쟁적 관계를 보이기도 하고, 구개성을 가지는 방향으로의 변화를 향해 나아가는 현상들과 배타적 관계를 보여 관련되는 두 현상 가운데 어느 한 현상이 일어나고 다른 현상은 일어나지 못하기도 하고 또는 현상에 따라서는 그 반대의 상태로 진행되기도 하는 것이다. 그리고 공모적 특성을 가진 현상들 중심으로 경쟁적 특성과 배타적 특성을 보이면서 진행된 구개음화 규칙이 언중들에게 새로운 기저형으로 인정되면 또 다른 현상과 계기적 관계에 놓이기도 하는 것으로 나타나는 것이다.

그러면 이러한 역동적인 특성들이 공모적 특성을 중심으로 구조적 관계를 보이는 이들 관련 양상들이 시·공간에 따라 다르게 나타난다는 것은 어떻게 이해해야 하는가? 그것은 언어 변화가 점진적으로 일어나기 때문에 ㄷ구개음화를 중심으로 맺어지는 관련 양상은 시·공간에 따라 달라질 수밖에 없을 것이다. 어떤 규칙이 생겨 화자도 모르게 어떤 변화 현상이 일어나 하나의 새 규칙으로 화자에게 내재화되어 점차 새 규칙이 음운 환경을 확장해 나갈 것이다. 이러한 과정은 각 시기의 음운 환경에 따라 새 규칙을 개별 단어에 적용시켜 나가는 과정이라고 할 수 있다. 이렇게 음운 규칙을 확장시켜 나가고, 그 음운규칙을 개별 단어에 적용시켜 나가는 과정이 점진적으로 이루어지므로 이 과정에서 여러 유형의 관련 양상이 나타난다고 할 수 있다.

이런 점에서 음운 변화 규칙은 어떤 음운 환경에서 일시적으로 발생하지만, 그 규칙을 개별 단어에 적용시키는 과정은 점진적으로 이루어진다고 하겠다. 그러므로 음운변화가 점진적으로 일어난다는 것은 음운 규칙이 점진적으로 일어나는 것이 아니라, 생성된 음운 규칙을 형태소나 단어에 적용하는 것이 점진적이라는 말이 된다. 이렇게 점진적으로 이루어지는 긴 과정에서 해당 변화와 직·간접적으로 관련되는 현상들이 역동적인 특성을 보이는 관계에 놓이게 된다고 할 수 있다. 이것은 Wang(1969)에서 지적한 바와 같이, 짧지 않은 시간을 거치면서 진행되는 변화의 과정에서 경쟁하는 음운변화들이 교차됨으로써 음운변화가 규칙적이지 않은 모습을 보여줄 수 있기 때문이다.

이런 점에서 역동적인 특성에 해당하는 관련 양상들도 점진적으로 해당 음운변화의 과정에 따라 다르게 된다. 그래서 공모적 특성을 보이는 여러 종류의 구개음화 현상들의 시작 시기와 완성의 시기가 각각 다르게 나타나는 것도 이러한 관점에서 이해가 가능하며, 경쟁적 특성을 보이는 구개음화와 과도교정의 현상들이 상대적인 출몰 관계를 보이며 변하는 것도 이러한 관점에서 이해가 가능하다. 또한 이러한 관점에서 배타적 특성을 보이는 현상들이나 계기적 특성을 보이는 현상들이 시간과 공간에 따라 달리 나타남을 이해할 수 있게 된다[120].

구개음화의 전개 과정에서 드러나는 이러한 관련 양상들은 시간과 공간에 따라 달라진다. 이러한 점이 구개음화의 역동적 특성을 잘 드러내 준다. 각 구개음화 현상들이 시기에 따라, 그리고 방언에 따라 그 시기의 언어 내적·언어 외적 상황에 따라 이들의 구조적 관계가 변한다. 이러한 구조적 관계의 변화는 구개음화의 변화 과정이 시간과 공간의 변화에 따라 공모적 관계, 경쟁적 관계, 계기적 관계, 배타적 관계가 변화하는 것을 의미하는 바, 이러한 구조적 관계의 변화가 i나 y에 의해 국어 음운사적 전개

---

120) 음운규칙이 점진적으로 적용된다는 점에서 어떤 음운변화 규칙의 시작 시기와 완성 시기를 잡아 시간과 공간의 획을 긋는다는 것은 사실상 어려운 일이다. 지금까지 구개 음화에 대한 논의에서 몇몇 구개음화 예들이 나타나면, 구개음화 현상이 발생했다고 설명하고, 그보다 많은 예들이 나타나면 그 환경에서 구개음화 현상이 완성되었다고 하면서 공시적인 규칙화를 시도하기도 하였다. 그러나 문헌에 나타나는 구개음화의 예들을 통하여 구개음화 현상의 존재를 확인할 수는 있으나 그 현상의 시작과 완성의 구체적인 시기는 알기 어렵다.

에서 선행 자음이나 모음이 [+high, -back] 자질을 갖는 방향으로 변화해
갔음을 의미한다.

7. 결론

이상에서 17·8세기 국어의 구개음화와 그 관련 현상들의 진행 과정을 살펴보고, 그 과정에서 드러나는 특성을 검토하였다. 논의된 내용을 간략하게 정리하고 앞으로의 과제와 전망을 언급하면서 본 연구를 마무리하고 자 한다.

제2장에서 먼저 본고의 논의에 필요한 17·6세기 국어의 문헌 자료를 살펴보고 문헌을 중앙어, 경상도, 전라도, 기타 지역 방언이 반영된 문헌으로 분류하여 논의에 필요한 기반을 마련하였다. 이어서 제3장에서는 구개음화, 즉 ㄷ구개음화, ㄱ구개음화, ㅎ구개음화의 전개 과정과 특징에 대하여 논의하였다. 논의 내용을 정리하면 대체로 다음과 같다.

중앙어가 반영된 자료에서는 17세기 중·후기에 비어두 음절에서 ㄷ구개음화 예가 나타났으며 이와 같은 시기에 어두 음절에서 과도교정의 예가 나타나 18세기에 들어 ㄷ구개음화 예들이 점차 확산되어 18·9세기 교체기에는 구개음화의 환경에 있는 대부분의 예들이 구개음화되어 나타났다. 그리하여 중앙어에서는 ㄷ구개음화가 17세기 전기에 시작되어 19세기 후기에 일반화된 것으로 추정하였다.

경상도 방언이 반영된 자료에서는 16세기 후기에 ㄷ구개음화의 과도교정 예가 보이고 17세기 초기에 많은 예들이 나타났다. 이러한 문헌 예로보아 경상도 방언에서는 ㄷ구개음화가 16세기 중·후기에 시작되어, 17세기에 점차 확산되어 'ㅈ=ㄷ+y'로 인식된 예들이 나타나는 19세기 중기 경에는 일반화된 것으로 추정하였다. 전라도 방언 반영 자료에서는 16세기 중기에 ㄷ구개음화와 과도교정 예가 꾸준히 나타나고 17·8세기에는 상당히 확산된 상태로 나타나 경상도 방언과 유사하게 진행된 것으로 추정하였다. 함경도 방언 자료에서도 ㄷ구개음화와 과도교정 예가 17세기 전기에 적지 않게 나타났다. 그러나 황해도나 평안도 방언 반영 자료에는 18세기 중기에도 ㄷ구개음화가 보이지 않았다. 이로 보아 ㄷ구개음화는 남부방언에서 먼저 시작되어 중앙어로 확산된 것으로 보이며, 황해도 일부 방언과 평안도 방언에서는 ㄷ구개음화가 일어나지 않았다고 할 수 있다.

ㄷ구개음화가 일어나기 시작한 초기에는 문헌 자료에 ㄷ구개음화된 예이 한자어 예에 많이 나타나 고유어로 확산되는 경향을 보였으나 후대로 갈수록 한자어보다 고유어의 확산 정도가 훨씬 빨라 한자어보다 고유어에서 먼저 일반화된 것으로 파악된다. 고유어에서는 평음에서 경음·격음으로, 개음절에서 폐음절로, 비어두 음절에서 어두 음절로 확산된 것으로 나타났다. 과도교정은 기존의 논의와 달리 ㄷ구개음화 예가 보이기 시작한 초기부터 나타나기 시작하여 ㄷ구개음화가 널리 확산되는 시기에 이르러도 확산되지 않거나 오히려 줄어드는 경향을 보이는 것으로 나타났다. 이러한 특징을 바탕으로 ㄷ구개음화를 의식적으로 거부하는 노력의 결과이기 때문에 ㄷ구개음화가 일반화되면서 사라진 것으로 추정하였다.

이러한 특징을 바탕으로 할 때, 구개음화는 '의식의 아래'에서 진행되었으나, '의식의 위'에서 구개음화 현상을 받아들이지 않으려는 화자들의 노력으로서 과도교정 현상이 나타나 두 현상이 상호 작용하다가 구개음화가 널리 확산된 것으로 이해하였다. 이러한 '의식 아래에서의 변화'로서 구개음화를 이해하고 과도교정이 '의식 위에서의 변화'로 나타난 것으로 이해함으로써 17세기 중·후기 중앙어 문헌에서 보여주는 ㄷ구개음화 예들의 출현 시기와, 유희가 ≪언문지≫(1824)에서 설명한 구개음화 관련 설명이 일치하지 않은 이유를 이해할 수 있었다.

중앙어가 반영된 문헌에는 ㄱ구개음화는 나타나지 않고 그 과도교정의 예만 일부 나타났다. 경상도 방언 자료에서는 16세기 중·후기에 ㄱ구개음화 예가 처음 나타나 17세기 초·중기에도 계속 나타났다. 전라도 방언 자료에서도 17세기·8세기에 소수이긴 하지만 예들이 꾸준히 나타났다.

ㅎ구개음화는 모든 방언에서 나타났으나 예들이 많지 않아 진행 과정을 구체적으로 논의하기 어려웠다. ㄱ구개음화나 ㅎ구개음화, 또는 그 과도교정은 모두 1음절에서만 일어났다. 그러나 한자어의 경우에는 비어두 음절에서도 일어나고, 복합어나 파생어의 두 번째 요소에도 일어나 점차 확산된 것으로 나타났다.

제4장에서는 i와 y 앞에서 일어난 'ㄴ'의 탈락과 첨가 현상에 대하여 논의하였다. 구개음화가 일어난 중앙어와 남부 방언, 그리고 함경도 방언 자료에서는 모두 어두에서 ㄴ탈락 현상과 ㄴ첨가 현상이 나타났다. 그러나 구개음화가 일어나지 않은 황해도와 평안도 방언 문헌에서는 이 현상들도 나타나지 않았다. 그런데 경상도 방언 문헌에서는 어중 'ㄴ'도 탈락되는 예들이 나타났다. 현대 경상도 방언에서 어중의 'ㄴ'이 탈락된 뒤 일어나는 비모음화 현상에 대응하는 이 현상은 모음과 i나 y 사이에서 구개음 'ㄴ'이 비음성을 인접 모음에 남기고 탈락한 것으로 이해하였다. 한편 국어의 복합어나 파생어 형성 시 i나 y로 시작하는 두 번째 구성 요소에 'ㄴ'이 첨가되는 현상은 원래 형태에 있던 'ㄴ'이나, ㄴ탈락에 대한 과도교정에 의해 첨가된 'ㄴ'이 단어형성 시에 나타난 것으로 해석하였다.

제5장에서는 먼저 17·8세기에 ㅣ상합자들 대부분이 y계 하향이중모음으로 실현되어 기존에 움라우트 현상이 일어난 것으로 간주되어 온 예들이 i나 y 앞에서 선행 음절의 후설모음에 구개성 반모음 y를 첨가하는 현상이었음을 논의하고 구개성 반모음 y가 첨가되는 현상에 대하여 살펴보았다. 구개성 반모음 y 첨가 현상은 i나 y에 의해 선행 음절의 모음에 [−back, +high]라는 구개성 자질을 추가하는 일종의 구개음화 현상으로서 후설모음에 대립하는 [−back] 모음이 없었기 때문에 그 자질을 가진 y를 후설모음에 첨가한 현상이라 간주하였다. 그리하여 이 현상은 구개음화와 성질이 같은 공모적 특성을 갖는 현상으로서, 제2음절 이하로 확산되는 구개음화 현상과 충돌하여 구개성 반모음 첨가 현상이 일어나면 구개음화 현상이 제2음절 이하로 확산되지 못하고, 구개음화 현상이 제2음절 이하로 확

산된 경우에는 구개성 반모음 첨가 현상이 일어나지 못하는 상황에 처한다는 사실에 주목하였다. 이러한 상호 제약 현상으로 상황으로 인하여 ㄷ구개음화가 일어난 경우에 구개성 반모음 첨가 현상이 그 선행 음절에서 일어나지 못하였고 구개성 반모음 첨가 현상이 일어나 ㄱ구개음화나 ㅎ구개음화가 제2음절 이하로 확산되지 못한 것으로 이해하였다.

제6장에서는 구개음화의 과정에서 구개음화와 그 관련 현상들의 관련 양상과 이들 양상을 통하여 드러나는 음운변화의 역동적인 특성을 논의하였다. 먼저 구개음화와 그 관련 현상들 사이에 공모적 관계, 경쟁적 관계, 계기적 관계, 배타적 관계가 형성된다는 사실을 확인하고 이러한 관계가 드러내는 특성을 각각 공모적 특성, 경쟁적 특성, 계기적 특성, 배타적 특성으로 간주하였다.

공모적 특성은 i나 y 앞에서 구개성을 갖지 않던 분절음이 구개성을 갖는 방향으로 변화해 가는 현상들 사이에 맺어지는 공모적 관계에 있는 현상이나 규칙들로서, ㄷ구개음화, ㄱ구개음화, ㅎ구개음화 등의 자질 변경 규칙, i나 y 앞에서 'ㄴ'이 구개음으로 되는 현상에 뒤이어 일어나는 'ㄴ' 탈락 현상, 구개성 반모음 y첨가 현상 등이 공모적 특성을 갖는 현상으로 간주하였다. 경쟁적 특성은 i나 y 앞에서 'ㄷ, ㅌ' 등이 'ㅈ, ㅊ' 등으로 교체되는 구개음화 현상과 교체의 방향이 상반되는 그 과도교정 사이에 맺어지는 관계에 있는 현상이나 규칙으로서, 각각의 구개음화와 그에 대한 과도교정 현상이 경쟁적 특성을 갖는 현상으로 간주하였다. 계기적 특성은 구개음화가 일어난 형태가 화자들에게 새로운 기저형으로 인식되어 다른 음운변화 현상의 입력부가 되는 관계에 있는 현상들로서 구개음화와 구개음 뒤의 y탈락 현상, 구개음화에 이은 'ㄴ' 탈락 현상, 구개음 'ㅈ, ㅊ' 뒤의 'ㅡ〉ㅣ' 현상 등이 이에 해당하는 것으로 논의하였다. 마지막으로 구개음화와 어떤 다른 음운변화 현상이 상호 배타적으로 적용되어 어느 한 현상이 먼저 일어나면 다른 현상이 일어날 수 없도록 하는 현상이나 규칙으로서 'ㄷ, ㄱ, ㅎ'의 구개음화 현상과 구개성 반모음 y첨가 현상이 이에 해당하는 것으로 논의하였다.

이상과 같이 본 연구에서는 구개음화는 역사적으로 전개되는 과정에서 여러 현상들과 경쟁적 관계, 공모적 관계, 계기적 관계, 배타적 관계 등의 역동적인 관계를 맺으면서 각각 경쟁적 특성, 공모적 특성, 계기적 특성, 배타적 특성 등의 역동적인 특성을 보여주는 것으로 이해하였다. 이러한 구개음화의 역동적인 관계와 특성은 각각의 변화 현상이 일어나는 시간과 공간에 따라 달리 나타난다.

ㄷ구개음화가 일어나는 시기와 특성은 지역에 따라 다르다. 남부 방언에서 먼저 일어나고 그 후에 중앙어에 일어났지만 평안도 방언에서는 ㄷ구개음화가 이어나지도 않았다. ㄷ구개음화뿐만 아니라 ㄱ구개음화, ㅎ구개음화, 구개성 반모음 첨가 현상, 'ㄴ'의 탈락과 첨가 현상도 마찬가지였다. 그러므로 협의의 구개음화 현상이든, 광의의 구개음화 현상이든 이들 각각의 구개음화 현상들 또는 이들 구개음화와 그 관련 현상들 사이에 맺어지는 관련 양상과 특성은 당연히 시기에 따라 지역에 따라 다를 수밖에 없다. 다시 말해 구개음화의 통시적 전개 과정에서 구개음화 상호 간, 또는 구개음화와 그 관련 현상들 사이에 맺어지는 관련 양상은 경쟁적 관계, 공기적 관계, 계기적 관계, 배타적 관계를 형성하여 각각 경쟁적 특성, 공기적 특성, 계기적 특성, 배타적 특성을 보일 수 있지만 이들 관련 양상과 그 관련 양상에서 드러나는 특성은 시간과 공간(나아가서는 계층)에 따라 달리 나타나는 것이다. 이와 같이 구개음화와 같이 어떤 음운 현상이나 규칙에 구조적인 관계망을 형성하되, 그 구조적인 관계망이 시간과 공간(이 나아가 계층)에 따라 달라지는 이러한 특성을 역동적인 특성이라 규정하고 구개음화는 그 통시적인 전개에서 역동적인 특성을 보여주는 것으로 이해하였다.

이러한 맥락에서 어떤 음운변화와 관련되는 여러 현상들과 맺어지는 관련 양상과 특징을 이해하는 것은 해당 음운변화의 진행 과정을 보다 구체적으로 이해하는 것이라고 할 수 있다. 그리고 음운변화의 과정을 중시할 때 문헌을 바탕으로 연구하는 국어사 연구에서는 해당 음운변화의 시작과 완성을 제대로 파악하기 어렵다는 사실을 확인한 것도 중요하다고 생각된다. 이런 점에서 그동안의 국어 음운사 연구 방법론에 문제가 없는지 생각해볼 기회가 되었다는 점에서 의미가 있을 것이다. 사실 국어 음운사 연구의 방법론적 문제점은 일반언어학의 음운사 연구에서 소장문법학자 (neo-grammarian) 이래 전통으로 굳어지다시피 되어 왔던 이른바 규칙에 의한 변화 가설을 기반으로 진행된 필연적인 결과라고 해도 과언이 아닐 것이다. 문헌을 대상으로 음운변화의 시작과 완성의 시기를 정확하게 파악해 내는 것은 거의 불가능하지 않나 할 만큼 어렵다는 생각이 든다.

구개음화의 통시성과 역동성을 살펴보고자 진행한 본고의 논의는 필자가 처한 여러 가지 내적 · 외적 요인으로 인하여 적지 않은 한계에 부딪혔다. 내적으로는 문헌 자료를 소화하거나 이해하기에 필자의 능력이 모자란다는 사실을 실감하였다. 문헌 자료가 갖는 한계도 절실하게 느꼈다. 17 · 8세기의 국어사 문헌을 몇몇 방언권으로 나누었으나 그것이 얼마나 사실에 가까울지 생각하면 두려움이 앞선다. 방언을 제대로 보여주는 문헌이라고 할 수 있을지 의심스럽지만 어디까지가 방언이고 어디까지가 그렇지 않은지 판별하기 어려웠다. 중앙어 자료나 경상도 방언 자료는 그래도 어느 정도 검토할 만큼 전하지만 다른 지역 방언이 반영된 문헌은 논의를 전개하기에 턱없이 부족하였다. 꾸준히 새로운 문헌을 발굴하여 보다 구체적인 논의가 이루어질 수 있는 기반을 마련할 필요가 있다.

이러한 여러 가지 문제점이 있었지만 본 연구를 수행하면서 생각지도 않았던 소득도 있었다. 음성 층위에서 일어난 ㄴ구개음화, 음소 층위의 ㄴ 탈락 현상이나 ㄹ탈락, 그리고 이들 현상에 이어서 일어나는 비모음화 현상 자체는 국내에서도 널리 알려진 현상이지만 이 현상의 특성이 음소 층위를 나누어 기술하고자 하는 설명의 한계를 보여준다는 점을 확인한 것이다. 가령 어휘음운론에서는 lexiacal rule과 post-lexical rule을 분리하여 기술하지만 ㄴ구개음화의 통시적 전개 과정을 보면 이 현상이 'ㄴ'이 i나 y

앞에서 구개변이음으로 실현되는 데에서 시작하는 현상이기 때문에 공시적으로 이 현상을 어휘음운론식으로 기술한다면 post-lexical rule로 적용해야 하겠지만 실제로 이 현상을 그렇게 기술할 수 없음을 확인하게 된 것이다. 'ㄴ'이 구개음화되고 음소인 'ㄴ'이 탈락되기 때문에 어쩔 수없이 'ㄴ'이 구개변이음으로 바뀌는 현상이지만 이 현상을 lexical rule로 다루지 않을 수 없는 것이다. 나아가 이 현상 이후에 적용되는 경상도 방언의 비모음화 같은 음성 층위의 현상도 마찬가지의 성격을 지닌다는 점에서 어휘음운론뿐만 아니라 음소 층위에서 일어난다고 보아온 통시적인 음운변화 과정과 전개 문제를 근본적으로 생각해 볼 여지가 있음을 새삼 깨닫게 된 것이다.

현대 경상도 방언에서 비모음은 구강모음과 대립되지 않기 때문에 구강모음의 변이음으로 간주할 수밖에 없다. 그러므로 변이음 규칙인 비모음화는 postlexical rule로 다루어져야 한다. 그 이전에 'ㄴ'의 탈락 현상이 적용되고 그 이전에 'ㄴ'이 구개변이음으로 실현되는 음성 현상이 적용되어야 하기 때문이다. 이러한 문제점은 어휘음운론에만 있는 것은 아니다. 'ㄴ'이 탈락되어 비모음화가 일어난다면 그것은 ㄴ탈락의 흔적으로 일어나는 현상이라 할 수 있다. 그런데 이러한 현상을 적용한 비모음화 현상은 경상도 방언에서 [비음성]에 의해 모음이 대립되는 것은 아니기 때문에 음성적인 현상이 되어 버리는 것이다. 그렇다면 이러한 음성적인 현상은 전통적인 음운론에서는 의미있는 현상으로 간주할 여지가 없게 된다. 그러나 보상적인 현상으로 일어나는 장모음화는 음운론의 영역에서 중요한 의미를 가지는 반면에 분절음이 탈락하면서 그 흔적을 남기는 비모음화 현상은 동등한 의미를 가지지 못하게 되는 것이다. 앞으로 이러한 음운론의 대상과 영역에 대한 관심이 확대되어 국어의 현상을 제대로 보여주면서 그러한 현상을 정밀하게 기술할 수 있는 방법론에 대한 고민도 꾸준히 이어져야 할 것이다.

참고문헌

강신항(1978), 중국 자음(字音)과의 대음으로 본 국어 모음체계, ≪국어학≫ 7, 국어학회.

강신항(1983), 치음과 한글 표기, ≪국어학≫ 12, 국어학회.

강신항(1987), 한국 한자음 내 설음계 자음의 변화에 대하여, ≪동방학지≫ 54-56 합본, 연세대 국학연구소.

강신항(1988), ≪개정 국어학사≫, 보성문화사.

강신항(1990), ≪증보판 훈민정음 연구≫, 성균관대학교 출판부.

고광모(1989), 체언 끝의 변화 ㅅ〉ㄷ에 대한 새로운 해석, ≪언어학≫ 11, 언어학회.

고동호(1991), 제주도 방언의 구개음화와 이중모음의 변화, ≪언어학≫ 13, 언어학회.

곽충구(1980), 18세기 국어의 음운론적 연구, ≪국어연구≫ 43, 국어연구회.

곽충구(1982), 아산 지역어의 이중 모음 변화와 이중 모음화 - y계 이중모음과 a〉wə 변화를 중심으로, ≪방언≫ 6, 한국정신문화연구원.

곽충구(1984), 체언 어간말 설단 자음의 마찰음화에 대하여, ≪국어국문학≫ 91, 국어국문학회.

곽충구(1994), ≪함북 육진방언의 음운론≫, 태학사.

고영근(1993), "석보상절", "월인천강지곡", "월인석보", 안병희선생회갑기념논총 ≪국어사 자료와 국어학의 연구≫, 문학과 지성사.

김동언(1990), ≪17세기 국어의 형태음운 연구≫, 박사학위논문(고려대학교).

김수곤(1976), /ㄴ/의 구개음화 규칙, ≪어학연구≫ 12 - 2, 서울대 어학연구소.

김수곤(1978), 현대국어의 움라우트 현상, ≪국어학≫ 6, 국어학회.

김영배(1985), i모음 역행동화와 그 개재자음, ≪한국문화연구≫ 2.

김영배(1987), i역행동화의 방사 중심지에 대한 한 생각, 박은용 박사 회갑기념논총 ≪한국어학과 알타이어학≫, 효성여자대학교 출판부.

김영배(1991), ≪이륜행실도≫의 원간본과 중간본의 비교, ≪동방학지≫ 제71 · 72 합집, 연세대학교 국학연구원.

김완진(1963), 국어 모음체계의 신고찰, ≪진단학보≫ 24, 진단학회.

김완진(1964), 중세 국어 이중모음의 음운론적 해석에 대하여, ≪학술원논문집≫ 4('1971: 일조각'에 재수록).

김완진(1967), 음운사, 한국문화사대계 Ⅴ, 고려대학교 민족문화연구소.

김완진(1968), 고구려어에 있어서 ㅌ구개음화의 현상에 대하여, ≪이숭녕 박사 송수기념논총≫.

김완진(1971), 음운현상과 형태론적 제약, ≪학술원 논문집≫(인문·사회과학 편) 10, 학술원(1971: 일조각에 재수록).

김완진(1971), ≪국어 음운체계의 연구≫, 일조각.

김완진(1972), 형태론적 현안의 음운론적 극복을 위하여, ≪동아문화≫ 11, 서울대학교 동아문화연구소.

김완진(1973), 음운변화와 음운의 분포, ≪진단학보≫ 38, 진단학회.

김완진(1975), 전라도 방언 음운론의 연구 방향 설정을 위하여, ≪어학≫ 2, 전북대학교 어학연구소.

김완진(1976), ≪노걸대의 언해에 대한 비교 연구≫, 서울대학교 한국연구원.

김윤수(1990), 태인 방각본 '상설 고문진보 대전'과 '사요취선', ≪서지학연구≫ 제5·6집, 서지학회.

김이협(1981), ≪평북방언사전≫, 한국정신문화연구원.

김재철(1932), Palatalization에 대하여, ≪조선 어문학 회보≫ 4, 조선어학회.

김주원(1984), 18세기 경상도 방언의 음운현상, ≪인문연구≫ 6, 영남대학교 인문과학연구소.

김주원(1994), 18세기 황해도 방언의 음운현상, ≪국어학≫24, 국어학회.

김주원(1997), 구개음화와 과도교정, ≪국어학≫ 29, 국어학회.

김주원(1998), 문헌 자료에 대한 올바른 해석을 위하여, ≪문헌과 해석≫ 통권 4호, 태학사.

김주필(1985), 구개음화에 대한 통시론적 연구, ≪국어연구≫ 68, 국어연구회.

김주필(1990), 국어 폐쇄음의 음성적 특징과 음운현상, ≪강신항 선생 회갑기념논문집≫, 태학사.

김주필(1993), ≪진주하씨 묘 출토 한글 자료≫에 대한 음운론적 연구, ≪진단학보≫ 75, 진단학회.

김주필(1995), 두음법칙의 음운론적 해석에 대하여, 남학 이종철 선생 회갑기념 ≪한일 어학 논총≫.

김주필(1998a), 구개음화의 통시적 전개 과정과 특성, ≪음운≫Ⅱ, 태학사.

김주필(1998b), 음운변화와 표기의 대응관계, ≪국어학≫ 32, 국어학회.

김진우(1971), 국어 음운론에 있어서의 공모성, ≪어문연구≫7, 어문연구회.

김차균(1976), 국어의 자음법변, ≪언어학≫ 1, 언어학회.

김차균(1983), ≪음운론의 원리≫, 창학사.

김차균(1988), ≪나랏말의 소리≫, 태학사.

김형규(1959), 구개음화의 연구, ≪서울대논문집≫ 9, 서울대학교.

도수희(1981), 충남방언의 움라우트 현상, ≪방언≫5, 정신문화연구원.

도수희(1983), 한국어 음운사에 있어서 부음 y에 대하여, ≪한글≫ 179, 한글학회.

박종희(1983), ≪국어 음운론 연구≫, 원광대학교 출판국.

박종희(1985), 국어의 비모음화 현상에 대하여, ≪국어학≫ 14, 국어학회.

박창원(1987a), 15세기 국어의 음절 경계, ≪진단학보≫ 64, 진단학회.

박창원(1987b), 표면 음성 제약과 음운현상, ≪국어학≫ 16, 국어학회.

박창원(1990), 음운규칙과 단어 형성의 층위 - 어휘음운론적 접근과 그 문제점-, ≪이정 정연찬 선생 회갑기념논총≫, 탑출판사.

박홍길(1961), 구개음화고 - 광의의 설립을 위하여, ≪국어국문학지≫ 3, 부산대학교 국어국문학과.

배주채(1989), 음절말 자음과 어간말 자음의 음운론, ≪국어연구≫ 91, 국어연구회.

백두현(1989), 두시언해 초간본과 중간본의 통시음운론적 비교, ≪어문학≫ 50, 한국어문학회.

백두현(1990), 영남 문헌어의 통시적 음운 연구, 박사학위논문(경북대).

백두현(1991), "몽산화상육도보설"의 국어학적 연구, ≪어문론총≫ 25, 경북어문학회.

서보월(1991), 국어 자음 연계에서의 음운현상과 제약, 박사학위논문(경북대)

서정목(1981), 경남 진해 지역어의 움라우트 현상, ≪방언≫ 5, 한국정신문화연구원.

성백인(1976), 만주어 음운사 연구를 위하여, ≪언어학≫ 1, 한국언어학회.

송기중(1984), 국어와 알타이 제어, ≪제3회 국제학술회의 논문집≫, 한국정신문화연구원.

송기중(1985), ≪몽어유해≫ 연구, ≪역사언어학≫, 전예원.

송기중(1990), 비교연구: 국어와 북방 민족어, ≪국어 연구 어디까지 왔나≫, 동아출판사.

송기중(1992), 현대국어 한자어의 구조, ≪한국어문≫1, 한국정신문화연구원.

송기중(1993), 국어 계통론의 실상, ≪한국어문≫2, 한국정신문화연구원.

송　민(1986), ≪전기근대국어 음운론 연구≫, 탑출판사.

송　민(1991), 근대국어의 음운론적 인식, ≪제21회 동양학 학술회의 강의초≫ (근대국어의 특징과 연구사 검토), 동양학연구소(단국대).

송철의(1982), 국어의 음절문제와 자음의 분포제약에 대하여, ≪관악어문연구≫ 7, 서울대 국문과.

송철의(1982), 음운현상의 기술을 정밀화시킨 국어 음운론 연구에 대하여, 탑출판사.

심재완·이현규 편저(1991), ≪월인석보—무량굴판 제21—연구≫, 모산학술연구소.

안병희(1957), 중간두시언해에 나타난 ㅌ구개음화에 대하여, ≪일석 이희승 선생 송수기념 논총≫.

안병희(1972), 임진란 직전 국어사 자료에 관한 이삼 문제에 대하여, ≪진단학보≫ 33, 진단학회.

안병희(1979), 중세어의 한글 자료에 대한 종합적 고찰, ≪규장각≫ 3, 규장각.

안병희(1983), "어록해" 해제, ≪한국문화≫ 4, 서울대학교 한국문화연구소.

안병희(1985), "별행록절요 언해'에 대하여, 김일근 박사 회갑기념 ≪어문학 논총≫.

유창돈(1961), ≪국어 변천사≫, 통문각.

유창돈(1964), ≪이조 국어사 연구≫, 선명문화사.

이기문(1959), 16세기 국어의 연구, ≪문리논집≫ 4, 서울대학교 문리과대학.

이기문(1961), ≪국어사 개설≫, 민중서관.

이기문(1964), Monogolian Loan-Words in Middle Korean, *Ural-Altaische Jahrbücher*, 35b.

이기문(1971), ≪훈몽자회 연구≫, 한국문화연구소.

이기문(1972a), ≪국어 음운사 연구≫, 한국문화연구소(1977: 탑출판사).

이기문(1972b/1977), ≪개정 국어사 개설≫, 민중서관.

이기문(1991), ≪국어 어휘사 연구≫, 동아출판사.

이기문·김진우·이상억(1984), ≪국어 음운론≫, 학연사.

이돈주(1979), ≪전남방언≫, 어문총서 206, 형설출판사.

이명규(1974), 구개음화에 대한 문헌적 고찰, ≪국어연구≫ 31, 국어연구회.

이명규(1981), 어두음 탈락의 시기에 대한 고찰, ≪인문논총≫ 1, 한양대학교.

이명규(1982), 근대국어의 음운현상에 관한 연구, ≪인문논총≫ 3, 한양대학교.

이명규(1984), 계초심학인문 등에 대하여, ≪인문논총≫ 7, 한양대학교.

이명규(1993), ≪구개음화에 대한 통시적 연구≫, 박사학위논문(숭실대학교).

이병근(1970), 19세기 후기 국어의 모음체계, ≪학술원논문집≫ 6, 학술원.

이병근(1971), 운봉 지역어의 움라우트 현상, ≪김형규 박사 송수기념 논총≫, 일
조각.

이병근(1975), 음운 규칙과 비음운론적 제약, ≪국어학≫ 3, 국어학회.

이병근(1976a), 자음동화의 제약과 방향, 이숭녕 선생 고희기념 논총 ≪국어학 논
총≫, 탑출판사.

이병근(1976b), 파생어 형성과 i역행동화 규칙, ≪진단학보≫ 42, 진단학회.

이병근(1990), "가례석의" 국어 자료, 강신항 교수 회갑기념 ≪국어학 논문집≫,
태학사.

이병선(1967), 비모음화현상고, ≪국어국문학≫ 54, 부산대학교 국문과.

이숭녕(1935), 움라우트 현상을 통하야 본 ‘·’ 음가고, ≪신흥≫ 제8호.

이숭녕(1939), 조선어 이화 작용에 대하여, ≪진단학보≫ 11, 진단학회.

이숭녕(1940/1988), ‘ᆞ’ 음고, ≪진단학보≫ 12, 진단학회(≪이숭녕 국어학선집≫
음운편Ⅰ에 재수록).

이숭녕(1949), ‘애, 에, 외’의 음가 변이론, ≪한글≫ 106, 한글학회.

이숭녕(1954/1988), ≪국어 음운론 연구≫, 제1집, 을유문화사(≪이숭녕 국어학
선집≫ 음운편Ⅰ에 재수록).

이숭녕(1967), 한국 방언사, ≪한국 문화사 대계≫(언어, 문화사) Ⅴ, 민족문화연
구소(고려대학교).

이승재(1980), 구례 지역어의 음운체계, ≪국어연구≫ 45, 국어연구회.

이익섭(1979), 국어 방언 연구사, ≪국어국문학≫ 58-60, 국어국문학회.

이현희(1991), 중세 국어 합성어와 음운론적인 정보, ≪석정 이승욱 선생 회갑기
념논총≫, 원일사.

이희승(1955), ≪국어학 개설≫, 민중서관.

장세경(1961), 국어의 입천장소리되기에 대한 연구, 석사학위논문(연세대학교).

전광현(1967), 17세기 국어의 연구, ≪국어연구≫ 19, 국어연구회.

전광현(1970), 〈권념요록〉에 대하여, ≪낙산어문≫ 제2집, 서울대학교 국어국문학
　　　　　연구실.

전광현(1971), 18세기 후기 국어의 일고찰, ≪논문집≫ 13, 전북대학교.

전광현(1988), 불설대보 부모은중경 해제, ≪불설대보 부모은중경언해≫, 태학사.

전광현(1991), 근대국어 연구의 현황과 과제, 제21회 동양학 학술 회의 강의초
　　　　　≪근대국어의 특징과 연구사 검토≫, 단국대학교 동양학연구소.

전상범(1977), ≪생성음운론≫, 탑출판사.

정승철(1994), ≪제주도 방언의 통시음운론≫, 박사학위논문(서울대학교).

정연찬(1980), ≪한국어 음운론≫, 개문사.

정인승(1937), 'i'의 역행동화 문제, ≪한글≫ 5권 1호, 1-7, 한글학회.

조건상(1981), ≪청주 북일면 순천 김씨 묘 출토 간찰≫, 충북대학교 박물관.

주상대(1975), ≪울진 방언의 음운 연구≫, 석사학위논문(경북대학교).

주상대(1984), 비모음화 현상에 대하여, ≪국어교육 연구≫ 16. 경북대학교.

최명옥(1980), ≪경북 동해안 방언 연구≫, 영남대학교 민족문화연구소.

최명옥(1982), ≪월성 지역어의 음운론≫, 영남대학교 출판부.

최명옥(1985), 19세기 후기 서북방언의 음운체계, ≪국어학 신연구≫, 탑출판사.

최명옥(1987), 평북 의주 지역어의 통시음운론, ≪어학연구≫ 23권 1호, 어학연구
　　　　　소(서울대학교).

최명옥(1988), 국어 Umlaut의 연구사적 검토, ≪진단학보≫ 65, 진단학회.

최명옥(1989), 국어 움라우트의 연구사적 고찰, ≪주시경학보≫ 3, 주시경 연구소.

최명옥(1990), 방언, ≪국어 연구 어디까지 왔나≫, 동아출판사.

최임식(1984), ≪19세기 후기 서북 방언의 모음체계≫, 석사학위논문(계명대학교).

최전승(1978), 국어의 i-umlaut 현상의 통시적 고찰, ≪국어문학≫ 19, 전북대학
　　　　　교 국어국문학과.

최전승(1986), ≪19세기 후기 전라방언의 음운현상과 그 역사성≫, 한신문화사.

최전승(1987), 언어 변화와 과도교정의 기능, ≪국어학 신연구≫Ⅱ, 탑출판사.

최전승(1989), 국어 i-umlaut 현상의 기원과 전파의 방향, ≪한국언어문학≫ 27,
　　　　　한국언어문학회.

최학근(1978), ≪국어방언사전≫, 현문사.

한영균(1980), 완주지역어의 움라우트 현상, ≪관악어문연구≫ 5, 서울대학교 국어국문학과.

한영균(1991), 이중모음의 단모음화 과정에 대한 삽의, 김완진 선생 회갑기념논총 ≪국어학의 새로운 인식과 전개≫, 민음사.

한영균(1991), 움라우트의 음운사적 해석에 대하여 — 연구사적 검토를 겸한 문제 제기, ≪주시경학보≫ 8, 주시경연구소.

허 웅(1964), 치음고, ≪국어국문학≫ 27, 국어국문학회.

허 웅(1965), ≪개고신판 국어음운학≫, 정음사.

허 웅(1981), ≪언어학≫, 샘문화사.

홍윤표(1985), 구개음화에 대한 역사적 연구, ≪진단학보≫ 60, 진단학회.

홍윤표(1992), 방언사 관계 문헌 자료에 대하여, ≪남북한의 방언 연구≫, 경운출판사.

홍윤표(1993), ≪국어사 문헌 자료 연구≫(근대편1), 태학사.

홍윤표(1994), ≪근대국어연구≫(1), 태학사.

小倉進平(1924), 南部朝鮮의 方言, 朝鮮史學會.

小倉進平(1938), 朝鮮語「タ」,「チャ」行音中의 變相,

Ahn, S, C. (1985), *The interplay of phonology and morphology in Korean*, Ph. D. dissertation, Univ. of Illinois.

Ahn, S. C. (1987), On the Development of Lexical Phonology and Morphology, ≪언어≫ 12-2. 한국언어학회.

Arlotto, Anthony (1972), *Introduction to Historical Linguistics. Boston* : Houghton Mifflin Co.

Bhat, D. N. S. (1974), A General Study of Palatalization, *Universal of Human Language 2: Phonology*, ed., Greenberg, Stanford University Press.

Bloonfield, L. (1933), *Language.* New York : Holt, Rinehart and Winston.

Bynon, T. (1977), *Historical Linguistics*, Cambridge University Press.

Chen, M. (1973), The Time Dimension : Contribution Toward a Theory of Sound Change, *Foundations of Language 8.*

Chin-W. Kim (1973), Gravity in Korean Phonology, ≪어학연구≫ 9권 2호, 274-281.

Chomsky, N. and M. Halle (1968), *The Sound Pattern of English*, New York: Harper and Row.

Dinnsen, D. A. (ed.) (1979), *Current Approaches to Phonological Theory*, Bloomington : Indiana Univ. Press.

Greenberg, J. (ed.) (1978), *Universals of Human Language*. Vol. 2(Phonology). Stanford Univ. Press.

Hockett, Charles F. (1955), *A Manual of Phonology*. Baltimore : Waverly

Hockett, Charles F. (1958), *A Course in Modern Linguistics*. New York : Macmilan.

Hooper, J. B. (1976), *An Introduction to Natural Generative Phonology*. New York : Academic Press.

Hoenigswald, M. M. (1960), *Language Change and Linguistic Reconstruction*. Chicago : The Univ. of Chicago Press.

Hyman, L. M. (1975), *Phonology: Theory and Analysis*. New York: Holt, Rinehart and Winstion.

Jeffers. Robert J. and Ilse Lehiste (1979), *Principles and Methods for Historical Linguistics*, Cambridge, Mass : The MIT Press.

Kenstowicz, M and C. W. Kisseberth (1977), *Topics in Phonological Theory*. New York : Academic Press.

Kim-Renaud, Y. K. (1975), *Korean Consonantal Phonology*, 탑출판사.

King, R. D. (1969), *Historical Linguistics and Generative Grammer*, Englewood Cliffs, N. J.: Prentice - Hall

Kiparsky, Paul (1965), *Phonological change*. IULC. Doctoral dissertation, MIT.

Kiparsky, Paul (1971), *Historical linguistics*. In Dingwall (1971).

Kiparsky, Paul (1982), Lexical Morphology, *Linguistics in the Morning Calm* (I. S. Yang ed.), Seoul : Hanshin publishing Company.

Kiparsky, Paul (1983), Word-formation and the Lexicon. Prepublication copy to appear in F. Ingeman (ed.) *Procceding of the 1982 Mid-America linguistics Conference*. Univ. of Kansas.

Labov, W. (1972), *Sociolinguistic Pattern*, University of Pennsylvania Press, Inc.

Ladefoged. P. (1975), *A Course in Phonetics*. Harcourt Brace Jovanovich. New York.

Lass, R. (1984), *Phonology*. Cambridge Univ. Press.

Lehmann W. P. (1968), *Saussure's Dichotomy between Descriptive and Historical Linguistics, Directions For Historical Linguistics (A Symposium)*, (ed. by W. P. Lehmann and Yakov Malkiel). University of Texas Press, Austin & London.

Martinet, André. (1952), Function, Structure and Sound Change, *Word* 8.

Martinet, André. (1960), *Éléments de Linguistique Générale*. Paris : Librairie Arm and Colin.

Martinet, André. (1962), *A Functional View of Language*. Oxford: Clarendon Press.

Martinet, A. (1974), *La Linguistique Synchronique*, Presses Universitaires de France.

Mohanan (1981), *Lexical phonology*, Ph. D. dissertation, MIT.

Mohanan (1986), *The Theory of Lexical phonology*, D. Reidel Publishing Co.

Rudi Keller (1994), *Sprashwandel* (이기숙 역, 언어변화, 서광학술자료사, 1994).

Saussure, F. D. (1916), *Cours de linguistique générale*. Paris : Payot. 英譯 (1959), *Course in General Lingu*trans. by Wade Baskin. New York : Philosophical Library.

Saussure, F. D. (1959), *Course in General Longuistics*. (Trans, by Wade Baskin). New York.

Schane, S. A. (1973), *Generative Phonology*. Englewood Cliffs. N.J. : Prentice Hall.

Skousen, R. (1975), *Substantive Evidence in Phonology : The Evidence from Finnish and French*. The Hague : Mouton.

Sommerstein Alan H. (1977), *Modern Phonology*. Baltimore, Maryland University Park Press.

Vachek, Josef (1966), *The Linguistic School of Prague*. Bloomington.

Venneman, T. (1971), *Natural Generative Phonology*. Paper Presented at the Annual Meeting of the Linguistic Society of America. St. Louis. Missouri.

Wang William, S. Y. and Chin-Chuan Cheng (1977), Implementation of Phonological Change : The Shuang-feng Chinese Case. *The Lexicon in Phonological Change*. The Hague : Mouton Publishers.

Weinreich U., Lavov, W., Herzog, M. I. (1968), Empirical Foundations for a Theory of Language Change, *Directions For Historical Linguistics (A Symposium)*. (ed. by W.P.Lehmann and Yakov Malkiel. University of Texas Press, Austin & London.

〈첨부〉
ㄷ구개음화와 원순모음화 현상의 통시적 변화와 특성

ㄷ구개음화와 원순모음화 현상의
통시적 변화와 특성*

I. 서언

본 연구에서는 근대국어 시기의 한학서, 왜학서, 어제서에 사용된 ㄷ구
개음화와 원순모음화 예들의 빈도를 계량화하여 시간의 흐름에 따라 나타
나는 양상을 검토하여, 한학서, 왜학서, 어제서가 각각 일정한 패턴의 변화
를 보이는 동질적인 부류인가 아닌가, 2) 일정한 변화 패턴을 보이는 문헌
부류에서 드러나는 국어 음운변화의 과정과 특성은 어떠한가 하는 문제를
논의해 보고자 한다.

근대국어 시기에는 언어학적 제 층위에서 여러 변화가 일어나 후대로
갈수록 현대국어의 특징이 나타난다. 이러한 변화는 표기나 음운의 층위
에서도 동일하게 일어나지만, 이 시기 문헌에서 그러한 변화의 과정이나
특징을 구체적으로 파악해 내기는 쉽지 않다. 왜냐하면 이 시기에는 중간
본, 지방판, 필사본이 많아 문헌에 반영된 언어 자료도 다양하고 이질적이
기도 하지만 이들 문헌의 편찬 시기, 간행에 관여한 인물, 문헌에 반영된
언어 상태 등 자료의 성격을 파악하는 데에 필요한 정보도 거의 없기 때문
이다.

이에 연구자들은 '나름대로' 국어 자료를 선택하여 언어 변화의 과정과

---

* 이 논문은 일본의 조선어연구회 2012년 정례발표회(장소: 동경대, 2012. 12. 15)에서 발
표한 "근대한국어 음운변화의 과정과 특성"을 수정・보완하여 ≪진단학보≫ 114호에 게
재한 것이다. 후쿠이 레이 교수, 기시다 후미타카 교수, 로스 킹 교수, 박진호 교수, 남윤
진 교수, 권용경 교수를 비롯하여 발표회에 참석하여 조언을 해 주신 여러 선생님들께
이 자리를 빌어 감사드린다.

특징을 일반화하려는 노력을 계속해 왔다. 그러나 필요한 정보가 부족한 근대국어 자료를 대상으로 연구의 내용을 객관화하고 일반화해 나간다는 것은 쉬운 일이 아니다. 국어 음운변화의 과정을 정밀하게 살펴보기 위해서는 동일 언어 사용 집단을 대표하는 동질적인 국어 자료를 확보하는 일이 시급하고, 이러한 작업을 하기 위해서는 무엇보다 국어 음운변화의 과정의 일반적인 패턴을 보여주는 문헌 부류를 찾아 거기에서 드러나는 국어 음운변화의 특성을 일반화할 필요가 있다. 그러나 국어사 연구에서는 아직 동질적인 언어 사용 집단을 보여줄 만한 동질적인 문헌 부류에 대한 논의가 이루어진 적도 거의 없을 뿐 아니라 국어 음운변화 과정의 일반화된 패턴이나 특성도 구체적으로 파악하지 못하고 있는 상태에 있다. 그러므로 국어 음운변화의 과정을 구체적으로 파악하기 위해서는 새로운 방법론을 모색하지 않으면 안 되는 시점에 와 있다고 할 수 있다.

이에 본 연구에서는 근대국어 시기의 문헌을 몇몇 동질적인 부류로 나누어 각 부류별 문헌에 나타나는 예들을 통하여 국어 음운변화의 과정을 일반화할 수 있는지 여부를 탐색해 보고자 한다. 이를 위해 우선적으로 근대국어 시기의 문헌 중에서 한학서, 왜학서, 어제서에 나타나는 ㄷ구개음화와 원순모음화 과정을 일반화할 수 있는지 살펴보기로 한다. 좀더 구체적으로 말해 이들 세 부류의 문헌에 사용된 몇몇 음운변화 관련 예들의 빈도를 계량화하여 시간의 흐름에 따른 사용 빈도의 추이를 통하여 음운변화의 과정을 살펴보고 그 과정에서 드러나는 특징을 어휘·형태·음운론적 환경별로 논의해 봄으로써 이들 세 부류 문헌의 특성을 파악하는 한편, 이들 부류에 나타나는 ㄷ구개음화와 원순모음화 현상의 과정과 특징을 검토해 보기로 한다.

이러한 논의를 하기 위하여 Ⅱ장에서는 먼저 구개음화와 원순모음화 관련 예들의 추출 방법과 계량화 과정을 소개할 것이다. Ⅱ장에서 설명한 계량화의 방법과 순서에 따라 작업한 결과를 바탕으로, Ⅲ장에서는 구개음화, Ⅳ장에서는 원순모음화의 전개 과정을 한학서, 왜학서, 어제서 순서로

ㄷ구개음화와 원순모음화 현상의 통시적 변화의 과정과 특성을 살펴볼 것이다. 아울러 Ⅲ장과 Ⅳ장에서 ㄷ구개음화와 원순모음화의 과정과 특성을 검토하면서 본 연구에서는 사역원 역학서와 왜학서, 어제서 부류별 문헌에 사용된 국어사용 상태도 검토하여 이들 각 부류의 언어 사용에서 드러나는 문헌 부류별 특성도 살펴보고자 한다.

Ⅱ. 연구의 대상과 방법

1. 대상 문헌

본 연구의 대상 문헌은 근대국어 시기에 간행되었거나 필사된 한글 문헌 중에서 사역원 간행의 역학서 가운데 시기에 따라 검토가 가능한 중국어 역학서인 '한학서'와 일본어 역학서인 '왜학서', 그리고 국왕의 명의로 된 한문본을 언해본으로서 "御製□□□"라고 명명된 '어제류'에 한한다.

본고에서 검토하고자 하는 연구 대상은 근대국어 시기에 일어나는 대표적인 음운변화 현상인 ㄷ구개음화 현상과 순자음 뒤 'ㅡ〉ㅜ' 원순모음화 현상이다. 이들 현상은 근대국어 시기에 널리 확산된다는 공통 특징도 있지만 조건을 설정하여 계량화할 수 있는 현상이라는 점에서 본고의 연구 대상으로 적합하다고 판단하였다. 또한 이들 두 현상은 동화주와 피동화음이 상반되고 변화가 확산되는 과정도 환경에 따라 달라 이 두 현상은 상당히 흥미 있는 연구 대상이 될 것으로 생각하였다. ㄷ구개음화는 모음의 자질에 의한 자음 자질의 변화 현상이고 반대로 양순음 뒤 'ㅡ〉ㅜ' 원순모음화는 자음의 자질에 의한 모음의 변화라는 점에서도 국어 음운사에서 매우 흥미 있는 연구 대상이 되어 왔다.

본 연구에서는 "구개음화와 원순모음화 현상의 과정과 특성을 논의한다."라는 연구 목표 하에서 다음 기준에 따라 계량화 작업을 진행하고자 한다.

(1) 대상 자료의 선정 기준

　① 시대적 기준: 17세기~19세기의 한글 문헌 자료를 대상으로 음운변화 관련 예들의 출현 빈도를 통하여 각 문헌의 확산 정도를 검토한다.

　② 지리적 기준: 중앙어를 중심으로 한 공통어의 변화에 주된 관심을 둔다. 문헌에서 추출한 자료가 다른 자료와 대비하여 나타나는 이 질성은 간행 지역, 인물의 출신 등과 관련하여 이해한다[1].

　③ 사회적 기준: 문헌어 사용에 해당 문헌의 편찬·간행에 관여한 인물이나 기관의 사회적 특성이 반영된 것으로 이해한다. 어제류, 사역원의 한학서, 왜학서라는 분류도 이 기준에 따른 것이다.

　④ 상황적 기준: 시대적, 지리적, 사회적 변인 외에 글의 내용, 편찬자가 사용하는 언어적 특성, 글의 성격, 문체(style) 등 ①~③ 기준으로 이해하기 어려운 언어적 특성을 기타 여러 가지 상황을 고려하여 이해한다.

이러한 기준을 염두에 두고서 근대국어 시기에 간행된 문헌을 몇몇 부류로 분류하는 기준에 대해여 설명하기로 한다. 국어 음운사 연구에서 가장 많이 활용해 온 근대국어 시기의 문헌은 사역원 간행의 역학서들이다. 좀더 정확히 말하여 사역원의 역학서 중에서도 한학서가 가장 많이 활용되어 왔다. 그 이유는 근대국어 시기에 일정한 시간적 간격을 두고 문헌이 계속 간행되어[2] 음운론적 변화나 차이를 대비하기가 쉬울 뿐 아니라, 이

---

1) 대구에서 간행된 『중간두시언해』에는 대구 방언이 반영되어 있으며(안병희 1957), 구례에서 간행된 『권념요록』에는 전라도 방언이 반영되어 있다(전광현 1970)고 간주하는 것이 그러한 태도이다. 물론 모든 문헌에 이러한 기준을 획일적으로 적용하는 것도 문제가 있을 수 있다. 그러나 더 이상 정밀하게 이들 문헌의 언어 상태를 구분할 수 없는 현 상태에서는 변화 관련 예들의 양적, 질적 상태가 특이할 경우, 본 연구에서도 이 기준을 적용할 것이다.

2) 물론 사역원 간행의 한학서는 대부분이 중간본이어서 앞선 시기 문헌의 언어 상태에 영향을 받았을 가능성이 많지만 표기와 음운의 층위에서는 간행 당시의 상태가 반영된

들 문헌의 편찬에 관여한 인물들이 당시 언어 관련 업무의 전문직 종사자라 할 수 있는 역관들로서, 문헌에 반영된 언어가 전반적으로 중앙어 중심의 공통어적인 특성을 보여주기 때문이 아닌가 생각된다.

사역원에서는 한학서 외에도 인근 제어의 역관을 양성하기 위하여 주변국 언어, 즉 일본어, 만주어, 몽고어 교재를 간행하였다. 이른바 왜학서, 청학서, 몽학서 등이 그것이다. 이 가운데 왜학서는 근대국어 시기에 총 5종 정도 간행되었기 때문에 하나의 부류로 설정하여 살펴볼 수 있다. 여기에서 『왜어유해』[3]는 어휘집으로서 문장으로 된 다른 왜학서와 차이가 있으며, 나머지도 중간본이나 개간본적인 성격을 갖는 것이어서 하나의 문헌 부류로 설정하기 어려운 측면이 있다. 그러나 이들을 하나의 부류로 설정하여 ㄷ구개음화와 원순모음화 예들의 사용 상태를 놓고서 한학서와 왜학서, 어휘 중심의 문헌과 문장 중심의 문헌, 초간본과 중간본(개간본), 필사본과 간본 등의 특징을 대비하는 작업이 가능하다는 점에서 대역어휘집도 연구 대상에 포함하여 왜학서를 하나의 부류로 설정하고자 한 것이다.

국왕이 한문으로 작성한 글을 신하들이 언해한 글도 하나의 부류로 설정할 수 있다고 판단하였다. 원문이 한문으로 작성된 글이기는 하지만 당시의 최상류의 사회 계층에 있던 신하가 언해했을 가능성이 크고, 국왕의 글을 신하가 언해하였다는 점에서 이들 문헌에는 상당히 정제된 상류층의 언어 상태가 반영되었을 가능성이 있기 때문이다. 이 부류의 문헌은 대부분 문헌 앞에 '어제'라는 말이 붙어 있는 문헌을 대상으로 '어제서'라는 하나의 부류로 설정하기로 한다. '어제서'는 영조 대의 '어제서'와 정조의 윤음을 대상으로 하였다. 이들 각 부류의 문헌을 제시하면 다음과 같다.

것으로 간주되어 왔다. 본 연구에서도 이러한 특성을 염두에 두고 한학서에 나타나는 언어 사용의 특성을 살펴볼 것이다.
3) 한학서의 역어유해도 마찬가지이다.

(2) 문헌 부류별 대상 문헌과 약호

① 한학서(8種): 老乞大諺解A(1670): 노언A, 朴通事諺解(1677): 박언, 譯語類解(1690): 역어, 伍倫全備諺解(1721): 오륜, 老乞大諺解B(1745): 노언B, 老乞大新釋諺解(1763): 노신, 朴通事新釋諺解(1765): 박신, 重刊老乞大諺解(1795): 중노

② 왜학서(5種): 捷解新語(1676): 첩해, 改修捷解新語(1748): 개첩, 重刊捷解新語(1781): 중첩, 倭語類解(1783~89): 왜어, 隣語大方(1790): 인어

③ 어제서(12種): 御製內訓(1736): 내훈, 御製常訓諺解(1745): 상훈, 御製自省篇諺解(1746): 자성, 御製訓書諺解(1756): 훈서, 御製續自省篇諺解(1759): 속자, 御製警世問答諺解(1761): 경세, 御製警民音(1762): 경민, 御製警世問答續錄諺解(1763): 경속, 御製祖訓諺解(1763): 조훈, 御製(1761~77): 어제, 御製百行源(1765): 백행, 倫音(정조 대, 1781~1783): 윤음

2. 연구 방법

ㄷ구개음화와 원순모음화 관련 예들을 추출하여 계량화하는 작업은 다음의 단계별 순서에 따라 진행하였다. 단계별 작업 내용을 간략하게 소개하면 다음과 같다.

(3) 계량화 작업의 방법과 순서[4]

　　[1] 대상 문헌 분류 및 선정: 대상 문헌을 사역원 한학서 8종, 왜학서 5종, 어제서 12종으로 선정하였다.

---

4) 본 계량화 작업은 여러 분들의 도움을 받았다. 프로그램을 만드는 과정에서 신성철, 오광근 선생의 도움을 받았으며, 계량화하는 작업에는 신성철, 윤희선, 이경진 선생의 도움을 받았다. 이 분들의 도움이 없었다면 이 논문은 이루어지지 못했을 것이다. 이 자리를 빌어 감사를 표한다. 물론 논문의 내용이나 계량화 결과에 오류가 보인다면 그것은 전적으로 필자의 잘못이다.

[2] 자료 입력 및 교열: 대상 문헌의 언어 자료를 띄어쓰기 중심의 어절 단위로 입력하고 입력 자료를 원본과 대조한다.

[3] 용례 추출: 입력된 말뭉치를 2바이트의 텍스트 파일로 전환하고, 텍스트 파일에 문자열 검색 프로그램(Hgrep.exe)을 구동하여 필요한 환경의 용례를 추출한다. 이 단계에서 수행한 결과를 제시하면 (4)와 같다.

(4) 문자열 검색 프로그램으로 추출한 용례

검색파일: jung_nogeol.hwp
검색내용: "(.*(@[ㄷ ㅣ#]).*)|(.*(@[ㄷ ㅑ#]).*)|(.*(@[ㄷ ㅕ#]).*)|(.*(@[ㄷㅛ#]).*).*)" no_d01.hg /어절단위 /자동분리: 5000
검색날짜: 103.7.29. 18:21

표제	예문	출전
디달	이러 ᄒ니라 이믜 이리 사오나오면 후에란 [디달] ᄲ라 이젼은 또 디달 ᄲ더니 오늘	〈'老乞重上,42a'〉
디달	사오나오면 후에란 디달 ᄲ라 이젼은 또 [디달] ᄲ더니 오늘 편벽히 닛고 일즉 디달	〈'老乞重上,42a'〉
디달	은 또 디달 ᄲ더니 오늘 편벽히 닛고 일즉 [디달] ᄲ지 못ᄒ엿다 우리 다 에워 막쟈	〈'老乞重上,42a'〉
엇디	우리를 ᄒᄅᆺ 밤 자게 ᄒ라 이 나그뇌 [엇디] 이리 짓궤ᄂᆞ뇨 이제 구의 슬피기를	〈'老乞重上,45b'〉
뎜	[뎜] 쥬인아 몬져 ᄒᆞᆫ 소라 더온 물 가져오	〈'老乞重上,56a'〉
뎜	여오라 우리 밥도 먹어다 져믈 밥갑 주쟈 [뎜] 쥬인아 와 돈 혜라 대뎌 ᄒ이오니 언머	〈'老乞重上,56b'〉
뎡ᄒ고	벗과 몬져 가 죠흔 店을 어더 머믈 곳을 [뎡ᄒ고] 또 와 너희를 마ᄆᆞ이 엇더ᄒ뇨 우	〈'老乞重上,60b'〉

......................〈이하 생략〉......................

[4] 분류 번호 부여 단계: 문자열 검색 프로그램(Hgrep.exe)의 2바이트 파일을, 추출된 여러 개의 파일을 파일 하나로 합친 다음, 이것을 흔글(HWP) 프로그램으로 전환하여 'ㄷ구개음화'와 '원순모음화'의 분류 기호를 표제어 앞에 부여한다. 구개음화의 경우, 분류 번호의 부여 기준은 다음과 같다.

(5) '1111⁵⁾ 져'의 예

    첫째 자리 '1': 1. ㄷ>ㅈ, 2. ㅌ>ㅊ, 3. ㅈ>ㄷ, 4. ㅊ>ㅌ,

                    5. ㄷ 그대로, 6. ㅌ 그대로, 7. ㅈ 그대로, 8. ㅊ 그대로

    둘째 자리 '1': 1. 고유어 2. 한자어 3. 외래어

    셋째 자리 '1': 1. 어휘형태소, 2. 형태소경계 3. 문법형태소

    넷째 자리 '1': 1. 1음절 2. 2음절 3. 3음절… 등

(6) 분류 번호 부여의 예

분류번호	단어 (표제어)	대상 단어	출전
1111	져	{져} 아리 도로혀 여라믄 伴뿔들이 이시니	⟨'老乞重下,38b'⟩
1111	져	{져} 줄풍뉴호고 거즛말호는 놈들로 호여	⟨'老乞重下,51a'⟩
1111	져	{져} 집 뒤히 곳 이 우믈이라 즈애 잇느냐	⟨'老乞重上,28b'⟩
1111	져	쏘 {져} 활 프는 店에 가 무르되 폴 죠흔 활이	⟨'老乞重下,29a'⟩
1111	져	노리 돕는 {져} 놈들이 쏘 호나토 져를 긔수홀 이 업	⟨'老乞重下,52a'⟩

…………………⟨이하 생략⟩…………………

    [5] 엑셀 전환 단계: (6)의 단계에서 부여한 각각의 분류 번호를 엑셀
의 필드로 전환한다(소트, 탭, txt화). 그리하여 환경에 따라 필요
한 용례나 빈도를 계량화할 수 있도록 한다.

    [6] 계량화 단계: 텍스트 파일 형식으로 저장한 결과물을 엑셀 프로그
램으로 구동하여 DB로 전환하는 작업의 단계. 이 단계에서는 선
행 작업으로 이루어진 음운 환경(음절, 모음, 반모음, 순자음 등),
형태론적 환경(어휘, 문법, 경계), 어종(고유어, 한자어) 등의 기준
에 따라 작성된 분류 기호를 각각 엑셀의 독립된 셀로 만들어 숫
자로 기입된 분류 내용을 엑셀의 DB파일로 전환하였다. 그리하여

---

5) '져'의 분류 번호 '1111'은 그 아래 각 자리의 밑줄 친 부분의 분류 번호를 순서대로 쓴
것이다. 즉 '1111'의 첫째 자리 '1'은 '져'라는 단어가 '1. ㄷ)ㅈ 변화 유형에 속하는 예이
고, 둘째 자리 '1'은 '1. 고유어', 셋째자리 '1'은 '1. 어휘형태소', 넷째 자리 '1'은 구개음화
가 일어난 위치가 '1. 1음절'인 예라는 것이다.

엑셀에서는 각 셀에서 음운환경에 따라 음절 위치, 음운변화 유형 등으로, 형태론적 환경에 따라 어휘형태소와 문법형태소, 형태소 경계 등, 어종에 따라 고유어와 한자어, 외래어 등으로 나누어 계량화 작업을 진행할 수 있도록 하였다. 이 작업의 결과를 일부 보이면 다음과 같다.

「도표1」 엑셀로 전환된 관련 자료

[7] 빈도의 계량화 단계: 엑셀 프로그램을 이용하여 DB로 전환하고 나서, 변화 유형, 변화 환경(어종, 형태론적 환경, 음운 환경) 등에 따라 필요한 예들을 추출하여 계량화 작업을 수행한다. 이 작업은 엑셀 프로그램의 '필터-자동필터'를 이용하여, '분류 번호'별 용례와 빈도를 조사하고, ㄷ구개음화와 원순모음화에 따라 '어휘별 진행 과정'을 확인할 수 있도록 '고유어-어두 음절', '고유어-비어두 음절', '한자음', '문법형태소' 등의 사용 예와 빈도를 정리한다. 이 단계의 작업 결과는 다음과 같은 도표에 총괄적으로 정리한다.

①변화 유형		②전체	③고유어		⑥한자어
			④어휘 (어두/비어두)	⑤문법 (경계/문법)	
ⓐ口蓋音化	ㄷ〉ㅈ	447	153(54/99)	265(5/260)	29
	ㅌ〉ㅊ	176	74(42/32)	99(25/74)	3
ⓑ과도교정	ㅈ〉ㄷ	31	30(26/4)	0	1
	ㅊ〉ㅌ	0	0	0	0
ⓒ그대로	ㄷ	548	485(453/32)	21(0/21)	42
	ㅌ	35	23(18/5)	10(6/4)	2
	ㅈ	785	545(285/260)	140(0/140)	100
	ㅊ	99	39(8/31)	15(15/0)	45

[도표2]의 가로축은 '①변화 유형, ②전체, ③고유어, ⑥한자어', 세로축은 'ⓐ구개음화, ⓑ과도교정, ⓒ그대로'이다. 이들을 세로축과 가로축의 순서로 설명하면 다음과 같다.

A. [세로축] : ⓐ구개음화: 구개음화된 형태. 'ㄷ〉ㅈ'은 {i, y}앞에서 'ㄷ'이 'ㅈ'으로, 'ㅌ〉ㅊ'은 'ㅌ'이 'ㅊ'으로 바뀐 것을 말한다. ⓑ과도교정: 'ㅈ, ㅊ'이 'ㄷ, ㅌ'으로 과도교정된 예들의 빈도. 'ㅈ〉ㄷ'은 {i, y} 앞에서 이전 시기의 'ㅈ'이 'ㄷ', 'ㅊ〉ㅌ'은 'ㅊ'이 'ㅌ'으로 바뀐 예들의 빈도를 말한다. ⓒ그대로: {i, y} 앞의 'ㄷ, ㅌ, ㅈ, ㅊ'이 변화 없이 그대로 나타나는 예들의 빈도.

B. [가로축] : ① 변화 유형: '구개음화, 과도교정, 그대로'의 세 유형으로 나뉜다. ⓐ 구개음화는 다시 'ㄷ〉ㅈ' 변화와 'ㅌ〉ㅊ' 변화로, 'ⓑ 과도교정'은 'ㅈ〉ㄷ' 변화와 'ㅊ〉ㅌ' 변화로 나누었다. 'ⓒ 그대로' 는 변화가 없는 분절음을 말한다. ② 전체: 오른편에 제시되는 음운론적, 형태론적 각 환경에서의 사용 빈도를 모두 합한 것, 즉 '③ 고유어 전체 빈도와 ⑥ 한자어 빈도를 모두 합한 것을 말한다. ③ 고유어: 구개음화나 과도교정 예가 고유어임을 말한다. 고유어는 ④ 어휘형태소와 ⑤ 문법형태소로, ④ 어휘형태소는 다시 어두 음절과

비어두 음절로 나누고, ⑤ 문법형태소는 형태소 경계와 문법형태소의 환경으로 나누었다. ⑥ 한자어: 구개음화나 과도교정이 일어나거나 일어나지 않은 해당 용례가 '한자어를 구성하는 한자의 음'임을 말한다. 국어 음운현상이 고유어와 한자음에서 일어나는 시기와 진행하는 속도가 달라 고유어와 한자음으로 나눈 것이다. 여기에서도 세로 축의 'ⓐ 구개음화, ⓑ 과도교정, ⓒ 그대로'는 그대로 적용된다.

[8] 용례 정리 단계: (6)의 도표에 제시된 각 용례의 사용 빈도에 해당하는 용례를 엑셀에서 다시 '흔글' 파일로 전환하여 다음과 같이 정리하여 제시한다.

(7) 구개음화 관련 용례

1) ㄷ>ㅈ: ▼어휘: $1 씻고, 지겨, 져즘씌 $2 건질, 고지식이, 퍼지지, 퍼질, $3 스러지리라 $4 것구러져, 것구러지-(3) ▼문법: 1) 경계: 고지, 맛져, 2) 문법: $2 홀진대, 쓸지라, $3 ᄀ튼지라, 업ᄂ지라, ▼한자음: $1 지쳐홀, 지연ᄒ여, 질, 쟝활(2), 젼당ᄒ리, 젼ᄒ여 $2 하직ᄒ고, 딕적ᄒ리오, 일정(3) …… 등.

2) ㅌ>ㅊ: ▼어휘: 치-(24), 쳐(5), 고치-(9), 썰치고 ▼문법: 1) 경계: $2 ᄀ치, 돗친, 무친, 부쳐와 $3 너ᄀ치, 씌ᄀ치, 등ᄀ치, 이ᄀ치 $4 璧月ᄀ치, 血點ᄀ치, 親兄弟ᄀ치. 2) 문법: 콩만치, 燈盞만치, 五寸만치, 부정의 '-티〉-치'(71), ▼한자음: 침향, 체ᄒ리오, 대청이 …… 등.

3) ㅈ>ㄷ: ▼어휘: $1 디디여(2), 디딘(2), 댱만ᄒ여, 듕(6), $2 슬디-(2), 흥뎡이라, $3 가락디와 ▼문법: 없음. ▼한자음: 됴리와 …… 등.

4) ㅊ>ㅌ: 없음. 5) ㅊ>ㅌ: 생략. 6) ㅊ>ㅌ: 생략. 7) ㅊ>ㅌ: 생략. 8) ㅊ>ㅌ: 생략.

III. ㄷ구개음화 현상의 통시적 과정과 특성

1. 한학서

한학서에 나타나는 구개음화된 예들의 사용 빈도와 비율은 다음과 같다.

「도표 3」 한학서에 나타나는 구개음화 예들의 사용 빈도와 비율

	전 체	고유어	고유어 어휘			고유어 문법		한자음
			어휘전체	어두	비어두	형태소 경 계	문법	
『노언A』 (1670)	3/721 0.42%	0/635 0%	0/402 0%	0/296 0%	0/106 0%	0/18 0%	0/215 0%	3/86 3.49%
『박언』 (1677)	1/1274 0.00%	0/1207 0%	0/771 0%	0/572 0%	0/199 0%	0/50 0%	0/386 0%	1/67 1.49%
『역어』 (1690)	7/355 1.97%	2/305 0.66%	2/267 0.75%	2/154 1.30%	0/113 0%	0/5 0%	0/35 0%	5/53 9.43%
『오류』 (1721)	6/2874 0.21%	6/2812 0.21%	2/1391 0.14%	0/1100 0%	2/291 0.69%	1/19 5.26%	2/1401 0.14%	0/62 0%
『노언B』 (1745)	19/714 2.66%	13/629 2.07%	8/399 2.01%	2/296 0.68%	6/103 5.83	0/14 0%	5/216 2.32%	6/85 7.06%
『노신』 (1763)	283/283 100%	274/274 100%	184/184 100%	150/150 100%	34/34 100%	2/2 100%	88/88 100%	9/9 100%
『박신』 (1765)	623/1202 51.83%	592/1130 52.39%	229/742 30.86%	97/568 17.08%	132/174 75.86%	29/29 100%	334/359 93.04%	31/72 43.06%
『중노』 (1795)	786/811 96.92%	750/758 98.95%	469/477 98.31%	365/372 98.12%	104/105 99.05%	18/18 100%	263/263 100%	36/53 67.93%

「도표 3」을 보면 『노언A』과 『박언』부터 구개음화된 형태가 나타나기 시작하여 『역어』, 『오류』, 『노언B』에 이르기까지 계속 나타나지만 사용 비율은 3%에도 미치지 못한다. 그런데 『노언B』 이후에는 『노신』 100%, 『박신』 51.83%, 『중노』 96.92%로서 모두 50%가 넘는다. 그리하여 『노언B』와 『노신』, 『박신』 사이에 구개음화의 적용 비율이 급격하게 높아진 상태로 나타난다. 마찬가지로 세부 환경, 즉 한자음과 고유어, 고유어의 어휘형태소, 문법형태소, 형태소 경계, 어휘형태소의 어두 음절과 비어두 음절 등 어종,

형태론적 특성, 음절 위치 등에 따라 세분해 보아도 이와 유사하게 나타난다.

그런데 『노신』(1763)의 구개음화된 예들의 사용 비율이 모든 환경에서 100%로 나타나는 점은 상당히 이례적이다. 적어도 수치만 놓고 볼 때, 『노언B』보다 20년도 채 안된 시점에서 100%로 나타나는 것도 이례적이고, 같은 시기의 『박신』(51.83%)보다 2배 가까이 높다는 것도 이례적이다. 그리고 30년 정도 후에 간행된 『중노』(98.92%)보다 높게 나타났다는 점도 이례적이다. 이러한 『노신』의 특이성을 어떻게 이해해야 하며, 이것이 구개음화의 완성을 의미하는지, 다른 문헌과의 차이는 어떻게 설명해야 하는지 등의 문제에 대해서는 차차 논의하기로 하고, 먼저 「도표 3」의 한학서에서 드러나는 일반 특징을 살펴보기로 한다.

「도표 3」에 제시된 구개음화 예들의 사용 비율을 시간대 위에서 살펴보면 한학서는 크게 두 부류로 나뉜다. 구개음화 예들이 10%도 되지 않은 미미한 상태의 초기 단계 문헌과 50% 이상으로 확산된 일반화 단계의 문헌이 그것이다. 『노언A』부터 『노언B』까지가 전자에 해당하고 50%를 넘어선 『노신』, 『박신』, 『중노』가 후자에 해당한다. 전자의 마지막 문헌에서 후자의 첫 문헌 사이의 시차는 20년도 채 안되지만 구개음화된 예들의 사용 비율은 급격하게 높아져 구개음화된 형태의 사용 비율을 그래프로 그리면 『노언B』와 『노신』, 『박신』 사이에 급격한 경사가 그려지는 S자, 또는 그와 유사한 곡선의 모양이 된다. 말하자면 구개음화된 예들이 시간의 흐름에 따라 점진적으로 서서히 확산되는 것이 아니라 일정 시점에서 갑자기 확산되는 상태를 보이는 것이다.

구개음화의 초기 단계 문헌에서는 3% 미만의 미미한 상태로 나타난다. 「도표 3」의 빈도에서도 드러나지만 여러 세부 환경으로 나누어 보면, 이 시기 문헌에는 구개음화된 예들이 한자음, 어휘형태소의 비어두 음절, 문법형태소 등에서 나타나고 어휘형태소의 어두 음절에서는 거의 나타나지 않는다.

(8) 초기 단계 문헌의 구개음화 예

　1) 『노언A』: ▼한자어: 잡황호젼(雜貨鋪廛)〈上, 4a〉, 잡황호젼이〈上, 44a〉, 젼(廛)〈下, 51a〉

　2) 『박언』: ▼한자어: 분지(糞池)롤다가〈上, 50b〉

　3) 『역어』: ▼어휘: $1 진〈下, 17a〉. ▼한자어: 쥬츄돌〈上, 17a〉, 쥬츄돌〈上, 17a〉, 조쟝ㅎ다〈下, 43b〉, 조쟝ㅎ다〈下, 44a〉 // ▼어휘: $1 치다〈下, 49b〉.

　4) 『오륜』: ▼어휘: $3 싣허지디〈4, 21b〉, $4 이즈러지디〈4, 18b〉. ▼문법: ▽문법: $3 옴기지〈3, 27a〉, $4 應擧과쟈〈2, 7b〉, 흔들과쟈〈8, 13b〉. // ▼문법: ▽경계: $3 혓긋치〈1,25b〉.

　5) 『노언B』: ▼어휘: $1 집과〈上, 63a〉, 집과〈上, 34a〉, $2 어지니라〈上, 6b〉, 엇지〈上, 15a〉 외 3회, 더져〈下, 33b〉. ▽문법: $2 보지〈上, 15b〉, 잡지〈上, 25b〉, $3 니르지〈上, 46b〉, 두토지〈下, 17a〉. ▼한자어: 젼〈下, 51a〉, 쥼에〈上, 4a〉, 쥼에〈上, 6b〉, 하직ㅎ고〈上, 34b〉, 잡황호젼〈上, 44a〉, 잡황호젼이〈上, 44a〉. // ▽문법: $3 맛당치〈上, 61a〉.

　　그런데 이 시기 문헌에는 구개음화와 상반된 방향의 변화를 보이는 예들도 보인다. 다음 (9)의 예들과 같이, {i, y} 앞에서 'ㄷ, ㅌ'이 'ㅈ, ㅊ'으로 교체되는 구개음화와 반대로, {i, y} 앞에서 'ㅈ, ㅊ'이 'ㄷ, ㅌ'으로 교체되어 나타나는 예들이 보이는 것이다. 이른바 과도교정의 예들이다.

(9) 초기 단계 문헌의 과도교정 예

　1) 『박언』: ▼어휘: $1 디거다〈下,22a〉, ▼한자어: 빈뎝골(褙接-)에〈中, 38b〉.

　2) 『역어』: ▼어휘: $1 디뇨〈下, 53a〉, 디달쓰다〈下, 34a〉, 됴희〈下, 50b〉. ▼한자어: 단댱고(丹粧-)〈下, 26a〉, 빈뎝〈上, 46b〉.

4) 『오륜』: ▼어휘: $1 듕들의⟨1, 9b⟩, 딤이⟨1, 52a⟩, 딤이⟨1, 52a⟩, 딤
이⟨1, 52a⟩, $2 가디면⟨1, 23a⟩. ▽문법: $3 되고뎌⟨5, 24b⟩, $4 肥
已코뎌⟨5, 20b⟩, $5 기드리고뎌⟨5, 38b⟩, $6 伸寃理枉코뎌⟨1, 40a⟩.
// ▼어휘: $2 숫티고⟨2, 8b⟩, $3 ᄀ르틸찌니⟨5, 17b⟩, ᄀ르텨⟨5,
46b⟩. ▽경계: $2 안티라⟨7, 14b⟩. 맛티ᄂᆞᆫ⟨3, 4b⟩, 맛티디⟨3, 7b⟩,
맛티디⟨3, 8a⟩, 맛티디⟨3, 9a⟩, 맛티디⟨3, 8b⟩, 맛티디⟨3, 4b⟩, 맛티
리ᄂᆞᆫ⟨3, 8b⟩, 맛티면⟨3, 11a⟩, 맛틴⟨3, 7b⟩, 맛팀이니이다⟨6, 24b⟩,
맛팀이라⟨6, 25a⟩

(9)의 예들을 보면, 교체를 유발하는 환경은 {i, y}로서 구개음화와 같고,
교체되는 분절음이 구개음화와 상반되는 현상으로서, 흔히 과도교정으로
일컬어져 왔다. 이러한 예들에 대해 기존의 연구에서는 구개음화가 널리
확산되자 {i, y} 앞에서 'ㄷ, ㅌ'와 'ㅈ, ㅊ'가 중화됨으로써 화자들이 양자를
서로 구분하지 못하여 생기는 현상으로서 구개음화가 완성되었음을 보여
주는 근거로 활용해 왔다. 그러나 이러한 예들은 오히려 구개음화 초기 단
계에 나타난다는 점에서 그렇게 보기는 어렵다.

이 예들은 교체를 유발하는 환경이 구개음화와 같고 교체되는 분절음과
교체된 분절음, 즉 입력부와 출력부가 서로 반대되는 현상을 보여주므로,
이 예들에서 나타나는 현상은 구개음화를 전제로 하여 일어나는 현상임이
분명하다. 이 현상이 구개음화를 전제로 생긴 현상이라면 그것은 구개음
화가 화자에게 {i, y} 앞에서 'ㄷ, ㅌ'이 'ㅈ, ㅊ'으로 교체되는 현상이며, 이
현상은 규칙적으로 일어난다는 사실이 인식된 상태에서 만들어졌다고 할
수밖에 없다. 그리고 이 과도교정의 결과가 구개음화와 반대 방향의 분절
음을 만들어 사용하는 것이라는 점에서 구개음화된 형태를 수용하지 않으
려는 의도적인 노력에 의해 만들어진 것으로 추정된다. 이러한 현상이 만
들어지는 과정은 다음과 같이 상정할 수 있다.

(10) 과도교정의 출현 과정

1) {i, y} 앞에서 'ㄷ, ㅌ'이 'ㅈ, ㅊ'으로 교체되는 현상임을 파악하여 가능하면 'ㄷ, ㅌ'을 'ㅈ, ㅊ'으로 교체하지 않고 그대로 사용하려고 함.

2) {i, y} 앞에서 'ㄷ, ㅌ'이 'ㅈ, ㅊ'으로 교체된 형태에서 구개음화된 'ㅈ, ㅊ'을 'ㄷ, ㅌ'으로 돌려 사용하려고 함.

3) (10.2)의 노력에도 불구하고 구개음화가 계속 진행되자 그러한 의식이 지나쳐 원래의 'ㅈ, ㅊ'에 대해서도 'ㄷ, ㅌ'이 구개음화된 것으로 착각하여 {i, y} 앞에 있는 원래의 'ㅈ, ㅊ'을 'ㄷ, ㅌ'으로 되돌려 놓으려 함으로써 구개음화된 형태를 의도적으로 사용하지 않으려는 태도를 취함.

과도교정이 생기는 과정을 (10)과 같이 이해했다면 과도교정형은 (10.3)의 단계에서 만들어졌을 것으로 추정된다. 그리하여 과도교정은 어떤 언어 공동체에서 널리 용인되지 않은 구개음화된 형태를 배제하고 그 사회에서 널리 용인되는 형태를 사용하고자 하는 사회적 의식에서 비롯된 현상으로서 구개음화의 확산을 저지하려는 의도적인 노력이 작용하고 있는 현상으로 추정된다[6].

「도표 3」을 보면 구개음화의 초기 단계 문헌에서 구개음화 예들은 주로 문법형태소, 형태소경계, 어휘형태소의 비어두 음절에서 먼저 나타나고, 구개음화된 형태의 사용 비율도 이들 환경이 한자음이나, 고유어의 어두

---

6) 과도교정 예가 ㅎ구개음화, ㄱ구개음화, 어두 {i, y} 앞에서의 ㄴ탈락 현상 등에도 보인다. 이들 현상의 경우 과도교정 예가 구개음화 예보다 먼저 나타나기도 하며, 구개음화예와 같은 문헌에 나타나기도 한다. 이런 점에서 과도교정 예들이 구개음화가 생산적으로 일어나는 시기에 나타나는 '혼기'라 한 기존의 주장은 재고의 여지가 있다. 물론 과도교정이 구개음화가 상당히 진전된 경우에 나타날 수도 있다. 그 경우에 나타나는 과도교정은 자신들의 일반화된 구개음화 형태가 바람직한 형태는 아니라고 판단하여 그들이 지향하는 언어형을 따르기 위해 행한 교정 현상으로서 구개음화가 상당히 진전된 상태에 나타나는 경상도 방언의 경우를 예로 들 수 있다. 이러한 과도교정의 특성에 대해서는 최전승(1987), 백두현(1990), 김주필(1994) 등을 참조.

음절에서보다 전반적으로 높게 나타난다. 만일 구개음화와 같은 통시적인 변화가 어떤 문헌에서 공시적으로 사용되는 변이형(variation)의 사용 빈도가 시간의 경과에 따라 나타나는 현상이라고 한다면, 구개음화는 문법형태소와 형태소경계에서 먼저, 그리고 빨리 확산되며, 한자음과 고유어 어휘형태소의 어두 음절에서 나중에, 그리고 느리게 확산될 것이다. 초기 단계 문헌에서 한자음에서 먼저 나타나기 시작하지만 그 확산 속도는 고유어보다 느리며, 문헌에 따라 그 속도의 정도는 상이한 양상을 보이며 고유어가 100% 구개음화된 상태에 도달한 이후에도 한자음은 구개음화되지 않은 형태들이 적지 않게 사용된다.

구개음화된 형태는 당시 사회에서 용인되는, 말하자면 교육받은 사람이 사용하는 형태가 아니었다. 이러한 형태들은, 흔히 언어 형식에 관심을 두지 않는, 또는 교육받지 못한 하위 계층에서 사용되기 시작하여 점차 확산된다는 점에서 당시의 공시적인 구개변이형도 화자가 의식하지 않는 상태에서 사용되기 시작하여 점차 확산되기에 이르렀을 것으로 추정된다. 그리하여 구개음화는 한자음에서 먼저 나타나지만, 고유어의 비어두 음절, 문법형태소 등에서 더 많은 빈도로 나타나, 한자어에서보다 짧은 시간에 더 빠른 속도로 확산된다. 그것은 이들 환경이 어두 음절보다 단어나 형태소를 인식할 수 있는 부담이 적어 구개변이형의 사용이 그만큼 잘 드러나지 않기 때문일 것으로 추정된다. 이러한 점에서 보면 국어의 구개음화는 Labov(1972)에서 설명한 이른바 '의식 아래에서의 변화(change from under)'에 해당한다.

그런데 구개음화의 초기 문헌에는 구개음화 예들과 함께 과도교정의 예들도 같이 나타난다. 구개음화와 과도교정은 교체를 유발하는 환경은 [i, y]로서 동일하지만, 교체되기 전의 분절음과 교체된 후의 분절음이 서로 반대가 된다[7]. 그러므로 과도교정은 구개음화에서 교체되는 분절음과 교

---

7) 현대국어의 ㄱ구개음화가 일어나지 않은 중부 방언에서 'ㄱ구개음화에 대한 과도교정형인 '김치(<짐치(짐츼<딤츼)), 기와(<디새), 겸심(<졈심<뎜심), 갯羽](<짓)' 등에서도 알

체를 유발하는 {i, y}와 갖는 통합 관계를 바탕으로 하되, [+high, -back]인 'ㅈ, ㅊ'와 [-high, -back]인 'ㄷ, ㅌ'의 대립 관계에 의해 {i, y}에 통합되는 입력부의 분절음과 출력부의 분절음이 결정된다. 다시 말하면 {i, y}와의 통합 관계에서 구개음화의 입력부와 출력부의 분절음이 상반되도록 조건화한 규칙으로서, 구개음화는 [-high] 자질을 가진 '를 의식하여 수의적으로 적용되는 규칙인 것이다[8]. 이런 점에서 이 과도교정은 Labov(1972)에서 말한 '의식 위에서의 변화(change from above)'에 해당한다.

「도표 3」에서 『노신』, 『박신』, 『중노』는 구개음화가 일반화된 단계에 있다고 할 수 있는 문헌이다. 이들 문헌에서 전체 빈도는 다소 차이가 있지만, 문법형태소에서는 이들 문헌에서 100%, 93.04%, 100%로 나타나고 형태소 경계에서는 세 문헌 모두 100%로서 구개음화된 형태가 일반화된 상태로 나타난다. 고유어 어휘형태소의 비어두 음절에서도 100%, 75.86%, 99.05%로 나타나 『박신』의 비율이 다소 낮기는 하지만 세 문헌이 크게 차이가 나는 것은 아니다. 그런데 고유어의 어두 음절과 한자음에서는 적지 않은 차이가 나타난다. 고유어의 어두 음절에서는 『노신』 100%, 『박신』 17.08%, 『중노』 98.12%로 나타나 역시 『박신』에서 상당히 낮은 비율을 보인다. 한자음에서도 『노신』에서는 100%로 나타나지만 『박신』과 『중노』에서는 각각 43.06%, 67.93%로 나타났다.

『노신』은 모든 환경에서 구개음화된 형태의 사용 비율이 100%로 나타

수 있듯이, 과도교정은 음운론적 층위에서 일어난 교체현상이었다. 중부 방언에서 ㄱ구개음화는 널리 확산되지 못하여 ㄱ구개음화 현상을 수용하지 않으려는 의도적인 노력에 의해 이들 과도교정 형태가 남게 된 것이라고 설명할 수 있다. 물론 중앙어 또는 중부 방언에 ㄱ구개음화의 과도교정이 보인다는 사실은 이 지역에서도 ㄱ구개음화가 일부 진행되고 있었다는 추정이 가능하다.

8) 과도교정 현상을 '유추'(허웅 1965)나 '차용'(곽충구 1980)의 일종으로 이해하고자 하는 연구도 있다. 그러나 이 현상은 구개음화와의 대비에서 드러나는 '차이'를 활용하여 규칙화하고 있다는 점에서 유사성을 공통의 기반으로 하여 형태를 만들어내는 '유추'의 일종으로 보기 어려우며, 해당 언어 공동체에 필요에 의해 화자들이 적극적으로 수용하고자 하는 언어 태도를 보이는 것이 아니라 해당 형태를 수용하지 않으려는 언어 태도를 보인다는 점에서 '차용'의 일종으로 보기도 어렵다.

나 다른 문헌과 달리 구개음화가 100% 완성된 상태를 보여주는 것처럼 보일 수도 있다. 또한 이 문헌은 거의 같은 시기의 『박신』, 30여년 후의 『중노』보다 구개음화된 형태의 사용 비율이 높다는 점에서 『박신』, 『중노』와 대비해도 매우 이질적이라고 할 수도 있다. 그러나 『노신』의 이러한 이질성이 전혀 이해할 수 없는 이질성은 아니다.

구개음화의 확산 과정은 문법형태소, 형태소경계, 고유어 어휘형태소의 비어두 음절에서는 대체로 시간의 흐름에 따라 미미하게 확산되다가 『노신』과 『박신』에서 100%에 이른다. 이러한 환경에서는 『노신』이 결코 이질적인 것이 아니다. 문제는 고유어 어휘형태소의 어두 음절과 한자음에서이다. 고유어의 어두 음절과 한자음에서는 『노신』, 『박신』, 『중노』에서 구개음화 예들의 사용이 100% 정도로 확산되었다가 다시 2년 후에 17.08%, 43.06%로 줄어들었다가 다시 『중노』에 이르러 98.1·2%, 67.93%로 확산된다. 그러므로 『노신』의 이질성은 고유어 어휘형태소의 어두 음절과 한자음에 한정된다.

『노신』의 특이성을 이해하기 위해서는 먼저 『노걸대신석』의 서문에 귀를 기울일 필요가 있다. 이 서문에서 홍계희는 "『노걸대』가 사용에 적합하지 않아 역사 변천과 같이 연경에 가서 실제 용례를 조사하여 사용에 맞도록 개정하였다."고 하였다. 그리하여 『박통사신석』과 달리 『노걸대신석』은 『노걸대언해』(평안감영본)의 원문을 수정하고 각 한자의 현실음에서 구개음화된 음을 그대로 반영하였다. 이와 같이 시속음을 인정하는 기준을 적용함에 따라 언해문에도 이러한 기준을 적용한 것이 아닌가 생각된다. 왜냐하면 거의 같은 시기에 간행된 『박통사신석』과 달리 다분히 의도적인, 또는 매우 극단적일 정도로 구개음화된 형태를 사용하여 100%의 구개음화 확산 상태를 보이기 때문이다. 특히 『노걸대신석』의 언해문에서 구개음화를 제외한 다른 음운현상은 당시의 여타 문헌 상태와 크게 다르지 않고 유독 구개음화 예들만 극도로 많이 사용되었다는 점에서 한어 문장을 구성하는 한자의 정속음 가운데 속음인 구개음을 현실음으로 인정한 것과 동궤이기 때문이다.

그런데 당시의 사역원에서도 『노신』의 언어 선택이 지나치게 현실적이라고 판단하여 『중노』를 새로 간행하면서 『노신』의 상태를 『노언B』로 되돌린 것도 없지 않다(안병희 1996). 이것은 『노신』의 언어가 현실음을 바탕으로 교정한 것이지만 그 교정 상태가 당시에 보더라도 지나칠 정도라고 판단할 정도였다는 것이다. 구개음화된 형태의 사용 비율이 『노신』보다 『중노』가 낮은 이유도 『노신』의 구개음화 상태가 지나치게 현실적이었거나 현실의 상태 이상으로 구개음화된 형태를 획일적으로 선택하여 사용하였다고 판단하여 『노신』의 구개음화된 형태를 『노언B』의 상태로 되돌린 것이 아닌가 생각된다.[9)]

『노신』의 구개음화 상태가 정말 100%였다고 할 수 없는 것은 현전하는 『노신』은 3책 가운데 권1만 전하기 때문이다. 권2와 권3에는 구개음화된 형태의 사용 비율이 100%가 아니었을 가능성이 높다. 『중노』에 나타나는 구개음화되지 않은 예들의 대부분 권2와 권3에서 나타난다는 점에서, 『노신』의 권2, 권3에는 구개음화되지 않은 형태가 사용되었을 가능성이 있는 것이다. 이러한 추정을 뒷받침하는 것은 과도교정이 3회 나타난다는 사실이다. 몽고어 차용어이기는 하지만 '지달'이 '디달'로 과도교정된 예가 3회 나타나는 것이다. 나아가 『노신』에서 한자음에서도 100% 구개음화된 형태로 나타나지만 그 예는 "쟝을, 젼코져, 졉시(3회), 쥼(6회), 하직(下直)ᄒ고" 등 12회 정도이고, 한자로 보면 5자에 불과하여[10)] 권1에 나타나는 12회만으로 한자음의 구개음화가 100% 되었다고 단정하기 어렵다.

그런데 이러한 설명을 다 받아들이더라도 어떻게 거의 같은 시기에 거

---

9) 이러한 관점에서 『박신』의 경우에는 『중간박통사언해』가 새로 간행되지 않은 이유도 이해할 수 있다. 앞에서 보았다시피 『박신』은 세부 환경에서 대부분 100%를 보이지만 고유어 어휘형태소의 어두 음절과 한자음, 특히 한자음에서 구개음화된 비율이 낮은 것이다.

10) 이들 한학서에서 한자어는 한자로 표기하는 것이 원칙이었다. 따라서 거의 고유어처럼 사용되던 몇몇 한자어에 한해 한글로 표기되어 그 발음을 알 수 있다.

의 같은 사람들이 편찬한『노신』과『박신』에 구개음화된 형태의 사용 비율이 이렇게 차이날 수 있을까? 앞에서 보았다시피『노신』과『박신』의 구개음화된 용례의 차이는 대부분 고유어의 어휘형태소와 한자어에서였다. 한자어는 12회 정도에 불과하니 이를 제외하면 결국 고유어 어휘형태소에서 문제가 된다. 이러한 물음에 답하기 위해서는『박신』과『노신』의 구개음화 관련 용례를 살펴볼 필요가 있다.

구개음화가 확산되는 과정에 있는 모든 문헌이 그렇듯이『박신』의 구개음화 관련 예들은 세 종류로 나뉜다. ① 구개음화된 형태로만 나타나는 예, ② 구개음화된 형태와 그렇지 않은 형태로 나타나는 예, ③ 구개음화되지 않은 형태로만 나타나는 예가 그것이다. 이들 예를 세 부류로 나누어『노신』과『박신』의 상태를 살펴보면『노신』은 모든 용례가 ①의 예로만 나타난 것이다. 이에 비해『박신』에는 ②의 부류가 대부분인 가운데 ①의 부류가 상당히 되며, ③의 부류가 일부 있다. 가령 문법형태소나 형태소경계에서는『박신』에서도 ①의 부류만 나타나는 것이다. 다음에 일부 예만 제시하기로 한다.

(11)『박통사신석언해』의 ㄷ구개음화 관련 예의 사용 양상
  1) ①부류: ▼어두: 씻-(3회), 지기-(2회), 질채(2회), 징징이질, {쟈른(쟈르-), 져른(져르-)}, 치이-(6회), 쳬흐리오 …… ▼비어두: 고지식(5회), 믄허지-(3), 믜치고, 제쳐 …… 등
  2) ②부류: ▼어두: {지나(7), 지나가-(1), 지내-(3)}∼{디나가-(2), 디나오-, 디내-(3)}, 지르-(1)∼디르마, 지새(1)∼디새(5), 지위(9)∼디위(5), 지킈-(1)∼딕희여, {짚-(2), 집팡이}∼딮-(3), {져(8), 져긔(4), 져젹, 져즘꾀}∼{뎌(245), 뎌긔(6), 뎌놈(11), 뎌리(3), 뎌편에}, 치-(36회)∼{티-(17), 되티라}. ▼비어두:{거짐애, 건질}∼건디고, 엇지(63)∼엇디(26), {쌔야진(3), 써러지고, 펴질, 훗터지-(6)}∼{써러뎌, 슬아디리라}, 고치-(11회)∼고텨, {구르치지, 긁치-(3), 썰치고, ㄴ

리치니, 드릐치-~드리치-(7), 마조치니, 써릭치-(3), 써릭쳐, 더위쳐~{드리텨, 즛긔텨} …… 등

3) ③부류: ▼어두: 딥(딮), 댱방올(4), 덜을, {둉-(148), 됴히(7)}, 티뎡이와. ▼비어두: 돈더디기, 티뎡이와

(11.1)의 예들은 구개음화된 형태가 일반화된 부류들이라 할 수 있다. (11.2)의 예들은 구개음화가 진행 중에 있음을 보여주는 예들이다. 구개음화된 형태와 그렇지 않은 형태가 공존하는 이러한 상황에서 구개음화가 확산된다는 말은 (11.3)이 (11.1)로 전환되는 것을 의미한다. (11.2)는 (11.3)에서 (11.1)로 확산되는 과정에 나타나는 예들이다. 그러므로 (11.2)는 (11.3)과 (11.1)이 공존하는 상태로서 구개음화가 진행 중에 있는 것이다. 물론 『박신』에 나타나는 (11.3)의 예들은 18세기 중후기에 문헌에 따라 (11.1), 또는 (11.2)로 나타나는 문헌도 있다. 말하자면 (11.3)도 절대적으로 구개음화되지 않은 것은 아니다. 이러한 상황에서 『노신』에서는 구개음화 관련 예들의 선택 기준을 엄격하게 (11.1)로 하였다는 말이 된다. 물론 구개음화된 형태가 당시에 얼마나 자연스럽게 사용되었으며, 언중들이 그것을 얼마나 자연스럽게 받아들이느냐가 중요한 것이다. 이러한 기준에 따라 『노신』은 다소 자연스럽지 않은 (11.3)의 형태들에 대해서도 (11.1)처럼 사용하였기 때문에 지나치게 현실적인 기준을 반영하였다는 지적을 받았다고 할 수 있다.

여기에서 언급하기에 다소 빠르기는 하지만 중요한 지적을 하나 하지 않을 수 없다. 그것은 기존의 음운사 연구에서는 (11.2) 부류를 인정하지 않았다는 점이다. 음운변화가 진행 중인 문헌에는 으레 (11.2)의 유형이 등장한다. 변화하기 전의 형태와 변화한 형태가 공존하는 것이다. 이것은 국어의 경우에만 해당하는 것은 아니라고 생각한다. 이들 두 형태의 공존은 음운변화가 진행 중에 있음을 말하는 것으로서, 음운변화가 음운규칙이나 어휘적 확산이라는 하나의 루트로 가는 것이 아니라는 점을 말해주는 것

으로 이해된다. 다시 말해 구개음화가 구개음화의 규칙에 의해 만들어진 형태가 사용된다고 하여, 구개음화되지 않은 기존의 형태들이 사용되지 않음을 의미하지 않는다는 말이다. 그러므로 구개음화 규칙은 구개음화되지 않은 형태에서 구개음화된 형태를 만들어 낼 뿐이지 그것이 현실에서 그대로 사용되느냐 그렇지 않느냐는 사회문화적 환경에 의해 결정될 문제라는 것이다.

이러한 관점에서 음운변화가 진행되어 나간다는 것은, 다시 말해 어떤 음운변화가 확대된다거나 축소된다는 말은 이러한 두 형태 중 어느 쪽 형태를 선택하여 사용하느냐의 문제인 것이다. 이러한 관점에서 보면『노신』의 구개음화 상태는 다소 혁신적인 측면이 있기는 하지만 그것은 구개음화 규칙이 존재하기 때문에 가능하며,『노신』과『박신』의 차이는 사회문화적인 배경에 의해 화자들(편찬자)이 그러한 선택을 하였기 때문이라고 할 수 있다.

2. 왜학서

왜학서에 나타나는 구개음화된 예들의 사용 빈도와 비율은 다음과 같다.

「도표 4」 왜학서에 나타나는 ㄷ구개음화 형태의 사용 빈도와 비율

	전 체	고유어	고유어 어휘			고유어 문법		한자음
			어휘전체	어두	비어두	형태소 경 계	문법	
『첩해』 (1676)	4/355 1.13%	4/308 1.30%	2/132 1.52%	1/85 1.18%	1/47 2.13%	1/141 0.71%	1/35 2.86%	0/47 0%
『개첩』 (1748)	302/423 72.40%	257/356 72.19%	86/156 55.13%	47/104 47.12%	37/52 71.15%	20/24 83.33%	151/176 85.80%	45/67 67.16%
『중첩』 (1781)	222/291 76.29%	198/251 78.89%	73/111 65.77%	49/76 64.47%	24/35 68.57%	3/3 100%	121/136 88.97%	24/40 60%
『왜어』 (1783~9)	222/365 60.82%	57/65 87.69%	51/58 87.93%	19/24 79.17%	32/34 94.12%	5/6 83.33%	1/1 100%	165/300 55.00%
『인어』 (1790)	480/483 99.38%	448/449 99.78%	188/189 99.47%	144/145 99.31%	44/44 100%	12/12 100%	242/245 99.01%	32/34 94.12%

「도표 4」에서 드러나는 왜학서의 전반적인 특징은 한학서와 크게 다르지 않다. 구개음화가 나타나기 시작한『첩해신어』이후 후대의 문헌으로 갈수록 구개음화된 형태의 사용 빈도와 비율이 높아져 18세기 후기에 간행된『인어대방』에 이르면 대부분의 환경에서 거의 100% 가까이 확산되어 일반화되는 경향을 보여주는 것이다. 각 문헌의 구개음화된 형태의 전체 사용 비율은『첩해신어』(1676) 1.13%,『개수첩해신어』(1748) 72.40%,『중간첩해신어』(1781) 76.29%,『왜어유해』(1780년대) 60.82%,『인어대방』(1790) 99.38%로 나타나,『왜어유해』에서 비율이 다소 낮은 것을 제외하면, 후대의 문헌으로 갈수록 빈도가 높아진다. 이러한 사실은 시간의 흐름에 따라 구개음화 예들을 사용하는 비율이 그만큼 높아진 것으로 말해주는 것으로 이해된다.

먼저 고유어에서는『첩해』1.30%,『개첩』72.19%,『중첩』78.89%,『왜어』87.69%,『인어』99.78%로서 구개음화된 형태의 사용 비율이 후대로 갈수록 높은 상태를 보여준다. 이러한 경향은 고유어 어휘형태소에서도 마찬가지로 나타난다. 어휘형태소에서는『첩해』1.52%,『개첩』55.13%,『중첩』65.77%,『왜어』87.93%,『인어』99.47%로 나타나 역시 후대의 문헌일수록 높은 비율을 보여준다.

어휘형태소의 어두 음절이나 비어두 음절에서도 이러한 특성은 마찬가지로 나타난다. 먼저 어휘형태소의 어두 음절을 보면『첩해』1.18%,『개첩』47.12%,『중첩』64.47%,『왜어』79.17%,『인어』99.31%로 나타난다. 그리고 비어두 음절에서도『첩해』2.23%,『개첩』71.15%,『중첩』68.57%,『왜어』74.12%,『인어』100%로 나타나 후대의 문헌일수록 구개음화된 형태의 사용 비율이 높아『인어』에 이르러서는 100%로 나타나 모두 구개음화된 형태만 사용되는 것이다.

형태소 경계와 문법형태소도 이와 다르지 않다. 먼저 형태소 경계의 경우를 보면『첩해』0.71%,『개첩』83.33%,『중첩』100%,『왜어』83.33%,『인어』100%로 나타나 어휘형태소에 비해 이른 시기, 즉『개첩』에서부터 80%를 상회하며 『중첩』와 『인어』에서는 100%를 보이는 것이다. 단지 『왜어』에서 만 83.33%이지만 이 경우에도 6회 가운데 5회로서 1회만 구개음화되지 않은 형태가 사용된 것이다. 문법형태소에서도 이와 같다. 『첩해』 2.86%, 『개첩』 85.80%, 『중첩』 88.97%, 『왜어』 100%, 『인어』 99.01%로서 『개첩』에서부터 85% 이상의 비율을 보인다. 단지 일한 대역 어휘집으로서 『왜어』는 100%라고 해도 그 사용 빈도는 1회에 불과하여 거기에 의미를 둘 수 없다.

이와 같이 전체 비율만이 아니라 고유어, 고유어 중에서도 어휘형태소, 어휘형태소에서도 어두 음절과 비어두 음절 모두, 그리고 형태소 경계와, 문법형태소에서 모두 후대로 갈수록 구개음화된 형태의 사용 비율이 높아지는 경향이 나타났다. 이러한 특성은 이미 한학서에도 동일하게 나타난 현상으로서 이러한 특성은 국어 구개음화가 확산되는 하나의 패턴이라고 볼 수 있다. 그리고 구개음화된 형태의 사용 비율이 시간의 흐름에 따라 비례하여 높아지는 것은 아니라는 것이다. 다시 말해 구개음화의 예들이 나타나기 시작한 이후 일정 시점에 이르러서는 갑자기 사용 비율이 높아져 구개음화된 형태의 급격한 증가를 보인다는 것이다. 이들 왜학서에서 구개음화의 예들이 나타나는 것이 17세기 후기의 『첩해신어』라고 할 때 그리 확산되지 않았던 구개음화 예들의 사용 비율이 『개수첩해신어』에서 대부분 80%대로 급격하게 증가했다는 것이다.

그런데 한자음에서는 고유어와는 다소 다른 모습을 보여준다. 문헌별로 보면 『첩해』 0%, 『개첩』 67.16%, 『중첩』 60%, 『왜어』 55%, 『인어』 94.12%로서, 후대 문헌으로 갈수록 구개음화된 형태의 사용 빈도가 높아지는 것이 아니기 때문이다. 여기에서 문제가 되는 부분은 『중첩』이 60%로서 먼저 간행된 『개첩』의 67.16%보다 낮다는 것이고, 다른 하나는 『왜어』가 55%로서 앞서 간행된 『중첩』보다 낮다는 것이다.

첫 번째 문제는 『개첩』와 『중첩』의 언해가 다소 달라졌기 때문에 생긴 것이다. 『개첩』에서는 한글로 표기한 한자어 가운데 구개음화의 환경에 있는 단어가 67개인데 그 가운데 45개가 구개음화된 것이고, 『중첩』에서는

40개 가운데 24개의 단어가 구개음화된 형태로 나타난 것이다. 그러므로 구개음화의 환경에 놓인 한자어가 『중첩』에서 27개나 더 적고 그 가운데 구개음화된 형태로 나타난 것이 24개였기 때문에 나타난 현상이다.

두 번째 문제는 『개첩』, 『중첩』, 『왜어』 모두 초간본이 아니어서 앞서 간행된 문헌의 영향을 받았기 때문에 일어난 현상으로 간주된다. 물론 앞서 간행된 초간본의 영향을 받았더라도 중간해 내는 시기의 국어가 반영되었다면 비율이 더 높았을 것으로 추정된다. 현재 『중첩』이 1760년대, 『왜어』가 1780년대에 중간되었다고 한다면 초간본 당시의 상태와 중간할 때의 언어 상태가 공존하고 있어서 중간본 간행 당시의 확산 상태를 보여주지 못하는 것으로 추정된다. 더욱이 『왜어』는 대역어휘집으로서 어휘 목록 중심으로 된 문헌이어서 구개음화가 보다 빨리 확산되는 형태소 경계나 문법형태소 환경이 거의 없다는 점에서 설명할 수도 있다. 한자어나 고유어 어휘형태소가 대부분이어서 그만큼 구개음화된 예들의 사용 비율도 낮다. 특히 근대국어 시기의 문헌에 전반적으로 나타나는 현상으로서 한자음에 대해서는 중간본에서 상당히 보수적인 상태를 보이는 점도 주목할 만하다.

사역원 간행의 왜학서들은, 같은 시기의 한학서보다 구개음화 빈도가 전반적으로 높다는 것도 특징이다. 말하자면 구개음화의 진행 속도가 왜학서에 반영된 언어에서 한학서에 반영된 언어보다 빠른 것으로 나타나는 것이다. 앞에서 살펴보았다시피 한학서도 후대로 갈수록 구개음화된 형태의 사용 빈도가 높아지는 것으로 나타났었다. 그러므로 왜학서의 구개음화된 형태의 사용 과정도 한학서와 동일한 패턴을 보여주는 것이다. 그리고 일정한 시점에서 구개음화된 형태의 사용 비율이 급격하게 높아지는 현상도 두 부류에서 동일하게 나타났다. 말하자면 왜학서는 여러 세부 환경에서 대부분 S곡선의 변화를 보여주며, 이러한 패턴은 한학서에서도 유사하므로 국어 구개음화의 과정에서 나타나는 일반 패턴일 가능성이 있다.

그런데 한학서와 왜학서는 모두 동일한 변화의 패턴을 보이면서도 같은 시기 두 부류의 개별 문헌에 나타나는 구개음화된 형태의 사용 빈도는 한학서보다 왜학서가 전반적으로 높게 나타난다. 즉 구개음화 예들의 사용 빈도가 『오륜』보다 『첩해』가, 『박신』보다 『개첩』이, 『중노』보다 『인어』가 높은 빈도를 보이는 것이다. 이러한 빈도의 차이는 한자음, 고유어의 어휘형태소, 어휘형태소에서도 비어두 음절과 어두 음절 모두, 그리고 형태소 경계, 문법형태소 등 모든 환경에서 유사하게 나타난다.

이러한 왜학서의 특성에는 왜학에 종사하던 역관이나 통사가 강우성을 비롯하여 경상도 출신이 적지 않고 그들의 활동 지역도 부산이나 경상도 중심이어서 경상도 방언의 영향이 있었던 것이 아닌가 생각된다. 물론 왜학서도 중앙어 또는 공통어를 지향하여 편찬한 것으로 보인다. 그렇지만 세부 현상의 구어 수용 정도가 한학서보다 높지 않았나 생각되는 것이다.

3. 어제서

어제서에 나타나는 구개음화된 형태의 사용 빈도와 비율은 다음과 같다.

「도표 5」 어제서의 ㄷ구개음화 형태의 사용 빈도와 비율

	전 체	고유어	고유어 어휘			고유어 문법		한자음
			어휘전체	어두	비어두	형태소 경 계	문법	
『내훈』 (1736)	9/1191 0.76%	9/1146 0.79%	4/440 0.91%	1/139 0.72%	3/301 1.00%	1/70 1.43%	4/636 0.63%	0/45 0%
『상훈』 (1745)	1/252 0.40%	1/133 0.75%	0/44 0%	0/7 0%	0/37 0%	1/3 33.33%	0/86 0%	0/119 0%
『자성』 1746	949/1285 73.85%	740/894 82.77%	288/294 97.96%	32/35 91.43%	15/18 83.33%	33/34 97.06%	419/566 74.03%	209/391 53.45%
『훈서』 (1756)	12/471 2.55%	10/305 3.28%	4/117 3.42%	1/19 5.26%	3/98 3.06%	0/10 0%	6/178 3.37%	2/166 1.21%
『속자』 (1759)	27/648 4.17%	14/406 3.45%	9/173 5.20%	4/29 13.79%	5/144 3.47%	1/14 7.14%	4/219 1.83%	13/242 5.37%

『경세』 (1761)	83/942 8.81%	22/675 3.26%	10/275 3.64%	3/49 6.12%	7/226 3.10	1/22 4.55%	11/378 2.91%	61/267 22.85%
『경민』 1762	68/79 86.08%	57/57 100%	25/25 100%	1/1 100%	24/24 100%	1/1 100%	31/31 100%	11/22 50%
『조훈』 (1763)	57/674 8.46%	20/400 5%	13/147 8.84%	3/17 17.65%	10/130 7.69%	5/14 35.71%	2/239 0.84%	37/274 13.50%
『경속』 (1763)	142/936 15.17%	37/613 6.04%	31/237 13.08%	5/32 15.63%	26/205 16.68%	4/20 20%	2/356 0.56%	105/323 32.51%
『어제』 (1761~7)	43/523 8.22%	17/350 4.86%	6/132 4.55%	2/31 6.45%	4/103 3.88%	0/4 0%	0/164 0%	26/173 15.03%
『백행』 1765	50/92 54.34%	47/66 71.21%	16/27 59.26%	6/6 100%	3/3 100%	28/36 77.78%	28/36 77.78%	3/26 11.54%
〈윤음〉 (1781~3)	1314/1478 88.90%	899/918 97.93%	288/297 96.97%	62/68 91.18%	226/229 98.69%	17/19 89.47%	507/515 98.45%	415/560 74.11%

「도표 5」는 어제서에 나타난 구개음화 예들의 사용 빈도와 비율을 보인 것이다. 이 도표에서는 앞에서 살펴본 바와 같이 후대로 갈수록 구개음화된 형태의 사용 비율이 점차 높아지는 경향을 찾기 어렵다. 그러나 여기에서도 구개음화된 형태의 사용 빈도와 비율이 시간의 흐름에 따라 보여주는 특성을 상대적으로 대비해 보면 구개음화된 형태의 사용 비율이 높은 부류와 낮은 부류로 나뉨을 알 수 있다.

『내훈』(1736)에 구개음화된 예가 나타나기 시작하여 『상훈』(1745)에 0.40%, 『훈서』(1756) 2.55%, 『속자』(1759) 4.17%, 『경세』(1661) 8.81%, 『조훈』(1763), 『경속』(1763) 15.17%, 『어제』(1763~1775) 8.46% 등으로서 영조대 말기까지 20% 미만의 확산 상태를 보인다. 이들 중 몇몇 문헌은 중간본의 성격을 갖지만 대부분은 그렇지 않은 초간본이라는 점에서 이러한 특성은 주목할 만하다.

이에 비해 『자성』(1746) 73.85%, 『백행』(1765) 54.34%, 『윤음』(1781~83) 88.90%로 나타나 모두 50% 이상의 확산 상태를 보여준다. 이중 시간의 흐름을 고려하면 『백행』과 『윤음』은 전자의 문헌처럼 구개음화된 형태가 거의 사용되지 않던 문헌들이 후대에 점차 확산된 상태에 이르렀다고 볼 수도 있지만, 1760년 이전에 이미 70% 이상을 보이는『속자』, 그리고 60년대에 80%대를 보이는『경민』도 분명히 다른 문헌 부류보다 비율이 상당히 높다.

이들 문헌에서 보여주는 이러한 구개음화 예들의 사용 비율은 한자음과 고유어로 나누어 살펴볼 필요가 있다. 고유어는 전반적으로 구개음화된 형태를 많이 사용한다 하더라도 한자음의 경우에는 식자층이 관여하는 문헌에서는 전반적으로 낮은 비율을 보이기 때문에 고유어와 한자어에서의 구개음화 예들의 사용 비율을 살펴보기로 한다. 먼저 한자어부터 살펴보기로 한다.

먼저 1760년 이전의 문헌에서『내훈』(1736)과『상훈』(1745)에는 한자어에 구개음화된 예가 전혀 나타나지 않았다.『훈서』(1756)에도 2.55%,『속자』(1759) 5.37%로 나타나 모두 10%에 미치지 못하는 상태를 보여준다. 그러나 유독『자성』(1746)에서는 53.45%로서 다른 문헌에 비해 한자음에서도 현저하게 높았다. 이러한 상태는『자성』이 다른 문헌의 언어 사용 상태와 비교하여 이질적이라는 사실을 말해주는 것으로 이해된다.

60년대 이후의 문헌에서는『경세』(1761) 22.85%,『경민』(1762) 50%,『조훈』(1763) 13.50%,『경속』(1763) 32.51%,『어제』(1763~1775) 15.03%,『백행』(1765) 11.54%,『윤음』(1881~1883) 74.11%로 나타나 두 부류로 나뉜다. 한자어에서 사용된 구개음화 예들의 비율은 전체 비율과 다른 양상을 보인다. 한자어에서 50% 이상으로 나타난 문헌은『경민』과『윤음』이었다. 전체적으로『백행』은 다른 문헌에 비해 상당히 높은 비율을 보였지만 한자어에서는 그렇지 않았다. 이것은 빈도가 적기는 하지만, 시간의 흐름에 따라 확산된 것으로 이해해도 될 정도가 아닌가 생각된다. 그렇다면『경민』과 정조대의『윤음』의 상태인데 정조대『윤음』은 시기가 다른 문헌보다 훨씬 뒤이고 이 시기에 다른 부류에는 이미 100%에 가까운 정도를 보인다는 점에서 상류층에서 구개음화된 형태의 사용이 많아진 상태가 반영된 것으로 보인다.

이러한 관점에서 보면 이들 어제서 가운데『자성』과『경민』이 다소 특이한 상태이다. 문제가 되는 이들 문헌을 제외한다면, 고유어의 구개음화의 변화 양상을 대략적으로 살펴볼 수 있다.『내훈』(1736)과『상훈』(1745)에는 구개음화된 예가 전혀 나타나지 않았다.『훈서』(1756) 3.28%,『속자』(1759) 3.45%로 나타나 모두 10%에 미치지 못하는 상태를 보여준다.『경세』(1761) 3.26%,『조훈』(1763) 5%,『경속』(1763) 6.04%,『어제』 4.86%,『백행』71.21%, 정조대의『윤음』71.21%로 나타났다. 예외적으로 구개음화 예들이 많이 나타나는 몇몇 문헌을 제외하고 나니 대체로 어제서의 구개음화 예들이 확산되는 상태도 다른 부류의 문헌과 유사한 상태로 나타난다.

고유어의 어휘형태소의 경우를 보아도 이러한 사정은 비슷하게 나타난다.『내훈』과『상훈』에는 어휘형태소에 구개음화된 예가 전혀 나타나지 않았다.『훈서』 3.42%,『속자』 5.20%,『경세』 3.64%,『조훈』 8.84%,『경속』 13.08%,『어제』 4.55%,『백행』 59.26%, 정조 대『윤음』 96.97%로 나타났다. 여기에서도 예외적으로 문헌을 제외하고 나니 대체로 어제서의 구개음화 예들이 확산되는 양상도 다른 부류의 문헌과 유사한 상태로 나타난다. 전반적으로 낮은 상태의 비율을 보이다가『백행』에서부터 급격하게 높아져 정조 대『윤음』에 이르면 거의 100%에 육박하게 되는 것이다.

어휘형태소의 어두 음절에서 나타나는 양상도 이와 큰 차이가 없다.『내훈』 0.72%,『상훈』 0%,『훈서』 5.26%,『속자』 13.79%,『경세』 6.12%,『조훈』 17.65%,『경속』 15.65%,『어제』 6.45%,『백행』 100%, 정조 대의『윤음』 91.18%로 나타났다. 여기에서도 예외적으로 문헌을 제외하고 나니 대체로 어제서의 구개음화 예들이 확산되는 양상이 다른 부류의 문헌과 유사한 상태로 나타났다. 50년대까지 10% 이하의 낮은 비율을 보이다가 60년대 초반에 이르러서는 10%대의 다소 높은 비율을 보이다가『백행』에서 100%를 보이지만 정조 대『윤음』에서는 90%대로 다소 낮아졌다.

어휘형태소의 비어두 음절에서는 경우를 보아도 이러한 사정은 비슷하지만 세부적으로는 차이가 있다.『내훈』 1%,『상훈』 0%,『훈서』 3.26%,『속자』3.47%, 『경세』3.10%, 『조훈』7.69%, 『경속』16.68%, 『어제』3.88%, 『백행』 100%, 정조 대의 『윤음』98.69%로 나타났다. 여기에서도 예외적인 몇몇 문헌을 제외하면 대체로 어제서의 구개음화 예들이 확산되는 양상도 다른 부류의 문헌과 유사한 상태로 나타난다. 전반적으로 낮은 상태의 비율을 보이다가 『백행』에서부터 급격하게 높아져 100%에 거의 육박하는 상태를 보인다.

형태소경계에서도 이러한 사정은 유사하지만 세부적으로 차이가 있다. 『내훈』1.43%, 『상훈』33.33%, 『훈서』0%, 『속자』7.14%, 『경세』4.55%, 『조훈』 35.71%, 『경속』20%, 『어제』0%, 『백행』77.78%, 정조 대의 『윤음』89.47%로 나타났다. 여기에서도 예외적인 몇몇 문헌을 제외하고 나니 전반적으로는 다른 부류의 문헌에서와 유사한 상태로 나타난다. 해당 환경에 있는 예들의 빈도에 따라 다소 들쭉날쭉하는 감이 없지 않으나 이것은 나타나는 예들의 빈도가 적기 때문이기도 하다. 『조훈』과 『경속』에서 비율이 다소 높아졌다. 전체 경향에 있어서는 계속 낮은 상태에 있다가 『백행』에서부터 급격하게 높아진 점은 어제서의 다른 환경에 나타나는 구개음화된 예들의 사용 양상과 유사하다.

문법형태소에서도 시간의 흐름에 따른 변화의 추이는 비슷하게 나타난다. 『내훈』0.69%, 『상훈』0%, 『훈서』3.37%, 『속자』1.83%, 『경세』2.91%, 『조훈』0.84%, 『경속』0.56%, 『어제』0%, 『백행』77.78%, 정조 대의 『윤음』 98.45%로 나타났다. 예외적인 몇몇 문헌을 제외하면, 전반적으로 어제서의 구개음화 예들이 확산되는 양상도 다른 부류의 문헌과 유사하지만 전반적으로 사용 비율이 낮다. 특히 타 부류에서는 문법형태소에서 먼저 확산되는 경향을 보이지만 이들 어제서에서는 그렇지 않다. 1760년대 문헌에서도 3%가 채 안 되는 비율을 보여준다. 물론 『백행』에서부터 급격하게 높아져 정조 대 『윤음』에 이르면 거의 100%에 육박하는 비율을 보여준다는 점에서 전체 경향은 유사하다.

IV. 원순모음화 현상의 통시적 과정과 특성

1. 한학서

여기에서는 한학서에 나타나는 순자음 다음에 오는 비원순모음의 원순모음화에 대한 통시적 과정과 특성을 살펴보기로 한다. 원순모음화는 '·〉ㅗ' 변화와 'ㅡ〉ㅜ' 변화가 있다. 그러나 이 가운데 '·〉ㅗ' 변화는 근대국어 시기의 초기에는 일부 나타나고 그 이후에는 그리 확산되지 않는다. 그 이유는 비어두 음절에서 '·〉ㅡ' 변화가 널리 확산되어 순자음 다음에 오는 '·'가 'ㅡ'로 거의 바뀌기 때문이다. 물론 비어두 음절에서 'ㅡ〉·' 변화를 일으키는 예들도 있지만 그 예들은 대부분 치조음이나 구개음, 즉 'ㄷ, ㅌ, ㄴ, ㄹ, ㅅ, ㅈ, ㅊ' 뒤에서 일어나기 때문에 순자음 뒤에 오는 '·'는 거의 없는 것이다. 그래서 여기에서는 'ㅡ〉ㅜ' 변화를 중심으로 살펴보면서 필요한 경우에 '·〉ㅗ' 변화에 대해서 간단히 언급하기로 한다.

한학서에서 추출한 원순모음화 예들의 사용 빈도와 비율은 다음과 같다.

「도표 6」 한학서에 나타난 원순모음화 예들의 사용 빈도와 비율

	전 체	고유어	고유어 어휘			고유어 문법		한자음
			어휘전체	어두	비어두	형태소 경 계	문법	
『노언A』 (1670)	9/464 1.93%	9/454 1.98%	9/355 2.54%	8/215 3.72%	1/140 0.71%	0/84 0%	0/15 0%	0/10 0%
『박언』 (1677)	5/481 1.04%	3/478 0.63%	3/395 0.76%	1/293 0.34%	2/102 1.96%	0/57 0%	0/26 0%	2/3 66.67%
『역어』 (1690)	46/316 14.56%	46/315 14.60%	43/265 16.23%	35/153 22.88%	8/112 7.14%	2/39 5.13%	1/11 9.09%	0/1 0%
『오륜』 (1721)	125/7070 17.68%	125/692 18.06%	111/607 18.29%	101/433 23.33%	10/174 5.75%	3/32 9.38%	11/53 20.76%	0/15 0%
『노언B』 (1745)	17/427 3.98%	17/416 4.09%	17/351 4.84%	15/217 6.91%	2/134 1.49	0/55 0%	0/10 0%	0/11 0%

『노신』 (1763)	34/212 16.04%	33/211 15.64%	33/186 17.74%	24/128 18.75%	9/58 15.52%	0/18 0%	0/7 0%	1/1 100%
『박신』 (1765)	191/469 40.73%	185/463 39.96%	168/365 46.03%	150/250 60.00%	18/115 15.65%	2/69 2.90%	15/29 51.72%	6/6 100%
『중노』 (1795)	48/423 11.35%	47/420 11.19%	46/338 13.61%	29/187 15.51%	17/151 11.26%	0/65 0%	1/17 5.88%	1/3 33.33%

「도표 6」을 보면 한학서에서 '一〉ㅜ' 원순모음화는 전체적으로 보아 『노언A』(1670)에 1.93% 정도로 나타나고 그 이후 『박언』 1.04%, 『역어』 14.56%, 『오류』 17.68%로 높아지는 양상을 보인다. 그러나 『노언B』에서 3.98%, 『노신』 16.04%, 『박신』 40.73%로 높아진다. 그러다가 『중노』에 이르면 다시 11.35%로 낮아지는 들쭉날쭉한 상태를 보여준다. 대체로 후대의 문헌일수록 원순모음화된 예들의 비율이 높아지는 경향을 보이지만 상승 폭이 구개음화처럼 비약적인 부분이 보이지 않고 시간의 흐름에 따라 일관되게 높아지는 것이 아니라는 점에서 구개음화와는 상당히 다른 모습을 보여준다. 여기에서도 사실 문제되는 문헌은 『노신』이다. 『중노』가 『노신』에서 다소 보수적인 언어 상태를 기준으로 정하여 언어 사용 상태가 『노신』과 거의 유사하다는 점에서 보면 결국 『박신』의 40.73%까지는 상당히 확산된 상태를 보여주기 때문이다. 『노신』이 원순모음화에 있어서는 구개음화와 반대로 매우 낮은 비율을 보이는 이유가 어디에 있는지 현재로서는 알 수 없다.

이러한 특성을 염두에 두고, 전체적인 특성이 세부 환경에 따라 '一〉ㅜ' 원순모음화의 상태가 어떻게 나타나는지 살펴보기로 한다. 한자음에서는 원순모음화 환경에 있는 예들의 빈도가 낮아 여기에서 제외하고, 고유어의 경우에도 형태소경계와 문법형태소에서는 사용 빈도도 낮고 『역어』, 『오류』, 『박신』을 제외하면 대부분 0%여서 변화의 정도를 논의하기 어려운 상태이다. 고유어의 형태소 경계와 문법형태소는 고유어 어휘형태소의 비어두 음절과 유사한 측면을 보이기 때문에 여기에서는 고유어 어휘형태소의 어두 음절과 비어두 음절을 살펴보기로 한다.

어휘형태소의 어두 음절에서 『노언A』에 3.72%, 『박언』 0.34%, 『역어』 22.88%, 『오륜』 23.38% 정도로 상당히 높아진다. 그러나 『노언B』에서 6.91%로 줄었다가, 『노신』 18.75%에서 다시 높아지고 『박신』 60.00%로 거의 일반화단계로 간다고 할 만큼 높아지지만, 『중노』에 이르면 다시 15.51%로 낮아진다. 여기에서도 결국 『노신』이 문제가 되고 그것을 다소 보수적인 상태로 수용한 『중노』가 문제된다. 이러한 상태는 어휘형태소의 비어두 음절에서도 마찬가지로 나타난다. 『노언A』 0.71%, 『박언』 1.96%, 『역어』 7.14%, 『오륜』 5.75%로 다소 높아지는 양상을 보인다. 그러나 『노언B』에서 1.49%, 『노신』 15.52%, 『박신』 15.65%로 다소 높아지다가 『중노』에서 다시 11.26%로 낮아진다. 역시 여기에서도 『노신』이 문제가 된다.

그런데 음절 위치에 따라 'ㅡ〉ㅜ' 원순모음화 예가 사용된 비율을 어두 음절과 비어두 음절을 대비해 보면 어두 음절이 훨씬 높은 비율로 나타난다. 이것은 『노언A』부터 『중노』에 이르기까지 일관되게 나타나는 현상으로서 구개음화의 경우와 대비하면 거의 반대되는 상황이다. 전반적으로 원순모음화의 예들의 사용 비율이 구개음화보다 낮고, 문헌과 문헌 사이의 변화 정도를 보면 원순모음화의 확산 속도가 매우 느리다는 특성을 보여준다. 그러나 사실 17세기 후기의 한학서만 두고 보면 그렇지가 않다. 원순모음화의 예가 구개음화 예들보다 더 많이 나타나는 것이다. 구체적으로 이러한 상황을 살펴보기 위해 17세기 문헌에 나타나는 원순모음화의 예들을 보기로 한다.

(12) 17세기 한학서의 원순모음화 예

    1) 『노언A』: ▼어휘: $1 무던ㅎ다〈下, 54b〉, 무던ㅎ다〈上, 59b〉, 믄그 으디〈上, 54a〉, 물〈上, 13a〉, 물〈上, 12b〉, 부리오고〈上, 59b〉, 부리 워〈下, 5a〉, 부리워〈下, 5a〉, $2 머무러〈上, 30a〉.

    2) 『박언』: ▼어휘: $1 물리고져〈下, 37b〉, $2 머물라〈上, 66b〉, 부뷔기 롤〈上, 35b〉. ▼한자어: $1 북편〈上, 61a〉, $2 직물이〈中, 17b〉.

3) 『역어』: ▼어휘: $1 무던타〈下, 52a〉, 무던타〈下, 46a〉, 무던히〈下, 46a〉, 무덥다〈上, 5b〉, 무덥다〈上, 5b〉, 무른〈下, 29a〉, 무른〈上, 49a〉, 무섯〈上, 37b〉, 무셔워〈下, 49b〉, 무술〈上, 49b〉, 무술〈上, 49b〉, 무술〈上, 49b〉, 무프레〈下, 42a〉, 무는〈下, 29a〉, 무즈미ᄒ다〈下, 22a〉, 문허디디〈下, 50a〉, 물아치〈下, 38a〉, 물통〈下, 14a〉, 물통〈下, 14a〉, 부리오다〈下, 22a〉, 부리오다〈下, 22a〉, 부리인〈上, 13a〉, 부쇠〈下, 18a〉, 부쇳깃〈下, 18a〉, 부쇳깃〈下, 18a〉, 부쇳돌〈下, 18a〉, 부티다〈上, 10a〉, 부ᄅ다〈上, 10b〉, 부ᄅ다〈上, 60a〉, 부ᄅ는〈上, 23b〉, 불〈下, 18a〉, 불〈下, 18a〉, 붓다〈上, 59a〉, 붓다〈上, 59a〉, 붓바기쯼〈上, 17b〉, $2 눈물〈上, 39a〉, 니부자리〈上, 24a〉, 머무다〈上, 24a〉, 밥풀〈上, 49a〉, 밥풀〈上, 49a〉, 버무리다〈下, 34a〉, 빅부로기〈上, 37a〉, ᄌ무다〈上, 14a〉. ▽경계: $2 자분〈上, 65a〉, 자분〈上, 68b〉. ▽문법: $2 ᄀ부다〈上, 40a〉.

「도표 6」과 (12)의 예들을 보면 원순모음화의 예들은 대부분 어두 음절에서 나타난다는 사실을 알 수 있다. 어두 음절에서 일어난 예를 보면 『노언A』에 8회, 『박언』에 1회, 『역어』에 35회이다. 여기에 한자음에서 일어난 예가 『박언』에 2회 있다. 이에 비해 비어두 음절에서 일어난 예는 『노언A』에 1회, 『박언』에 2회, 『역어』에 8회이고, 『역어』에는 형태소경계에서 1회, 문법형태소에서 2회 나타났다. 이들 가운데 『역어』의 비어두 음절로 처리된 '$2 눈물, 밥풀(2회), 빅부로기'는 복합어의 두 번째 실질형태소로서 어두 음절로 보아도 되는 것이다. 그렇다면 원순모음화 예들의 대부분이 어두 음절에서 나타나는 것이다.

이러한 맥락에서 사역원 한학서의 다른 문헌을 검토해 보아도 원순모음화 예들 가운데에는 어두 음절 위치에서 가장 활발하게 일어나고 어휘형태소의 비어두 음절, 형태소경계, 문법형태소에서는 매우 미미하게 나타난다. 형태소경계와 문법형태소에서는 예가 전혀 나타나지 않는 문헌도 적지 않다. 이런 점에서 보면 순자음 뒤의 '一〉ㅜ' 원순모음화는 어두 음절에서 시작되어 점차 비어두 음절로 확산된 것으로 이해할 수 있다. 이러한 특징은 구개음화와는 상당히 다른 것으로서 어절을 중심으로 말하면 구개음화 현상이 뒤에서부터 일어난 음운변화의 성격을 갖는다면 원순모음화 현상은 앞에서부터 일어난 음운변화 현상인 것이다.

국어의 발화 차원에서 음운현상이 일어나는 단위는 음운론적 구성으로서의 어절이다(이병근 1988). 음운론적 구성으로서의 어절은 흔히 통사 단위로서의 어절과 일치하지만, 관형구나 관형절에 의존명사가 통합될 때에는 차이를 보이기도 한다. 그러므로 국어의 발화 차원에서 음운론적 단어는 일반적으로 통사단위로서의 어절과 일치한다는 점에서 기본적으로 어절을 음운현상이 일어나는 단위로 설정할 수 있다(김주필 2004, 2005). 국어 정서법의 표기 단위도 이러한 특성을 바탕으로 통사 단위로서의 어절과 일치하는 발화 단위로서의 어절을 표기 단위로 설정하고 있다. 말하자면 국어의 표기 단위가 어절이라는 사실은 음운현상이 일어나는 기본 단위가 어절임을 말해준다고 할 수 있다.

이러한 음운론적 어절에서 원순모음화는 고유어 어휘형태소의 어두 음절, 다시 말해 음운론적 어절의 제1음절 위치에서 시작된 것으로 보인다. 제1음절은 형태소나 단어의 대립이 가장 분명하게 드러나는 음절이다. 그러므로 어떤 음운변화와 관련되는 음운현상이 제1음절에서 일어난다면 그것은 대립의 문제와 관련되지 않을 수 없다. 말하자면 원순모음화가 어절의 제1음절에서 시작되었다고 한다면 그것은 대립을 유지하거나 다른 음소와 대립을 유지하기 위해 조음역에서 그만큼 거리를 두는 조음 활동으로부터 시작되었을 가능성이 크다. 아직 순자음 하에서의 '一〉ㅜ' 원순모음화가 어느 문헌에서 가장 먼저 나타나고 어떤 지역이나 어떤 사회 계층에서 먼저 일어나기 시작했는지 분명하게 지적된 적이 없기 때문에 앞으로 이에 대한 논의가 보다 활발하게 이루어져야 할 것으로 생각된다.

'一〉ㅜ' 원순모음화 현상이 널리 확산되지 않은 17세기 한학서에는 원순모음화 현상의 과도교정이라 할 수 있는 'ㅜ〉ㅡ' 비원순모음화 현상이 나타난다. 17세기 한학서에는 'ㅜ〉ㅡ' 비원순모음화 현상이 'ㅡ〉ㅜ' 원순모음화 현상의 예들보다 보다 더 많이 나타난다. 18세기 한학서에 나타나는 비원순모음화 현상을 살펴보면 다음과 같다.

(13) 17세기 한학서의 비원순모음화 예

1) 『노언A』: ▼어휘: $1 븟그업게〈下, 42a〉, 븨ᄂᆞ〈下, 53b〉, 픈이니〈下, 18b〉, 픈즈끽〈下, 25a〉, ▼한자어: $2 본블〈下, 51a〉.

2) 『박언』: ▼어휘: $1 므텨〈下, 12a〉, 므틴〈下, 33a〉, 븨면〈上, 48a〉, 븨여시니〈中, 33b〉, 븨이고〈中, 54b〉, 븬〈中, 40b〉, 븬〈上, 55a〉, 플무룰〈下, 29b〉, 픠고〈上, 36b〉, 픠오고〈中, 45a〉, 픠오고〈上, 62b〉, $2 닛븨〈下, 2a〉, 닛븨〈中, 44b〉, 짓븨〈上, 40b〉, ▼한자어: $1 믄〈下, 57b〉. // $1 블샹을〈中, 43b〉

3) 『역어』: ▼어휘: $1 플레〈下, 18b〉, 믓다〈下, 51a〉, 믓다〈上, 54a〉, 믓다〈上, 54a〉, 믓티다〈下, 46b〉, 블리ᄂᆞ〈上, 19b〉, 블에〈下, 38b〉, 블희〈上, 33b〉, 븨다〈下, 8b〉, 븨다〈下, 6b〉, 븨트다〈下, 46b〉, 븨트다〈下, 46b〉, 븨트러〈上, 47a〉, 븨트러〈上, 47a〉, 플무〈上, 19b〉, 플무〈上, 19b〉, 플무〈上, 20a〉, 픠다〈上, 53b〉, 픠다〈上, 53b〉, 픠다〈上, 53b〉, 픠다〈上, 53b〉, 픠오다〈上, 54a〉, 픠오다〈上, 25b〉, 픠오다〈上, 13b〉, $2 가믈티〈下, 36b〉, 가믈티〈下, 37a〉, 가믈티〈下, 37a〉, $3 벗리븨〈下, 14b〉. ▼한자어: $2 황믄〈上, 35b〉.

(13)에서와 같이 17세기 한학서에는 원순모음화에 대한 과도교정 현상으로서 'ㅜ〉ㅡ' 비원순모음화 현상이 『노언A』에 5회, 『박언』에 16회, 『역어』에 29회가 나타났다. 이러한 빈도는 같은 문헌에서 'ㅡ〉ㅜ' 원순모음화의 예가 『노언』 9회, 『박언』 5회, 『역어』 46회에 비해 결코 적은 빈도가 아니다. 이들 비원순모음화의 예들은 대부분 어두 음절에서 일어났다. 다시 말

해 고유어 어휘형태소의 어두 음절과 한자음에서는 이들 비원순모음화가 더 많이 나타나는 것이다. 비원순모음화가 원순모음화 예에 비해 많다는 사실은 'ㅡ〉ㅜ' 변화의 속도가 그만큼 'ㅡ〉ㅜ' 변화에 대한 거부 반응이 심하여 빠른 시일에 널리 확산될 가능성이 적음을 말해주는 것으로 보인다.

그런데 18세기에 이르러서도 비원순모음화가 크게 확산되지 않지만 어두 음절에서 『오륜』에는 23.33%나 『박신』에는 60%로 확산된다는 점에서 『노언B』, 『노신』, 『중노』 등의 '노걸대'류가 특별히 낮은 이유에 대해 보다 많은 검토가 필요하다. 특이한 것은 'ㅡ〉ㅜ' 원순모음화에 대한 과도교정이라 할 수 있는 비원순모음화 예들이 다음과 같이 18세기 문헌에도 꾸준히 나타난다.

(14) 18세기 중후기 한학서에 나타나는 과도교정의 예

　　1) 『노언B』(12회): ▼어휘: $1 므르리라〈上, 23b〉, 붓그럽게〈下, 41b〉, 픈〈上, 8b〉, 픈〈上, 8b〉, 픈애〈上, 8b〉, 픈이니〈下, 18b〉, 픈이오〈下, 16a〉, 픈즈씌〈下, 25a〉, $2 나므〈上, 25a〉, 나므덥시〈下, 29b〉, 아므〈下, 50b〉, 아믜나〈上, 5a〉.

　　2) 『노신』(5회): ▼어휘: $1 므르라〈1, 59a〉, 므르라〈1, 22b〉, 픈〈1, 11b〉 외 2회

　　3) 『박신』 16회: ▼어휘: $1 블면〈1, 39a〉, 븨기를〈1, 51a〉, 븨여시니〈1, 39a〉, 븬〈1, 59a〉, 븬〈1, 53a〉, 픈〈1, 58b〉, 픈도〈1, 32b〉, 플무〈3, 33b〉, 픠오고〈1, 50a〉, 픠오기〈3, 10a〉, 픠오라〈3, 03b〉, 픠오는〈3, 10a〉, $2 나븨와〈1, 20b〉, 닛븨〈3, 03b〉, 아므〈3, 50b〉, 짓븨로다가〈1, 23b〉.

　　4) 『중노』(22회): ▼어휘: $1 므르라〈上, 16b〉, 믄빗와〈下, 37b〉, 믓히〈下, 42a〉, 블무〈下, 34b〉, 블친믈〈下, 8b〉, 붓그럽게〈下, 44a〉, 붓드러〈下, 44a〉, 픈〈上, 59b〉 외 5회, 픈즈씌〈下, 26a〉 외 1회, ▼한자어: $2 셔픔〈上, 2b〉, 쟘블믈〈下, 8b〉, 즁픔에〈下, 53a〉, 즁픔으로

〈下, 53a〉, $3 六雲믄호〈下, 48a〉, 四花믄호〈下, 48a〉, 織金믄호〈下, 47b〉.

(14)의 과도교정 예들을 보면 18세기 후기에 이르기까지 원순모음화가 상당히 확산되지 못한 상태에 있었음을 알 수 있다. 주로 1음절에 나타나는 이 예들을 보면 문헌에 중복되어 나타나는 단어들이 적지 않다. 중복되어 나타난다는 사실은 이 과도교정이 1회적으로 사용된 것이 아니라 경우에 따라 새로운 형태로서 굳어져 꾸준히 사용되었음을 말한다. 또한 동일한 과도교정 예가 반복되는 문헌이 『노언B』, 『노신』, 『중노』라는 점, 다시 말해서 모두 '노걸대'류라는 사실은 이들 문헌이 중간본으로서 앞서 간행된 문헌의 영향을 받았음을 보여주는 근거이기도 하다.

이런 점에서 『노신』이 구개음화에서는 매우 빈도가 높아 이질적이었지만 오히려 원순모음화에 있어서는 앞서 간행된 기영판 『노걸대언해』의 영향을 받아 다소 낮은 빈도를 보인다고 할 수 있다. 또한 『노신』의 예들이 '므르-'[問]와 '픈'[分]뿐이지만 『중노』의 하권에 나오는 예들도 비원순모음화된 형태로 나타날 가능성이 크다. 그렇다면 현재 상태보다는 원순모음화나 비원순모음화의 예들이 낮지 않을 것이다. 물론 '노걸대'류가 원순모음화된 형태의 사용 비율이 낮은 이유는 보다 논의되어야 할 것이다.

2. 왜학서

왜학서에 나타나는 'ㅡ〉ㅜ' 원순모음화 예들의 사용 빈도와 비율은 다음과 같다.

「도표 7」 왜학서에 나타난 원순모음화 예들의 사용 빈도와 비율

	전 체	고유어	고유어 어휘			고유어 문법		한자음
			어휘전체	어두	비어두	형태소 경 계	문법	
『첩해』 (1676)	9/227 3.97%	8/219 3.65%	8/118 6.78%	7/58 12.07%	1/60 1.67%	0/73 0%	0/28 0%	1/8 12.50%
『개첩』 (1748)	116/198 58.59%	112/190 58.95%	61/99 61.62%	40/61 65.57%	21/38 55.26%	26/56 46.43%	25/35 71.43%	4/8 50.00%
『중첩』 (1781)	58/76 76.32%	55/72 76.39%	28/37 75.68%	19/24 79.17%	9/13 69.23%	2/5 40.00%	25/30 83.33%	3/4 75.00%
『왜어』 (1783~9)	90/125 72.00%	60/95 63.16%	56/80 70.00%	44/50 88.00%	12/30 40.00%	3/12 25.00%	1/3 33.33%	30/30 100%
『인어』 (1790)	128/135 94.82%	126/133 94.74%	97/97 100%	71/71 100%	26/26 100%	6/12 50.00%	23/24 95.83%	2/2 100%
『교린』 (1880)	624/688 90.70%	584/644 90.68%	512/562 91.10%	348/385 90.39%	164/177 92.66%	38/48 79.17%	34/34 100%	40/44 90.91%

왜학서들의 '一〉ㅜ' 변화 예들의 사용 빈도도 한학서와 같이 후대로 갈
수록 높아져 '一〉ㅜ' 변화가 시간의 흐름에 따라 점차 확산되는 경향을 보
여준다. 전체적으로 보아 『첩해』 3.97%, 『개첩』 58.59%, 『중첩』 76.32%, 『왜
어』 72.00%, 『인어』 94.82%로서, '一〉ㅜ' 변화 예들의 사용 비율이 후대로
갈수록 높아지기 때문이다. 왜학서에서도 『첩해』 3.97%와 『개첩』 58.59%
사이에서 원순모음화된 형태의 사용 비율이 급격하게 높아져 구개음화에
서의 변화와 유사한 패턴을 보여준다. 즉 아주 미미하던 『첩해』의 상태는
『개첩』에서 급격하게 확산된 이후 일반화되어, 『인어』에 이르면 빈도가
90%를 넘어서게 된다. 말하자면 '一〉ㅜ' 변화도 구개음화의 경우처럼 일정
시점에 이르러 급경사를 이루고 일반화되는 S자 모양의 변화 곡선을 그리
는 것이다.

여기에서도 구개음화에 있어서와 같이 『중첩』과 『왜어』 사이에 이러한
패턴에서 벗어난 모습을 보여주는데, 이것은 두 문헌이 모두 중간본이어
서 앞서 간행된 문헌에 받은 영향과 관련이 있을 것으로 생각된다. 사실
이 두 문헌의 비율은 『중첩』이 76.32%이고 『왜어』가 72%이므로 시기적으

로 유사한 두 문헌의 편차가 그리 크다고 할 수 없으므로 국어 음운변화의 일반 패턴으로서 이러한 유형을 설정하는 데에는 큰 무리가 없다고 생각된다. 왜냐하면 이 왜학서에서 원순모음화의 확산 과정이 전체적으로만 이러한 변화 패턴을 보이는 것이 아니라 세부적인 환경에 있어서 모두 이러한 패턴을 보이기 때문이다.

왜학서에서 고유어의 '一〉ㅜ' 변화는 18세기 후기로 갈수록 높아지는 경향을 보여준다. 『첩해』 3.65%, 『개첩』 58.95%, 『중첩』 76.39%, 『왜어』 63.16%, 『인어』 94.74%로서, 여기에서도 『왜어』가 다소 이질적인 모습을 보이기는 하지만, 전반적으로 시간의 흐름에 따라 빈도가 높아지고, 『첩해』와 『개첩』 사이에 급격하게 높아지는 특성을 보여주는 것이다. 어휘형태소를 좀더 보면, 『첩해』 6.78%, 『개첩』 61.62%, 『중첩』 75.68%, 『왜어』 70.00%, 『인어』 100%로 나타나 고유어 전체의 변화 패턴과 크게 다르지 않다. 한자음에서도 『첩해』 12.50%(1/8), 『개첩』 50.00%(4/8), 『중첩』 75.00%(3/4), 『왜어』 100%(30/30), 『인어』 100%(2/2)로 나타나 S자 곡선을 그린다고 할 수는 있으나 용례가 적다는 점에서 유의해야 한다.

고유어 어휘형태소의 변화 패턴을 어두 음절과 비어두 음절로 나누어 보아도 마찬가지이다. 『첩해』 12.07%, 『개첩』 65.57%, 『중첩』 79.17%, 『왜어』 88.00%, 『인어』 100%로 나타나 거의 정확하게 S자 곡선을 그린다. 비어두 음절에서는 『첩해』 1.67%, 『개첩』 55.26%, 『중첩』 69.23%, 『왜어』 40.00%, 『인어』 100%로 나타나 여기에서도 『왜어유해』가 다소 예외적인 모습을 보이지만 전반적으로 어두 음절에 비해 느리게 진행됨을 알 수 있다.

이러한 변화의 패턴은 형태소 경계와 문법형태소에서도 마찬가지로 나타난다. 먼저 형태소 경계서 빈도를 보면 『첩해』 0%, 『개첩』 46%, 『중첩』 40%, 『왜어』 25%, 『인어』 50%로 나타나 전체적으로 보아 S자 곡선을 보이지 않는 것처럼 보인다. 그러나 여기에서 빈도가 다소 낮은 『중첩』의 40%는 빈도가 5회 중에 2회로서 40%, 『왜어』도 12회 중에 3회, 『인어』도 12회 중에 6회가 일어난 것이어서 용례가 적어 일반화하기는 어렵다. 문법형태소에서는 『첩해』 0%(0/28), 『개첩』 71.43%(25/35), 『중첩』 83.33% (25/30), 『왜어』 33.33%(1/3), 『인어』 95.83%(23/24)로 나타나 전체적으로 S자 곡선을 그린다고 볼 수 있다. 단지 『왜어』가 33.33%로서 매우 낮으나 『왜어』가 대 역어휘집으로서 문법형태소가 거의 사용되지 않아 용례가 3회 가운데 1회 나타난 것이어서 큰 의미를 두기 어렵다.

이와 같이 왜학서에서의 'ㅡ〉ㅜ' 변화는 『첩해』에서 후대로 갈수록 확산 되어 『인어』에 이르러 거의 100%에 이르는, 구개음화와 유사한 확산 과정 을 보여준다. 단지 『왜어』에서 이러한 일반 패턴에 벗어나는 경우가 나타 나기도 하였으나 전체적으로 보면 『첩해』의 낮은 빈도가 『개첩』에서 급격 하게 높아지고 『인어』에서는 90% 이상의 일반화된 상태로 나타나 대체로 구개음화에서와 같은 S자 곡선을 그리는 것이다. 그러나 왜학서에서 보여 주는 'ㅡ〉ㅜ' 변화 패턴은 한학서와 상당한 차이가 있다. 무엇보다 먼저 그 차이로 'ㅡ〉ㅜ' 변화 예들의 빈도가 왜학서가 한학서보다 높은 상태로 나 타난다는 점을 들 수 있다. 한학서에서는 'ㅡ〉ㅜ' 변화가 50%를 넘는 경우 가 거의 없으며, 빈도가 후대로 갈수록 다소 높아지기는 하나 그 정도가 그리 높지 않으며 특히 '노걸대'류의 상태가 매우 낮아 전체적으로 시간의 흐름에 따라 일관된 변화의 방향을 갖지 않고 들쭉날쭉한 상태를 보이는 것이다. 이러한 한학서의 상태와 달리, 왜학서의 'ㅡ〉ㅜ' 변화는 S자 곡선 의 변화를 보여 준다[11].

한학서의 구개음화, 왜학서의 구개음화와 'ㅡ〉ㅜ' 변화는 모두 유사한 패턴의 변화를 보이며, 그 변화는 모두 S자 곡선의 변화 패턴을 보인다고 특징지을 수 있다. 언어 변화에서 드러나는 이러한 S자 곡선의 변화 패턴 은 현대 서구의 사회계층에 따른 변이형 사용의 빈도 모형과 상당히 유사 하다. 구체적으로 말하면 구개음화와 원순모음화의 확산 과정을 보여주는 이들 S자 곡선은 서구의 사회언어학적인 연구에서 사회계층을 상중하로

---

11) 이러한 변화의 특성은 고유어 어휘형태소의 어두 음절, 비어두 음절에도 적용된다.

나누고 그 상중하를 다시 상중하로 나눈 9계층에서, 언어 변이형이 거의 사용되지 않는 '상상층~중상층'을 제외한 중중층, 중하층, 하상층, 하중층, 하하층의 5계층에서 사용하는 언어 변이형의 빈도 곡선과 유사하다. 말하자면 현대 서구 사회에서 S자 곡선과 상당히 유사한 특성을 보여주는 것이다. 변이형을 거의 사용하지 않는 중중층에서부터 변이형을 가장 많이 사용하는 하하층 순으로 변이형의 사용 빈도를 그래프로 그리면 S자 모양의 곡선이 만들어진다(Trudgill, 1974), 이 S자 곡선의 특징은 중류층에서 하류층으로 갈수록, 이들 각 계층에서도 하층으로 갈수록 빈도가 높아지는 경향을 보일 뿐 아니라, 중하층에서 하상층 사이에 급경사를 이루게 되는 특성을 갖는데 이러한 변이형 사용의 공시적인 상태가 왜학서의 구개음화와 원순모음화가 확산되는 모형과 유사하게 나타나는 것이다.

이른바 S자 곡선의 변화 모형은 사회언어학에서 중류층과 하류층이 언어 변화에 대해 갖는 인식이나 태도를 반영하는 것으로 해석된다(Labov 1972). 이러한 관점에서 현대 사회언어학에 말하는 S자 곡선과 우리의 왜학서류에 나타나는 S자 곡선은 다소간의 차이를 보여주는 것이 사실이다. 사회에서 인정받는 언어형이 아닌 변이형의 사용 빈도가 하류층에서 높은 이유는 사회에서 용인되는 언어형을 따르고자 하는 태도가 개입되지 않은 데에 기인하는 현상으로서, 이러한 하류층의 언어 사용이 무의식적인 언어 변화(change from under)를 주도하는 것이다(Labov, 1972). 그러나 왜학서나 한학서의 S자 곡선은 사회계층의 공시적인 변이형의 사용 상태가 아니라 시간의 흐름에 따른 통시적인 변화형의 사용 분포를 나타낸다는 점에서 다소 차이가 있다. 그럼에도 불구하고 변이형 사용의 빈도가 일정한 시점에서 급격하게 확산되는 왜학서나 한학서의 S자 곡선에서 급격한 경사를 보이는 문헌의 시점은 변이형이 사회에서 용인되는 형태로 인식되는 단계를 말해주는 것으로서, 사회에서 용인받지 않는 변이형의 사용을 수용하지 않는 중류층의 언어 사용과 인식의 측면에서 공통되는 특성이 있다. 말하자면 무의식적인 언어 변화가 의식의 위로 드러나는 언어적 현상이 과도교정이라면, S자 곡선에서의 급경사는 해당 변화형을 사회에서 널리 용인하게 되는 인식의 시점이나 단계를 말해주는 것으로 이해되는 것이다.

이러한 관점에서 구개음화와 원순모음화의 S자 곡선과 현대 서구 사회의 계층에 따른 언어 변이형 사용의 S자 곡선 사이에 나타나는 유사성은 통시적인 변화형과 공시적인 변이형의 사용이 사회에서 용인받지 못하는 형태들에 대한 사회적 인식을 바탕으로 하는 공통적인 특성을 보여준다. 이러한 공통성을 중시하면 통시적인 음운변화의 과정은 공시적인 변이형의 사용에 대한 사회언어학적 접근의 가능성을 열어주는 것으로 간주된다. 이들 S자 곡선에서 급경사를 이루는 양 끝 지점이 통시적인 변화형이나 공시적인 변이형에 대한 화자들의 태도나 인식의 차이를 드러내는 지점으로서, 통시적 변화에서는 화자들이 해당 변화를 사회적으로 용인하는 시점을, 공시적 변이형의 분포에서는 변이형을 용인하는 화자들의 계층적 위치를 드러내는 분기점으로 이해되기 때문이다.

이러한 관점에서 공시적 변이형의 분포에 대한 사회언어학적 설명은 국어 음운변화의 과정에도 적용할 수 있는 방법론이 될 수 있다. 사회계층에 따라 사용되는 변이형의 분포를 모형화한 S자 곡선을 통하여 드러나는 계층간 변이형 사용의 태도와 인식의 특성은 시간을 축으로 하는 언어의 통시적인 변화형에 대한 화자들의 인식이나 태도의 변화로 환원하여 설명할 수 있을 것으로 보이기 때문이다. 그렇다면 공시적 변이형의 사용 상태에 대한 사회언어학적 이해는 언어의 통시적 변화를 설명할 수 있는 가능성을 열어 준다. 다시 말해 동질적인 문헌을 확보하여 시간의 흐름에 따른 변화의 추이를 검토하면, 국어 음운변화의 과정을 보다 정밀화할 수 있을 뿐만 아니라, 국어 음운변화의 특성을 사회언어학적 관점에서 그 보편성과 특수성을 밝힐 수 있을 것으로 기대되는 것이다.

3. 어제서

어제서에 나타나는 원순모음화된 예들의 사용 빈도와 비율은 다음과 같다.

「도표 8」 어제서에 나타난 원순모음화 예들의 사용 빈도와 비율

	전 체	고유어	고유어 어휘			고유어 문법		한자음
			어휘전체	어두	비어두	형태소 경 계	문법	
『내훈』 (1736)	5/433 1.16%	5/424 1.18%	5/278 1.80%	3/167 1.80%	2/111 1.80%	0/105 0%	0/41 0%	0/9 0%
『상훈』 (1745)	4/18 22.22%	4/15 26.27%	4/12 33.33%	4/9 44.44%	0/3 0%	0/1 0%	0/2 0%	0/3 0%
『자성』 (1745)	20/382 5.24%	12/329 3.65%	12/123 9.76%	12/75 16.00%	0/48 0%	0/97 0%	0/109 0%	8/53 15.09%
『훈서』 (1756)	12/144 8.33%	9/123 7.32%	8/58 13.79%	6/20 30.00%	2/38 5.26%	0/59 0%	1/6 16.67%	3/21 14.19%
『속자』 (1759)	46/320 14.38%	17/288 5.90%	16/128 12.50%	12/51 23.53%	4/77 5.20%	1/137 0.73%	0/23 0%	29/32 90.63%
『경세』 (1761)	9/390 2.31%	4/355 1.13%	3/122 2.46%	2/73 2.74%	1/49 2.04%	0/153 0%	1/80 1.25%	5/35 14.29%
『경민』 (1762)	14/21 66.67%	14/21 66.67%	12/18 66.67%	12/15 80.00%	0/3 0%	0/1 0%	2/2 100%	0/0 0%
『경속』 (1763)	9/462 1.95%	7/408 1.72%	6/130 4.62%	4/60 6.66%	2/70 2.86%	1/147 0.68%	0/131 0%	2/54 3.70%
『조훈』 (1763)	15/200 7.50%	12/178 6.74%	11/79 13.92%	11/44 25.00%	0/35 0%	0/87 0%	1/12 8.33%	3/22 13.64%
『어제』 (1761~77)	4/237 1.69%	1/194 0.52%	1/53 1.89%	1/29 3.45%	0/24 0%	0/90 0%	0/51 0%	3/43 6.98%
『백행』 (1765)	14/54 25.93%	1/38 2.63%	1/12 8.33%	1/5 20.00%	0/7 0%	0/23 0%	0/3 0%	13/16 81.25%
『윤음』 (1781~3)	201/758 26.52%	163/650 25.08%	122/367 33.24%	83/197 42.13%	39/170 22.94%	11/169 6.51%	30/114 26.32%	38/108 35.19%

「도표 8」에서 원순모음화된 형태의 전체적인 사용 비율을 보면, 『내훈』 (1736) 1.16%, 『상훈』(1745) 22.22%, 『자성』 5.24%, 『훈서』(1756) 8.33%, 『속자』 (1759) 14.38%, 『경세』(1661) 2.31%, 『경민』 66.67%, 『경속』(1763) 1.95%, 『조

훈』7.50%, 『어제』(1763~1775) 1.69%, 『백행』25.93%, 『윤음』26.52%로 나타났다. 여기에서도 원순모음화의 확산 정도는 낮은 비율로 나타나 변화에 대한 보수적인 특성을 보여준다. 전반적으로 후대의 『백행』이나 『윤음』에서 다소 높은 비율을 보여주지만 시간의 흐름에 따른 일정한 변화의 방향이 보이지는 않는다. 그런 가운데 『경민』은 66.67%나 되어 매우 이질적인 문헌임이 다시 드러나고, 『속자』도 14.38%로 다소 이질적이다. 『상훈』의 22.22%도 다른 문헌에 비해 상당히 높은 편이지만 전체 빈도가 적어 의미를 부여하기는 어렵다.

한자어에서 일어난 원순모음화 비율도 전반적으로 빈도가 적어 의미를 부여하기 어렵다. 그러나 『속자』는 32회 가운데 29회가 원순모음화되어 90.63%로 나타나 특이하다고 하지 않을 수 없다. 『백행』도 16회 가운데 13회가 원순모음화되어 81.25%로 나타나 특이하다. 『윤음』은 가장 후대의 문헌이고 몇몇 윤음을 모은 것이어서 비율은 다소 높지만 특이한 것으로 보이지는 않는다. 이런 문헌을 제외하면 한자음에서는 원순모음화 비율이 거의 15%를 넘지 않는 상태이다.

음운변화의 과정에서 대체로 한자어와 유사한 행보를 하는 것은 고유어 어휘형태소의 어두 음절 위치에서이다. 어두 음절에서의 원순모음화 비율을 보면, 『내훈』(1736) 1.80%, 『상훈』(1745) 44.44%, 『자성』16.00%, 『훈서』(1756) 30.00%, 『속자』(1759) 23.53%, 『경세』(1661) 2.74%, 『경민』80.00%, 『경속』(1763) 6.66%, 『조훈』25.00%, 『어제』(1763~1775) 3.45%, 『백행』20.00%, 『윤음』42.13%로 나타나 한자음에서보다 다소 높았다. 그러나 여기에서도 편차가 심하여 문헌에 사용된 언어가 상당히 이질적임이 드러난다.

그밖에 비어두 음절이나 형태소 경계, 문법형태소 등에서는 빈도가 매우 낮기는 하지만 전반적으로 원순모음화된 형태의 사용 비율이 매우 낮은 상태이다. 몇몇 문헌을 제외하면 거의 0%라고 할 정도로 원순모음화된 형태가 사용되지 않았다. 그러므로 어제서에서는 원순모음화의 통시적 과정을 논의하기가 어려운 상태이다. 앞으로 문헌의 성격, 특히 언해자에 대

한 정보를 찾아내어 문헌에 반영된 언어 상태를 파악하는 작업을 할 필요
가 있다.

어제서에서 원순모음화된 형태의 사용 비율이 한학서나 왜학서에 비해
현저하게 낮지만 모든 어제서 문헌에서 원순모음화된 형태가 사용되고 있
다. 전반적으로 원순모음화된 형태의 사용 비율이 낮다는 공통점과 함께
전반적으로 과도교정에 해당하는 'ㅜ〉ㅡ' 변화의 예들이 많이 나타난다는
점도 어제서의 공통적인 특징이다. 『내훈』부터 『경민』까지 어제서에 'ㅜ〉
ㅡ' 변화의 예들이 나타난 예들을 제시하면 다음과 같다.

(15) 어제서의 과도교정 예

1) 『내훈』(9회): ▼어휘: $1 ᄆᆞᆷ으로〈二, 42a〉, 뭇사ᄅᆞᆷ과〈三, 28a〉, 븟휘
   〈二, 44b〉, 븟그러오믈〈一, 11b〉, 븟그려〈二, 105a〉 외 1회, 븟그리
   과뎌〈二, 43a〉, 븟ᄉᆞ례〈二, 45b〉. ▼한자어: $1 믄〈一, 5a〉.

2) 『상훈』(1회): ▼어휘: $1 픔엇더니〈4a〉.

3) 『자성』(23회): ▼어휘: $1 썬〈內, 36a〉 외 4회, ᄆᆞ름을〈外, 22b〉, ᄆᆞᆯ
   을ᄯᅵᆫ대〈內篇詩, 1b〉, ᄆᆞᆯ음을〈外, 40a〉, 븟그럽지〈外, 33a〉, 븟그려
   〈內, 29a〉, 븟그려호라〈外, 26b〉, 븟그리-〈內, 33a〉 외 3회, 픔-〈外,
   21b〉 외 1회, 픠오고〈內, 17b〉, $2 너므〈外, 11b〉. ▼문법: $3 이썬
   이리오〈內, 30b〉 외 1회, $3 동위썬이리오〈外, 14b〉, $5 누에치기썬
   이〈外, 07a〉.

4) 『훈서』(1회): 3) ㅜ〉ㅡ: ▼어휘: $1 븟그럽도소니〈性道敎6b〉.

5) 『속자』(36회): ▼어휘: ᄆᆞᆯ〈13a〉, ᄆᆞᆯ-〈14a〉 외 3회, ᄆᆞ러〈7a〉,
   ᄆᆞᆯ-〈9a〉 외 4회, ᄆᆞ리〈33a〉, 브드러오-〈16b〉 외 2회, 브드럽도
   〈17a〉, 븝을〈33b〉, 븟그러오-〈14a〉 외 10회, 븟그럽더니〈37a〉, 븟
   그럽디〈32a〉, 븟그려〈10b〉, 븟그리-〈13a〉 외 4회

6) 『경세』(26회): ▼어휘: $1 믁고〈07a〉, 믁어〈07a〉, 믁은〈41b〉, 븍을
   〈20b〉 외 2회, 블휘〈41b〉, 블희〈32b〉, 블희롤〈15a〉, 블희로〈30a〉,

붓그러오미⟨20b⟩ 외 2회, 붓그럽디⟨26b⟩ 외2회, 붓그려⟨06b⟩ 외 3
회, 붓그리-⟨01a⟩ 외 5회.

   7) 『경민』(0회): 용례 없음.

원순모음화된 예들이 사용된 비율이 낮은 문헌들에는 (15)와 같이 그 과
도교정에 해당하는 비원순모음화 예들이 나타난다. 오히려 원순모음화된
예보다 비원순모음화된 예가 더 많이 나타나는 경우도 적지 않다. 이들 문
헌의 어두 음절에서 일어난 원순모음화와 비원순모음화 예들의 빈도만 제
시하면 다음과 같다.

(16) 어두 음절에서의 'ㅡ〉ㅜ' 변화와 'ㅜ〉ㅡ' 변화 빈도(한자음 제외)
    1)『내훈』 3회-8회, 2)『상훈』 4회-1회, 3)『자성』12회-19회, 4)『훈서』
    6회-1회, 5)『속자』12회-36회, 6)『경세』2회-26회, 7)『경민』 12회-0회,
    8)『경속』 4회-18회, 9)『조훈』 11회-8회, 10)『어제』1회-12회, 11)『백행』
    1회-2회, 12)『윤음』 83회-25회

(16)과 같이 어제서 부류에는 전반적으로 과도교정의 예들이 많이 나타
나는 것이 특징이다. 이것은 원순모음화된 형태의 사용이 크게 확대되지
않는 것과 동궤에 있는 것처럼 보인다. 말하자면 원순모음화와 비원순모
음화의 관계도 구개음화와 그에 대한 과도교정의 관계와 같은 것으로 이
해해도 좋을 것으로 생각된다.
   앞에서 살펴본 한학서와 왜학서의 상태를 고려하면 어제서가 동질성을
확보하는 부류가 될 수 있을지는 분명하지 않다. 적어도 두 부류 정도로
나누어 정밀하게 고찰하고 언어 자료를 정밀하게 분석하면 동질적인 부류
로 상정하는 것이 문제가 없을지도 모른다. 구개음화와 원순모음화 전체
를 놓고 볼 때, 한학서나 왜학서와 달리 어제서가 변화된 형태의 사용을
자제하거나 나아가 변화형태의 사용을 거부하고자 하는 과도교정 현상이

두드러지게 많이 나타난다는 점에서 상당히 보수적인 특성을 갖는 것이 사실이다. 이 부류에서도 엄격하게 통제된 언어 사용 상황이 아니기 때문에 보다 후대의 문헌에는 구개음화나 원순모음화 예들의 빈도가 많아져 점차 현대국어의 모습에 가까워질 것이다.

어제서 부류에서 언제부터 원순모음화 예들이 나타나기 시작했는지 현재 알 수 없다. 그리하여 후대의 방향에만 놓고 본다면 원순모음화가 현대국어의 상태와 같은 정도에 이르기까지 훨씬 더 많은 시간이 필요한 것이다. 왜 동일한 음운변화의 과정에서 한학서와 왜학서, 어제서 등에 나타나는 것처럼 부류에 따라, 또는 언어 공동체에 따라 이러한 시간적 차이가 나타나는가? 그러면 이러한 시간의 길이는 무엇이 어떻게 결정하는가? 하는 것이 중요한 문제로 부각된다.

시간의 길이가 충분히 고려되어야 한다는 것은 어휘 확산 이론에서 나오는 주장이다. 규칙에 의해 변화가 일어나는 것으로 간주해 온 전통적인 관점에서는 이 시간의 길이를 충분히 고려하지 않았기 때문에 그 규칙에 벗어난 예외의 문제를 해결하기 어렵다고 주장한다. 앞에서 보았다시피 음운 변화에는 충분한 시간의 길이가 고려되어야 하는 것은 타당하다고 생각된다. 그런데 시간의 길이를 충분히 고려해야 한다고 주장하는 어휘 확산 이론 역시 언어사 연구에서 전통적으로 중시해 온 규칙의 문제를 해결해야 할 것으로 생각된다.

본 연구에서 드러난 바와 같이 적어도 그리 길지 않은 시간 길이 내에서 일어나는 국어의 음운변화 과정에서 과도교정은 규칙이 화자에게 내재하고 있음을 지지해 주는 것으로 보인다. 구개음화나 원순모음화 현상에서 나타나는 과도교정 현상은 해당 음운변화와 그 현상을 유발하는 음운론적 환경은 동일하고, 입력부의 분절음과 출력부의 분절음이 상반된다는 점에서 구개음화와 원순모음화 현상에 종속적이다. 다시 말해 구개음화나 원순모음화 현상이 전제되어야 만들어질 수 있다. 왜냐하면 화자들이 구개음화나 원순모음화 현상을 일반화하지 않고 과도교정과 같은 또 다른 일반화를 만들어낼 수가 없기 때문이다. 말하자면 과도교정은 구개음화나 원순모음화와 같은 음운변화가 규칙에 의해 일어나는 것임을 보여주는 심리적 실재라고 생각된다.

『노걸대신석언해』와 『박통사신석언해』의 구개음화나 원순모음화된 형태의 빈도나 비율을 보여주는 어제서, 다시 말해 같은 시기에 공존하는 동일한 현상의 빈도나 비율의 정도차가 가능한 것도 규칙이 화자의 내부에 존재하기 때문이라고 설명하는 것이 타당하다. 어휘적 확산에만 의존한다면 거의 같은 시기에 동일인이 책임자로서 편찬한 『노걸대신석언해』(1763)에서는 100%로 나타나고 『박통사신석언해』에는 51.83%로 나타나는 현상을 설명하기 어렵다. 편찬자가 음운변화에 대한 규칙을 가지고 있고 그것을 일정한 기준에 따라 선택한 결과라고 보는 것이 타당하지 않나 생각된다. 다시 말하면 화자가 규칙을 가지고 있지만 그것을 사용하는 것은 사회문화적 상황에 따라 달라진다는 것이다.

V. 결언

이상 본 연구에서는 근대국어 시기의 문헌을 한학서, 왜학서, 어제서 등의 부류로 나누어 각 부류별 문헌에 나타나는 ㄷ구개음화와 원순모음화 예들을 계량화하여 이들 음운변화의 과정을 살펴보고 그 과정에서 드러나는 특징을 논의하는 한편 이들 세 부류의 문헌에 나타나는 국어 사용의 동질성 여부를 검토하였다. 이를 간략하게 정리하면서 본고를 마무리하고자 한다.

먼저 한학서, 왜학서, 어제서의 문헌 부류에서 드러나는 언어 사용상의 특징을 보면, 한학서와 왜학서는 동질적인 부류의 문헌으로 보아도 좋은 것으로 판단되나 어제서는 '어제'가 붙은 문헌이라고 하여 모두 동질적인 언어 사용의 부류라 하기는 어려운 것으로 드러났다. 한학서와 왜학서에서는 ㄷ구개음화가 유사한 변화 패턴으로 확산되어 나타나고 원순모음화 현상도 일관된 변화의 패턴을 보이는 변화한 것으로 나타났으나 어제서에서는 ㄷ구개음화도 적어도 두 부류로 나뉠 뿐 아니라 원순모음화는 거의 모두 일관된 변화의 패턴을 보여주지 않았다. 그러므로 어제서의 경우에는 적어도 두 부류 이상의 이질적인 언어 사용 상태를 보이는 복합적인 성격의 문헌 부류로 나타났다. 이에 대해서는 앞으로 더 넓은 범위에서 보다 정밀한 연구가 이루어질 필요가 있다.

구개음화는 한학서, 왜학서, 어제서 모두 시간의 흐름에 따라 일정한 패턴을 보이며 확산되는 것으로 나타났다. 즉 구개음화 예가 나타나기 시작하는 시기에는 구개음화 예들이 극히 미미하게 나타나 시간의 흐름에 따라 서서히 확산되는 상태를 보이다가 일정 시기가 지나면 급격하게 확산된다. 그리고 나서 그 이후에 다시 서서히 확산되어 일반화되는 S자 모양의 변화 패턴을 보이는 것으로 나타났다. 이러한 패턴은 한자음과 고유어, 고유어의 경우 어휘형태소, 형태소 경계, 문법형태소, 어휘형태소의 어두 음절과 비어두 음절 등 세부 환경별로도 모두 동일하게 나타났다.

양순음 뒤 'ㅡ)ㅜ' 원순모음화 현상은 문헌 부류별로 차이를 보이는 것으로 나타났다. 한학서의 경우 원순모음화가 나타나기 시작하는 초기에는 서서히 높아지는 경향을 보이다가 일정 시기에 이르면 다시 낮아지는 이른바 필기체 에스 자 모양의 패턴을 보여준다. 한학서와 달리 왜학서에서는 한학서의 구개음화와 같은 S자 모양의 패턴을 보인다. 그러나 어제서의 경우에는 일정한 패턴을 보인다고 할 수 없을 정도로 문헌별로 다른 양상을 보이는 것으로 나타났다.

음운변화 과정에서 드러나는 주요 특징은 진행 중인 변화의 경우 흔히 변화하기 이전의 변이형과 변화한 변이형이 공존한다는 점이다. 그러므로 음운변화는 변화 이전 시기에는 구형을 사용하다가 점차 신형을 사용하는 방향으로 나아가는 과정이라고 할 수 있다. 이러한 변화의 과정에서 화자는 변화를 이끄는 규칙을 내재화하고, 규칙이 적용된 변이형의 사용 여부를 결정하는 주체가 된다. 말하자면 변화의 방향이나 속도는 의식적이든 무의식적이든 간에 화자의 주관적인 판단에 의해 결정되는 것이라고 할 수 있다. 언어 변화의 속도와 방향을 결정하는 변이형 사용에 대한 화자의 판단은 변화에 대한 화자의 사회적 태도에 의해 결정되는 사용상의 문제로 보인다. 그러므로 어떤 변이형의 사용이 많아지고 어떤 변이형의 사용이 줄어드는가를 파악하기 위해서는 변화에 대한 화자의 사회적 태도를 결정하는 요인이 무엇인지를 파악하는 것이 주요 과제가 된다.

참고문헌

곽충구, 「18세기 국어의 음운론적 연구」, 서울대학교 석사학위논문, 『국어연구』 43, 국어연구회, 1980.

＿＿＿, 「구개음화 규칙의 발생과 그 확산」, 『진단학보』 92, 진단학회, 2001.

김완진, 『국어 음운체계의 연구』, 일조각, 1971.

＿＿＿, 『노걸대의 언해에 대한 비교 연구』, 한국연구원, 1976.

김주원, 「구개음화와 과도교정」, 『국어학』 29, 국어학회, 1997, pp. 33-49.

김주필, 「구개음화에 대한 통시론적 연구」, 서울대학교 석사학위논문, 『국어연구』 68, 국어연구회, 1985.

＿＿＿, 『17·8세기 국어의 구개음화와 관련 음운현상에 대한 통시론적 연구』, 서울대학교 박사학위논문 1994.

＿＿＿, 「음운변화와 표기의 대응 관계」, 『국어학』 32, 국어학회, 1998, pp.49-76.

＿＿＿, 「15세기 국어 표기의 단위와 특성」, 『정신문화연구』 제27권 제2호(통권 95호), 한국정신문화연구원, 2004, pp. 3-28.

＿＿＿, 「역서류 문헌과 왕실 문헌의 음운변화: ㄷ구개음화와 원순모음화를 중심으로」, 『어문연구』 126호, 한국어문교육연구회, 2005, pp. 29-57.

＿＿＿, 「자석류 문헌의 원순모음화와 구개음화」, 『어문학논총』25, 어문학연구소(국민대학교), 2006, pp. 87-107.

_____, 「18세기 왕실 문헌의 구개음화와 원순모음화」, 『정신문화연구』 제29권 95호, 한국정신문화연구원, 2006, pp. 127-57.

_____, 「장서각본 '천자문'의 표기와 음운현상」, 『이광호 교수 정년퇴임 기념논문집』, 태학사, 2007, pp. 443-468.

_____, 「사역원 왜학서에 나타난 음운변화의 과정과 특성 – 구개음화와 원순모음화 현상의 확산 과정을 중심으로」, 『어문연구』 39-4, 2008, pp. 43-71.

박창원, 「음운규칙의 통시적 변화」, 『강신항 선생 회갑기념 국어학 논문집』, 태학사, 1991.

백두현, 「'ᄋ, 오, 으, 우'의 대립 관계와 원순모음화」, 『국어학』 17, 국어학회, 1988.

_____, 『영남 문헌어의 음운사 연구』, 태학사, 1991.

_____, 「'ᆞ>ㅗ'형의 분포와 통시성」, 『국어학』 22, 국어학회, 1992.

소신애, 「연변 훈춘 지역 조선어의 진행 중인 음변화 연구 – 구개음화 현상을 중심으로」, 서강대학교 석사학위논문, 2001.

송 민, 『전기 근대국어 음운론 연구』, 태학사, 1986.

_____, 「근대국어에 대한 음운론적 인식」, 『제21회 동양학학술회의 강연초』, 단국대학교 동양학 연구소, 1991.

안대현, 「국어 중앙어 ㄷ구개음화의 발생 시기」, 『국어학』 54, 국어학회, 2009.

안병희, 「중간 두시언해에 나타난 t구개음화에 대하여」, 『일석 이희승 선생 송수기념논총』, 일조각, 1957.

_____, 「노걸대와 그 언해본의 이본」, 『인문논총』 35, 서울대학교 인문학연구소, 1996.

_____, 「왕실 자료의 한글 필사본에 대한 국어학적 검토」, 『장서각』 1, 한국정신문화연구원, 1999, pp. 1-20.

유필재, 「발화의 음운론적 분석에 대한 연구 – 단위설정을 중심으로」, 서울대학교 석사학위논문, 『국어연구』 125호, 국어연구회, 1994.

이기문, 『국어 음운사 연구』, 탑출판사, 1972.

이병근, 「19세기 후기 국어의 모음체계」, 『학술원논문집』 9, 학술원, 1970.

_____, 「음운규칙과 비음운론적 제약」, 『국어학』 3, 국어학회, 1975.

_____, 「19세기 국어의 모음체계와 모음조화」, 『국어국문학』 72·73, 국어국문학회, 1976.

_____, 『음운현상에 있어서의 제약』, 탑출판사, 1979.

_____, 「발화에 있어서의 음장」, 『국어학』 15집, 국어학회, 1986, pp. 11-39.

이명규, 『구개음화에 대한 통시적 연구』, 숭실대 박사학위논문, 1993.

최명옥, 국어의 통시음운론 개관, 『국어사연구』, 태학사, 1997.

최전승, 언어 변화와 과도교정의 기능, 『국어학신연구』 II, 탑출판사, 1987.

_____, 「원순모음화 현상의 내적 발달과 개별 방언어휘적 특질」, 『국어국문학』 134, 국어국문학회, 2001.

_____, 『국어사와 국어방언사와의 만남』, 역락, 2009.

한영균, 『후기 중세국어의 모음조화 연구』, 서울대학교 박사학위논문, 1994.

_____, 「모음의 변화」, 『국어사 연구』, 태학사. 1997.

홍윤표, 「구개음화에 대한 역사적 연구」, 『진단학보』 60, 진단학회, 1985.

Chen, Matthew and Hshin-I Hsieh, The time variable in phonological change, *Jurnal of Linguistics* 7, 1971.

Kim, Joo-Phil, The dynamic pattern of t-Palatalization and its Hypercorrection : Historical data from the Korean central dialect. *Seoul Journal of Korean Studies,* vol. 14, The Institute of the Korean culture, Seoul National University, 2001, pp. 37-57.

Kiparsky, Paul, The Phonological Basis of Sound Change, *The Handbook of Phonological Theory*, John A. Goldsmith (ed.), Cambridge: Blackwell Publishers, 1996, pp. 640-670.

Labov, W, *Sociolinguistic Pattern*, University of Pennsylvania Press Inc, 1972.

Trudgill, P, *The Social Differentiation of English in Norwich*, Cambridge University Press, 1974.

Wang., W. S.-Y. Competing Change as a cause of residue. *Language* 45, 1969.

김주필

-경상북도 상주 출생

-성균관대학교 국어국문학과 졸업(2003)

-서울대학교 대학원 국어국문학과 문학석사(1985)

-동 대학원 문학박사(1994)

-영남대학교 전임강사, 조교수, 부교수, 교수(1991~2003)

-현재 국민대학교 국어국문학과 교수(2003~)

주요 논저

-국어 표기사에 있어서 역사성의 인식(1992)

-근대국어 음운론의 쟁점(2009)

-≪국어학≫ 50년 국어 음운 연구의 성과와 전망(2010)

-조선시대 한글편지의 문어성과 구어성(2011)

-≪국어의 음운현상과 음운변화 연구≫(2012)

-≪음운변화와 국어사 자료 연구≫(2012)

등이 있음.

國語學叢書 26

구개음화의 통시성과 역동성

초판 1쇄 인쇄 2015년 12월 24일

초판 1쇄 발행 2015년 12월 31일

지은이 김주필

펴낸이 지현구   펴낸곳 태학사   등록 제406-2006-00008호

주소 경기도 파주시 광인사길 223

전화 마케팅부 (031) 955-7580~82 편집부 (031) 955-7585~89 전송 (031) 955-0910

전자우편 thaehak4@chol.com   홈페이지 www.thaehaksa.com

값은 뒤표지에 있습니다.

ISBN 978-89-5966-734-5 94710

ISBN 978-89-7626-147-2 (세트)

國語學 叢書 目錄

國語學 叢書 目錄